中浦院书系·论坛系列

总主编 冯 俊

长三角地区城市发展的路径选择：转型与创新

Changsanjiao Diqu Chengshi Fazhan De Lujing Xuanze:Zhuanxing Yu Chuangxin

刘靖北 主编　李 怡 副主编

人民出版社

总 序

　　中国浦东干部学院（简称中浦院，英文名称为 China Executive Leadership Academy, Pudong, 英文缩写 CELAP）是一所国家级干部教育院校，是由中组部管理的中央直属事业单位，地处上海市浦东新区，上海市委、市政府对于学院的建设和发展给予了大力支持。2003 年开始创建，2005 年 3 月正式开学。学院开学之际，胡锦涛同志发来贺信，提出要"努力把学院建设成为进行革命传统教育和基本国情教育的基地、提高领导干部素质和本领的熔炉以及开展国际培训交流合作的窗口"，以及"联系实际创新路、加强培训求实效"的办学要求；习近平同志希望中国浦东干部学院"按照国际性、时代性和开放性要求，努力加强对学员进行马克思主义最新理论成果的教育，进行改革开放和社会主义现代化建设新鲜经验的教育，在帮助学员树立国际视野、提高执政能力方面更有特色"。学院紧紧围绕党和国家的工作大局，依托长三角地区丰富的革命传统资源和现代化建设实践资源，把党性修养和能力培养、理论培训和实践体验结合起来，紧扣改革开放、走中国特色社会主义道路的时代精神这条主线，坚持创新发展、特色发展、错位发展，走出了一条现代化、高水平、具有自身特色和优势的培训新路子，在国家级干部教育培训格局中发挥着不可替代的独特作用，得到广大干部的好评和社会的广泛认可。

"中浦院书系"是基于学院办学特点而逐步形成的，也是过去 10 年教学成果的积累。为适应干部教育培训改革创新的要求，学院在培训理念、教学布局、课程设计、教学方式方法等方面进行了一系列的新探索，提出并构建了"忠诚教育、能力培养、行为训练"的教学布局。忠诚教育，就是要对干部进行党的理想信念教育和世界观、人生观、事业观教育，教育干部忠诚于党的事业，忠诚于国家和人民的利益，忠诚于领导者的使命和岗位职责，围绕马克思主义中国化的最新成果开展基本理论教育。能力培养，就是要着力培养干部领导现代化建设的本领。建院以来，学院着力加强领导干部推动科学发展、促进社会和谐能力的培训，尤其在改革创新能力、公共服务能力、社会管理能力、国际交往能力、群众工作能力、应急管理能力、媒体应对能力方面形成了独具特色的系列课程。行为训练，就是通过必要的角色规范和行为方式训练，对领导干部进行岗位技能、行为品格、意志品质和心理素质的训练，比如时间管理技巧、情绪控制方法、媒体应对技术等，通过采取近似实战特点的行为训练，提高学员的工作技巧和岗位技能。学院在办学实践中逐步构建起课堂讲授、互动研讨、现场教学、案例教学、研究式教学、情景模拟式教学综合运用、相得益彰的培训特点。

"中浦院书系"包括了学院在教学科研过程中形成的如下几个系列。

大讲堂系列。对学院开设的讲座课程进行专题整理，形成了《改革开放实践与中国特色社会主义理论体系》、《全面提升开放型经济水平》、《城市经济结构战略性调整》、《城市创新驱动发展》、《城镇化与城乡发展一体化》、《国企改革与发展》、《生态文明建设》、《加强社会建设和创新社会管理》、《党建改革与创新》等 28 个专题。学院特别强调开放式办学，师资的选聘坚持"专兼结合、以兼为主"的原则，从国内外选聘具有丰富领导经验的官员、具有较高学术造诣的专家学者以及具有丰富管理经验的企业家作为学院的兼职教师，尤其注重聘请那些干过并干好事情的人来培训正在干事情的人。目前，学院已形成 1000 余人的相对稳定、不断优化的兼职教师队伍。大讲堂系列所选入的专题讲座，只是部分专兼职教师的精彩演讲，这些讲座内容不仅对广大领导干部的学习具有参考价值，而且对那些热衷于思考当代中国社会热点问题的人也有启发作用。

案例系列。案例教材是开展案例教学的基本条件，为促进案例教学，学院立足于构建有中浦院特色的案例教学模式和干部教育的案例库。目前已经完成了包括《科学决策案例》、《高效执行案例》、《沟通艺术案例》、《组织文化案例》、《组织变革案例》、《危机管理案例》、《教育培训案例》、《心理调适案例》八本案例集。建院十年来，学院非常重视开发、利用和积累鲜活的和富有中国特色的案例，把案例开发和教学紧密结合起来，初步形成了案例开发与应用的新机制。学院通过公开招标，设立了十多个教学案例研究开发课题，并将案例及时运用到教学中去，"危机决策流程模拟"等一批案例教学课程受到学员欢迎。2009 年，学院设立了"改革开放经典案例研究"专题项目，"基层党建优秀案例征集与评奖活动"，2012 年又进行了"科学发展观案例"的收集与整理，采取与社会各方面力量合作的方式，进一步丰富了学院教学案例库。

论坛系列。学员在干部培训中的主体地位越来越受到重视，在各专题班次上我们组织学员围绕主题展开讨论，变学员为教员，成为中浦院课堂的主角，形成了具有中浦院品牌特色的"学员论坛"。比如，省部级干部"应对金融危机、保持经济平稳较快增长"专题研究班，"建设社会主义新农村"专题班，"现代城市领导者专题培训班"，还有西部开发、东部振兴、中部崛起等区域经济社会发展专题研究班，中央直属机关各种专门工作的特色专题班的学员，他们熟悉其所在领域的工作，对问题有独到的见解，他们走上讲坛，作出精彩的演讲，既活跃了学院培训工作的氛围，也为学院今后的相关培训提供了鲜活的素材。

研究报告系列。学院提出"科研支撑和服务教学"的发展战略，鼓励教师积极参与科研工作，组织了系列研究报告的编撰工作。如：

《中国领导学研究报告·2006—2008》、《中国干部教育培训发展报告·2009》、《公共危机管理典型案例·2009》、《公共危机管理典型案例·2010》、《公共危机管理典型案例·2011》、《公共危机管理典型案例·2012》等，这些研究报告是我们追踪学术前沿，进行理论探索的结晶。

在我们未来的发展中，也许还会增加国外学术成果的翻译系列，和当代中国研究的英文系列，待准备成熟之后逐步推出。

总之，"中浦院书系"是一个开放式的为干部教育培训服务的丛书系列，是体现中国浦东干部学院特色的学术成果集。参与"书系"编写工作的不仅仅是中浦院的教研人员，而且包括社会各界关心中浦院发展的领导、学者和实践者。当然，还有学院的学员、兼职老师以及很多关心支持中浦院工作的人士，他们为"书系"的出版也做了大量工作，不能一一列举，在此一并致谢。这项工程得到了人民出版社领导、编辑的大力支持，他们为"书系"出版付出了辛勤的劳动，在此表示衷心的感谢。

中国浦东干部学院常务副院长　冯　俊

2014 年 1 月

目录

CELAP

中浦院书系·研究报告系列

　　论坛作为一个学术交流、智慧凝聚、文化交融、思想传播的有效平台，不仅可以广开言路、集思广益，更能促进思想碰撞、观点激荡，催生出新思想、新创意、新理论。目前，中国社会正处于高速发展转型期，在政治、经济、社会、文化等诸多领域所呈现出的新景象、新问题、新态势，前所未有，复杂而宏大，尤其需要各界人士通过论坛这个平台来沟通对话，来剖析辩论，来互动启迪，来总结梳理，一方面，合力探索各类挑战和问题的破解之道，使中国经济社会发展永葆青春活力；另一方面，将中国改革开放丰富而宝贵的经验总结出来为全人类服务。

　　中国浦东干部学院（以下简称为中浦院）作为一所国家级干部培训院校，除了从事干部教育培训和理论研究外，还发挥着为政府提供决策咨询的"智库"功能，而论坛便是融智、创智的重要载体。自 2005 年建院至今，中浦院举办了大大小小论坛近百次，邀请了 60 多个国家和地区的各界专家近千人，就中国乃至世界范围内的政治、经济、社会、文化问题进行深入的交流研讨，为政府决策提供了有效的智力支持，并且展现出中浦院赋予这些论坛的鲜明特色——知名学者与高端官员相互启发，国内声音与国外视角相互碰撞，理论专家与实践精英相互砥砺。政策制定者、解读者和执行者济济一堂，大家共同期盼通过群策群力的探索，能够为中国和人类的未来寻找到更好的发展道路。

为让论坛办出特色、办出层次、办成品牌，中浦院充分发挥国家级干部学院的优势，依托上海这一国际大都市的区位优势，广泛拓展和加强与国内外政府、企业、知名高校及研究机构的交流与合作，大力推动论坛走向开放式、高端化、国际化，得到了广大干部的好评和社会的广泛认可。目前，我们已经打造出若干在国内外产生较大影响、具有良好声誉的论坛，其中以中浦领导论坛、中浦长三角高层论坛、中国新加坡高层论坛、中国干部教育创新论坛等为代表。中浦领导论坛充分体现国际化特色，针对经济全球化和文化多元化对领导者提出的新要求和新挑战，探究全球化、信息化、多元化背景下领导学的新特点和新趋势；中浦长三角高层论坛则聚焦长三角一体化战略，探讨长三角区域一体化的广阔前景及对中国未来发展的重要意义，谋划长三角经济社会发展的合作战略、长三角一体化发展的体制机制建设的大计；中国新加坡高层论坛着眼领导人才的选拔与培养、领导力的提升，通过交流两国政府在领导力开发方面卓有成效的做法，探寻实现国家长治久安的培养、选拔、使用德才兼备领导人才的体制与机制保障；中国干部教育创新论坛立足中国特色的干部教育培训道路探索，针对改革发展进入新阶段对党的执政能力与干部领导素质提出的新要求，探讨培训理念、内容、方式和体制机制的改革创新，满足"大规模培训干部、大幅度提高干部素质"战略任务的需要。通过这些论坛的成功举办，与会专家学者、代表得以达成广泛共识，在加快领导理论与实践创新、推进长三角区域一体化、提升中新两国高层对话与合作、推进干部教育培训改革及借鉴国际经验等方面取得丰硕成果；同时，也为学院活跃教学培训形式、丰富培训内容、创新培训等方面开辟了广阔的发展空间。

通过论坛这一形式，中浦院有效地整合了多方资源，突破区域文化和行业领域界限，从国家发展战略层面来谋划和思考中国在当今世界中的角色、机遇和挑战。同时，通过举办高端论坛，我们得以站在理论与实践的制高点，以国际视角审视中国在发展中遇到的问题和挑战，以积极开放、多元包容的胸怀，在国内外官员、学者和企业高管之间展开深入的交流对话，充分汲取中国各地区乃至世界各国发展过程中积累的经验与教训，为中国干部教育培训提供鲜活教材，也为探索中国未来发展之路提供有益的借鉴和启示。与此同时，论坛不仅为学院创建"国内一流、国际知名"具有品牌特色的干部教育培训机构搭建了有效平台，也进一步增强了学院服务于中华民族伟大复兴事业的使命感和责任感，为把中国建设成为更具活力、更具发展潜力、更具国际竞争力的现代化国家提供有效的智力支持。

此次我们集结出版中浦院具有代表性论坛的收录文章和讨论成果，目的就是把共识凝聚下来，把卓识传播开去，使在论坛中凝结出的经验、碰撞出的智慧、收获到的启示更好地与前沿理论探索结合起来，与改革发展的伟大实践结合起来。当然，我们也认识到，当今世界正处在大变革大调整时期，中国社会的发展也是日新月异，我们论坛研究的问题因此也需要与时俱进、不断深化。

值此第一批论坛文集付梓之际，我们衷心希望，该文集不仅可为领导干部讨论现实问题和探索未来发展之路提供鲜活的思想源泉，同时也在学院发挥政府决策思想库的作用方面发挥不可替代的作用。我们也将再接再厉，精心筹划组织更多高层云集、名家荟萃的高水平论坛，努力为国家复兴、民族强盛，以至于人类发展作出更大贡献！

中国浦东干部学院常务副院长 冯 俊

2010 年 10 月 16 日

第一部分

领导致辞与讲话

论坛开幕式致辞（一）

黄坤明

（浙江省委常委、杭州市委书记、杭州市人大常委会主任）

今天，"中浦长三角论坛·杭州2012"在这里隆重开幕了，这是杭州向大家学习汇报的重要机会。首先，我谨代表杭州市委、市人大、市政府、市政协和全市人民，对各位领导、各位专家到杭州来检查指导工作表示热烈欢迎，并借此机会向长期以来在各个方面对杭州关心、关注和大力支持的各位表示衷心感谢！

杭州的发展有天生丽质独特的条件，更有长江三角洲龙头以及广大腹地的厚爱和支持。改革开放以来，长三角地区经济社会发展取得了巨大成就，已成为全国发展基础扎实、体制机制先行探索、整体竞争力、软实力提升较快的地区之一。特别是上海世博会的成功举办，使以上海为龙头的长三角一体化发展受到了全国乃至全球的广泛关注。以长三角一体化发展为主题，举办论坛非常有意义，也非常必要。前段时间，上海、江苏、浙江和安徽等四省（市）的主要负责人在千岛湖召开了年度例行的长三角高峰论坛。此外，长三角地区还有四省（市）常务副省（市）长参加的长三角地区合作与发展联席会议，讨论具体政策和项目对接工作。我想，中浦院长三角论坛在前面两个会议的基础上，必将进一步助推长三角一体化水平的提高。

区域发展一体化非常重要，过去各地更多的是以行政区域来进行生产要素的组织分配，而改革开放最核心的一个问题就是从体制上突破了这一制约。我本人是在 1999 年从福建龙岩市长岗位交流到浙江湖州市长岗位，然后再到嘉兴，再到杭州，在杭嘉湖区域都工作了一段时间之后，切身感受长三角一体化对杭嘉湖区域的重要作用。刚才范恒山同志讲话时，令我想起了一件事情：改革开放初期，党中央、国务院和小平同志就非常重视区域经济一体化的建设，厦门特区的设立，是在北京召开的闽南厦漳泉三角地区座谈会的基础上推进的。当时，我正在中央党校学习，从北京回去之后参加了 1988 年的闽南三角地区投资贸易洽谈会（厦洽会的前身），后来变成了福建省投资贸易洽谈会，再后来又变成福建省国际合作贸易投资洽谈会，现在是商务部主办的中国国际投资贸易洽谈会（厦洽会），对于推动整个区域经济的发展起到了非常重要的作用。区域经济发展就是这么一步一步地取得突破，一步一步地凝聚共识，一步一步地开拓创新，这也是本次论坛的非常有意义的地方。

　　近年来，杭州同长三角其他城市一样，认真贯彻国家区域发展战略部署，积极落实《长江三角洲地区区域规划》，围绕"一基地四中心"（高技术产业基地和国际重要的旅游休闲中心、全国文化创意中心、电子商务中心、区域性金融服务中心）功能定位，着力加快转变经济发展方式，着力提升城市综合承载能力和服务功能，着力改善民生、促进社会和谐，经济社会发展在过去打下的坚实基础上取得了新进展、新成效。2011 年全市实现生产总值 7011.8 亿元，按常住人口计算的人均生产总值超过 1.22 万美元，按户籍人口计算人均超过 1.58 万美元，市区城镇居民人均可支配收入 34065 元，农村居民人均纯收入 15245 元。同时，我们坚持优势互补、合作共赢，以"规划共绘、交通共联、市场共构、产业共兴、品牌共推、环境共建、社会共享"为重点，持之以恒、扎扎实实地开展"接轨大上海、融入长三角"的各项活动。同时，进一步加快构建杭州都市圈，像昨天杭嘉湖绍四市的市长在湖州举行了联席会议，进一步研究项目对接问题，我们与各兄弟城市一起努力推动长三角地区在科学发展、和谐发展、率先发展和一体化发展方面走在前列。

在新的历史条件下，长三角地区发展面临着前所未有的机遇。党的十八大报告提出"继续实施区域发展总体战略"，并强调"积极支持东部地区率先发展"，"鼓励有条件的地方在现代化建设中继续走在前列，为全国改革发展作出更大贡献"。这些都为长三角地区包括杭州的发展进一步指明了方向、注入了动力。当前，杭州正在党的十八大精神指引下，满怀信心推进城市国际化、城乡一体化，奋发有为加快"三城三区"建设，为实现全面建成小康社会、率先基本实现现代化而努力奋斗。在这一过程中，我们将继续认真学习、借鉴各个兄弟城市，包括长三角城市的经验智慧，努力在深化合作中获取力量、发挥作用、实现更好发展，以更加积极有为的姿态做好接轨大上海、融入长三角、构建杭州都市圈各项工作，共同推动长三角地区在新的起点和更高水平上取得新突破、实现新跨越。

本次论坛以"长三角地区城市发展的路径选择：转型与创新"为主题，围绕长三角地区城市可持续发展、社会管理创新、文化建设与发展等议题开展研讨交流，对于推进长三角各城市科学发展、深化长三角各城市的交流合作，必将起到积极、重要的推动作用。

长三角一体化确实非常重要，杭州将在十八大精神的指引下，在大家的支持下，扎扎实实推动长三角一体化的进程。当然，长三角一体化是一个历史过程，大家现在对长三角地区要求比较高，要求产业避免过多同质化，这确实是一大挑战，确实是一个渐进的过程。长三角有相对有利于改革开放的人文条件，但是历史上没有工业布局，新的产业以新工业为主，是一种体制机制创新的特色块状经济，引发市场、城镇和整个区域经济。长三角一体化的核心是长三角的国际化，长三角代表着中国的城市群和现代产业群，是参加奥运会的国际化、高端化的国家队，而不是国家青年队。如果作为国家队走向国际化，这样产业竞争力问题、产业同步化问题等诸多问题都能很好解决。比如说国际化之后，整个区域产品的生产、储藏和配送成本都会更低，更有竞争力和自身优势。长三角还有另外一个任务是现代化，我们按照现代化的要求，进一步在城市布局、交通融合、社会管理等方面创新出更符合中国城市特色和人文特点的制度、政策。

本次论坛在杭州举办，给我们向大家学习提供了机会。市有关部门一定要认真吸收各位领导和专家的意见建议，为把杭州建设得更好，为长三角的进一步繁荣，为全国的大局作出应有的贡献。我们也衷心希望各位领导、专家和来宾，在杭期间多走走、多看看，对杭州的工作提出宝贵意见。

最后，祝各位领导、各位来宾身体健康、阖家幸福！

论坛开幕式讲话（二）

李　刚

（中央组织部干教局副局长、学院工作办公室副主任）

尊敬的黄坤明书记、单霁翔院长、王国平主任，

各位来宾，各位朋友：

大家上午好！

今天，由杭州市委市政府、国家发改委地区司、中国浦东干部学院联合举办的第二届长三角论坛，在美丽的西子湖畔开幕了。我代表中央组织部干部教育局、学院工作办公室，向论坛的举办表示热烈的祝贺！

在党的十八大刚刚顺利召开，全国上下正在认真学习贯彻十八大精神之际，举办这次论坛，以城市科学发展为主题，邀请有关领导干部、国内专家学者、优秀企业家等共同交流研讨长三角地区城市发展转型与创新问题，很有必要，也很有意义，这是贯彻落实十八大精神的具体体现，是推动实现全面建成小康社会宏伟目标的有力举措。我相信，这次论坛的成果一定会对长三角地区，乃至全国城市的科学发展产生积极影响，也将进一步深化浦东干部学院与长三角地区的合作与交流。

大家知道，党的十六大以来，长三角地区坚持解放思想、改革创新、开放发展，取得了现代化建设的丰硕成果，实现了经济社会发展的历史性跨越，成为提升国家综合实力和国际竞争力、带动全国经济社会又好又快发展的重要引擎。在发展过程中，长三角地区创造了许多好做

法，积累了许多好经验。例如，在率先转变经济发展方式方面，上海市提出了"创新驱动、转型发展"的总体思路；在加强和创新社会管理方面，杭州市采取了"复合式管理"的新举措；在城乡统筹发展方面，昆山市进行了工业化、城镇化、农业现代化"三化同步发展"的有益探索，等等。中国浦东干部学院是中央组织部直接管理、上海市委协助管理的中央直属事业单位，是国家级干部教育培训机构之一。中央决定把浦东干部学院建在上海，主要考虑就是要充分利用长三角地区的区位优势，紧紧依托长三角地区丰富的发展成果和实践资源，对广大干部进行改革开放和现代化建设最新执政能力培训。学院自 2003 年创办以来，在工程建设、现场教学、师资队伍等方面得到了长三角地区各级党委政府、干部群众和专家学者的大力支持，借此机会，向长三角地区的领导和同志们表示衷心的感谢！

中国浦东干部学院的发展，如同一棵成长的树木，离不开长三角这片沃土的滋养。中国浦东干部学院需要牢牢扎根于长三角地区，切实做好"成果转化、主动服务、推动合作"的文章，汲取营养，茁壮成长。

第一，要做好成果转化的发展。长三角地区是我国改革开放和现代化建设的最前沿，有当今中国规模最大的工业经济板块，有具备较强国际竞争力的世界级城市群，有文明富裕程度较高的社会主义新农村。这里的实践资源最符合学院办学的功能定位，这里的发展经验最符合广大干部的学习需求。希望中国浦东干部学院把长三角地区改革开放和现代化建设的最新经验转变为干部培训的教材，把长三角地区改革开放和现代化建设的最新战场转变为干部培训的课堂，把长三角地区改革开放和现代化建设的一线实践者、领导者转变为干部培训的师资，着力提高干部教育培训质量，努力打造干部教育培训名牌院校。

第二，要做好主动服务的文章。浦东干部学院在过去近十年的办学实践中，不断创新培训内容，改革培训方式，整合培训资源，优化培训队伍，形成了独特的办学优势，取得了良好的培训效果，在国内外赢得了良好口碑。学院要运用自己的独特优势，主动为长三角地区的干部教育培训服务，让长三角地区更多的领导干部接受学院优质培训；主动开展送教上门，为长三角地区基层干部培训服务；发挥学院网络培训优势，扩大长三角地区干部培训覆盖面。同时，学院也要利用自身的研究优势，加强对长三角地区经济社会发展研究，促进科研成果转化，更好地为长三角地区科学发展服务。

第三，要做好推动合作的文章。一方面，要推动中国浦东干部学院和长三角地区的多层面合作，共同办好"长三角论坛"这样开放共赢的研究平台，也要在发展信息共享、人员交流往来等方面加强合作。另一方面，中国浦东干部学院的学员来自全国各地、中央国家机关各部委，也有很多外国学员来学习培训，希望学院根据长三角地区的需求，为推动地区与地区，国家与地区合作，发挥积极作用。

同志们，党的十八大报告提出，要加强和改进干部教育培训，提高干部素质和能力。干部教育培训是建设高素质执政骨干队伍的先导性、基础性、战略性工程，是加强党的执政能力建设、先进性建设、纯洁性建设的重要途径，是推动科学发展、促进社会和谐的重要保证，在建设和发展中国特色社会主义事业中具有不可替代的地位和作用。干部教育培训事业的发展，离不开地方的支持配合。在今后的工作中，希望大家继续关心干部教育培训工作，积极为加强和改进干部教育培训建言献策。也希望大家一如既往地关心中国浦东干部学院的发展，在现场教学、案例开发、师资建设等方面继续提供有力支持，为科学发展服务，为干部健康成长服务。

最后，祝本届长三角论坛取得圆满成功！谢谢！

论坛开幕式讲话（三）

关于推进长三角地区城市转型与创新的思考

范恒山

（国家发展改革委地区司司长）

十分高兴能与中国浦东干部学院和杭州市委市政府在杭州联合举办第二届长三角高层论坛，和在座的专家学者一道讨论长三角地区城市的发展问题。我代表国家发展改革委地区司对大家积极参与本次论坛表示衷心感谢，也对我们的合作伙伴——中国浦东干部学院和杭州市委市政府表示诚挚谢意。

借此机会，我抛砖引玉，谈一些不成熟的看法，供大家批评指正。

城市是资源、要素、产业等的聚集地，是区域经济乃至全国经济发展的支撑体和带动源，而城市适应环境变化和自身需要实行转型与创新是城市发展的要义。长三角地区城市化率较高，不同规模的城市在推动长三角地区经济社会发展中发挥了重要的作用。基于加快实现长三角地区现代化，以为其提供重要支撑的总体要求，基于克服自身存在的突出问题以实现持续快速发展，基于开展先行先试以在全国城镇化发展中发挥引领带动作用，长三角地区城市需要进一步实行转型和创新。下面，我谈三点意见。

一、加快转型与创新是实现长三角地区城市持续快速发展的内在要求

改革开放以来，区域经济社会发展和城镇化发展良性互动，长三角地区城镇人口迅速增加，城市数量和规模不断扩大，形成了以上海、南京、杭州等 16 个城市为骨干的长三角地区城市群体。这一城市群体发展功能逐渐完善，综合服务能力不断提升，总体上呈现出健康向上的发展态势，形成了不少比较优势和突出特点，但在发展中也出现了一些不容忽视、需要认真解决的问题，概括起来，主要是：

（一）空间分布总体密集，但结构不够合理

长三角地区直辖市、副省级市、地级市、县级市和建制镇一应俱全，平均每万平方公里城镇多达 100 多个，分布密度是全国的 5 倍多，这种状况从世界范围看也是比较突出的。密集的城镇有利于提升资源要素节约集约的强度，加快推进经济社会发展；但长三角地区城市群体分布结构不够合理，与区域格局及资源环境承载能力不甚匹配，大部分城镇沿江湖地区和交通干线集中分布，苏北、浙西南等地区城市分布显得相对稀松，且基础雄厚、辐射带动能力较强的中心城市较为缺乏。城市规模不尽合理，存在着大城市过大、小城市过小的两极分化现象，造成大城市人口过度集中，资源环境约束加剧，中小城镇集聚程度低，潜力未能充分发挥。

（二）主体功能比较完备，但同构色彩浓厚

由于特殊体制的驱使和长时间的积累发展，长三角地区各城市形成

了比较完备的功能体系，有利于在相对独立的环境下提高综合服务水平和应急处置能力。但在"大而全、小而全"的模式下，许多城市产业结构类似、主体功能雷同，乃至城市框架、建筑风格等也大同小异，尤其是一些城市群，大小城市间功能同一，缺乏必要的分工，无法形成优势互补、联动发展。长三角地区城市群体间的结构功能雷同给重复建设、盲目竞争创造了条件。

（三）硬件基础相对完善，但软件设施较弱

长三角地区城市经济实力较强，基础设施建设投入力度大，各城市基础设施状况普遍较好，相应的城市面貌和人居环境也比较优美和现代。但相对而言，一些城市的软件建设显得滞后，交通拥堵、环境污染等城市病逐渐形成，城市管理能力有待提升，城市范围内城乡分割的状况没有实质性解决，基本公共服务全面惠及农村进城人员的制度体系未能真正建立和运行；一些城市缺乏基于优良传统和现代文明的独特城市精神，以诚信和正确价值取向为核心内容的城市品质也没有真正形成。

（四）布局构架宏大有势，但集约程度较低

与思想观念、经济实力等密切相关，长三角地区的许多城市在城市格局的规划和建设上都比较大气，具有一定的超前性，这有利于长远发展和整体建设，但部分城市存在着铺摊子、摊大饼的现象，在产业发展、基础设施建设、楼宇建造等方面节约集约程度不高。

（五）自我服务能力较强，但联动功能不足

长三角地区城市大部分功能体系健全，资源要素的集中度高，自我发展和调节的能力较强，但受功能同构、体制机制和经济体量等的影响，一些城市与周边城镇的互动不足，基于一体推进、优势互补基础上联动发展的潜力没有有效发挥；与周边农村协调互动的力度不够，基于以城带乡、城乡统筹推动城乡共同发展的联动功能也没有完全发挥出来。

有鉴于此，立足于推动长三角地区加快建成全面小康社会和实现现代化，着眼于发挥长三角地区城市的比较优势和解决突出矛盾与问题，应着力推进城市的转型与创新，在一些重点领域和关键环节上率先探索，努力走出一条结构合理、功能提升、特色彰显、城乡统筹、大中小城市协调发展的具有中国特色的新型城镇化的道路。

二、推进长三角地区城市转型与创新
必须坚持一些重要原则

长三角地区城市转型创新，既要基于城市本身的又好又快发展，又要基于有力推动长三角地区加快建成全面小康社会和实现现代化的进程；既要着眼当前，又要面向未来。为此，必须以科学发展观为指导，紧扣转变发展方式这条主线，严格遵循经济社会与城市发展客观规律。在具体操作中，应当把握一些重要的原则，主要是：

（一）坚持优化发展

要优化结构，一方面，根据促进城乡、区域协调发展的要求，充分

考虑现有地理空间的容纳能力，通过现有城镇的调整和新型城镇的培育等途径进行分类指导，形成合理的城镇空间分布格局；另一方面，根据资源环境的承载能力，着眼于推动人口的适度集聚与有序转移，兼顾城市管理和服务能力，促进大中小城市的科学培育和合理分布。要优化功能，基于现有基础和比较优势，进一步凸显和强化各城市的主体功能；加强区域联动，推动"城市病"比较明显的大中城市实行功能分解或合理转移；推进城市群健康发展，加快形成中心城市和环卫城市功能互补、协调发展的格局。

（二）坚持创新发展

基于在全国的战略地位和特殊使命，长三角地区城市转型与创新要把创新发展放在更加突出的位置。要广泛学习借鉴国内外的有益经验，立足于发挥比较优势和实现可持续发展，与时俱进、开拓进取。这既包括城市基础设施、城市格局风貌等硬件方面的创新，更包括城市管理体制、运行机制的创新和城市品质、城市精神等的塑造。

（三）坚持集约发展

从人口稠密、资源环境约束不断强化等实际出发，推进长三角地区城市化发展进程要坚持走节约集约的道路，努力提高国土空间利用效率。要适当控制规模，以减少城市运行成本，预防和治理"城市病"。为此，除了在总体上保持城市的适度规模外，还应在城市内探索形成尺度适宜、自我循环能力较强的功能板块；要努力强化城市土地、市场和建筑物的集聚功能，优化基础设施布局，提高各类资源、要素和设施的利用效率和共享水平。

（四）坚持绿色发展

绿色发展是城市永续发展的重要条件，要坚持绿色发展理念，加强生态环境保护，强化低碳技术研发应用，推广绿色生产和生活方式，努力建设集约紧凑、环境优美、和谐宜居的现代绿色城市。

（五）坚持联动发展

加快城市间的一体化进程，推动从基础设施到公共服务的全面对接与互联互通，扩大资源要素的配置空间和先进管理服务的共享水平，实现协调发展、互利共赢；加强城乡统筹，保障农村农民在支持城市发展中的公正权利和合理利益，强化以城带乡、以工促农，加快推进城乡一体化建设，构建农村农业转移人口平等享有城镇基本公共服务的制度体系。

三、实现长三角地区城市转型与创新
要切实抓好一些关键环节

长三角地区城市转型与创新，承担着推动长三角地区经济社会及自身又好又快发展和对全国城市发展起引领、示范作用的双重使命，具有很强的挑战性，需要认真对待、科学操作。成功推进转型与创新要切实抓好一些关键环节：

（一）做好规划引领

规划是行动的指南，也是正确前行的保障。要坚持规划先行，统筹做好长三角地区城市转型与创新的总体规划和专项规划。一是要把握好各个方面的要求，特别是把握好国内外环境变化趋势、长三角地区经济社会发展的总体要求、长三角地区城市发展的现实基础；二是要加强同国家总体和区域规划的衔接，特别是加强与《国务院关于进一步推进长江三角洲地区改革开放和经济社会发展的指导意见》（国发〔2008〕30号）、《长江三角洲地区区域规划》和已经出台的涉及长三角地区的规划文件的衔接，与正在编制的城镇化发展规划、苏南现代化建设示范区规划、浙江舟山群岛新区发展规划等相衔接；三是要准确把握城市发展的规律，切实体现主体功能突出、联动作用明显、宜居宜业等基本要求，符合综合承载能力较强、可持续发展基础良好等必要条件。

（二）夯实产业基础

产业是城市可持续发展的基本支撑，而城市的转型与创新，在很大程度上体现为产业结构的优化升级，要把夯实产业基础作为推动城市发展的重中之重。在这方面，一是要着眼于增强国际竞争力，瞄准国际先进水平，加强自主创新，依托国家重点工程和产业园区，培育和发展先进产业，不断提升和优化产业结构；二是要充分发挥比较优势，立足现有基础，借助先进技术，做强做大传统优势产业，形成具有竞争力的产品和产业集群；三是要更加主动地推进开放合作，积极建设有效合作平台，灵活运用各类合作杠杆，乘力借势，推进产业结构提升，促进新兴产业发展。

（三）推进体制创新

城市创新的关键是体制创新，而体制创新既是城市旺盛活力的源泉，也是城市有序发展的保障。城市体制创新涉及方方面面，特别要在三个方面下工夫：一是要创新行政管理体制，规范行政范围，转变行政方式，提高行政效率，着力构建服务政府和法制政府；二是要创新社会管理体制，坚持以人为本，加强平等沟通与协商，建立健全社会矛盾调处化解的有效机制，推进社会管理的规范化、社会化和法制化；三是要创新营商管理体制，着眼于鼓励发展和增强活力，改进公共服务，调整立法角度，率先建立与国际化相适应的管理体制和运行机制，形成充分体现现阶段发展实际的稳定透明的法制环境。

（四）培育城市精神

城市精神是城市综合素质的集中体现，是城市发展的深层力量源泉。要把培育积极向上、体现人类共同价值标准、中华民族特色和特殊城市品格有机统一的城市精神作为城市转型与创新的重要任务，为此，一是要建立健全公共文化服务体系，努力增强城市文化产品供给，满足城市人民日益增长的精神文化需求；二是要大力推进核心价值体系建设，树立正确的荣辱观和价值观，建立起城市人民群众共同拥有的思想道德基础；三是要大力推进诚信体系建设，依靠体制推动、道德约束与法律强制，树立起政务诚信、商务诚信、社会诚信和司法公信，形成守信光荣、失信可耻的良好环境。

（五）推进公平共享

公平共享状况体现着城市管理水平和制度完善的程度，是城市转型与创新的核心内容。应着眼于城乡统筹，以实现农村转移人口享有城镇基本公共服务为重点，扎实推进保障公平共享的相关制度建设，通过体制创新和法律保障，推进教育、卫生、就业、社会保障等社会事业城市全体人民享有的同权化，使包括进城农民工在内的全体城市居民都享有平等的发展机会和均等的社会权利。

各位领导、各位专家：

长三角地区城市的转型与创新是一项重大的系统工程，既要在实践中开拓进取，也要在理论上探索突破。作为长三角区域发展政策的研究制定与贯彻实施者，作为本次论坛的联合主办单位，我们对参与论坛的各位专家学者寄予厚望，期待你们深入研讨，畅所欲言，提出真知灼见，为推进长三角地区城市转型与创新，加快长三角地区乃至全国全面建成小康社会和实现现代化的进程作出积极贡献！

祝本届论坛取得圆满成功！

第二部分

后世博时代长三角地区
城市可持续发展

基于 PSR 方法的中国城市 绿色转型研究

诸大建*

（同济大学经济与管理学院）

一、引　言

在中国城市化发展问题上，人们频繁引用诺贝尔经济学奖获得者、美国经济学家斯梯格里茨说的话，"21 世纪的世界发展，有两个重要的方面，一是美国的高科技，二是中国的城市化"。我肯定同意城市化是中国未来 20~30 年发展的关键内容和驱动因素，但是想强调的是中国城市化的发展方式迫切需要进行转型。本文运用可持续发展研究中有关资源生产率与生态发展绩效的概念和基于压力—状态—反应的 PSR 分析方法，研究过去 30 年来中国城市发展中经济社会发展与资源环境消耗的关系，指出中国城市的未来发展需要从经济增长导向的发展转向可持续发展导向的绿色发展，而以提高资源生产率和生态发展绩效为特征的

---

　　* 诸大建(1953—)，浙江余姚人，同济大学经济与管理学院教授、博士生导师，主要研究城市与区域发展、可持续发展与绿色经济、宏观政策与管理。

绿色创新是中国实现可持续城市化的关键。

本文由四个部分组成：第一部分，引入绿色创新长波与资源生产率等概念，引入可持续发展研究中的以状态—原因—对策为内容的 PSR 分析方法，从可持续发展的角度研究中国城市转型的目标模式；第二部分，用资源生产率和生态发展绩效分析中国城市发展中经济社会发展与自然资本消耗的当前状态，指出中国城市化的发展需要改变城市生态足迹随经济社会发展而增大的状况；第三部分，分析导致影响中国城市绿色发展绩效的主要原因，指出单纯的技术创新不足以让城市发展走上可持续发展的道路，强调城市绿色转型需要从技术创新提升到系统创新；第四部分，指出中国城市绿色转型的战略思路，强调发达地区的城市需要生态优化和发展中地区的城市需要理性增长，中国城市的绿色转型需要强调空间集约发展战略和采取广义的服务经济发展战略。

二、中国城市绿色转型的研究视角与分析方法

中国城市发展的许多问题缘起于城市经济社会发展与城市自然资本消耗的冲突，因此中国城市发展的关键是绿色转型。在研究中国城市绿色转型的现状、原因与对策之前，我们需要引入一些对分析中国城市发展问题可以带来新思考的理论与方法。

（一）中国城市发展第三波与可持续城市化

中国城市过去 60 年来的发展，大致可以分为两个阶段。第一阶段是 1949—1979 年的 30 年，城市化不超过 20%，政策上对于城市化采取相对保守的态度；第二个阶段是 1979—2009 年的 30 年，城市化进入

高速发展时期，到 2011 年的数据是达到将近 46%。但是过去 30 年的城市化较多地表现为经济增长与规模扩张，而不是可持续发展的城市化。从可持续发展的角度看，城市转型的目标是要在经济、社会、环境三个方面的协调中提高人们的生活质量。由于当前中国城市存在的许多问题可以追索到经济社会发展与资源环境消耗的矛盾，因此，中国城市发展的第三个 30 年或者中国城市发展第三波需要强调可持续发展导向的绿色发展，需要用尽可能少的资源环境消耗，通过一定的经济增长，使得城市发展具有能够让公众满意的生活品质。

（二）绿色创新长波与资源生产率的理论

绿色创新长波与资源生产率的概念是有关科技创新与经济长波研究的最新成果。由康德拉季耶夫和熊彼特提出的有关世界创新活动与经济发展的长波理论认为，18 世纪以来的工业化发展是由 30—50 年为周期的科技创新与产业更替而推动的，到目前为止已经先后经历了五次经济长波。绿色经济的研究者指出从 1990 年以来世界经济正在进入以绿色创新和提高资源生产率为特点的新的长波阶段[1]，如图 1 所示。由于制约世界经济发展的主要稀缺因素发生了根本变化，自然资源和环境容量等自然资本约束已经成为 21 世纪发展的主要挑战。因此，科技创新和经济活动需要向大幅度提高自然资源的产出进行努力。如果说，以往五次的经济长波是提高劳动生产率（按照人均劳动产出来衡量）为主的传统工业革命，那么现在的绿色创新经济就是要倡导基于资源生产率（按照单位资源投入或环境容量的经济产出或服务产出来衡量）的新的工业革命。魏伯乐等（2010）总结了绿色创新长波的四个特点，即原料生产率的突飞猛进，产品与服务的系统设计，按照自然法则进行设计的仿生

---

[1]　魏伯乐：《五倍级》，格致出版社 2010 年版，第 11—15 页。

学，以及发展可再生能源等。①

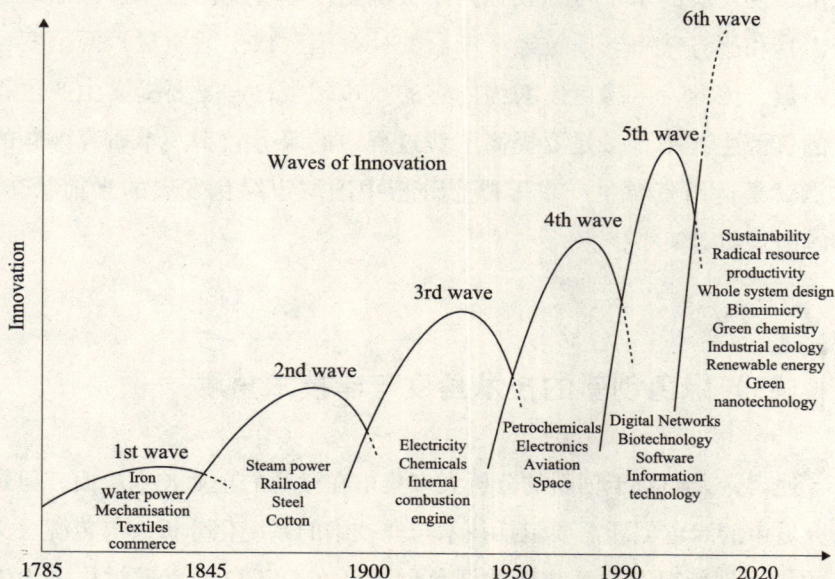

图 1　以资源生产率为内容的新的创新长波（魏伯乐，2010）

（三）中国城市绿色转型与大幅度提高资源生产率

从绿色创新与资源生产率的角度来看中国城市发展，我们认为，中国城市绿色转型的重要特点是以资源生产率为主要内容的生态发展绩效，最终实现经济社会发展与自然资本消耗的脱钩。所谓脱钩，一是在经济增长达到 3000 美元以后，城市发展要注意让社会福利和生活质量的增长曲线高于经济增长的曲线，即经济增长的成果应该更多地转化为社会福利；二是因为无限的经济增长与物质扩张不可能得到稀缺的资源环境的支撑，因此经济增长要注意与资源环境的消耗脱钩，即

---

①　魏伯乐：《五倍级》，格致出版社 2010 年版，第 15—17 页。

以较少的资源环境代价实现一定的经济增长。从生态发展绩效来看，城市绿色发展的水平可以表达为是资源生产率（单位自然投入的经济产出）和服务效率（单位经济产出的社会福利或生活质量）两个变量的函数。因此，以绿色创新为内容的城市转型，一是要提高生产过程中的资源生产率，二是要提高消费过程中的服务效率。本研究课题的重点就是运用资源生产率等概念分析中国城市绿色发展的当前状态、影响因素与对策举措。

（四）绿色创新的技术角度与非技术角度

通常，人们对于创新的分析大多集中在微观的企业技术层面，但是研究城市的绿色创新需要包括技术与非技术的系统化分析。与传统意义上的技术创新对照，系统化的绿色创新（在 OECD 国家通常称之为生态创新）具有两大特征（A. Reid & M.Miedzinski, 2008；OECD,2009）：第一，创新的目的是为了降低经济社会发展对资源环境的影响，提高资源生产率而不是提高劳动生产率与资本生产率；第二，创新不限于微观意义上的产品与生产过程，而且还包括更广意义上的社会行为和制度结构的创新。根据该特征，可以将系统创新划分为技术和非技术两个层面。在产品和过程层面的创新，主要依靠的是技术手段；社会行为和组织制度的创新，更多地是依靠非技术的手段。

提高资源生产率的绿色创新一般有四个阶段或四种方式（图2）。第一阶段是"过程创新"，即更合理地生产同一种产品。例如，原材料的变更和钢的连续浇铸，或者说采用更清洁的生产技术。一般而论，这种技术可以在微观层面提高倍数2的资源生产率。第二阶段是"产品创新"，即用更少的投入生产同样的或同价值的产品。例如，用轻便型小汽车取代传统型小汽车，用晶体管收音机代替电子管收音机。这种技术创新包括提高部件的性能、提高再生循环率、改善拆卸性和提高部件的再利用性能等。一般而论，其可以在微观层面提高倍数 5 的资源生产率。第三阶段是"产品替代"，这一个阶段是产品概念的变革和功能开发，即向社会提供用途相同但种类不同的产品或服务。例如，从用纸交流变更为采用 E-mail，用公交车代替私家车，更一般而言是采用替代型的产品。这种技术可以提高倍数 10 的资源生产率。第四阶段是"系统创新"，这一个阶段是革新社会系统，追求结构和组织的变革。例如，租用而不是购买冲浪板，更合理地调度交通，更一般而言是实现产品经济到功能经济的转换。这类创新可以达到倍数 20 的资源生产率。上述情况中，前两种方式属于一般性的技术改进，后两种方式属于系统性的结构改进。中国的经济社会发展要大幅度地提高资源生产率，就必须更多地关注"产品替代"和"系统革新"这样两种结构改进方式，沿着这个方向培育我们的科技创新能力。这样，才真正有可能在环境与发展的关系上实现跨越式的发展。

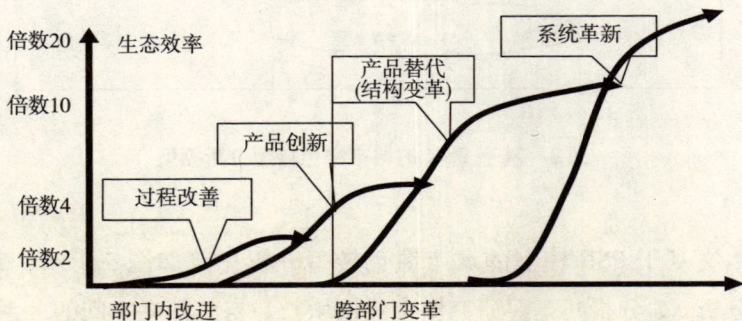

图 2　绿色创新的不同水平

（五）城市绿色转型与基于状态—压力—反应的分析方法（PSR）

本研究课题引入 PSR 模型来分析中国城市绿色转型问题。该模型源于 OECD 和 UNEP 共同开发的可持续发展政策分析的概念模型，即压力 (Pressure)—状态 (State)—反应 (Response)。这一概念模型用来描述可持续发展中人类活动与资源环境的相互作用，提出了一个基于因果关系的政策分析思路。可以用来描述和解释政策研究中需要面对的三个基本问题，即"发生了什么（P，即原因)"、"现在的状况是什么（S，即状态)"以及"我们将如何应对（R，即改革措施)"。这样的因果研究模型可以为中国城市绿色转型的政策分析提供有益的启示。

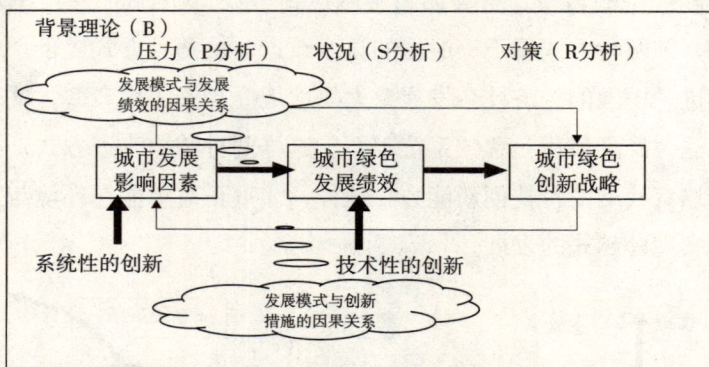

图 3　基于 PSR 的城市绿色转型分析模型

本文基于 PSR 模型的城市绿色转型分析思路如图 3 所示。其中，状态分析（S 分析）是要研究城市经济增长与自然消耗之间的关系，描述城市发展的资源生产率水平，观察城市的自然消耗是否超过了自然的承载能力。原因分析（P 分析）是要研究影响城市发展生态绩效的关键因素。按照环境影响公式来看，主要涉及城市经济社会发展的规模因素、结构因素、技术因素等方面。技术因素一般是指一定的产业结构下单位经济产出的物质强度，结构因素一般是指不同部门的产出在经济总产出中的比重，规模因素是指城市经济产出的大小。对策分析（R 分析）是要针对城市的状况与原因提出城市未来发展的对策思路，包括针对状态改进的治标性对策与针对原因的治本性对策两种类型。

三、S 分析：中国城市发展的绿色绩效

研究中国城市的绿色转型，首先需要研究中国城市发展中经济社会发展与资源环境消耗的关系，了解资源生产率的水平，判断城市绿色发展的趋势，展望未来可能有的发展情景以及目标模式。

（一）判断中国城市绿色发展的绩效指标

从单纯产出的视角看城市发展的绩效，一般只考虑城市的经济产出或者社会福利水平，不考虑自然资本的投入或消耗。通常认为城市人均GDP 或者人类发展指数（HDI，联合国发展署提出的衡量生活质量的综合指标）高的城市，就是发展较好的城市。但是从可持续发展的视角看城市发展的绩效，在强调提高城市经济社会发展水平的同时，还要强调城市资源环境等自然资本的消耗情况。对于城市自然资本的消耗，目前常常用世界自然基金会提出的生态足迹 Eco-footprint）指标来衡量，它表示在现有技术条件下，经济社会发展所消耗的资源以及吸收其产生的废弃物所需要的生物生产性陆地和水域生态系统的面积。一般来说，城市人均生态足迹的大小是在地球生态系统可以承受的范围内的时候，就是绿色的、可持续发展的，否则就是非绿色的、不可持续发展的。据此可以识别出城市发展的三种类型（表1）。显然，用低的生态足迹实现高的经济社会发展的城市是有高的发展绩效的，反之则是低绩效的。

表 1　基于经济社会发展与生态足迹大小的城市分类

	低经济增长或低人类发展	高经济增长或高人类发展
低生态足迹	生态盈余城市	可持续的目标城市
高生态足迹		生态亏空城市

（二）中国城市当前发展的生态足迹

城市化发展中的绿色挑战在于：一个国家城市化水平的提高以及城市人均 GDP 的增长常常是伴随着生态足迹的增长的，或者说生态足迹的增大是城市经济社会发展的绿色代价。过去 100 多年来，发达国家的城市化走的是这条道路。虽然许多人希望中国能够走出不同的道路，但是实证研究的结果表明中国改革开放以来的城市化看来也是在走这样的道路。世界自然基金会的《中国生态足迹 2010 年报告》证明 ①, 2008 年中国人均 GDP 水平高和人类发展指数高的发达地区普遍要比中西部发展中地区有更多的人均生态足迹(图 4)。虽然 2008 年中国人均生态足迹为 2 个地球公顷，仍然低于世界人均水平 2.7 公顷。但是北京、上海、天津、广东等省份的生态足迹已经超过了世界人均水平。

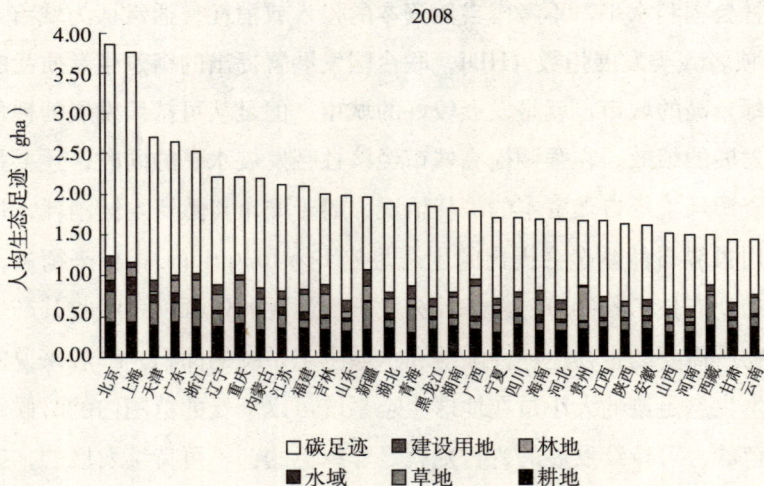

图 4　2008 年中国各省市的人均生态足迹（WWF, 2010）

中国的人均生态足迹可以进一步分为两种情况（图 5、图 6）。一是高经济增长（和高人类发展）、高生态足迹的城市。这是指人均 GDP 超过

---

①　世界自然基金会：《中国生态足迹 2010 年报告》，内部讨论稿，2010 年。

1万美元以及人类发展指数超过 0.8，但是人均生态足迹正在或者已经超过世界人均水平的城市。这样的城市，是以增高的自然消耗实现增高的经济社会发展，属于在生态功能上需要优化发展的城市，目前大多数沿海地区的城市属于这样的类型。二是低经济增长（和低人类发展）、低生态足迹的城市。这是指人均 GDP 低于 1 万美元以及人类发展指数远远低于 0.8，同时人均生态足迹也低于世界人均水平的城市，属于在生态功能上可以重点发展的城市，目前大多数中西部地区的城市属于这样的类型。

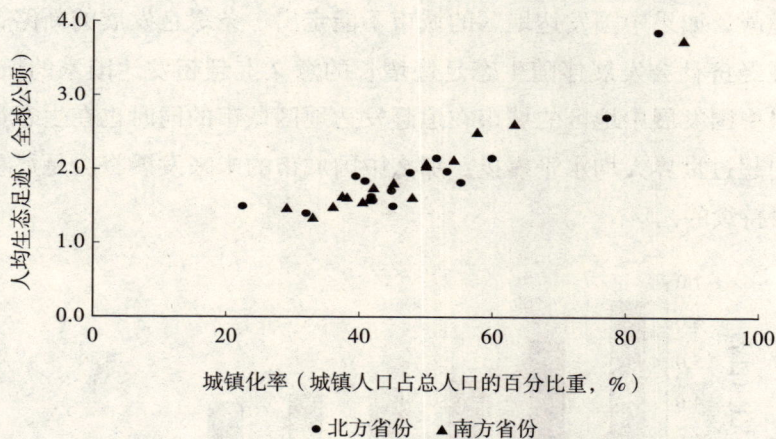

图 5   2008 年中国人均生态足迹与城镇化水平的关系（WWF，2010）

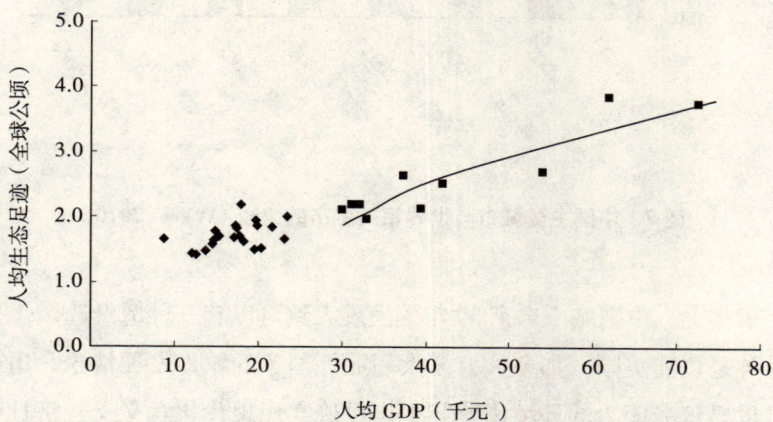

图 6   2008 年中国人均生态足迹与人均 GDP 的关系（WWF，2010）

（三）中国城市发展的未来情景与目标模式

目前，中国城市发展的生态足迹虽然总体上低于世界人均水平并且远远低于发达国家的城市，但是中国沿海地区一些大城市的生态足迹已经超过了世界人均生态足迹水平，如图 7 所示。因此，中国城市未来 30 年的大规模、高速度的进一步发展面临着十分严重的生态足迹的挑战。如果中国发达地区的城市不能走出一条绿色发展的新路，而是在经济社会发展伴随生态足迹增长的意义上赶超发达国家的城市；如果中国发展中地区的城市在追赶发达地区城市的同时也在生态足迹上向超过世界人均水平靠拢。那么中国城市的未来发展将会是严重地不可持续的。

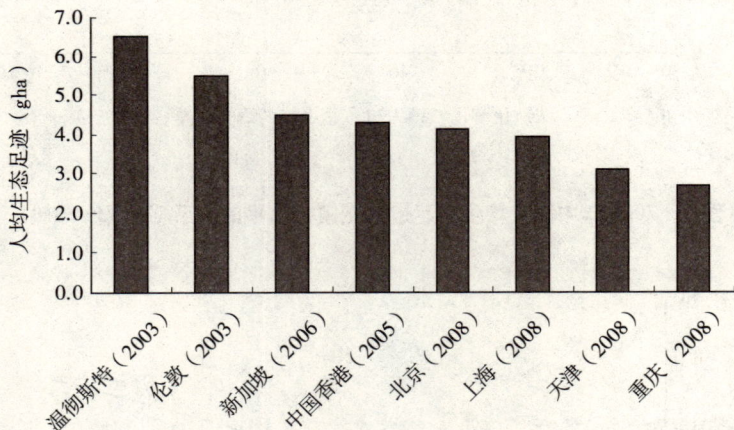

图 7　中国主要城市与世界相关城市的比较（WWF，2010）

事实上，中国城市未来 30 年的发展大致可以有三种情景选择(图 8)。第一种是仿照美国、加拿大、澳大利亚等国家的城市发展情景，用远远超过世界承受能力的环境影响与生态足迹实现现代化意义上经济社会发展；第二种是参照欧洲与日本等国家的城市发展情景，虽然用相对美国等国家为低的环境影响与生态足迹实现经济社会发展，但是生态足迹的水平仍然超出了世界人均水平；第三种则是通过城市绿色创新走上可持续发展的城市化道路，即中国城市发展的理想目标是发展成为高经济增长、高人类发展、低生态足迹、低环境影响的城市。这是指人均 GDP 超过 1 万美元、人类发展指数超过 0.8、人均生态足迹低于世界平均水平的城市。这样的城市，一方面是经济社会高福利的，另一方面则是自然消耗低足迹的。显然，第一、第二种情景是我们应该努力避免的，第三种情景才是我们应该积极争取的目标模式。但是要实现这样的目标，中国的城市发展就需要走上强有力的绿色转型道路；而要实现绿色转型，我们就需要摸清影响中国城市绿色发展的主要因素，制定有针对性的绿色转型战略与对策。

2005年主要国家人类发展水平与人均温室气体排放

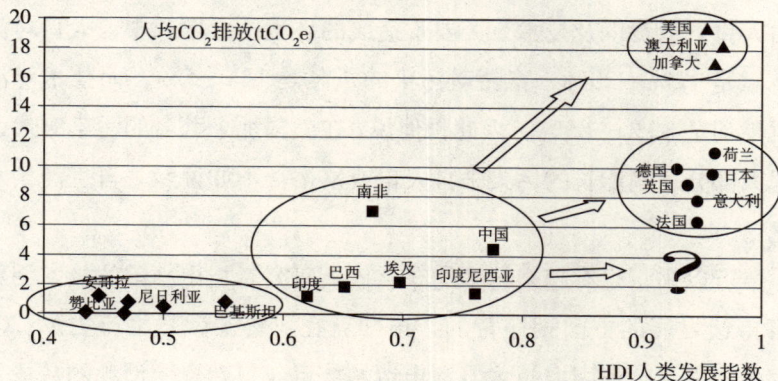

图 8　中国城市未来发展可能的三种情景

四、P 分析：影响城市绿色发展的主要因素

提高城市发展的绿色水平，依赖于深入研究影响城市发展的各种

因素。许多人相信城市发展的绿色水平可以随着技术进步而大幅度提高，但是有充分的理由说明这样的认识在很大程度上是表象、肤浅的。

（一）技术进步并不必然具有绿色特征

首先，我们需要认识到技术创新对资源环境的影响具有不同的作用方向，而并不总是导向绿色的。早在 20 世纪 70 年代人们开始分析工业社会的污染影响的时候，美国学者康芒纳就在《封闭的循环》一书[①]中证明了：美国 1946—1968 年间人均 GDP 从 2222 美元提高到 3354 美元，国民生产产值增加了 126%，而环境压力却增加了 200%—2000%。在由人口、消费以及技术三个要素造成的环境压力增长中，人口对污染的贡献是 12%—20%，富裕对污染的贡献是 1%—5%，而技术对污染的贡献却是 80%—85%。因此，他说：在美国那个著名的污染时代，与其说大部分急剧增长的污染来自人口或富裕，不如说是来自生产技术的变化。

最近以来，已有越来越多的绿色创新研究者指出当前的技术创新是与可持续发展的方向相违背的。布列克在《资源就是生产力》（2007）一书中指出了欧洲国家技术专利申请的数目与自然资源消耗的数量具有明显的相关性，换句话说"今天的创新，和可持续发展的目标显然不一致。这其实没有什么值得大惊小怪的，因为今天的创新主要是针对劳动（机器的）生产力的"[②]。因此，技术创新对于城市发展来说是一把双刃剑，它既可以提高城市的资源生产率，也可以进一步强化城市对资源的开发强度和对环境的破坏程度。有实证研究表明，在利润最大化原则的

① 康芒纳：《封闭的循环》，吉林人民出版社 1974 年版，第 39—140 页。
② 布列克：《资源就是生产力》，化学工业出版社 2009 年版，第 130—132 页。

诱导下，大多数企业是从自身利益出发，追求发展有利于节省劳动、节省资本的各种技术创新，而把如何节约资源、保护环境的技术创新搁置在次要位置，从而形成了非绿色的技术进步。

　　这种情形对于当前十分强调技术创新的中国是值得关注的。斯蒂格利茨在最近的《中国如何构建创新体系》的文章中明确地强调"中国新经济模式的核心是创新，是提高稀缺资源使用的效率。不幸的是，西方企业的研究过多地投向如何减少劳动的投入，而较少关注如何去减少对环境的影响。问题在于创新的社会收益与个人收益不同，这既是由于市场的扭曲，也是因为获得某项专利的个人收益与社会收益之间存在明显的差异"，"中国需要有一个创新体系，这个体系应该更多地重视奖励以及政府所资助的研究，且应比其他国家如美国等更少地重视专利，这主要是因为创新需要依靠广泛的社会目标来引导，创新的焦点应该集中在减少对环境有影响的资源的投入，而非侧重于节省劳动"。

（二）城市技术创新中的反弹效应

　　进一步，即便微观上的技术进步是资源节约和环境友好的，但是也并不必然导致城市整体发展的绿色水平可以提高。这是因为除了微观方面的技术改进之外，城市发展的绿色水平很大程度上受到规模因素与结构因素的影响，还受到反弹效应的影响。从生产的角度来分析城市发展的资源环境影响，可以有下列关系式：

$$I = GDP \times T = GDP \times I/GDP = \Sigma GDP \times (GDP_i/GDP) \times (I_i/GDP_i)$$

　　以上公式可以解释为城市的环境影响 $\Delta I = \Delta$ 规模效应 $+ \Delta$ 结构效应 $+ \Delta$ 强度效应。其中，规模效应是指城市经济的总量，结构效应是指城市的产业结构，强度效应是指产业的技术水平。可见，提高城市发展的绿色水平，需要在降低技术水平即单位经济产出的物质强度的同时，有力地调控城市的产业结构与经济规模。可以对表2中中国1990—2003年间能源消耗的影响因素进行分析。以第二产业为例，我们可以看到这个时间的工业能源消耗受到三个因素的影响。其中，技术改进使得能源消耗减少了189.23%，但是经济规模扩展增加了能源消耗241.61%，产业结构变重增加了能源消耗47.64%），因此我们可以看到中国第二产业的能源消耗是怎样增加的。这个事例对于我们理解当前中国产业发展导致的资源消耗与污染影响也是极其有用的。

表2　影响中国能源消耗的规模、结构、强度因素（1990—2003）

单位：万吨标煤

产　业	因素贡献			总变化
	规模效应	结构效应	强度效应	
GDP	154114.70 （224.09%）	21924.15 （31.88%）	-107266.41 （-155.97%）	68772.45 （100.00%）
第一产业	7790.95 （444.99%）	-4256.43 （-243.11%）	-1783.71 （-101.88%）	1750.82 （100.00%）
第二产业	127108.42 （241.61%）	25056.89 （47.63%）	-99555.40 （-189.23%）	52609.92 （100.00%）
第三产业	19216.33 （133.33%）	1123.68 （7.80%）	-5927.30 （-41.13%）	14411.71 （100.00%）

微观意义上的技术创新无法解决城市整体意义上的绿色转型问题，可以用著名的反弹效应概念进行解释。以效率为导向的技术创新和经济增长理论，往往认为只要持续地通过技术创新改变物品效率，就可以大幅度地降低稀缺资源的消耗和环境污染的排放。但是按照英国经济学家杰文斯的解释，反弹效应是指经济增长在持续地提高微观效率的同时，物质消耗总量不但没有明显降低，而且还导致了增长，因为产品层面的效率改进被更多消费的规模扩张所抵消。图9说明了1990年以来上海能源强度在持续下降的同时伴随着能源消费总量的

持续上升，这就是与经济规模扩张以及产业结构反复导致的反弹效应有关。

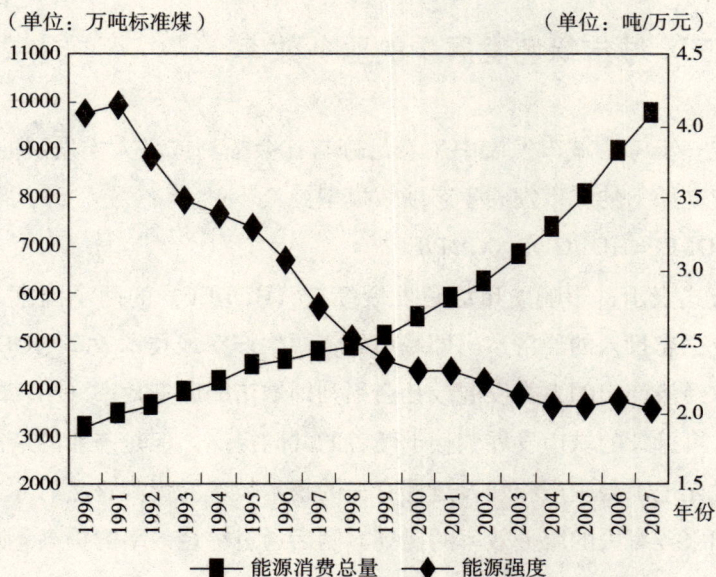

图 9　上海能源强度的减少与能源消费总量的增加

　　虽然技术效率的改进在工业革命以来是非常明显的，但是反弹效应的存在也是显著的，这说明单独通过技术创新实现物质消耗绝对降低的途径是不成功的。因此，需要研究效率战略之外的问题，特别是要研究在效率改进达到极限的情况下，如何转向调控规模来实现物质消耗的绝对减量。因此，提高城市绿色发展水平的创新有效率导向与效果导向之分。如果对创新的类型不加区分，笼统地认为只要创新就有利于城市绿色转型，那么就会更多地浪费资源而不是减少消耗。例如采用效率导向的改进政策（对小汽车模式的改进）而不是效果导向的改进政策（对出行方式的改进），非但不会缓解城市的资源环境问题，反而会加重城市的绿色危机。要使城市在物质规模的整体意义上是绿色的，即城市经济社会发展与自然资本消耗是脱钩的，就需要进行效果导向的创新。

（三）城市绿色发展中的服务效率

进一步考察城市发展中生态足迹与社会福利或者人类发展的关系，可以建立如下的城市发展生态绩效模型：

$$HDI/EF=HDI/GDP \times GDP/EF$$

公式表示，影响城市绿色发展绩效（HDI/EF）的两个因素，分别是单位生态投入的经济产出即城市的资源生产率或技术效率（GDP/EF）和单位经济产出的人类发展或社会福利即城市的服务效率（HDI/GDP），通常，可持续的城市发展依赖于两者的共同提高。但是一般的情况下城市总是先追求与生产和建设过程有关的技术效率的提高，然后才追求与消费和服务有关的服务效率的提高，随后通过综合效率的提高不断地提高城市的生态发展绩效。

我们以1995—2005年上海城市发展的生态绩效为例讨论其中的影响因素。如表2所示，虽然过去10年来上海的人均GDP和人类发展指数在提高，虽然上海的资源生产率或技术效率有持续的改进，但是上海的生态发展绩效却没有相应的提高，甚至是有微小下降的。这很大程度上与服务效率即单位经济产出的福利贡献没有相应的提高有关。而服务效率的持续下降，很大程度上与城市发展中的反弹效应有关，即技术改进所实现的效率被增长的经济规模与服务需求所抵消了。

表3　上海城市生态发展绩效的基本数据（1995—2005）

	HDI	*Ef*	*HDI/GDP*	*GDP/EF*	*HDI/EE*
1995	0.78	2.37	1.67	2199.68	1.18
1996	0.79	2.47	1.55	2343.96	1.17
1997	0.81	2.52	1.53	2619.15	1.15

续表

	HDI	Ef	HDI/GDP	GDP/EF	HDI/EE
1998	0.81	2.57	1.48	2856.80	1.13
1999	0.83	2.67	1.41	3047.96	1.13
2000	0.85	2.82	1.32	3227.89	1.13
2001	0.86	2.97	1.23	3345.06	1.12
2002	0.86	3.09	1.17	3553.10	1.10
2003	0.88	3.28	1.10	3669.33	1.10
2004	0.89	3.44	1.05	3965.39	1.09
2005	0.90	3.68	0.98	4056.65	1.08

对上海的案例分析表明，城市生态发展绩效的提高，既依赖于大幅度地提高生产效率，也依赖于大幅度地提高服务效率。只有两者都有增长的情况下，城市发展的绩效才可能有稳定的提高。这是城市发展从粗放型向质量型提升的关键。一是如何提高城市发展的生产效率。城市的生产效率可以分解为结构效率与技术效率，即 $GDP/EF = \sum EFi/EF \times GDPi/EFi$。其中，$GDPi/EFi$ 是各个产业部门的技术效率，EFi/EF 是各部门资源消耗的的比重。实证研究表明，当前中国城市的生产效率大多数情况下来自技术效率的提高而不是结构效率的提高。因此未来以质量型发展为目标的城市绿色发展需要通过改变产业结构（从低端产业转向高端产业）大幅度提高生产效率的水平，这就是城市产业结构转型的基本意义。二是如何提高城市发展的服务效率。服务效率是要用一定的经济产出提供尽可能多的服务满足，这很大程度上与城市空间结构和城市社会发展的转型有关。可以从三方面探讨提高服务效率的路径。其一是提高产品与物质设施的耐用性，例如通过提供有质量的物质产品与基础设施（不是短命的建筑、产品等），使得城市在产品与设施规模没有扩张的情况下延长服务的时间。其二是更多地提供共享性的服务而不是私人性产品（发展产品服务系统），例如通过汽车共享、出租汽车、公共交通等，使得城市在产品数量不增加甚至减

少的情况下提供更多的服务。其三是考虑在总量控制下的公平分配。例如，用同样的物质消耗与环境影响给 50 个城市新移民提供满足基本需求的住所，比给一个亿万富翁建造很少利用的豪宅能够提供更多的服务。由于生产效率具有技术性，服务效率具有分配性，因此服务效率的提高很大程度上涉及更多的公平分配（所谓足够战略）而不是单纯的技术改进。

五、R 分析：中国城市绿色转型的策略思考

以上的分析表明，中国当前的城市化是沿着生态足迹增大的传统方向演进的，而微观技术上的进步并不能有效地促进城市发展走上可持续发展要求的绿色道路。针对这些情况，我们提出了一些有新意的战略思考和对策建议。

（一）中国城市发展的三种模式

如果说传统的城市发展采取的是物质规模与空间无限扩张的发展战略即 A 模式的话，那么城市绿色转型就是要实现物质规模与空间有节制的城市发展模式。由于不同的城市生态发展绩效有不同的产生原因，因此可以有两种不同针对性的城市绿色转型战略，即基于生态优化的 B 模式和基于理性增长的 C 模式。《中共中央关于制定国民经济和社会发展第十二个五年规划的建议》在有关实施主体功能区的战略中强调，"对人口密集、开发强度偏高、资源环境负荷过重的部分城市化地区要优化开发。对资源环境承载能力较强、集聚人口和经济条件好的城市化地区要重点开发。对影响全局

生态安全的重点生态功能区要限制大规模、高强度的工业化城镇化开发。对依法设立的各级各类自然文化资源保护区和其他需要特殊保护的区域要禁止开发"。我们提出的 B 模式可以适用于中国东部以及相关的优化开发地区的城市转型，C 模式可以适用于中国中西部以及相关的重点开发地区。中国城市发展的这样两类不同的类型，正好处于世界人均生态足迹水平的左右两边（图 10）。发展中地区

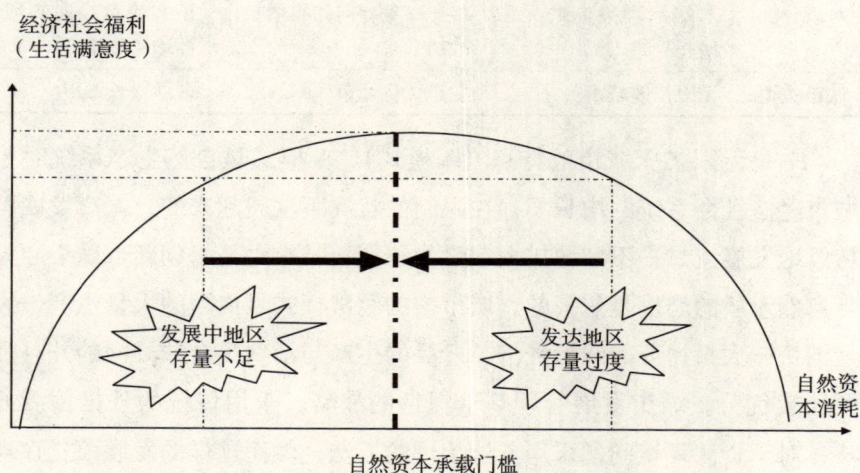

图 10　中国城市绿色转型的两种模式

城市的资源生产率是低的，是因为虽然其人均自然消耗不高但是人均经济社会产出是低的；发达地区城市的资源生产率看起来是高的，但是人均生态足迹已经超过了世界平均水平。因此，在中国城市的绿色转型中不同类型的城市有着不同的转型方向与内容。发达地区的城市需要从生态门槛的右边在提高经济社会水平的同时大幅度降低自然消耗规模，这是如何让经济增长与自然消耗绝对脱钩的问题；发展中地区的城市需要从生态门槛的左边在可以接受的自然消耗范围内大幅度提高经济社会发展水平，这是如何让经济增长与自然消耗相对脱钩的问题。我们可以将城市发展的传统模式与绿色转型的两种模式总结如表 4。

表4 中国城市发展的三种模式和发展策略

	A 模式	B 模式	C 模式
状态分析	城市物质规模与空间已经或者可能超过生态极限	城市物质规模与空间增长退回到生态极限内	城市物质规模与空间增长控制在生态极限内
因素分析	没有显著的效率改进	有高的技术效率无高的服务效率	有一定的技术效率
对策分析	末端治理导向的无限增长战略	维护存量导向的脱增长化战略	扩大流量导向的理性增长战略
城市类型	无限扩展城市	生态优化城市	理性增长城市

一是无限扩张城市的特点（A模式）。A模式是自然生态系统对于城市经济社会系统的增长不存在限制的状况下发展起来的。城市发展以持续地发展流量、不断地扩大存量为特征，城市对技术创新可以缓冲人与自然矛盾的态度是乐观的。城市中的经济模式是典型的大量生产—大量消费—大量抛弃的线形经济，产品的生产与消费是全球导向的并且强调比较优势。城市发展管理基于短期的战略，采用传统的外推预测方法，对于资源环境问题采用末端治理的方法。然而这样的发展模式在当前自然资本成为城市发展的新的稀缺或限制因素的情况下受到了严重的挑战，这正是中国城市发展需要避免与转型的对象。

二是生态优化城市的特点（B模式）。B模式是指自然生态系统对于城市经济社会系统的增长存在着严格限制的城市模式，物质消耗要求与经济社会增长实现绝对脱钩（所谓减物质化城市），城市对技术创新可以缓冲人与自然矛盾的态度是谨慎的。城市中的经济模式是有效地利用存量，发展流量只是为了补充存量的折旧（即按照订单按需生产—合理消费—没有排放的循环经济），产品的生产与消费是地方导向的并且强调绿色竞争优势。城市发展管理基于长期的战略，采用变革性的回溯预测方法。在资源环境问题上，积极地采用提高服务效率的方法，例如提供服务而不是销售产品。中国当前人均生态足迹已经超过世界平均水平的发展中地区的城市，需要采取这样的发展模式与发展战略。

三是理性增长城市的特点（C 模式）。C 模式同样适用于自然生态系统对于城市经济的增长存在严格限制的状况，但是要求资源环境消耗与经济社会增长相对地脱钩（所谓精明增长城市或理性增长城市），城市对技术可以缓冲人与自然矛盾的态度是谨慎的。城市经济模式是大幅度生产流量以为社会提供充分的存量（即大量生产—合理消费—循环利用的准循环经济），产品的生产与消费是地方导向的但有适度的全球化并且强调绿色竞争优势（生产与消费低足迹的物品）。城市发展管理基于长期的战略并采用变革型的回溯预测方法。在资源环境问题上，采取提高技术效率的方法，强调提高城市生产与建设中的资源生产率。中国当前人均生态足迹没有超过世界平均水平的发展中地区的城市，需要采取这样的发展模式与发展战略。

（二）城市绿色转型需要强调系统创新

中国城市的绿色转型，无论是发达地区的 B 模式还是发展中地区的 C 模式，都需要从单纯的技术创新走向系统的绿色创新。在城市绿色转型中，需要引入系统的绿色创新或生态创新思想，从技术和非技术两个层面综合地提高城市转型的效果。实际上，空间与时间范围越大，非技术创新的要求与程度就应该越高（图 11）。由于非技术的创新是已有技术的创新性运用，因此对发展中国家就有了低成本发展的可能性。

具体地说，系统的城市绿色创新需要注意两个方面。第一，需要发展能够有效地提高资源生产率的各种技术创新。如前所述，绿色创新按照资源生产率的大小一般包含过程创新、产品创新、产品替代和系统创新等四个阶段，前两种方式属于企业层面上的一般性的技术改进，后两种方式属于城市层面上的结构性的技术改进。中国城市的经济社会发展要大幅度地提高资源生产率，就必须更多地关注产品替代和系统革新这样两种结构性的改进方式。第二，需要政府促进绿色转型的制度创新，要从政府管理层面解决城市绿色转型中资源消耗的规模问题，通过总量上的控制来消除与减少反弹效应的影响。此外，需要通过公私合作层面来实现绿色治理创新，包括政府与企业、企业与企业之间用服务提供替代产品销售的合作形式，例如发展能源合同管理等功能经济或服务经济模式。

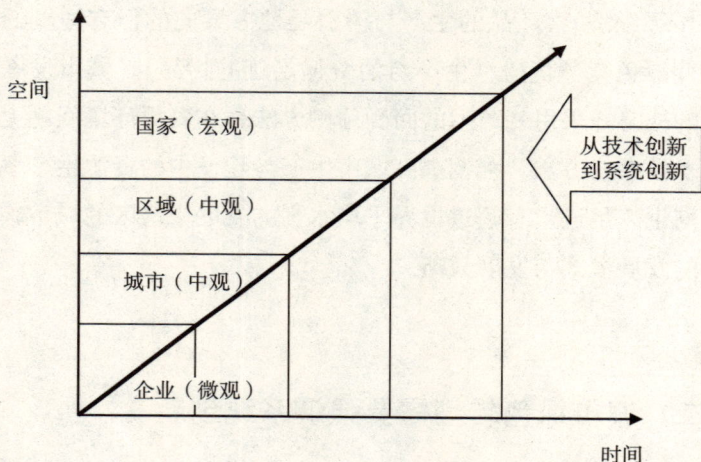

图 11　时空范围增大对系统创新的需求越大

（三）城市绿色转型与发展空间集约城市

城市绿色转型要求中国的城市扩展需要与空间占用和土地消耗脱钩，要从蔓延扩张的城市变成集约紧凑的城市。这有四个方面的含义。一是中国的城市化需要集中在中国的地理东部进行发展。中国地图上从东北的大小兴安岭往西南走延伸到云南腾冲有一条著名的地理分界线，中国未来城市化的布局空间 90% 需要布置在这条线的东面，因为东面属于生态功能上可以重点发展与优化发展的地区，西面属于生态功能上需要禁止与限制发展的地区。二是中国要实现绿色的城市化，不可能采

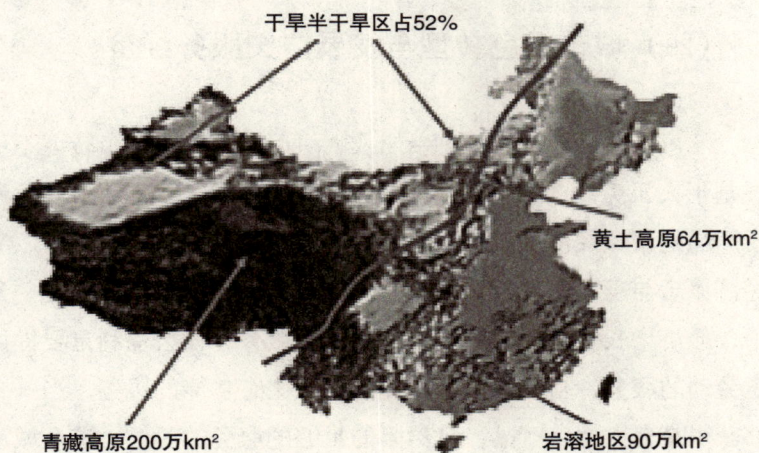

图 12 中国城市发展的自然空间约束

取"撒胡椒面"式的分散的城市布局,而是要发展多个有规模的城市集群,让大中小城市形成功能互补的城市地区。例如,上海所在的长三角城市带是中国当前最大的城市群,包括了江苏、浙江、上海两省一市的许多城市,占全国土地 2 个百分点,吸纳有生活质量的人口 10 个百分点,对国家 GDP 贡献达到 20 个百分点。假如说中国有 7 至 10 个这样的城市群,我们就可以用较少的土地养育较多的有生活质量的人口,同时产出较大的 GDP。三是绿色发展的城市必须注意经济系统小于社会系统,社会系统小于生态系统,不能倒过来让生态系统成为经济系统的子系统,把城市的经济空间变得最大,但是生态空间不断消减。因此发展绿色城市,必须先圈定不能发展的地方是什么,然后填充式地进行经济性的开发。四是好的城市应该是功能集成的。生活在城市里无非是四种功能,即居住、工作、休闲、交通。在原来的工业经济时代,城市被要求分功能的发展,这样就导致了摊大饼式的城市蔓延。要走向绿色城市,必须强调城市功能是集成式、混合式的,减少出行的距离和机动交通的空间。这样整个空间就比较紧凑,同时生活质量也相应地得到提高。

（四）城市绿色转型与发展广义服务经济

从可持续发展的系统创新出发，可以看到中国城市转型不仅应该发展基于人工劳动的服务经济（狭义的第三产业），而且应该发展基于物质产品的服务经济以及基于生态功能的服务经济。这样一种广义的服务经济概念与可持续城市化强调的三条发展曲线的脱钩要求是一致的。其中，经济增长是要提供基于物质产品的服务，社会福利是要提供基于人工劳动的服务，自然保护是要提供基于生态功能的服务。当一个城市能够获得来自人力、产品、自然等的足够的服务的时候，这个城市的生活品质与发展质量就会越高。

一是发展基于人工劳动的服务经济。这是指没有或者较少实体产品介入的、主要由个人或者组织提供的服务，例如教育、医疗、保险等，属于传统的第三产业的概念。实际上，人对基于产品的物质需求并不是很多的，除了足够的食物、衣服以及头上的屋顶以及睡觉的床之外，其他的需求就是各种各样的人工服务了。对于人类提供的狭义服务业，当前强调较多的是发展生产性服务业，例如咨询、会计、银行、证券等。中国的城市发展要从经济增长导向向生活品质导向转变，很大程度上需要加强生活性服务业的比重，包括发展教育、医疗、养老、住房、就业、交通等。

二是发展基于物质产品的服务经济。这是指由产品引申过来的服务经济即欧洲学者提出来的产品服务系统（PSS 即 Product Servic System）。如果产品的生产是制造，产品的使用就是服务，因此产品可以被称为服务产生机。强调基于物质产品的服务经济的新意在于：要获得产品的服务，并不一定非要拥有产品不可，而是可以采取租用、借用、第三方支付等多种形式。我们生活中有许多基于产品的服务不需要购买产品，例如，我们不会为出去旅游度假而买飞机买火车。实际上，我们家里许多通过购买获得的产品服务很大程度上可以通过租用或者共享形式来实现，例如社区洗衣房替代私人洗衣机，公共交通服务替代私人汽车出行，等等。这样的话，就可以大幅度减去家里所拥有的东西，从"什么都要有的生活"变成"适度拥有的生活"，使生活变得更加轻盈、方便和舒适。应该看到，从工业经济到服务经济的关键，就是由机器与产品提供的服务越来越多，由非拥有的产品提供的公共服务越来越多。

　　三是发展基于生态功能的服务经济。与经济系统提供的服务经济相比较，我们还必须关注由自然系统提供的服务。随着经济系统消耗自然系统而扩大，自然系统的服务对人类生活质量变得越来越稀缺和重要。特别是，基于自然的服务包括了自然资源供给、环境净化能力，生态给生活的美感与愉悦等，很大程度上是无法由人工劳动与物质产品所替代的。因此，保护足够存量的生态资本以及有效使用它们提供的自然服务，应该越来越多地纳入服务经济的范畴。许多具有生态优势的城市可以通过提供生态服务增加经济收入，提供就业机会。

主要参考：

1. 魏伯乐：《五倍级》，格致出版社 2010 年版。

2. 世界自然基金会：《中国生态足迹 2010 年报告》，内部讨论稿，2010 年。

3. 康芒纳：《封闭的循环》，吉林人民出版社 1974 年版。

4. 布列克：《资源就是生产力》化学工业出版社 2009 年版。

5. 诸大建、徐萍等：《生态文明与绿色发展》，上海人民出版社 2008 年版。

6. 诸大建、陈飞等：《上海建设低碳经济型城市的研究》，同济大学出版社 2010 年版。

我国创新型、服务型城市的评价体系及建设路径

李程骅 郑琼洁

（南京市社会科学院 河海大学商学院）

一、引 论

创新型、服务型经济主导下的新产业价值链，已经成为维系全球城市体系运行、推动国际城市转型升级的重要力量。全球城市体系中的世界大都市和特色的科教城市，无不呈现出"创新型"、"服务型"两大特征。人才、科技、知识乃至创新思维、体制机制等，直接转化为发展的"创新要素"，创新要素整合驱动下的城市产业体系的更新和培育，又基本表现为服务经济的形态。创新型、服务型城市的建设，既成为国际城市转型升级的重要过程，也成为全球城市体系在绿色、低碳发展轨道上的总体价值取向。

我们认为，"创新型、服务型城市"是指依靠科技、知识、文化、体制等创新和服务要素驱动自身发展，服务经济体系为主导，并在世界城市体系中具有高端辐射与引领作用强的城市。从目前的研究来看，国内外学者单就创新型城市和服务型城市的文章比较多，但把二者作为一

个整体系统来综合探讨的尚未见到。从创新型城市的研究看，Comedia 的创始人查尔斯·兰德瑞（Charles Landry）是创新型城市研究的国际权威，他的代表作创新城市（The Creative City）是当今关于创新型城市研究的第一本专著，他在对城市创新实践的成败原因进行大量案例研究的基础上，提出了关于创新型城市的一套完整的战略框架和实施机制。杨冬梅（2006）从创新城市发展的驱动力、发展演变过程、创新系统体系、创新机制和发展目标四个方面概括了创新型城市的内涵。代明（2005）结合深圳"特别能创新"的理念和时间，提出了作为创新型城市的四大功能标志。也有不少组织和专家学者对城市创新能力评价指标体系进行了深入的研究和探索，并依据不同的评价理念和标准总结出了各自的创新型城市评价指标体系，如范柏乃等（2002）、刘凤朝等（2005）等。在创新型城市测度指标体系实际应用方面，科技部确定了实现创新型国家的量化指标，一些城市和机构也推出了相关的主要指标体系。如北京发布的中关村创新指数、深圳推出的《自主创新型城市指标评价指标体系》、上海发布的"张江园区创新指数"等。

　　而我国关于服务理论的研究从改革开放以后才开始重视。20 世纪 80 年代前期关于服务的理论观点在各方面都有不同程度的突破，但基本集中在论证服务的价值创造问题，对服务业的产业特征和管理模式则研究不多。随着我国经济的快速发展，更多的城市开始转向发展服务型经济。彭永芳等（2007）从服务型城市的建设角度，认为要遵循城市化的发展规律，创建服务型城市是我国城市化道路的现实选择。席芳等（2011）指出，随着工业化的推进及社会的进一步发展，服务型城市成为不可避免的城市发展趋势。提出具体发展建议包括构建服务型城市规划体系，健全管理制度等。裴长洪等（2010）提出，以服务业结构升级主导下的城市经济转型，应着力提高城市"经济容积率"。

　　从已有的研究成果来看，创新型、服务型城市的概念在世界范围内，并没有一个绝对的标准。由于各个地区和城市所处的阶段不同，其发展水平和特征也表现不一，因而就有不同的创新、服务特征和标准。

当然，既有的经验对我国建设创新型和服务型城市有着一定的参考价值。但是，目前有关创新型和服务型城市的研究尚存在三种倾向：

一是单纯地从创新或服务的绩效出发，将"创新"、"服务"与"城市"割裂开来，没有系统考虑创新或服务的环境、文化、政策支撑等方面，很容易以牺牲城市的可持续发展和社会和谐为代价而将创新型或服务型城市建设引入误区。二是缺乏对创新型、服务型城市的动态连续性研究。大部分学者仅就某一城市当年的创新或服务水平的研究，缺乏对城市连续性的跟踪分析。三是将创新型和服务型城市结合研究的文献寥寥无几，很少有学者从整个城市发展的全局全景式地研究创新型、服务型城市的构建问题，也缺乏一套既科学合理又具有较强适用性和可操作性的城市创新和服务能力评价指标体系，以通过数量化的衡量标准来判定一个城市是否属于创新型、服务型城市。

因此，本文从国内外创新型、服务型城市建设的规律，以及对经济社会发展和城市竞争力的视角出发，研究建立了一个综合性的测度指标体系，包括定量的和定性的创新型服务型的指标与内容，以期达到对我国建设创新型、服务型城市进行方向指导，掌握现实发展水平以及具体评价等目的。

在经历了改革开放后的高速城市化进程之后，中国的大城市已经形成了规模效应，并进入了转型发展的新阶段，多数城市已经或正在形成"三二一"的产业体系，科学发展观指导下的城市发展战略逐步转换到依靠科技进步、自主创新和服务经济的轨道上来。与此同时，进入"十一五"后，创新型国家、创新型省份和创新型城市的建设理念，日渐形成共识。转变经济增长方式，大力度地发展服务业，从要素和投资驱动转向创新驱动，促进城市的产业转型和功能升级，已经成为共同的价值导向。因此，面向"十二五"及今后更长一段时期，在全球城市体系、以服务业主导的新产业价值链驱动城市转型升级的国际背景下，探讨加快中国城市转型发展，建设创新型、服务型城市的战略路径和实践行动，具有重要的现实意义。

二、"创新型、服务型城市"的基本特征认知

全球经济在 20 世纪 80 年代后进入了基于信息革命的转型升级新阶段，以信息、生物和新材料技术为代表的新技术革命极大地改变了传统的产业运作方式与商业模式，科技、人才、知识等高端资源的优化配置，使创新型经济成为转型升级的战略方向，而服务型经济体系上升为城市经济的基本形态。特别是进入 21 世纪后，国家和城市的创新能力越来越成为国际竞争的制高点，国家层面的竞争进入控制战略性创新资源的新阶段，技术创新和知识进步日益成为推动经济社会发展的主要动力，创新型经济、服务型经济成为城市经济的战略引领。

与创新驱动、创新型经济发展相伴的是整体的服务业，尤其是现代服务业在经济增长中带动作用不断加强、所占的份额不断扩大。世界主要发达国家在经济发展中，都表现为服务业在国内生产总值和就业中的比重不断加大，呈现出服务型的经济结构。全球产业结构在总体上已呈现出从"工业型经济"向"服务型经济"转型的总趋势。服务经济成为国际大都市的共同经济形态。由此，基于全球产业链、价值链的产业体系，使创新型、服务型经济成为连接全球城市体系的血脉和神经，不仅大大提升了产业的附加值，而且有效促进了城市功能的提升和全球经济的一体化，实现了城市的分工、经济部门的分工以及人力资源和科技资源效用的最大化，推动了城市、区域和国家创新体系和服务体系的完善。

从国内外城市的发展进程和转型升级的大方向来看，创新驱动、服务引领是最重要的动力机制，创新型经济、服务型经济是紧密相联，相互作用的，正是有了创新型、服务型经济的引领，才出现了与传统城市经济形态、管理方式不同的创新型、服务型城市。观察全球的知名城市，特别是进入世界城市体系的特大城市、特色城市，无不是基于新的城市发展理念，具有良好的创新环境和创新文化，在自主创新能力强、

科技支撑引领作用突出、经济社会可持续发展水平高、区域辐射带动作用显著的城市，而服务型城市，是指城市化发展的过程中，大力发展服务业尤其是生产性服务业成为城市经济发展的主导产业，使各产业以服务业为中心高度化发展、合理化布局的城市。服务型城市在经济、社会、政治、文化等方面具有综合服务功能。

但是，如果从创新型经济、服务型经济来系统推进城市转型升级的新动力机制来看，创新型城市与服务型城市的构建是完全可以互动的，并且整合成一个整体的系统。服务型新产业体系的建设是构建创新型城市的基础，而以科技创新、科技创业为核心的创新体制和精神又是城市服务型产业体系构建的支撑。加快推进一体化的创新型、服务型城市建设，对于转变产业结构、增强自主创新、加快经济发展方式转变、坚持内涵式发展和促进区域经济社会又好又快发展有着重大意义。具体来说，创新型、服务型城市的内涵综合体现在人才观念、发展模式、机制体制、对外辐射、政府管理等方面：

（一）创新创业氛围浓厚

创新氛围是创新的土壤和基础，是城市的灵魂与标志。美国硅谷正因为具有独特的创新氛围（崇尚个性、鼓励创新、宽容颠覆等）才成为全球信息产业的摇篮。文化创新与经济、政治、制度、体制有着密切联系。良好的创新氛围，可以激发全体市民参与创新创业的积极性，使市民普遍具有创新理念。

（二）现代产业体系基本形成

高新技术产业、现代服务业等高端、高效、高辐射的产业已经成为支撑和带动城市经济发展的最主导力量，对其他产业具有辐射引领和带动作用。在美国的纽约、英国的伦敦和日本的东京等世界城市中，不仅聚集了金融、电信、文化、教育、商务服务等众多的现代服务行业，而且聚集了众多的工商企业总部和服务企业总部，使之能够充分发挥集聚效应、乘数效应和对外辐射力。

（三）创新服务环境优越

创新服务环境是创新型和服务型城市的重要表征。便捷的交通网络、发达的网络信息和交流平台、高素质的专门人才，是推进创新服务型城市发展的物质基础和重要支撑，有利于生产要素的高效流转，有利于人员的交流互动，有利于市场的繁荣与社会经济的发展。

（四）创新服务机制体制完善

创新服务制度机制完善灵活，能够极大推动城市的创新和服务活动的持续发展，降低创新和服务的外部成本。可以说，制度创新是保障科技创新、文化创新、产业创新、企业创新、人才创新等城市各方面创新服务活动的重要条件。完善的机制体制可以为创新和服务活动提供持久的动力，并且对创新和服务资源进行有效整合与系统化配置，促进创新和服务效用的最大化和最优化。

（五）集聚和辐射能力强

创新型服务型城市集中了工商、科技、服务等各行业优势，拥有现代工业生产和科研实力，而成为生产中心、物流中心和文化、信息、交通中心和区域经济发展策源地，以其独特的聚集和辐射能力带动周边地区的经济发展，从而提高城市竞争力。

（六）在世界城市体系占据重要一席

世界城市体系由世界各国城市组成，具有明显的等级结构。最高等级世界城市是全球经济的控制和管理中心，资本集聚的主要场所，跨国公司总部高度集中，其次是大量的区域性金融和服务中心，世界上提出创新型服务型的城市如伦敦、纽约、东京、巴黎，中国的香港、北京、上海等城市，都在世界城市体系中占据重要地位。

我国的创新型、服务型城市建设行动，是建设创新型国家的战略选择。2006 年，深圳市人民政府发布了《关于实施自主创新战略建设国家创新型城市的决定》。随后，先后有 106 个城市提出了建设创新型城市的奋斗目标，到 2008 年年底，总数已超过 200 个，数量约占到全国 661 个建制市的 30%，包括 4 个直辖市、一批非省会的副省级市、地级市和县级市。2008 年，中国在深圳启动了全国首个国家创新型城市试点工作，随后，大连、青岛、厦门、沈阳、西安、广州、成都、南京、杭州、济南、合肥、郑州、长沙、苏州、无锡、烟台等 16 个试点城市也成为试点城市，各自探索出转型升级、提升城市竞争力的新路子。进入"十二五"，国家发改委、科技部已先后批准了 42 个创新型城市建设试点。

面向"十二五"，我国提出要加快形成专业化、市场化的中国服务，推动特大城市形成以服务经济为主的产业结构。与"十一五"明显不同的是，国内主要城市在制订的"十二五"发展规划中，都清醒地认识到了这一阶段是城市转型发展，以现代服务经济体系的构建，来强化城市核心竞争优势的关键期，目标定位更高，而且结合自身的区位、产业基础和未来战略性新兴产业体系的构建以及"和谐城市"、"幸福城市"的愿景，来谋划具体的行动路径。但与国际城市发展创新型、服务型经济主要以市场导向不同，中国城市的创新型、服务型经济主要是政府引导的，政府主导创新，主导战略性新兴产业的规划发展，主导城市化进程和城市功能改造，固然可能会出现简单、重复、追求阶段性成效等弊端，但政府主导最大的好处是可以统筹城市规划、城市产业规划以及城市空间布局，可以主动推进城市转型、产业升级的战略行动，从而使创新型城市、服务型城市的建设行动同步和互动。就当前国内城市发展的主导特征来看，创新型城市大多是服务业较为发达的城市，而服务型城市大多以创新经济、新产业为重要支撑发展的城市，二者具备互动的条件，有助于最大限度地整合创新要素、生产要素和服务要素，从而加快提升转型升级的步伐。因此，面向"十二五"及未来相当长的一个时期，国内城市如何顺应全球产业结构和创新体系的变化趋势，如何告别对过去的"路径依赖"，将转变发展方式化为实际行动、特别是在尊重城市经济发展、城市转型规律的前提下，发挥政府在创新和服务活动中的规划、引导和调控作用，把推进城市创新、科技创新创业及产业创新，与城市化进程、城市功能的提升、城市空间的重组以及城市的转型战略进行有机结合，让先进生产要素在城市和区域空间内发挥"乘数效应"，已经成为我国当前和未来面临的重要现实课题。

三、我国创新型、服务型城市评价
体系的构建及实证分析

　　我国建设创新型、服务型城市的行动才刚刚起步，理论的依据固然重要，但更关键的是评价指标体系的导引，让各地的创新实践有一个明确的导向。因此，我们在总结国内外学者、研究机构有关创新型、服务型城市的研究文献，以及国内一些城市在建设创新型、服务型城市过程中所采用的创新能力评价指标体系的基础上，提出了一个整体的"创新

型、服务型城市"评价指标体系。

我们认为，创新型和服务型城市建设是一个有着广泛内容的系统工程，包含着城市系统多因素的创新和服务，"创新"主要指创新能力、创新精神、创新环境和文化，"服务"可以主要指在产业结构、服务型经济体系优化以及制度层面推进的服务型政府。一个城市整体的创新和服务能力的强弱，取决于人才、科技等要素的投入强度以及整个社会的基础设施、文化制度、宏观环境等的完善程度，特别是各要素之间的整合和协同作用。将创新型城市和服务型城市结合起来，研究和提出符合国际标准和我国实际情况的创新型服务型城市测度指标体系，包括定量的和定性的创新型服务型的指标与内容，可以指从创新型、服务型城市的人才培养指数、科学技术指数、基础设施指数、文化制度指数、经济结构指数、政府管理指数、辐射功能指数等七个方面的内容来构筑指标体系（见图1）。它们之间相互影响、相互作用，共同推动了城市创新、服务能力的提升。

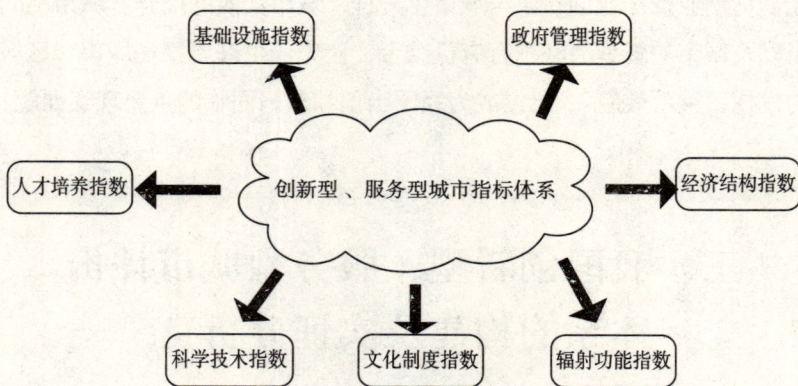

图1　创新型、服务型城市指标体系

依据指标的选取原则，我们设定的一级指标7个、二级指标22个和三级指标62个，建立起一个具有中国特色的、阶段性特征较强的创新型、服务型城市评价指标体系（见表1）。

表 1　"创新型、服务型城市"批标体系构成

一级指标	二级指标	三级指标	四级指标
Z1 创新型、服务型人才培养指数	Z11 人力资源质量指数	Z111 从业人员文化素质	成人（15 岁以上）识字率（%）
			大专以上人口数
			年平均人口（万人）
		Z112 各类专业人员指数	09 各类专业人员（人）
			08 各类专业人员（人）
		Z113 创业人员指数	单位从业人员（万人）
			私营和个体从业人员（人）
			09 单位从业人员（万人）
			09 私营和个体从业人员（人）
	Z12 人力资源配置指数	Z121 城市就业指数	登记失业人数（人）
			单位从业人员（万人）
			私营和个体从业人员（人）
		Z122 熟练工人获得便利性	问卷调查
		Z123 高级人才获得便利性	问卷调查
	Z13 人力资源教育指数	Z131 中等以上学生 / 全部学生数	小学生数
			普通高中
			高等教育
		Z132 人均公共教育支出	教育支出
			年均人口
		Z133 成人高等教育在校人数	成人高等教育在校人数（人）
Z2 创新型、服务型科学技术指数	Z21 科技实力指数	Z211 大学、科研院所指数	科研、技术服务和地质勘查业（万人）
		Z212 科技开发人员指数	科技活动人员
		Z213 R&D 投入综合指数	R&D 占产品销售收入
	Z22 科技创新能力指数	Z221 专利产品数	授权专利（件）
		Z222 论文发表数	论文发表数
	Z23 科技转化能力指数	Z231 产学研合作指数	问卷调查
		Z232 企业技术转化指数	问卷调查
		Z233 企业研发效率指数	(e11+e12)/ 各类专业人员
			企业研发效率
Z3 创新型、服务型经济结构指数	Z31 产业结构高级化程度指数	Z311 非农业增加值占 GDP 比重	非农增加值
			三产增加值
			GDP
		Z312 服务业增加值占 GDP 的比重	三产增加值
			GDP

续表

一级指标	二级指标	三级指标	四级指标
Z3 创新型、服务型经济结构指数	Z31 产业结构高级化程度指数	Z313 高科技从业人员占全部从业人员比例	信息传输计算机服务和软件业（万人）
			科研、技术服务和地质勘查业（万人）
			年末单位从业人员数（万人）
	Z32 经济结构转化速度指数	Z321 产业结构提升速率	非农增加值
			三产增加值
			非农产值提升速率
			服务业产值提升速率
		Z322 消费结构升级速率	09 恩格尔系数（%；逆）
			08 恩格尔系数（%；逆）
		Z323 城市化增长速率	年末总人口（万人）
			其中：非农业人口（万人）
			暂住人口（一个月以上）（万人）
			09 年末总人口（万人）
			09 年其中：非农业人口（万人）
			09 年暂住人口（一个月以上）（万人）
	Z33 产业聚集程度指数	Z331 产业空间聚集度	专家估计
		Z332 产业专业化聚集	专家估计
		Z333 产业社会聚集度	专家估计
Z4 创新型、服务型基础设施指数	Z41 市内基本基础设施指数	Z411 道路交通设施指数	人均道路面积
			公交车数量
		Z412 水电煤气设施指数	用水普及率（%）
			燃气普及率（%）
		Z413 文化卫生设施指数	影剧院、剧场个数
			医院（卫生院）个数
			万人医院床位（张）*
			年均人口
		Z414 城市旅游设施指数	星级饭店数（个）
	Z42 对外基本基础设施指数	Z5.2.1 路网设施指数	公路公里里程
			行政区域面积
		Z5.2.2 港口设施指数	港口货物吞吐量（万吨）
		Z5.2.3 航空设施指数	民航机场起降架次
	Z43 信息技术基础设施指数	Z431 每百人拥有移动电话机数	移动电话总用户数
			年均人口
		Z432 每百人拥有互联网用户数	互联网总用户数
			年均人口

续表

一级指标	二级指标	三级指标	四级指标
Z5 创新型、服务型文化制度指数	Z51 创业精神指数	Z511 辛劳精神	问卷调查
		Z512 闯荡意识	问卷调查
		Z513 竞争心理	问卷调查
	Z52 创新氛围指数	Z521 求新意识	问卷调查
		Z522 平等观念	问卷调查
		Z523 兼容心理	问卷调查
	Z53 产权保护制度指数	Z531 非规范收费收敛程度	问卷调查
		Z532 盗版知识产品状况	问卷调查
		Z533 法院体系保证履约状况	强制执行合同指数
	Z54 制健全程度指数	Z551 地方法规条例的健全性	问卷调查
		Z552 主要法规政策的连续性	问卷调查
		Z553 政策法规普及和透明度	问卷调查
Z6 创新型、服务型政府管理指数	Z61 政府规划能力指数	Z611 城市战略规划的科学性	问卷调查
		Z612 城市功能定位的准确性	问卷调查
		Z613 政府产业政策的准确性	问卷调查
	Z62 政府财政能力指数	Z621 城市人均财政收入水平	地方财政一般预算内收入（万元）
			年末总人口（万人）
		Z622 城市财政收入增长率	地方财政一般预算内收入（万元）
			09 年地方财政一般预算内收入（万元）
	Z63 政府服务能力指数	Z631 办事效率	问卷调查
		Z632 服务态度	问卷调查
		Z633 服务质量	问卷调查
	Z64 政府创新能力指数	Z641 执行政策的灵活性	问卷调查
		Z642 重大创新和成功经验	问卷调查
		Z643 学习能力和交流活动	问卷调查
Z7 创新型、服务型辐射功能指数	Z71 城市集聚扩散力	Z711 城市产业集群集中度	区位商
		Z712 城市流强度指标	城市功能效益 * 外向功能量
	Z72 城市对外联系力	Z721 城市外向度	外贸依存度
			当年实际使用外资额
		Z722 交通通达性	人均城市道路面积
			每万人拥有公共汽车数量

根据上述评价指标体系，我们以 54 个城市 [①] 的相关数据来进行实践验证，来认识当前国内城市在建设创新型、服务型城市具体行动中的阶段性特征。指标体系的指标有三类，分别为客观指标、专家打分和问卷调查指数。数据分别来源于 2000—2010 年的《中国城市经济年鉴》、《中国统计年鉴》、《中国城市建设统计年鉴》、《都市及区域发展统计汇编》及国家有关部委的专业年鉴和有关城市的统计年鉴。

从数据可比可加性考虑，对客观指标原始数据无量纲化处理，客观指标分为单一客观指标和综合客观指标。对于单一性客观指标原始数据无量纲处理，本文主要采取标准化、指数化和阀值法三个方法。标准化计算公式为：

$$X_i = \frac{x_i - \bar{x}}{Q^2}$$

x_i 为原始数据，$\bar{x}$ 为平均值，Q_2 为方差，X_i 为标准化后数据。指数法的计算公式为：

$$X_i = \frac{x_i}{X_{0i}}$$

x_i 为原始值，X_{0i} 为最大值，X_i 为指数。
阀值法：

$$X_i = \frac{x_i - x_{min}}{x_{max} - x_{min}}$$

---

① 中国社科院城市竞争力课题组连续 10 年发布的《中国城市竞争力报告》（社会科学文献出版社出版），对我国 286 个地级以上城市的综合竞争力进行了多角度、多层次、全方位的评价和分析，是目前比较权威的城市发展研究报告。本文根据经济、政治地位和行政级别依次选取国内 54 个主要城市，这些城市在《中国城市竞争力报告》中综合竞争力排名靠前。本文所引用的大部分数据来源于该课题组数据库。

X_i 为转换后的值，x_{max} 为最大样本值，x_{min} 为最小样本值，x_i 原始值。

综合客观指标原始数据的无量纲化处理是：先对构成中的各单个指标进行量化处理，然后再用等权法加权求得综合的指标值。在研究中，各级指标均通过主观与客观相结合的分析方法确定权重，指标的综合权重按照两种方法所确定的权重各占50%加权平均得到。其中，主观权重的确定运用了专家评价法，而客观权重的确定运用了方差权重法。主客观法相结合的优点在于能够综合考虑各个指标的现实重要性和数据特征。

我们对选取的国内54个城市的2001—2010年间的十年数据进行比较分析结果显示，2010年，居前十的城市分别为北京、上海、杭州、南京、深圳、青岛、广州、武汉、成都和无锡。其中，东南地区的城市占据了半壁江山，无锡作为唯一的地级市城市榜上有名。从地理位置的分布看，除武汉、成都外，其他8个城市均属于长三角、珠三角和环渤海经济带，具有得天独厚的区位、资本和人才吸引力等优势。从得分的绝对值看，排在第1和第2的北京和上海相差并不大，但明显高于紧随其后的其他城市，排在第4到第10名的城市之间差距较小。这一方面表明了北京和上海的创新、服务能力在全国各城市中居于绝对领先的地位，另一方面也表明沿海地区经济发达的城市在城市整体的创新服务能力上势均力敌（见表2）。

表2 2010年国内主要城市创新、服务能力测评得分情况

城市	综合得分	排名	城市	综合得分	排名	城市	综合得分	排名
北京	0.864	1	合肥	0.613	19	嘉兴	0.570	37
上海	0.838	2	大连	0.612	20	长春	0.566	38
杭州	0.711	3	佛山	0.611	21	南昌	0.562	39
南京	0.682	4	珠海	0.608	22	东莞	0.561	40

续表

城市	综合得分	排名	城市	综合得分	排名	城市	综合得分	排名
深圳	0.681	5	福州	0.607	23	太原	0.561	41
青岛	0.670	6	温州	0.606	24	南宁	0.558	42
广州	0.666	7	西安	0.603	25	石家庄	0.557	43
武汉	0.662	8	烟台	0.600	26	昆明	0.553	44
成都	0.648	9	台州	0.600	27	徐州	0.550	45
无锡	0.643	10	绍兴	0.599	28	唐山	0.550	46
长沙	0.641	11	芜湖	0.592	29	包头	0.549	47
苏州	0.639	12	威海	0.591	30	海口	0.549	48
宁波	0.637	13	南通	0.589	31	哈尔滨	0.537	49
厦门	0.632	14	重庆	0.589	32	柳州	0.535	50
中山	0.626	15	沈阳	0.585	33	潍坊	0.533	51
济南	0.623	16	惠州	0.581	34	泉州	0.525	52
常州	0.616	17	扬州	0.580	35	淄博	0.523	53
天津	0.614	18	郑州	0.579	36	呼和浩特	0.507	54

　　城市创新力、服务力的综合提升不是一蹴而就的，都要经历一个系统、可持续提升的过程。通过对这些城市10年间的数据分析，我们发现，在排名前15位的城市中，除了北京、上海牢牢占据前两位外，省会城市、副省级城市之间因综合实力差距相对较小，争先进位的势头最猛（见表3）。同时，因城市所在区域的不同，创新力、服务能力差距，呈现明显的"阶梯式"特征。就总体排名看，从2001—2010年，东部沿海地区的创新服务能力较强，即前15个城市几乎都有接近10个左右的城市分布在东南地区，环渤海和中部地区处于中游水平，东北和西部地区最弱，这与我国经济社会的不平衡发展相符合，也与区域间科技和教育投入水平的参差不齐密切相关（见表4）。

表3 2001—2010年创新型、服务型综合实力排名前十五的城市

年份 排名	2001	2002	2003	2004	2005	2006	2007	2008	2009	2010
1	北京	上海	上海	上海	北京	北京	上海	北京	北京	北京
2	上海	北京	北京	北京	上海	上海	北京	上海	上海	上海
3	惠州	深圳	深圳	深圳	深圳	深圳	深圳	深圳	深圳	杭州
4	佛山	广州	绍兴	广州	无锡	青岛	广州	杭州	杭州	南京
5	苏州	杭州	广州	杭州	广州	无锡	青岛	广州	南京	深圳
6	长春	佛山	杭州	成都	杭州	广州	杭州	青岛	广州	青岛
7	泉州	无锡	宁波	青岛	青岛	杭州	南京	苏州	苏州	广州
8	宁波	苏州	温州	宁波	苏州	绍兴	长沙	无锡	青岛	武汉
9	重庆	西安	成都	南京	中山	南京	宁波	宁波	厦门	成都
10	台州	青岛	佛山	东莞	扬州	天津	苏州	长沙	宁波	无锡
11	烟台	中山	南京	厦门	成都	苏州	天津	南京	无锡	长沙
12	武汉	重庆	苏州	绍兴	宁波	长沙	无锡	武汉	天津	苏州
13	南宁	南京	青岛	佛山	长沙	扬州	合肥	温州	中山	宁波
14	威海	绍兴	嘉兴	温州	温州	成都	绍兴	绍兴	武汉	厦门
15	常州	温州	长沙	天津	南昌	东莞	武汉	东莞	成都	中山

表4 2001—2010年创新型、服务型综合实力排名前十五的城市区域分布

年份 区域	东南	东北	环渤海	西北	西南	中部
2001	8	1	3	0	2	1
2002	11	0	2	1	1	0
2003	11	0	2	0	1	1
2004	11	0	3	0	1	0

续表

区域\年份	东南	东北	环渤海	西北	西南	中部
2005	10	0	2	0	1	2
2006	10	0	3	0	1	1
2007	9	0	3	0	0	3
2008	11	0	2	0	0	2
2009	10	0	3	0	1	1
2010	10	0	2	0	1	2

四、国内城市提升创新型、服务型城市建设水平的对策建议

在全球城市体系的演进中，国内主要城市的转型发展，将迎来未来五到十年的"黄金窗口期"。从战略层面来看，我国的新型城市化及城市转型战略的推进，必须实施以创新驱动为核心战略，着力发展创新型、服务型经济，以开放的自主创新来构建国际水准的现代产业体系，以现代产业体系提升城市整体功能的实践路径。

从投资拉动向创新驱动转变，以工业为主导的产业体系向以服务业为主导的产业体系转变，由单一的城市功能向综合的服务功能转变等，是当前国内城市转型发展的主要内容。在创新型、服务型城市的建设过程中，完全可以通过创新 DNA 的培育和扩散，创新能力的提升，改变国内城市发展中长期依赖资金要素投入的问题。通过服务型经济的发展，则可以提高产业的附加价值。可以说，创新型、服务型城市的建设，是推动我国城市转型发展的重要契机。由此，建议在以下几个方面加大力度，寻求整体的突破：

（一）全面落实"顶层设计"，将经济发展 与城市转型战略有机结合

建设创新型、服务型城市，国内城市首先要明确向世界先进城市和地区学习的理念，全方位推进制度创新，构建吸引创新资源、人才、资本等关键要素的体制机制。在城市发展激烈竞争的今天，以谁为参照物，向谁学习，直接关系到一个城市的进取心和动力源。世界先进城市和地区是引领世界城市经济、技术以及先进管理经验的发展方向，现代化水平较高、可持续发展能力较强、人居环境优良的城市，以世界先进城市和地区为榜样、为标杆，通过学习和借鉴这些城市和地区在创新型、服务型城市建设中的先进理念、成功经验和措施以及曾经出现的问题及矛盾等，可以使一批国内城市在推进创新型、服务型城市建设的过程中更好地发挥后发优势，避免重蹈它们曾经走过的弯路，实现跨越发展。

（二）突出创新引领作用，强化区域中心城市的 "创新中心"、"服务中心"功能

首先，要在全球范围内吸引、整合创新资源，运用城市的综合功能优势、科教优势、人居优势和文化资源丰厚优势等，以系统的创新制度政策为支撑，"诱导"高新技术前沿领域的人才、项目前来国内城市创业和市场转化，促使更多的国际大企业来设立研发中心、区域管理和营销总部，建立以生产服务业为主导的新型产业链，加快形成大区域的"创新中心"、"服务中心"效应。世界创新型城市发展的实践表明，以原始创新为基础的研发机构、研究型产业的创新能力最强，一个城市的创新能力与全要素生产率的水平、经济增长关系密切。国内城市只有采

取面向国际一流高校和研发机构的开放式创新，加快提升自主创新能力，形成以自主创新主导的现代产业体系，并形成创新、包容的文化环境，才能成为真正的"创新中心"、"服务中心"。

（三）完善服务经济体系，促进城市服务功能的整体提升

从生产型、制造型城市向服务型、商务型城市转型，形成以服务经济主导的产业体系，是现代城市转型升级的基本规律。作为大城市、中心城市，发展现代服务业带来的不是简单的经济增长，更重要的是带来就业人口结构的优化、大大提高城市的经济容积率，并成分调整城市的功能，其资源整合效应、溢出效应，将有助于城市创新力的提升和创新文化的形成。基于此，国内城市要充分认识到现代服务业，尤其是生产性服务业对城市转型发展的影响，将加速发展现代服务业、加快形成现代服务经济体系，作为整体提升城市服务功能的重要抓手。建立和完善现代服务业的标准体系，为现代服务业的发展建立良好的技术平台，探索和建立有利于现代服务业发展的制度环境。

（四）谋划协同推进机制，让服务型、创新型城市建设形成良性互动

现代城市演进的过程中，创新、服务的功能是相互促进、互为一体的。一方面，创新型经济本身就是服务型经济中的重要组成部分，服务型城市内涵中所包含的产业结构优化、服务型经济体系的建立等为"创新"要素的发展提供了巨大的空间，服务型政府的建设则进一步为创新型城市的发展创造了良好的外部条件。另一方面，"创新"所包含的创

新能力、创新精神、创新环境和文化等要素，则是服务型经济全面发展的必要条件。现代服务业是高知识含量、高技术密集的行业，其发展需要技术创新以及创新型人才的支撑。所以，促进城市创新型、服务型功能的同步发展，可以更好地促进城市发展中各要素之间的整合和协同，实现城市功能的整体提升。首先，国内城市应在分别研究创新型、服务型城市发展机理的基础上，进一步深入分析二者之间互为影响的内在机制和关系，从制约的共性问题入手，寻求推进城市转型的突破点和着力点。探索建立创新与服务互相促进的良性机制。其次，要加强公共服务平台的建设，为创新型和服务型城市建设创造良好的产业基础。应科学合理规划城市公共服务平台（尤其是技术公共平台）的布局，对现有科技平台等公共服务平台进行整合、重组和优化。探索建立商务型、保障型和技术型公共服务平台，并进一步明确这三大平台的主管部门，减少管理权限的重叠和失当。最后，制定创新型、服务型城市协同推进的制度体系，推进政府的部分科技组织功能向共性技术研发平台延伸，以持久活力发挥公共技术服务平台的作用。

主要参考：

1.　尹继佐：《世界城市与创新城市》，上海社会科学院出版社 2003 年版。

2.　杨冬梅、赵黎明、闫凌州：《创建型城市：概念模型与发展模式》，《科学学与科学技术管理》，2006 年。

3.　代明：《自主创新型城市的四大功能标志》，《特区经济》2005 年第 12 期。

4.　范柏乃、单世涛、陆长生：《城市技术创新能力评价指标筛选方法研究》，《科学学研究》2002 年第 12 期。

5.　刘凤朝、潘雄锋、施定国：《基于集对分析法的区域自主创新能力评价研究》，《中国软科学》2005 年第 11 期。

6.　彭永芳、张圣泉：《创建服务型城市：我国城市化道路的现实选择》，《商业研究》2007 年第 11 期。

7. 席芳、黄大全、张少伟:《中国服务型城市建设问题及发展对策》,《规划师》2011 年增刊。

8. 裴长洪、李程骅:《论我国城市经济转型与服务业结构升级的方向》,《南京社会科学》2010 年第 1 期。

9. 胡鞍钢:《中国创新绿色发展》,中国人民大学出版社 2012 年版。

10. 徐井宏、张红敏:《转型:国际创新型城市案例分析》,清华大学出版社 2011 年版。

11. 尤建新等:《创新型城市建设路径的思考:上海与深圳的比较》,清华大学出版社 2012 年版。

12. (美)杰里米·里夫金:《第三次工业革命》,中信出版社 2012 年版。

长三角城市低碳发展能力的测度与比较[*]

宋　蕾

（中国浦东干部学院）

一、低碳城市研究综述

自 2008 年世界自然基金会在中国开展低碳城市发展项目以来，我国各地方也积极实践城市低碳化发展的转型。2010 年 8 月，国家发改委把广东、辽宁、湖北、陕西、云南五省和天津、重庆、深圳、厦门、杭州、南昌、贵阳、保定八市列为低碳试点省市。但是，城市如何发展才算低碳？如何比较不同资源禀赋的城市在低碳发展中的能力差异？

我国学者对低碳城市的内涵进行了广泛的研究和界定。夏堃堡 (2008) 认为低碳城市的核心是城市实行低碳经济，包括：低碳生产和低碳消费，建立资源节约型、环境友好型社会，建设一个良性的可持

---

* 项目基金：杭州资源节约、环境友好型社会建设案例研究 (Celap2012-YZD-CAS-09)；国家社科基金青年项目"我国发展低碳经济的激励问题" (11CJL055)。

续发展的能源生态体系。[①] 辛章平等认为低碳城市的核心是降低能源消耗、减少二氧化碳排放，并认为低碳城市是低碳经济发展的必然过程。[②] 刘志林（2009）等学者对低碳城市的界定更加强调"低碳社会"建设的重要性，即：公众的"低碳理念"和生活方式低碳化。[③] 戴星翼（2009）将低碳城市建设归纳为四个层次：区域环境污染治理、城市规划、建筑和公共设施运行及城市生活的低碳化。[④] 总之，低碳城市的建设具有多元化的治理目标和发展维度，包括：生产低碳化、消费低碳化、能源低碳化、社会发展低碳化、技术发展低碳化和规划的低碳化。

基于低碳城市建设的多元发展目标，低碳城市评价体系尚未形成统一标准。付允从经济、社会和环境等三个方面，描述了城市低碳的 8 大状态，并通过构建 23 项具体指标来评价城市发展的低碳水平。[⑤]2009 年，中国社会科学研究院公布的低碳城市标准体系，涉及低碳生产力、低碳消费、低碳资源和低碳政策等四大类共 12 个相对指标，其中包括：人均碳排放量、可再生能源占一次能源比例、人文发展指标等。[⑥] 陈飞、诸大建提出简便可行的评价体系，即采用年人均 GDP 增长率的能耗及 CO_2 排放增长率比例体系来评价城市低碳发展效果。

---

① 夏堃堡：《发展低碳经济，实现城市可持续发展》，《环境保护》2008 第 2A 期。
② 辛章平、张银太：《低碳经济与低碳城市》，《城市发展研究》2008 年第 4 期。
③ 戴亦欣：《低碳城市发展的概念严格与测度初探》，《现代城市研究》2009 年第 5 期。
④ 戴星翼、陈红敏：《低碳生态城市的政策体制研究》，见中国城市科学研究会：《中国低碳生态城市发展报告》，北京：中国建筑工业出版社 2010 年版。
⑤ 付允：《低碳城市的方法与支撑体系研究》，《人口、资源与环境》2010 年第 8 期。
⑥ 庄贵阳：《低碳试点城市低碳发展指标比较》，《中国建设信息》2010 年第 21 期。

二、低碳城市评价体系的研究方法

（一）DPSIR 模型

DPSIR 模型是一种在环境体系中广泛使用的评价指标体系概念模型，主要描述环境与人类行为关系，是环境社会学常用的一种研究方法。它基于社会、经济和环境体系的内在关系来组织信息和构建指标体系。DPSIR 分析框架是从 PSR(Pressure-State-Response) 模型演变而来。DPSIR 模型不仅包括压力（Pressure）、状态（State）、响应（Response）指标，还扩展出驱动力（Driving forces）和影响（Impact）指标，后两个指标是对"压力"和"状态"指标的细化。这五种类型指标之间存在关联的因果关系。

低碳城市评价体系是城市低碳化发展的目标，是城市能源使用效率的度量标准和管理基准，其评价的核心是测评城市的人均碳排放量和碳生产率，即测评城市建设的低碳技术、排放水平和制度创新。但由于城市空间规划、区域经济社会发展阶段、能源消费特点等的不同，使得不同城市的低碳发展历史基点、现状、节能减排空间（节能难度）、节能投入等多方面都存在较大差异。因此，本文拟在在前人研究成果的基础上，综合考虑影响城市低碳发展的影响因素，并采用 DPSIR 模型构建低碳城市发展能力的评价指标体系。

（二）研究方法

本研究将基于 DPSIR 模型构建低碳城市评价指标体系，并运用层次分析法对上海、江苏、浙江的 20 座长三角城市进行实证分析和综合性评价。具体方法如下：

（1）运用 DPSIR 模型，构建评价低碳城市发展水平的普适性指标体系。该体系由三级指标构成。其中，一级指标为低碳城市发展评价指标；二级指标有驱动力指标、压力指标、响应指标和影响指标。三级指标为二级指标的影响因子体系。

（2）运用因子分析法，对系统评价指标进行赋权。假设有 n 个准则层指标，每个指标有 m 个观测变量，分别为 x_1，x_2，……，x_m，其中 x_i 是均值为 0，方差为 1 的标准化变量。则因子模型为：

$$x_1=a_{11}f_1+a_{12}f_2 + \cdots a_{1k}f_k + \mu_1 \quad (i=1, 2, \cdots, k)$$
$$x_1=a_{21}f_1+a_{22}f_2 + \cdots a_{2k}f_k + \mu_1 \quad (i=1, 2, \cdots, k)$$
$$\vdots$$
$$x_1=a_{i1}f_1+a_{i2}f_2 + \cdots a_{ik}f_k + \mu_1 \quad (i=1, 2, \cdots, k)$$
$$x_n=a_{i1}f_1+a_{i2}f_2 + \cdots a_{ik}f_k + \mu_1 \quad (i=1, 2, \cdots, k)$$

（公式1）

其中，$k<m$，f_1，f_2，$\cdots$，f_k 为公共因子，解释变量之间的相关性；a_{ik} 为因子载荷，是第 i 个原有变量在第 k 个因子上的负荷，其值小于或等于 1，且绝对值越接近 1，表明 f_1 与变量 x_i 的值越相关；μ_1 为特殊因子，表示不能被公共因子所解释的特征。该模型的矩阵形式为：

$$X=AF + \mu。$$

（公式2）

其中 A 为载荷矩阵 A。

因子分析的步骤基本可以概括为：（1）因子分析的前提条件，即计算相关系数矩阵和 KMO 检验。如果相关系数矩阵中的大部分相关系数值均小于 0.3，则变量不适合做因子分析。如果用 KMO 检验，当 KMO 小于 0.5 时，不适宜做因子分析，大于 0.9 时，效果最佳。（2）求公共因子的特征值和贡献率。本研究通过主成分析法，选择特征值大于 1 的特征根和累计方差贡献率大于 85% 的因子，并确定初始因子载荷矩阵。（3）对初始因子载荷矩阵进行旋转处理，使因子更具解释性。（4）采取回归法估计因子得分系数，构建得分函数，并计算不同指数样本的因子得分。（5）计算综合因子得分。[1]

三、低碳城市发展能力评价体系

（一）低碳城市指标分析

1. 驱动力指标。DPSIR 模型中的"驱动力"是指造成环境变化的潜在原因。本文定义其为影响城市碳排放量的决定因素。根据"I=PAT"方程式[2]，环境影响（I）主要受到人口规模（P）、人均财富（A）对环境带来污染的技术水平（T）的影响。因此，驱动力指标包括：人口总数、人口增长率、人均可支配收入、人均工业增加值、城市化率（城镇人口占总人口的比例）、能源结构（煤炭占能源结构的比重）、新能源比例等。其中后三个指标为技术决定的因素。

2. 压力指标。压力与驱动力类似，均指影响碳排放量的"外力"作用，但压力主要指造成环境影响的直接原因。对低碳城市发展的压力评价可以包括两个方面：生产性能耗指标和消费方式的能耗影响指标。生产性能耗指标包括：单位 GDP 能耗、单位 GDP 电耗、单位工业增加值能耗、单位 GDP 用水量、单位工业增加值用水量、工业用水重复利用率等。消费方式的能耗影响指标包括：人均能耗 / 电耗 / 水耗量等、绿色出行比例（每百万人所拥有的公共交通辆数）、人均绿地面积、低耗能建筑比例等。

3. 状态指标。状态指标是指在驱动力和压力的作用下生态环境所处的状态。本文选取表示大气污染排放状态和社会低碳发展程度作为衡量

---

[1]　张文彤：《SPSS 统计分析教程（高级篇）》，北京希望电子出版社 2002 年版。

[2]　该方程式又被称为 STIRPAT 模型，由 Ehrlich 和 Holden(1972) 首次提出，被广泛用于分析环境变化的决定性因素。

指标。大气污染排放指标包括：二氧化硫排放量、二氧化碳排放量、化学需氧量排放量、单位 GDP 的二氧化碳 / 二氧化硫 / 化学需氧量的排放量等。社会低碳发展程度主要指污染物排放的人均情况，其指标包括：人均二氧化碳 / 二氧化硫 / 化学需氧量的排放量等。

4. 影响指标。影响是指碳排放导致的气候变化（包括气候变率和极端气候事件）对城市生态环境和社会经济发展的影响程度。气候经济学研究也称其为"气候脆弱性"。其包括气候变化对自然生态系统的影响和对社会经济系统的影响。自然生态系统的脆弱性包括：土地利用变化、生物多样性、水资源可利用性和水质情况、海岸带和河流流域安全以及自然灾害对城市基础设施的破坏风险程度。对应的指标层包括：降水量变化值、平均气温变化率、植被覆盖率、生物多样性、空气质量、水质优良率、气候变化导致的自然灾害频发率等。社会经济系统的脆弱性包括：自然灾害造成的直接经济损失和人口伤亡率、健康损害程度、农作物产量的损害程度，气候变化对农业的影响导致的社会贫富差距变化、就业市场稳定性等。对应的指标可以包括：经济损失评估值、人群健康影响、人类社会发展指数、恩格尔系数等。

5. 响应指标。响应是在应对环境问题的过程中所采取的管理措施。本文将其定义为减缓和应对气候变化所采取的政策措施、低碳技术开发的财政投入等。可包括的指标有 R&D 投入占财政支出的比例、低碳技术 R&D 投入占总 R&D 投入的比例、温室气体捕捉与封存（CCS）比例、工业废水排放达标率、工业 SO_2 去除率、工业固体废弃物综合利用率、工业烟尘去除率、节能家电使用率、生活污水集中处理率、生活垃圾无害化处理率、污染治理投资额占 GDP 的比重等。

（二）建立指标体系

根据以上指标的描述和分析，设计如表 1 所示的低碳城市评价指标体系。该指标体系根据层次高低不同将指标逐层细化。目标层为城市低碳评价的综合指标。准则层由 DPSIR 模型的五个指标构成，是综合指标的分指标。方案层是对准则层的现状和发展趋势的描述和解释，是准则层的分指标。具体因子是方案层的细化指标和具体量度。为了使指标更具有实用性，本研究对具体因子的甄选满足两方面要求：一是指标要简化，使评价方法简便易行；二是因子的数据要易于搜集和计算。

表 1　低碳城市发展能力评价体系

（Table1: The index system of low-carbon city development）

目标层	准则层	方案层	具体因子	单位	指标趋势
低碳城市评价指标 A	驱动力 B1	人口 C1	城市人口 D1	万人	-
		收入 C2	人均可支配收入 D2	元	-
		技术 C3	城市化率 D3	%	-
			能源结构 D4	%	-
	压力 B2	资源消耗 C4	单位 GDP 能耗 D5	吨标煤 / 万元	-
			单位 GDP 电耗 D6	千瓦时 / 万元	-
			单位工业增加值能耗 D7	吨标煤 / 万元	-
			单位 GDP 用水量 D8	立方米 / 万元	-
		消费模式 C5	人均生活用水量 D9	立方米	-
			万人拥有公交车辆 D10	辆	+
			人均生活能源消耗 D11	吨	-
	状态 B3	污染排放 C6	单位 GDP 的 CO_2 排放 D12	吨 / 万元	-
			单位 GDP 的 SO_2 排放 D13	吨 / 万元	-
			单位 GDP 的 COD 排放 D14	吨 / 万元	-
		社会低碳程度 C7	人均 CO_2 排放 D15	吨	-
			人均 SO_2 排放 D16	吨	-
			人均 COD 排放 D17	吨	-
	影响 B4	生态影响 C8	年平均气温变化 D18	℃	
			空气质量等于或好于二级的天数 D19	天	+
			区域空气质量达标率 D20	%	+
		社会影响 C9	恩格尔系数 D21	%	+

续表

目标层	准则层	方案层	具体因子	单位	指标趋势
低碳城市评价指标A	响应B5	资金支持C11	R&D 投入占财政支出的比例 D22	%	+
			R&D 投入占地方财政支出比重 D23	%	+
			污染治理投资额占 GDP 的比重 D24	%	+
		治理措施C12	生活垃圾无害化处理能力 D25	吨/月	+
			工业废水排放达标率 D26	%	+
			工业固体废弃物综合利用率 D27	%	+
			人均绿地面积 D28	平方米	+

说明：+ 标示指标与低碳城市评价总指标为正向作用趋势；－标示指标的作用趋势为负向。

四、实证分析：长三角城市低碳发展能力评价

（一）数据来源和整理

1.数据来源

选择上海、江苏、浙江地区的 20 个长三角城市作为研究样本，包括：上海、南京、苏州、无锡、常州、扬州、镇江、泰州、南通、舟山、盐城、淮安、杭州、宁波、绍兴、嘉兴、湖州、台州、金华、衢州。样本数据主要来源于 2010 年度的《中国统计年鉴 2010》①、《中国能

① 国家统计局：《中国统计年鉴 2010》，中国统计出版社 2010 年版。

源统计年鉴2010》[1]、《中国环境统计年鉴》[2]、《各省、自治区、直辖市单位 GDP 能耗等指标公报》、《上海市统计年鉴》、《江苏省统计年鉴》、《浙江省统计年鉴》、《长三角统计年鉴》等。其中，各城市的二氧化碳排放量的统计数据，是先将各城市的煤炭、石油、天然气消费量分别根据国家统计局公布的《各种能源折标准煤参考系数》折算为标准煤，再分别乘以相应二氧化碳排放系数 S_i ；其中，根据谭丹等（2008）[3] 搜集的有关能源消耗的二氧化碳排放系数，将能源消耗的二氧化碳排放系数界定为 $S_{煤炭}$=2.6873， $S_{石油}$=2.0438， $S_{天然气}$=1.5495

在本研究中，由于 21 座城市的"影响"和"响应"指标存在大量数据的缺失，因此，低碳城市的评价指标体系的实证研究仅选择"驱动力"、"压力"和"状态"指标开展分析。

2. 数据处理

指标体系涉及范围较广，通常各层次指标对低碳城市的评价目标具有正向、逆向和定性等不同作用趋势，为此需要采取一定方法将逆向指标转化为正向指标，对定性指标给予赋值，即数据的同趋势化。此外，各种指标具有不同的属性和单位，没有统一的度量标准，需要进行标准化，将所有变量数据转化为均值为 0，方差为 1 的标准化数值，以去除量纲的影响。标准化的方法如下：

$$对正向指标：X_i = \frac{x_i - \bar{x}}{s} \qquad （公式3）$$

$$对负向指标：X_i = \frac{\bar{x} - x_i}{s} \qquad （公式4）$$

其中，$\bar{x}$ 和 s 为样本数据的平均值和标准差，计算公式为：

---

[1]　国家统计局能源统计司:《中国能源统计年鉴 2010》,中国统计出版社 2010 年版。
[2]　国家统计局、环境保护部:《中国环境统计年鉴 2010》,中国统计出版社 2010 年版。
[3]　谭丹、黄贤金:《我国东、中、西地区经济发展与碳排放的关联分析和比较》,《中国人口、资源与环境》, 2008 年第 3 期。

$$\bar{x} = \frac{1}{n}\sum_{i=1}^{n}x_i \qquad\qquad (公式\ 5)$$

$$s = \sqrt{\frac{1}{n-1}\sum_{i=1}^{n}(x_i - \bar{x})^2} \qquad\qquad (公式\ 6)$$

（二）因子分析的前提条件

运用 SPSS 中的因子分析程序，分别对 D1—D4，D5—D11,D12—D17 这三组原始数据（见表 1）进行标准化，并通过相关系数矩阵对变量之间的线性关系进行检验。如表 2 所示。从相关系数矩阵表 2 看，人均可支配收入与城市化率的相关性为 0.754，能源结构和人均可支配收入的相关性为 0.709，变量之间都存在较好的内在关联。从三组的 KMO 检验结果来看，"驱动力"、"压力"和"状态"指标的 KMO 分别为 0.625，0.679，0.869。可见，尽管驱动力指标的四个指标的相关性较弱，但也满足 KMO 检测 0.625 大于 5 的要求。因此，该指标体系适合进行因子分析。

表 2　驱动力指标相关系数矩阵
(Table2: Correlation Matrix of Driving Force Index)

	总人口	人均可支配收入	城市化率	能源结构
总人口	1.000	−0.300	0.048	0.072
人均可支配收入	−0.300	1.000	0.754	−0.709
城市化率	0.048	0.754	1.000	−0.791
能源结构	0.072	−0.709	−0.791	1.000

（三）因子分析

以系数相关程度最高、因子分析法检测效果最好的状态指标（第三组数据 D12—D17）为例。用 SPSS 软件对变量进行标准化处理，并对标准化后的数据进行主成分析，得出公共因子的特征值、贡献率和累计贡献，如表 3 所示。

表 3　状态指标公共因子的特征和贡献率

（Table 3: The Total Variance Explained of Pressure Index）

编号	初始因子解			提取因子解			最终因子解		
	特征根	方差贡献率（%）	累计方差贡献率（%）	特征根	方差贡献率（%）	累计方差贡献率（%）	特征根	方差贡献率（%）	累计方差贡献率（%）
1	4.004	66.733	66.733	4.004	66.733	66.733	3.069	51.144	51.144
2	1.443	24.052	90.784	1.443	24.052	90.784	2.378	39.640	90.784
3	0.345	5.747	96.532						
4	0.147	2.458	98.989						
5	0.045	0.752	99.741						
6	0.016	0.259	100.000						

在主成分分析列表中，第一主成分特征根为 4.004，它解释了 66.7% 的主变异；第二主成分特征根 1.443，解释了总变异的 24%，累计方差贡献率为 90%。提取主成分累计贡献率达到 85% 以上的公共因子，得到 2 个有效因子和初始因子载荷矩阵。因子表达式分别如公式 7 所示：

单位 GDP 的 SO_2 排放量：$zx_1=0.904z_1-0.394z_2+\mu_1$

人均 SO_2 排放量：$zx_2=0.883z_1-0.386z_2+\mu_2$

单位 GDP 的碳排放量：$zx_1=0.857z_1-0.44z_2+\mu_3$　　　　（公式 7）

人均 COD 排放量：$zx_1=0.857z_1-0.427z_2+\mu_4$

单位 GDP 的 COD 排放量：$zx_1=0.834z_1-0.42z_2+\mu_3$

人均 CO_2 排放量 $zx_1=0.493z_1-0.766z_2+\mu_6$

该因子表达式（公式 7）中，前 5 个变量与公共因子 1 的相关程度较高，而与第 2 公共因子的相关性较小，仅人均 CO_2 在第 2 公共因子上的载荷达到 70% 以上，说明第 2 公共因子对变量的解释不显著。为了使每个公共因子更具解释性，采取方差最大化正交旋转。从旋转后的载荷矩阵（如表 4 所示）可见，SO_2 强度、碳排放强度、COD 强度在第 1 公共因子上的载荷较高，且三个变量都是对"污染排放状态"进行描述，因此可解释为污染排放状态指标 z_{s1}；人均 CO_2、人均 COD、人均 SO_2 在第 2 因子的载荷较高，可解释为社会低碳状态指标 z_{s2}。

表 4　方差最大化旋转后的因子载荷矩阵
Table 4: Rotated Component Matrix

	公共因子 1	公共因子 2
SO_2 强度	0.958	0.233
碳排放强度	0.949	0.167
COD 强度	0.918	0.169
人均 CO_2	-0.070	0.908
人均 COD	0.425	0.858
人均 SO_2	0.470	0.841

对旋转后的因子载荷矩阵，采用回归分析估算因子得分系数，求得单因子得分函数：

$$Z_{s1}=0.355zx_1+0.345zx_2+0.342zx_3-0.223zx_4+0.014zx_5-0.008zx_6$$

（公式 8）

$$Z_{s2}=-0.114zx_1-0.081zx_2-0.106zx_3+0.497zx_4+0.346zx_5+0.365zx_6$$

（公式 9）

其中为标准化后的样本数据。根据因子得分函数（公式 8—9），可计算出各变量的因子分值。如表 7（Z_1，Z_2 列），以两个公共因子的方差贡献率为权重，建立综合因子计分模型：

$$Z_{状态}=0.5114z_{s1}+0.3964z_{s2}$$

（公式 10）

其中，将标准化样本数据带入公式 10，可以得到各城市低碳发展状态指数。如表 5（Z 列）所示。其中，状态指标排在前 5 位的分别为盐城、舟山、扬州、南通和泰州。

表 5　长三角 21 个城市低碳发展状态的因子得分
(Table 5: The Factor Scores of the "State" Index in Yangtze River Delta Areas)

	城市	Z_1	Z_2	Z
1	上海	0.9051	-1.3594	-0.0758
2	南京	0.0820	-1.3687	-0.5001
3	苏州	1.4497	0.7146	1.0238
4	无锡	1.4847	0.9232	1.1243
5	常州	0.8441	0.3886	0.5852
6	扬州	-0.2431	0.3757	0.0246
7	镇江	0.1874	-0.9535	-0.2818
8	泰州	0.5489	0.2673	0.3863
9	南通	0.6526	1.2172	0.8155
10	盐城	1.6005	0.2571	0.9196
11	淮安	-0.4250	0.9394	0.1548
12	杭州	0.7068	-0.9894	-0.0307
13	宁波	-0.4992	-1.4140	-0.8150
14	绍兴	0.4558	-0.5977	-0.0038
15	嘉兴	-1.3996	-1.6481	-1.3678
16	台州	-0.7877	-0.1507	-0.4622
17	舟山	-1.3086	-0.6584	-0.9294
18	金华	0.0051	1.5087	0.6000
19	衢州	-1.5696	1.2628	-0.3020
20	湖州	-0.8300	-0.3131	-0.5481

同理，采用与"状态"指标相同的因子分析方法和步骤，分别对驱动力指标和压力指标进行数据处理和分析。驱动力指标 $Z_{驱动力}$ 和压力指标 $Z_{压力}$ 的综合因子得分模型分别为：

$$Z_{驱动力}=0.433z_{d1}+0.314_{d2} \tag{公式 11}$$

$$Z_{压力}=-0.430z_{p1}+0.298z_{p2} \tag{公式 12}$$

其中，z_{d1} 表示"技术因素"指标，解释城市化率、能源结构两个变量；z_{d2} 表示"社会经济"指标，解释人口、人均收入变量；z_{p1} 表示"资源消耗压力"，解释的变量包括：单位 GDP 能耗、单位 GDP 电耗、单位工业增加值和单位 GDP 水耗；z_{p2} 表示"消费模式"，解释变量包括人均用水量、万人拥有公交车辆、人均生活能耗。

从三个指标的综合因子计分模型（公式 10—12）来看，"技术"因素在"驱动力"指标中占较大权重，"资源消耗"因素在"压力"中占较大权重；"污染物排放"因素比"社会低碳程度"因素在"状态"指标中所占比重大。

（四）综合评价与比较分析

通过 SPSS 统计工具和综合因子得分模型，计算获得长三角城市的"驱动力"指数 $Z_{驱动力}$、"压力"指标 $Z_{压力}$、"状态"指标 $Z_{状态}$。如表 8 所示。在低碳城市发展能力评价中，很难评价驱动力、压力和状态指标的权重差异，因此，本研究采取等权重处理，即：$A_i = \dfrac{Z_{驱动力i} + B_{压力i} + B_{状态i}}{3}$，可得到长三角 20 座城市低碳发展的综合评价指数和排序，如表 6 所示。

表 6　长三角 21 个城市低碳发展综合评价与排名
(Table 6: Comprehensive Evaluation of Low-carbon City in Yangtze River Delta Areas)

序列	城市	驱动力指数 $Z_{驱动力}$	压力指数 $Z_{压力}$	状态指数 $Z_{状态}$	低碳城市发展评价指数 A	排序
1	上海	−1.5801	−0.8304	−0.0758	0.6093	20
2	南京	−0.3567	−0.9770	−0.5001	0.4481	19
3	苏州	0.2276	0.0929	1.0238	0.4337	3
4	无锡	0.5042	0.1774	1.1243	0.4185	2
5	常州	0.4687	−0.1042	0.5852	0.3423	7
6	扬州	0.6797	0.5513	0.0246	0.3166	5

续表

序列	城市	驱动力指数 $Z_{驱动力}$	压力指数 $Z_{压力}$	状态指数 $Z_{状态}$	低碳城市发展评价指数 A	排序
7	镇江	0.6428	0.1089	−0.2818	0.2336	9
8	泰州	0.2316	0.4089	0.3863	0.1566	6
9	南通	−0.0462	0.5317	0.8155	0.1031	4
10	盐城	0.2009	0.7073	0.9196	0.0288	1
11	淮安	−0.5360	0.0664	0.1548	0.0138	14
12	杭州	0.4040	−0.0639	−0.0307	−0.0441	10
13	宁波	−0.0522	0.1975	−0.8150	−0.0993	15
14	绍兴	0.1870	−0.0967	−0.0038	−0.1049	11
15	嘉兴	0.1987	−0.1619	−1.3678	−0.2232	17
16	台州	0.1434	0.3602	−0.4622	−0.2888	12
17	舟山	0.2170	0.5802	−0.9294	−0.4437	13
18	金华	0.1226	−0.0219	0.6000	−0.5648	8
19	衢州	0.0834	−1.4757	−0.3020	−0.6113	18
20	湖州	0.1585	−0.4767	−0.5481	−0.8288	16

从表 8 的结果来看，盐城、无锡、苏州、南通、扬州 5 个江苏省内城市的低碳发展综合得分较高，而上海、南京、衢州和嘉兴的评价指标较低。为了使区域比较研究更为清晰，将 10 个江苏地区的城市、9 个浙江地区的城市分别作为一个整体区域，和上海进行比较。如图 1 所示，江苏区域的驱动力指标优于浙江和上海；浙江和上海在资源消耗、消费模式、污染排放方面差距不大，且均好于上海，但略低于江苏的整体水平；总体而言，上海的综合评价 −0.829 远低于浙江的 −0.313 和江苏的 −0.184 评价得分。在长三角区域江苏的城市低碳发展所面临的结构性压力、能源消耗的降低难度以及城市环境的现状均优于浙江和上海。尽管上海在节能减排方面取得明显成效，但由于城市人口的快速增长、能源结构问题以及高碳化的生活方式影响，上海面临较大的减排压力。

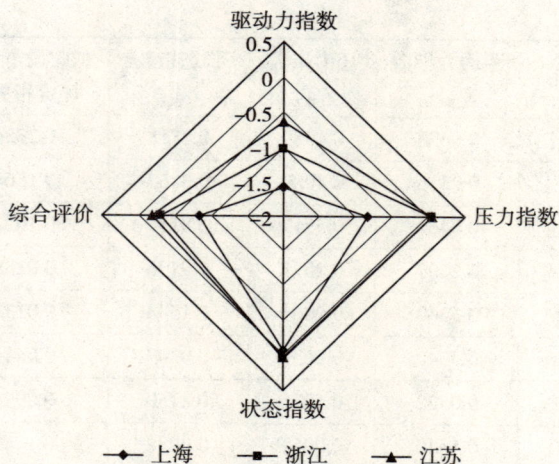

图1　长三角区域低碳城市发展评价雷达图
（Figure1: The Radar Charter of Low-carbon City Evaluation in Yangtze River Delta Areas）

五、结束语

　　DPSIR 模型为低碳城市发展能力的评价提供了分析框架。其中，驱动力指标反映了城市减排的难度，压力指标和状态指标反映了城市减排的空间，响应指标反映了城市减排的力度或减碳贡献度，影响指标反映了城市对气候变化的适应性。但由于数据搜集的局限性，本文的实证研究仅选取了驱动力、压力和状态三个指标对低碳城市进行评价。研究具有很大局限性，对长三角城市的实证分析和低碳城市评价也仅能反映出20 个城市的减排空间和减排难度。因此，后续的相关研究将试图完善评价体系，特别是对城市减排力度和城市气候变化适应性的实证研究。

建设特色文化城市与后世博时代城市可持续发展[*]

蓝蔚青　王天舒

（浙江省公共政策研究院）

2010 年上海世博会围绕"城市，让生活更美好"的主题，秉承和弘扬理解、沟通、欢聚、合作的世博理念，创造和演绎了一场精彩纷呈、美轮美奂的世界文明大展示，集中反映了世界经济、科技、文化、社会以及生态文明发展的时代潮流，深入探讨了当今世界人类发展面临的共同课题，展示了具有引领未来作用的发展理念，深化了我们对以人为本、全面协调可持续发展的认识。通过世博会，人们不仅看到科技对城市发展的基础性作用，而且对各个参展城市的文化特色留下了更为深刻的印象，认识到文化对城市发展的引领性作用。

在这一届世博会展示的城市发展理念的指引下，我国的城市发展进入了"后世博时代"。正在这个时间节点上，2011 年，中国历史上第一次城市人口超过乡村人口。同年，党的十七届六中全会提出了努力建设社会主义文化强国的更高目标。在这两大事件的交叉点上，中共十七届

---

* 本文系浙江省哲学社会科学规划课题（12YD71YB）："特色文化城市研究——以杭州市为例"；杭州市社会复合主体工作推进委员会办公室委托课题："杭州建设特色文化城市研究"的阶段性成果。

六中全会提出了"发掘城市文化资源，发展特色文化产业，建设特色文化城市"的要求。这体现了文化发展和整个经济社会发展的迫切需要，而且对后世博时代城市的可持续发展具有重要战略意义。

一、建设特色文化城市的重要战略意义

首先，随着科技的发展，全球化、信息化和城市化正发挥着西方强势文化"推土机"的功能，使多元的文化世界面临被"推平"的危机。越来越多城市的传统文化和地域文化失去传统和自主性，甚至被外来文化所同化，湮没在所谓的"世界文化"的大潮中。城市的历史文脉被割断，日渐成为"水泥森林"和"文化沙漠"。世界发展的创造力和多样性将受到严重损害，民族文化的传承和发展日渐艰难，民众对自己国家的自豪感和认同感日渐低落。

其次，随着加快转变经济发展方式，推动产业结构优化升级的战略任务的提出，文化产业被不少地区列为战略性新兴产业。城市是各种文化交融交汇的地方，也是文化资源最为集聚的地方，最有条件发展文化产业。但在如何发展文化产业的问题上，存在着不顾当地资源条件，片面追求发展速度和规模产值，缺乏地方特色，开展恶性竞争等问题。

最后，在城市化快速推进的过程中，城市文化建设面临着重重误区：重经济发展、轻人文精神；重精英文化、轻大众关怀；重建设规模、轻整体协调；重攀高比新、轻地方特色；重表面文章、轻制度完善。尤其在地方政府高度依赖"土地财政"的格局下，不少地方仅仅看中旧城的土地，无视其文化价值，为了尽可能最大地取得土地效益，旧城开发项目几乎破坏了地面以上绝大部分的文物建筑、古树名木，抹去了无数的文化史迹，城市文化灵魂失落。由于缺乏文化定位，城市目标趋同、功能重复、产业同构、形象单一，"千城一面"、"风格雷同"的城、镇正在发展中国家中泛滥成灾。

　　建设特色文化城市是城市以文化为核心的总体战略。它要求把富有鲜明特色的文化资源、文化产业体系、文化产品、文化生活和城市的精神风貌、生活方式等，作为城市的重要战略资源和城市软实力的重要组成部分，自觉地发掘、保护和开发，更好发挥其优化环境、强化动力的作用，增强城市的吸引力、凝聚力和创造力。《中共中央关于深化文化体制改革推动社会主义文化大发展大繁荣若干重大问题的决定》提出建设特色文化城市，就是要充分利用我国城市文化资源聚集以及人才、资金、信息、技术汇集的优势，鼓励各地大力发展各具特色的文化产业，打造一批在全国乃至世界知名的特色文化城市，进一步增强中华文化在世界上的感召力和影响力。

二、国内外学者关于城市文化建设的代表性观点

　　从 20 世纪中叶开始，随着城市化的推进，城市文化越来越受到学界的关注。美国城市学家刘易斯·芒福德将"文化贮存、文化传播和交流、文化创造和发展"称为"城市的三项最基本功能"，强调城市文化的多样性。芝加哥学派的代表人物罗伯特·帕克预测 21 世纪将迎接"城市文化时代"，认为未来的城市必须具备政治、经济、社会、科技、环境及文化艺术等综合素质和实力，才能有效发挥城市的功能。英国城市学家 P. 霍尔提出，能够成为特定的时期人类文明建设灯塔的窗口城市，都是世界文化城市，它们都有自己的文脉、自己文化的根，但同时又都是开放度很高的国际化文化城市。它们既能吸收世界上各种优秀文化，又能让自己的文化精华为世界所了解、接受、喜爱。美国著名城市文化研究权威沙朗·佐京认为，城市不仅给创新的理念提供了交流的社会空

间，还作为文化创意中心吸引着投资和旅游者。同时，文化也是控制城市的一种有力的手段。凯文·林奇认为，在现代社会中，体现国际竞争力的基本单位已不是企业，而是城市。因为城市是一个国家文明发展程度的最集中表现，是多元文化集聚与融合的空间，城市文化包括制度文化、建筑文化、市民文化、文化设施、民族文化、生态文化、时尚文化、产业文化、文化名人九个方面的元素。

国内学者刘士林认为，20世纪以来，我国的城市经历了政治城市、经济城市与文化城市三种城市化模式。随着中国城市化水平的不断提高，特别是城市文明建设与文化发展的需要，"文化城市"必将成为当代中国社会发展的更高目标与创新模式。付宝华指出，一个城市没有主题文化，就会产生特色危机，千城一面，遭到批判，就无法实现世界名牌城市的目标，他构建了系统的城市主题文化理论体系和城市主题文化发展战略规划设计模式。饶会林认为，城市文化是城市经济发展快慢、管理优劣的最后决定性因素，城市经济、城市管理和城市文化是互相作用、决定城市发展的三要素，提升城市文化与发展城市经济犹如车之两轮、鸟之两翼。提升城市文化也是传承我国优秀文化传统，增进我国在世界上的文化地位的大事。贺善侃认为，城市文化建设是建设生态城市的基础。和谐理念、节约理念和绿色消费理念，依次是建设生态城市的核心理念、核心价值观和建设基础。要建设和谐城市、生态城市，相应地就必须建立起"和谐都市文化"、"生态都市文化"的概念和意识。

三、国内外建设特色文化城市的一些做法

当前，大部分城市的特色文化并没有深入到城市发展的核心部分，仅是城市在自然风貌、景观形象、产业结构等方面形成了一种被认同的、

差异化的文化形式。当前国内的特色文化城市建设主要有以下几种路径。

一是依赖历史积淀，挖掘城市的地域文明史，从历史文化中萃取城市精神，围绕这一核心展开特色文化城市建设。如古都西安把将保护历史文化资源作为保证和提升城市发展软实力的头等大事，将城市文化特色定位为"具有中国气质的文化"，确立了"寻根之城，创新之城，诗意之城，礼仪之城"的"四城"形象定位和"国际化、市场化、人文化、生态化"的"四化"发展理念。通过城市自然和人文环境的建设，优化城市布局，完善城市功能，重塑西安城市精神，提升市民素质，不断构筑城市和谐的精神支撑，保护古都风貌，让历史与现代和谐共处。依托弘扬传统文化形成特色的城市，如要大力弘扬岭南文化的广州，宣传荆楚文化、三国文化、汉水文化和古城池文化的襄阳，要大力修缮历史文物、建设国家级世界文化遗产公园和监测中心的嘉峪关市，以明清旧址为基础建设特色文化的北京市，等等。

二是挖掘和推出原生态文化，即前工业时代的、自然的、原始的、野生的、乡村的、朴拙的、非市井的、非商业化的没有人为修饰的文化业态，它为城市文化软实力注入清新自然、健康环保的精神内核，克服城市文化中浮躁喧嚣、过度消费、频繁更新的不良倾向，为统筹城乡和谐发展、维护民族自治和稳定提供精神动力。如丽江古城依凭宝贵的自然资源和少数民族文化，以"和谐"为核心精神，传承灿烂的民族文化遗产，开发以少数民族民间工艺为主的传统文化资源，打造民族诗画歌舞品牌活动，成功运用市场力量推出原生态文化。

三是凝炼城市发展特色。如上海的城市文化具有市民性、商业性、包容性等现代国际都市的特点，有"海派文化"之称。在建设特色文化城市的过程中，上海根据城市的发展需要，不断将"智慧城市"等新思想糅合进入城市文化，在文化艺术产品、文化设施等方面凸显时尚特色，把城市环境转变为一个艺术整体或永久艺术品，并通过"世博会"等国际活动彰显这种中西合璧的多元时尚文化，以独特的城市文化魅力屹立东方。

四是依托特色产业。一些城市将特色产业中的文化象征意义加以引申和提升,形成具有地域特色的城市精神,并通过举办与特色产业相关的大型活动打造城市文化品牌,如"风筝之城"潍坊、"石油之城"大庆、"粽子之乡"嘉兴、"陶都"景德镇等。

国际上,许多国家的城市在弘扬民族文化、提高国家文化软实力、树立国家良好形象方面发挥了重要作用。比如,美国的好莱坞、法国的戛纳和意大利的佛罗伦萨、米兰、威尼斯等都久负盛名,以其丰厚的文化内涵和独特的文化特色吸引着世界各国人民的目光,成为一个国家的文化标签。国外建设特色文化城市的做法分为两类:

一类是具有悠久历史、处于特殊地理位置或以文化相关产业作为发展支柱的城市,城市的文化能够严重影响、甚至主导整个城市的整体发展。它们常以文化的发展和彰显为核心,一方面锁定自身的文化资源优势,并在法律和政策上大力保护原有的历史古迹、地理风貌,支持文化产业的发展;另一方面有计划地开发原有的文化资源,加大交通等公共基础设施投入,鼓励社会组织和个人参与到城市建设中来,建立多元的文化产品供给体系,并借机发展具有地方特色的手工业、食品餐饮产业和民间艺术等。这类城市进行文化建设的主要目标,是让城市的主题文化感染、甚或渗透到世界的每一个角落,使城市因文化而绽放异彩。如古文明之都开罗、"水上城市"威尼斯、"影城"洛杉矶和"学府之城"牛津等。

另一类城市的文化在城市发展过程中居于从属地位,主要起到总结和凝聚城市精神的作用。在经济活动中具有明确定位的城市,其文化建设往往根据自身不同的功能定位追寻"顺其自然",通过人们的生产生活展现文化特色,凭借特色产品和社会活动而为世人所熟知。如"汽车之城"底特律、"鲜花之城"阿姆斯特丹和"国际大都会"纽约等。当然,城市文化与城市发展之间通常是相互影响、互为指引的。近现代崛起城市更加注重将历史资源、自然资源和时代元素有机结合,如昔日伦巴第王国首都、今日世界时尚之都米兰。

四、杭州市建设特色文化城市的探索

杭州在中国的历史上是一个以综合性文化传统著称的城市。杭州的最大文化特色是注重生活质量和品位，把文化融入日常生活方方面面的生活文化。近年来，围绕"建设生活品质之城"的发展目标和战略，杭州秉持"文化的本质是生活方式"的核心理念，用文化倡导时代精神，引领产业发展、提高生活品位，逐步形成了个性鲜明的特色文化城市建设道路。去年，杭州市在世界上第一个以城市整体区域入选世界遗产名录。

（一）确定以"生活文化"为核心和特色的发展战略

杭州在成为南宋的都城以后，确立了全国政治文化中心的地位，一度成为世界人口最多的城市，并开始具有国际影响。在当时所处的中国经济文化发展高峰时期，杭州开始形成注重生活品位和文化多样性的特色。新世纪初，杭州提出"精致和谐、大气开放"的城市人文精神，把传统特色与时代特征相结合，为杭州的发展注入了文化内涵、文化动力，增强了精神凝聚力，发挥了文化软实力的作用。继而提倡"和谐创业"的文化心态，强化文化与经济的互动，使创业创新成为杭州人的生活姿态和生活方式，使城市充满创造的活力。接着又进一步提出"建设生活品质之城"和"东方品质之城"的发展理念和城市品牌，并将其体现到经济、政治、社会、文化等各个方面，从人们日常的、又是根本的需求角度来审视城市发展，把城市发展放到一个现实而又终极的意义上去把握，把使全市人民生活得更美好作为根本目标，把破解关系民生的热点难点问题作为党委政府工作的着力点，让人民群众共享发展成果。这是杭州建设特色文化城市的最鲜明特点和最重要意义。

（二）倡导"我们"的价值观增强城市的精神凝聚力

通过树立正确的价值观增强文化认同，对城市发展有着重要的引领作用。杭州在全国率先组织各行各业提炼和实践"我们的价值观"，深化拓展主题实践活动，形成各种价值实践载体和表现形式，在社会生活的各个方面推进价值观评价，开展十大平民英雄（道德模范）等十个"十佳"的评选表彰学习宣传活动，引导人民增强道德判断力和道德荣誉感，在全社会形成积极向上的精神追求。

更为深刻的是，杭州市不仅把"我们"作为价值主体，着眼于引导不同社会群体针对各自特点，通过广泛讨论在价值追求上形成共识，促进社会主义价值理念的具体化大众化生活化，而且把"我们"作为价值内涵和核心价值理念，形成了在价值观建设上鲜明的城市文化特色。改革开放初期，个体自我意识的觉醒曾经是经济发展、社会进步的强大动力。但是随着社会化程度的显著提高，过分突出个体的思想意识已经越来越显得不适应。极端利己主义的滋长蔓延，社会诚信、社会责任感、互助合作精神的缺失，对社会运行、社会进步和社会和谐造成越来越严重的消极影响。个体的自我意识迫切需要上升为群体意识即"我们"意识。在一定意义上可以说，"我们"意识正是社会主义价值观最核心的东西，是社会主义最本源的含义和最有生命力的思想内容，是对"人民至上"价值观的进一步阐释。它告诉我们，人民不是虚幻的共同体，而是包括每一个"我"在内的现实的共同体，"我"是"我们"的一员，共享权利，共担义务，有着广泛的共同点和共同需求。而"我们"又是由各具个性的"我"关联而成的，有着不同的诉求、爱好、价值判断、处事方式和生活习惯等等。"我们"是群体和个体的统一，自我和他人的认同，个人对社会的自觉参与。人民利益是无数个"我"的利益的整合，是在统筹协调基础上的共赢。社会主义市场经济就是在尊重每一个"我"的利益的基础上，协调"我们"之间的利益关系，使"我们"的共同利益最大化的合理机制。和谐社会就是"我们"之间互助、互利、互谅、互让的社会。要形成这样的社会结构、社会关系、社会秩序，不仅需要进一步完善社会主义市场经济和与之相适应的制度体系、法律体系，而且需要在全社会树立"我们"价值理念，引导每一个社会成员正确认识和对待自我与他人、个体与群体，个人与社会的关系，引导每个社会群体理解和善待其他社会群体，并且使这样的价值理念渗透到日常生活的方方面面，做到"我为人人，人人为我"。"我们"这一价值理念既深刻又通俗，对促进社会各界的价值共识和合作共赢，提升市民思想道德素质、培育社会文明风尚、增强城市软实力起到了重要作用。

（三）把文化创意产业和高品质生活服务业作为重要支柱产业

杭州的传统产业都富于生活气息和文化内涵，最有代表性的杭州特产如西湖龙井茶、都锦生丝绸、张小泉剪刀、王星记扇子、西湖绸伞等等，都是既与百姓生活密切相关，又有鲜明的文化意蕴。杭州市自觉保持和发扬这一传统，在产业结构调整过程中提出要建立"3+1"现代产业体系，即突出大力发展文化创意产业或者叫文创经济，把它放在同发展第一、第二、第三产业相提并论的重要地位；并充分发挥城市的既有优势，推进文化产业结构调整，优化文化产业布局，将信息服务业、动漫游戏业、设计服务业、现代传媒业、艺术品业、教育培训业、文化休闲旅游业、文化会展业八大行业作为杭州文化创意产业发展的战略重点，广泛挖掘并融合历史和现代文化元素，整合城市特色文化资源，加大财政、税收、金融、用地等方面对文化产业的政策扶持，建设创新能力强、产业规模大、文化品位高、产业特色鲜明、创业环境一流、专业人才聚集、知名品牌众多、产权保护严密、公共服务完善的文化创意产业集群，构建结构合理、门类齐全、科技含量高、富有创意、竞争力强的现代文化产业体系。杭州市还围绕"建设生活品质之城"的战略目标和"中国最佳旅游城市"、"东方休闲之都"两大城市文化品牌，大力发展既有杭州特色和比较优势，又能大量解决城市就业问题的生活品质行业和旅游休闲行业，在深入调查研究的基础上确定了把美食、茶楼、演艺、疗休养、保健、化妆、女装、运动休闲、婴童、工艺美术行业作为杭州的"十大特色潜力行业"，明确目标，落实扶持政策，把增加就业、扶持创业、提升产业和提高生活品质紧密结合起来，适应了小康社会消费需求的变化，成为推动经济可持续发展的强劲动力。

（四）通过有机更新把特色文化融入城市建设

杭州市的历届领导不断深化对杭州这个历史文化名城的历史地位和特点优势的理解。在城市化高速推进时期，杭州坚持保护历史文化遗产是最大政绩、保护历史文化遗产就是保护生产力、保护和发展"鱼"与"熊掌"可以兼得、保护历史文化遗产人人有责、积极保护"五大理念"，整合社会各方面力量，以抢救的姿态积极保护好杭州的历史文化。他们倡导并实践"城市有机更新"的城市发展新理念，在城市建设中高度重视发掘和保护杭州的文化基因，既有效延续了城市的文脉，又使城市更具现代性、时尚性，努力使历史文化传统和遗存与现实生活紧密结合，保留在市民的日常生活中，充分体现"在杭州工作就像在旅游"的优势。特别是还湖于民，使西湖成为全国唯一的免费开放的五A级景区，并在全国性的景点门票涨价风潮面前，在正式列入世界遗产名录之后仍然不变。在具体措施方面，杭州提出"七个坚持"：一是坚持保护第一、生态优先；二是坚持以人为本、以民为先，把帮助原住民扩大就业、增加收入、改善生产生活条件放在重要位置，实现保护大遗址与提高原住民生活品质"双赢"，文化公共资源利用效益最大化；三是坚持尊重历史、文化至上；四是坚持和而不同、兼收并蓄，充分体现多元共生、融合、和谐；五是坚持品质导向，做到集约节约利用土地资源、建设资金与高品质作品兼得；六是坚持科学规划、分步实施，把控制、整治、保护有机结合起来，由点到面、由线到片、系统综合、有序推进；七是坚持市区联动，调动两级政府的积极性，实现政府主导力、企业主体力、市场配置力"三力合一"。

（五）塑造城市品牌展示城市文化形象

杭州围绕"生活品质之城"这个城市总体品牌，精心打造和宣传推广了一批富有杭州特色并具有扎实产业基础的城市文化品牌。如在会展方面，通过西湖博览会、世界休闲博览会、中国国际动漫节、中国杭州文化创意产业博览会、中国（杭州）西湖国际茶文化博览会、中国国际丝绸博览会、中国丝绸日、中国国际女装展览会、中国国际妇幼婴童产业博览会、中国（杭州）美食节等，向世界彰显了杭州作为中国茶都、丝绸之府、女装之都、美食天堂等的文化形象。在工程建设方面，通过西湖综合保护工程、西溪湿地综合保护工程、运河（杭州段）综合整治和保护开发工程、良渚大遗址公园综合保护工程等，在城市建设中自觉地、系统地、有计划地保护、弘扬和凸显城市的历史文化，把人文景观与自然景观有机地融为一体。杭州市还建立了城市品牌网群这一具有独创性的复合型社会组织，凝聚社会各界力量开展城市品牌的研究、宣传与推广，如通过生活品质市民体验日，让"生活品质"的城市品牌理念融入市民生活；通过生活品质国际交流日，让杭州的"品质生活"走向世界；通过生活品质点评发布会，让"生活品质"理念走入千家万户；

通过生活品质全国论坛和国际论坛、生活品质调查和点评等，深化、交流和传播城市发展理念，挖掘了城市的人文特色和人文价值，用以指导城市的经济文化发展。这些平台和活动以城市文化品牌为纽带，把城市的产业发展和文化发展有机结合起来，实现城市品牌、行业品牌与企业品牌互动，使价值理念和文化内涵从虚到实、从"软"到"硬"，以此提升行业的发展品质和社会的生活品质，实现使生活更美好的终极目标。

（六）包容灵动、富有创意的组织文化

文化创意产业的主要任务是满足人民群众急剧增长的精神文化需求，同时为经济社会发展开辟体现时代发展趋势的新的增长点。这一产业处于经济、科技、文化的结合部，需要吸引文化界、知识界、媒体界的经常性、规范化的全面参与，并整合这些高端要素，建立稳定的合作关系和运作机制，促进经济、科技、文化互动共进，开拓新的发展领域。历史文化名城的有机更新也迫切需要党政界、行业企业界、学术界、媒体界的紧密合作。根据城市文化建设的实际需要，杭州致力于打造综合性社会文化实践主体，形成了独特的组织文化。杭州市首创的综合性社会组织，是由党政界、知识界、行业界、媒体界等不同身份的人员共同参与、主动关联而形成的多层架构、网状联结、功能融合、优势互补的新型社会组织，具有架构多层复合、成分多元参与，功能特色互补、职能衔接融合，人员专兼结合、角色身份多样，事业项目带动、机制灵活规范，社会公益主导、持续经营运作五大特征。它适应社会主义市场经济条件下和互联网时代社会组织结构和联系方式迅速扁平化、网络化，社会从纵向联系为主变为横向联系为主的发展趋势，改变传统的科层制管理方法和管理者与被管理者泾渭分明的关系。党政机关派遣自己的成员以主动关联、平等参与的方式，主动培育社会组织，积极介入

社会组织活动的全过程，在支持和服务中引导，施加政治影响；在实践探索中发现"越位"和"不到位"的问题，把握社会管理的"度"；在共同的事业中形成价值认同，消除疑虑和戒备心理，变"我"和"你"的外部关系为"我们"的内部关系；充分发挥参与者的主动性、积极性、创造性和优势、特长，形成不同社会主体之间的互补性合作，整合和优化配置社会资源，推动文化事业的创新发展。

（七）"民主促民生"的参与性政治文化

杭州市的政治文化建设也富有特色。市委、市政府把"民主民生"确定为城市发展的重大战略，围绕民生问题不断丰富民主理念内涵，构建民主参与平台，拓宽民主参与渠道，创新民主参与方式。这种"身边的民主"一方面有助于找准人民最关心、最直接、最现实的基本权益问题，科学确定民生建设的先后次序和途径方法，另一方面又是针对群众熟悉的问题，最容易吸引广大群众积极参与，便于检查监督，也容易产生成就感。这种人民群众广泛参与的经常化、生活化的"民生民主"是最好的民主政治大学校，民众通过这种日常生活中的民主，逐渐学会用民主的方式按民主的程序表达自己的意愿和诉求，学会不同的利益相关方之间的沟通协调和谈判协商，学会在维护自己的合法权益的同时尊重他人的合法权益，树立服从多数和保护少数的观念，学会对政府工作的监督，不断增强民主意识和民主行为能力，提高政治参与水平。领导者也从中尝到甜头，增强宗旨意识、民主意识和服务意识，提高尊重民意、民主决策和接受民主监督的自觉性，学会运用民主的制度和程序解决社会问题，实施社会管理，增强执政能力。杭州的实践证明，围绕民生问题推进民主建设是社会主义民主政治建设的重要切入点，也是社会主义民主政治建设和社会建设的一个最佳结合点。

长三角在区域文化上属于吴越文化，杭州的城市文化是吴越文化的一个杰出代表。地理环境和历史进程，特别是隋唐以降中国经济中心南移的大趋势，使长三角拥有了一大批千年古城镇，其中不乏历史文化名城（镇）。由于商品经济较早并持续发展，长三角的城镇主要是从作为区域经济中心和生活服务业聚集地的"市"的基础上发展起来的，直到今天这仍是长三角中小城市的成长途径。与长期作为政治中心和军事要塞的"城"相比，长三角的城镇拥有更加自由多样的民间生活，更富有活力，更追求市民的生活质量。与依托大型工矿企业发展起来的新兴工业城市相比，除了上述特点之外，长三角的城镇还拥有更加丰富的历史文化积淀。这是杭州建设特色文化城市的重要资源优势，也是长三角城镇的共有优势。因此，杭州建设特色文化城市的经验在长三角具有一定的普遍意义。

第三次工业革命与长三角产业结构的转型升级

朱瑞博

（中国浦东干部学院）

即将到来的第三次工业革命是信息技术、新能源、新材料的融合，将对全球产业组织模式、生产和生活方式等产生革命性的影响。长三角产业结构的转型升级，必须要在基础研究和原始创新的基础上，着眼于第三次革命五大支柱的构建，以创新增值为抓手，调整优化产业结构，大力提升产业的核心竞争力、国际竞争力和产业附加值，努力构建面向第三次工业革命的新型现代产业体系。

一、第三次工业革命的内涵与本质

（一）第三次工业革命的出现

2011 年 9 月 27 日，著名趋势学家、美国宾夕法尼亚大学教授杰里米·里夫金的力作、新著《第三次工业革命——新经济模式如何改变世界》英文版正式出版，一石激起千层浪，里夫金认为以网络为标志的信息化浪潮，正在与新能源应用交汇，造就一次新的工业革命。里夫金认为工业革命的划分应该把通信和能源联合起来考虑，因为通信是社会有机体的神经系统，而能源则是血液。每次工业革命都是通信革命和能源革命的结合。第一次工业革命（18世纪60年代—19世纪40年代）是从手工印刷到蒸汽机动力印刷，后者可以实现低成本大量印制和传播信息，电报的出现使人们利用新的通信系统去管理以煤炭为基础的新能源系统。第二次工业革命时期（19世纪70年代—20世纪初），集中的电力、电话以及后来的无线电和电视机，可以管理更复杂的石油管道网、汽车路网，进而为城市文化的兴起提供了可能性。在即将到来的第三次工业革命，智能型的"能源互联网"将引领"后碳"时代的到来，低碳的可再生能源产业将获得实质性突破。在这样的未来图景中，农业、工业、服务业的划分将被颠覆，新的产业链和商业模式将出现，人的简单劳动投入占比将越来越小，但是知识、创意劳动含量会越来越高。能源互联网是"第三次工业革命"的核心。分布式的通讯和信息互联网技术正与分布式的可再生能源融合，将创建一个一体化的、以合作分享为基础的互动性能源生态体系，为第三次工业革命奠定坚实的基础。通过能源体系的变革，第三次工业革命将实现整个社会经济发展模式的大变革，将颠覆人们的生活方式，并引发国际政治与经济格局的深层变革。2011年12月初召开的联合国工业发展组织（UNIDO）第14次全会，把"新工业革命的可持续发展"作为主题，并特邀里夫金教授现场解惑答疑。

2012年4月21日，英国《经济学人》杂志一组关于第三次工业革命的文章，即《第三次工业革命：制造业与创新》，再次为我们勾勒出"第三次工业革命"令人震撼的图景。文章认为"第一次工业革命出现于18世纪晚期的英国，以纺织工业机械化为特色。在随后的几十年时间里，使用机器而非手工制作产品的科技开始如星星之火传遍整个世界。第二次工业革命始于20世纪早期的美国，以流水作业线为标志。

流水线生产开创了大规模生产时代。随着生产的数字化，第三次工业革命现正如火如荼地进行着"。制造业正在走向数字化，新软件、新工艺、机器人和网络服务在逐步普及，这些技术使制造业和服务业之间的界线越来越模糊。这组文章引起全世界对第三次工业革命的极大关注。

（二）第三次工业革命的主要内涵与特征

1. 新"能源互联网"是第三次工业革命的核心

里夫金指出实现第三次工业革命有五个支柱，分别是：

（1）向可再生能源转型

依靠化石能源支撑的前两次工业革命，造成了世界范围内的能源资源枯竭和生态环境恶化。由于传统的化石燃料、铀燃料的储量逐渐降低，导致国际石油价格持续在高位徘徊。在这种背景下，风能、太阳能等可再生能源成为新的选择。相较于不可再生的传统化石能源，所有可再生能源都源自于太阳，分布广、总量多、清洁。近年来，受新技术突破、规模经济等因素的影响，可再生能源的价格持续下降，使得其在与传统能源的竞争中更具优势，这些可再生的绿色能源构成了第三次工业革命赖以存在的血液。

（2）可再生能源的分散式生产

与只能在世界某些地区发现的化石能源和核能等稀缺能源不同，可再生能源存在于世界各处，难点在于如何收集这些分布不均、频率不一的新能源。里夫金认为面对新能源，必须改变传统观念，用分散式思维，将每一个现存的大楼转变成一个两用的住所——住房和微型发电厂，以便就地收集可再生能源。

（3）使用氢存储技术存储间歇式能源

虽然可再生能源总量多、无污染，但太阳不会一直照耀，风不会一直吹拂，因此可再生能源多半是间歇式供应。如果仅仅是依靠当时的可再生资源来供应社会所需的电力，世界将面临着随时停电、限电的困境。为了保障电力的正常供应，必须提前储存部分电力，以备不时之需。随着氢储存技术的突破，氢气可能成为解决这一问题的关键。

（4）利用互联网技术建立共享的"能源互联网"

利用互联网技术将国家或地区的电力网转化为能源共享的智能网络，这一共享网络类似于互联网，因此被称为"能源互联网"。成千上万的建筑物就地生产出少量的清洁能源，除了自己所需电力外，这些能源多余的部分既可以被电网回收，也可以被地区之间通过联网而共享。通过电力的动态定价，这种智能型的能源互联网将与人们的日常生活息息相关。由于能源互联网的电流是不间断变化的，因此每栋大厦中分布在数字仪表上的信息会采用动态定价形式，以便消费者能够根据价格变动，自动调整用电量。此外，能够接受用电调整的消费者，将会享受相应的优惠。与此同时，动态定价也会促使能源生产商们把握回收电流的最佳时机。

（5）将传统的运输工具转向插电式以及燃料电池动力车

建筑物转变为小型发电厂和创建能源互联网，使这些基础设施可以为插电式电动机、氢燃料电池车提供动力。同时，由于能源互联网的建立，电动车所需要的电可以通过共享的电网平台进行买卖，当自身电源充足时也可以将电能回输到电网。因此插电式汽车和氢燃料汽车也是提供的分散式电能的潜在"发电厂"，而且数量可观。

把这五个支柱结合在一起就组成了一个不可分割的基础平台。这个平台五部分之间的协同作用实现了"1+1>2"的整合效应，成为改变整个世界，形成新经济范式的基础。

2.制造业由规模制造向绿色制造、智能制造、个性化制造转变

制造业的数字化将引领第三次工业革命。前两次工业革命追求的是低成本、标准化的批量生产，效率的提升主要表现在尽快实现规模经济。随着生产相对过剩，人们的差异化、个性化需求逐渐增强，效

率的提升逐渐转变为，能够高效且低成本的满足人们不断变化和同时出现的个性化需求。随着智能软件、新材料、智能机器人、三D印制技术等的出现，使工厂逐渐走出大批量制造的时代，可以低成本地生产绿色环保、个性化的产品。建立在虚拟制造技术基础上的增式制造技术（Additive Manufacturing）已开始用于产品的个性化生产，即 3D打印技术。传统制造模式是"减式制造（Subtracted Manufacturing）"，一般是在原材料基础上，使用切割、磨削、腐蚀、熔融等办法，去除多余部分，得到零部件，再以拼装、焊接等方法组合成最终产品。这种生产方式是集中式的，只有达到一定的规模才能大幅度降低生产成本。生产过程中产生了大量的原材料浪费。而 3D 打印技术无需原胚和模具，直接根据计算机图形数据和编写的软件，通过增加材料的方法把产品逐层逐步地"打印"出来，就像打印机一样，用叠加、层叠的办法形成产品，这种生产方式的材料利用率非常高，并且能够简化产品的制造程序，缩短产品的研制周期，提高效率、降低成本。智能化制造则帮助人们从简单的脑力劳动中解放出来，去从事更加非线性，更具创新的脑力劳动。

3. 制造业和服务业的融合程度将越来越高

由于制造业的生产制造主要由高效率、高智能的新型装备和软件系统来完成，与新型装备和软件系统相关的生产性服务业将成为制造业的主要业态，研发、设计、物流和市场营销等占据整个产业价值链的核心，服务业和制造业之间的关系变得越来越密切，产业边界越来越模糊，制造业和服务业出现深度融合，并导致原有服务业部门的重构。随着服务业活动成为制造业的主要活动，制造业的主要就业群体将转变为制造业提供服务支持的专业人士。因此，低技能的生产工人对产业发展的重要性下降，高技能的专业服务提供者的重要性进一步增加[1]。

---

[1] 参见吕铁、贺俊和黄阳华：《如何应对第三次工业革命的影响》，《中国经济时报》2012 年 7 月 26 日。

4. 技术要素和市场要素配置方式发生了革命性的变化，小企业的黄金时代到来

随着能源互联网的建立，中小企业可以获得低成本的可再生能源和低廉快捷的物流服务，同时通过在线获取生产所需要的各类协作服务，使生产要素的配置成本降到最低。另外，各类个性化的产品销售可以通过互联网、新能源交通工具等传播，使拥有最新款式的消费品能在很短的时间内行销全球。新的资源配置方式将让中小企业和个体私营企业家如鱼得水，推出新品变得易如反掌且制造和销售成本更低，小企业的黄金时代即将到来。

（三）第三次工业革命的本质

第三次工业革命将导致工业、产业乃至社会发生深刻变革，这一过程不仅推动一批新兴产业诞生与发展，还会导致社会生产方式、制造模式甚至全球产业组织模式等方面的重要变革，将重塑世界经济地位和国家比较优势，形成新的技术经济范式，最终使人类进入生态和谐、绿色低碳、可持续发展的社会。

二、欧美日推进的第三次工业革命的进展与行动

（一）欧盟有望成领军者

在第三次工业革命中，目前欧洲比美国、日本、中国及其他国家

走得更快。欧洲率先进入第三次工业革命的两个重要标志：一是 2007
年欧盟建立了"20—20—20 到 2020"计划，即到 2020 年之前，温室
气体在 1990 年基础上减排 20%，能源使用效率提高 20%，可再生能
源的利用增加 20%（到 2030 年达到 30%）。二是在 2007 年，欧洲议
会通过正式宣言，引入建设第三次工业革命所需的 5 大支柱计划，从
此走上新经济之路。欧盟在 21 世纪之初，便为自身发展设定了向可
持续发展的低碳型社会转型的目标。一份欧盟委员会的解密文件显
示，在 2010 年至 2020 年间，欧盟需要花费 1 万亿欧元用于更新电
网系统，以使其与可再生能源流相适应。根据欧盟的计划，到 2020
年欧洲获得的电力中将有 20% 来自可再生能源，到 2030 年这一比例
将达到 30%。在德国，这场革命已经开始。德国已经确立目标，到
2020 年可再生能源将占其能源总需求的 35%。目前德国已经有超过
100 万栋建筑楼房被改造成小型发电站，并将有更多建筑被改造，这
一发展趋势非常迅猛。这表明欧盟正在尝试建设五大支柱所支撑的新
产业革命支持体系。

　　里夫金为罗马制订了一个 40 年期的生物圈规划，总体计划以将西
方文明中第一个伟大的城市转变成体现第三次工业革命的城市。这一计
划着眼于恢复罗马生物圈，将罗马地区改造成为一个自给自足的、可持
续发展的生态系统，把罗马地区改造成一个综合的社会空间、经济空间
和政治空间，将其嵌入到一个资源共享的生物圈之中。罗马生物圈是由
三个同心圆组成的。内圈包括具有历史意义的核心区和居民区。市中心
有许多开放的工业区和商业圈。工业区和商业圈之外，土地变得更加开
放，形成农村地区，围绕着大都市。这种生物圈模型注重不同区域之间
的连接性，将周围的农业地区同商业区以及历史核心区和住宅区恰到好
处地连接起来，当地居民可以利用可再生能源发电，然后通过便捷的电
网输送到各个地区。市中心将进行整修，以保证空间的开放性和道路的
畅通无阻，从而使行人重新享受街道的便利和历史建筑的韵味。并且将
分阶段改善公共交通，修建自行车道和步行街以推动这种转变。

（二）美国综合竞争优势领先

美国领先的研发基础、金融服务优势以及丰富的新技术产业化经验、系统集成等专业服务优势，合理的税收和移民政策，加上超强的全球供应链管理能力，使得美国有可能占据此轮超级新兴产业革命制高点，率先在全球范围内实现第三次工业革命，再次形成对主要竞争对手的技术与产业锁定，重新切割全球产业版图，从而将美国从经济困局和金融危机中解脱出来，再度形成对中国和其他国家的在技术方面的先发优势。美国的目标很明确，就是要在孕育中的全球第三次工业革命中占得先机。事实上，而今以大数据、智能制造和无线革命为代表的新技术变革，正在美国酝酿并初见端倪。

自 20 世纪 90 年代以来，美国的研发投入一直保持在占 GDP2.5%左右的水平。其中联邦政府研发投入占 GDP 的比率一直保持在 1% 至 1.5% 之间，主要来自公司、大学和非政府组织的非联邦政府研发投入，占 GDP 的比率则一直保持增长。2012 年财政年度美国再次增加了国家科学基金、国家标准和技术研究院实验室等重要科学部门预算，开发先进制造技术，并启动先进制造技术公会项目，该项目旨在采用公私合作伙伴方式来增加制造业研发投资，缩短从创新到投放市场的周期，以尽快抢占新一轮全球经济增长过程中的高端产业和价值链中的高端环节。目前，美国已经正式启动高端制造计划，积极在纳米技术、高端电池、能源材料、生物制造、新一代微电子研发、高端机器人等领域加强攻关，这将推动美国高端人才、高端要素和高端创新集群发展，并保持在高端制造领域的研发领先、技术领先和制造领先。

美国领军企业的研发投入更是持续加大。例如微软 2011 年的研发投入高达 95 亿美元，其中 90% 投向了极为关键的"云计算"领域。英特尔的技术投入也有 65 亿美元。在全球 IT 企业研发投入 30 强中，美国有 12 家，其次是日本，有 10 家，中国只有华为一家企业上榜。2011

年，美国的研发投入占全球份额的 33% 左右，是中国的 2.5 倍。

（三）日本在部分领域已经展现全球实力

日本是一个历来注重科技创新的发达国家。日本向第三次工业革命
迈进，主要体现在高度信息技术和新能源管理的结合上，可再生能源用
高度信息技术控制，使能源利用效率达到最大化。在迎接新技术革命的
大潮中，日本对智能电网、电动汽车以及智能机器的研发运用，开始在
全球展现实力。

1. 智能电网

日本计划在 2030 年全部普及智能电网，同时官民一体全力推动在
海外建设智能电网。在蓄电池领域，日本企业的全球市场占有率目标是
力争达到 50%，获得约 10 万亿日元（约 1277.8 亿美元）的市场。经济
产业省已经成立"关于下一代能源系统国际标准化研究会"，发表《关
于下一代能源系统国际标准化》的报告，并积极采取行动与美国合作。
日美已确立在冲绳和夏威夷进行智能电网共同实验的项目。

2. 插电汽车

日产发展电动汽车有技术优势，对电动汽车关键部件电池和马达的
研究从没有间断过。而混合动力车市场的强者丰田汽车公司 2012 年除
把电动汽车作为近距离用车推向市场之外，还推出了插电式混合动力
车。本田汽车公司不甘落后，2012 年也推出电动汽车和插电式混合动
力车。日产在全国设置了大约 200 座充电站，三菱在全国约 700 家店铺
设置了充电器，两家公司已达成设备共享协议。到 2020 年，日本政府
计划设置 5000 处充电设施。

3. 智能机器人

智能机器人技术是被视为新的经济"发动机"的产业，日本对机器
人产业一直抱有非常大的希望，希望机器人能在日常生活和公共场所中

成为更加贴近人类的工具，能在应对日本少子高龄化社会、解决日本劳动力下降、实现安心安全社会、创建便利和幸福的生活环境等诸问题中发挥作用。目前日本机器人大约占有世界市场的 60%。在制造业、高科技产业、服务业等诸多领域，机器人正在被越来越广泛地使用，性能也在不断提高。据统计，目前全世界投入使用的机器人大约有 95 万台，其中日本就占了总数的 38%，位居各国之首。

日本的机器人制造商非常多，竞争十分激烈。在激烈的市场竞争中，高性能低价格的机器人不断地被开发出来。在生产技术能力不断提高及精确的设计规格要求下，汽车业和电子产业等大的用户也纷纷同机器人制造商进行联合开发。在日本，对零部件、传感器、电机等机器人制造过程中必不可少的关键元器件制造技术进行研发的相关产业的不懈努力，大大推动了机器人产业的不断升级。同时，政府为了促进机器人的普及和利用，对使用机器人的企业实行了一系列优惠政策，如给予企业特别折旧、税收优惠、融资贷款等优惠措施。通过这些政策的实施及企业的不断研发、创新，近年来，日本机器人产业的国际价值链大幅度提升。由于"智能化"的推进，机器人的应用范围进一步扩大，促进了产品多元化的发展。

三、第三次工业革命对长三角的挑战与机遇

从过程来看，第三次工业革命是新兴技术的产业化过程，是信息技术和新能源技术向经济、社会各个方面逐步渗透、扩散的过程。第三次工业革命的新兴技术来源于基础研究和原始创新，其发展过程严格遵循着科技创新成果产业化的基本规律，不确定性是第三次工业革命形成期最突出、最典型的本质特征。与技术追赶的工业化过程不同，第三次工业革命的形成和发展，对企业制度、科技制度、融资制度、教育制度、财税制度、市场管理制度提出更多、更高的要求，第三次工业革命对长

三角既是机遇又是挑战，但挑战大于机遇。当前长三角推进第三次工业革命面临一系列亟需解决的制度障碍和挑战：

（一）第三次工业革命对长三角的挑战

1.劳动力低成本优势将逐步降低

第三次工业革命使制造业低成本的天平越来越倾向于美国、欧盟等发达国家。第一，长三角的工资成本和综合商务不断上涨。近年来长三角的劳动力报酬增速比生产率增速要快得多。从 2005 年至 2010 年，中国工人的工资水平以每年 19% 的速度递增，而同期美国制造业工人的全负荷成本只增加了 4%。第二，生产率上升不足以弥补工资增长。在过去十年间，中国工人的年平均产出增幅为 10%，几乎五倍于美国生产率的增长水平。中美制造业的成本差距逐步被步拉近。2010 年，长三角的工资水平也越来越接近美国工人的工资水平。

2.核心技术挑战

第三次工业革命的本质特征是技术引领和创新驱动。目前我国在第三次工业革命的一些新兴产业的一些领域取得了重要突破，例如华为、中兴经过多年自主创新，在全球软交换、SDM（用户数据管理）、NGHLR（下一代归属位置寄存器）等多个领域取得市场领先位置，已经进入全球电信解决方案提供商的一线阵营。2005 年前，上海氢动力汽车超越一号、二号、三号引领全国的新能源汽车，基本上达到了与国际同步的水平。但受"氢燃料汽车的革命最为彻底，能实现可循环和零污染，但由于制氢储氢技术难以解决，大规模产业化可能要等到二三十年之后，目标太遥远。而混合动力车、纯电动车的产业化更简便易行，应当成为当前主攻的方向"观点的影响，近几年上海的研发开始转向混合动力车、纯电动车的产业化方向。但国际上对燃料电池的研发并没有放慢脚步，并取得了突飞猛进的技术进展，原来预计 20—30 年的大规模产业化时期，很可能会缩短到 5—10 年。

在一些新兴产业迅猛发展的同时，因缺乏核心技术，第三次工业革命并未真正走上自主创新的高端之路。一些地方政府和企业热衷于从国外买进零部件进行拼装或简单的组装加工，尽管产业规模比较大，甚至已经位居世界前列，但对核心技术、关键技术的掌握以及系统成套的整合能力都和发达国家的领先企业存在一定的差距。例如物联网领域的高端芯片、精密传感器，电动汽车的电池生产所需的重要装备等，都需要从国外进口。关键核心技术和生产装备主要依赖进口，需要向国外交付高昂的专利费，致使风电设备成本居高不下，直接导致产品的国际竞争力不足，并在装配环节出现产能相对过剩、行业利润普遍较低的现象，甚至是全行业性亏损，从而制约了本土企业在国内外市场的拓展。更重要的是在新兴产业的形成阶段，产品的性能还远远没有满足客户的需求。Christensen and Raynor（2003）指出当产品存在性能缺口时——也就是当产品的功能和可靠性达不到某个市场级别的用户需求时——公司必须设计出最好的产品来进行系统竞争①。在这个过程中，企业需要及时根据客户的反馈信息进行产品架构的磨合性调整，这需要企业能够真正掌握产品系统的架构知识，能够掌控产品系统中每一个关键组件的设计和制造，这样才可能以产品性能提升为核心目标在公司内部将整个产品设计、生产过程全部整合、优化起来。然而由于缺乏核心技术、产品的自主建构能力以及生产装备，本土企业很难突破跨国公司的技术壁垒，更难以提升其国际竞争力。例如在风电行业，上海电气就是购买德国 Dewind 公司的特许，交了定金后，德国人按照图纸手把手地教如何制造一套风电设备，不能做任何修改创新。没有自主产权，也就很难根据中国不同地区的风力和天气条件量身定制性能高、适应性和便利性更强的自主产品。

精细、高端的基础性材料的缺乏也是导致战略性新兴产业受制于人

① Christensen, Clayton M., and Michael E. Raynor.*The Innovator's Solution: Creating and Sustaining Successful Growth.* Boston: Harvard Business School Press, 2003，pp.128-142.

的重要原因。很多高端工业特别是战略性新兴产业都需要用到特异性能的基础性材料，没有高端材料的发展，制造业的优化升级就很难实现，战略性新兴产业的发展也会受制于人。当前硅材料、无铅焊料和高性能磁性材料等国际高端材料的生产和研发市场基本上被美国、日本、德国等国的国际巨头所垄断。高转换效率的太阳能薄膜电池等新一代光伏电池核心技术的缺失严重制约了我国光伏产业的发展。电动汽车的关键核心技术包括电池、电机、控制系统三大核心技术，我国自"十五"以来，通过实施电动汽车重大科技专项计划，经过10年左右的研发投入与攻关，我国新能源汽车已经形成"三纵三横"的研发格局，并且取得了一些技术突破。"三纵"就是混合动力汽车、纯电动汽车、燃料电池汽车；"三横"就是多能源动力总成控制系统、电机及其控制系统和电池及其管理系统。"三纵三横"研发格局的形成，为我国新能源汽车的产业化打下了产业链基础。但是电池、电机核心技术均受到高端精细材料的制约。锂离子电池的正极材料、负极材料、电解液和隔膜都受制于化工材料及其相关的核心技术专利，直接影响到电池性能的提升。高效电机用的超薄硅钢片我国目前还不能生产。此外我国虽然拥有丰富的稀土资源，但还不掌握高稳定性永磁材料的制备技术，永磁材料还需要大量进口。

3. 要素市场发展改革滞后，市场配置机制扭曲

过度泡沫化的虚拟经济在一定程度上遏制了长三角自主创新和培育战略性新兴产业战略的实施。为应对本次国际金融危机，各国货币当局都采取了超宽松的货币政策，为金融体系注入流动性。货币因素已经深刻地影响着经济主体的行为预期，并正在酝酿资产的"隐性泡沫"，全球通胀的预期已经非常强烈。资产市场泡沫的出现，一方面是对实体经济利润的侵蚀，减少了企业的营业利润；另一方面虚拟经济过度膨胀，投资于房地产、黄金市场、股市、汇市等的收益大幅度超过实体经济回报，使大量资本从实体经济部门流入虚拟经济领域，导致投机活动盛行，资金需求剧增，诱使银行等金融机构盲目扩大信贷，放大金融泡沫，诱发金融危机乃至经济危机。当前，房地产市场已经成为中国最为

错综复杂的矛盾统一体,虚拟经济开始呈现过度泡沫化的特征,已经对国家的实体经济、自主创新战略,特别是对战略性新兴产业的培育产生了严峻的遏制作用,一些上市公司被金融资本劫持,放弃自己做实业的优势,把自主创新放在口头上,热衷于投资虚拟产业。丰厚的利润促使央企蜂拥进入房地产业,财大气粗的央企纷纷制造地王即是明证。即使是在楼市销售持续低迷的 2008 年,房地产行业上市公司的平均净利润率仍然达到了 20%,央企下属的 16 家上市地产企业的平均净利润率为21.13%。据统计,在国资委管辖的 128 家央企中,除了保利、远洋、华润等 16 家以地产为主业的央企在名正言顺地拿地外,更有多达 80 多家来自钢铁、冶金、医药、农业、粮油、化工等行业的央企,在 2009 年以不同的方式疯狂拿地进军房地产行业。2009 年九成上市房企利润率超30%,成为最赚钱最暴利的行业。与之相对应的是,主业不是房地产的央企中,有很大一部分企业,主业的利润率远远低于房地产业务。

此外,被低估的土地资本、资源价格、生态环境成本等都会对战略性新兴产业的发展产生巨大的危害作用。在没有科学合理评估各种要素成本的前提下,一些地方政府为了上项目、增加 GDP,常常会有意降低进入门槛,使不可行的投资变得可行,没有核心技术的投资项目仍然依靠图纸引进,仍然从事简单的看图组装加工,仍然满足于新兴产业的低端组装加工环节,而忽视生态环保要求和资源的可持续发展。

4. 科研体制与产学研转化机制不畅

目前长三角尚未形成对各种创新主体进行协同创新的有效引导和激励的创新体系与制度安排。这主要表现在:政府创新资金的重复资助、浪费现象还比较严重。科技与市场需求结合还不够,大学、科研院所的创新资源游离于产业之外;企业创新意识还不强、动力不足,技术创新投入普遍较低,自主创新能力较弱;转制科研院所的市场化和企业化程度还需进一步提高,蕴藏在其中的强大创新实力和活力尚未得到充分发挥;产学研联系不紧密,合作层次比较低,大学和院所科技创新成果转化率低,企业在技术创新中的主体地位尚未确立;重点产业拥有自主知识产权的技术和产品较少，很多领域关键核心技术主要依赖国外，高新技术产品附加值较低，在国际产业分工中处于低端；各地丰富的自主创新资源封闭分散，不能与技术创新需求良好结合；科技中介、知识产权保护对技术创新不能提供很好的支撑作用。

目前长三角新兴产业链条的各个环节，从基础研究到应用研究，从开发研究到产业培育，基本都有相应的国家或地方的科技计划或科技专项予以支持，但结果却是"基础研究不基础"、"应用研究不实用"、"产业开发开不出"。造成这种局面的根源是政府的科技创新管理部门分散，存在着条块分割、技术市场信息不对称等问题，并且各科技管理部门之间缺乏必要的协同。这一方面很容易造成科技创新投入的"撒胡椒面"现象，另一方面也常常出现同类技术研发的重复投入。在政策制定上也往往缺乏必要的协调，科技管理部门往往正在组织某项产业关键或核心技术的攻关，而产业管理部门为了追求把产业做大，迫不及待引进国外技术，结果造成国内科技投入的浪费，难以实现技术的产业化。全国高等院校、科研机构很多，具有研发能力的人才和企业也不少，但迄今为止，还没有能够真正形成一套比较成熟的产学研合作机制，缺乏一个有效的社会科研资源整合机制。

工业科研院所转制后，对企业的共性技术支撑体系出现严重的供给不足。产业核心技术和共性关键技术的工程化和系统化开发具有非常强的外部性，工业部门院所转制后这一环节就出现了严重的"市场失灵"，这已经成为我国战略性新兴产业发展最为薄弱的环节。院所转制后缩短了院所科研成果转化环节，促进了这些院所面向市场，但大院大所也只是该行业中的一个小企业，销售规模小。尽管技术人才的基础好，但缺乏企业经营管理经验，注意力转到本企业的生存上，从事共性技术研究的力量也有不同程度地削弱，为行业服务的能力也在下降。而且原有的服务对象变为竞争对手，缺乏为行业技术服务的积极性。原来从这些院所获得工程技术的企业也失去了技术供给来源。虽然院所转制后仍然戴着院所的名称，但在国家创新体系中已经或者将逐渐失去原来意义上的院所的作用。虽然大学和中国科学院中也有从事工程技术研究的研究所，但偏基础研究，对企业要求不够了解，由于缺乏对成果工程化系统化开发（而不是研究）的足够投入，这些单位研究开发的成果企业接不过去。国家创新体系中这一环节的缺失将使国家创新体系的完整性受到影响。

孵化毕业后企业的扶持手段欠缺也制约了新兴技术的产业化进程。长期以来，各国都重视创业企业的扶持和孵育，而忽视了对孵化毕业后企业的支持。但孵化毕业并不能保证企业顺利地成长、成熟和成功，很多孵化毕业企业因为脱离了孵化器相关服务网络的支持而陷入重重困难。美国孵化器协会的研究显示，孵化毕业的企业如果不能获得加速项目的支持，其在 1 年内继续保持活跃状态的概率只有 20%。我国孵化企业的发展也存在类似的情况，很大一部分企业在完成了三年孵化步入成长过程后夭折。这说明了成长期的企业虽然已经具备了独立发展的能力，但却面临着各种转型发展的困惑，仍然需要公共政策的密切关注。不同发展阶段的高新技术企业具有不同的成长动力，也面临着不同的发展难题。孵化器在种子期和初创期对改善企业环境作用明显，一旦进入成长期，孵化器就难以满足企业的发展需求。随着长三角孵化事业的蓬勃发展，孵化后企业成为一个日渐壮大的新生发展力量，但孵化后服务缺失的矛盾日益突出，大量的创业企业在离开孵化器后遇到成长乏力、竞争力薄弱等问题，甚至面临着生存威胁。我国战略性新兴产业发展迫切需要一套能够促进孵化毕业企业快速成长和保持创新活力的服务体系，以承接和延续孵化器的服务功能，收获和继续发展创新孵化的成果。

5. 中央、地方政府管理体制障碍

我国幅员广阔，地区间的经济、技术发展水平以及自然条件差异很大，第三次工业革命需要中央政府和地方政府在规划制定和政策执行上必须要有机协调。各地区发展战略性新兴产业要在对接国家重大战略的基础上，立足区域资源比较优势，遵循产业发展规律，统筹协调、因地制宜，选择和发展适宜本地资源禀赋的新兴产业。在现实中已经出现一些地区借发展战略性新兴产业的大势，将传统产业改头换面后进入地方战略性新兴产业范畴，形成了新的"圈地运动"，造成重复建设，资源浪费，对真正的战略性新兴产业产生了挤出效应[①]，埋下了新一轮的区域产业同构的隐患，这对长三角推进第三次工业革命极为不利。

对官员的政绩评价及激励机制是造成重复建设、区域产业同构的关键因素。长期以来，GDP 的增长速度以及政府的财政收入状况是上级政府对下级领导干部工作能力进行评价和决定升迁的核心指标，这一制度安排常常导致很多地方政府不顾地区的长远发展，一味依赖于短期见效快的重大投资、基础设施、房地产行业等拉动经济，没有将资金真正投入到对区域产业转型升级至关重要的自主创新、技术研发和产业配套上。在这种政绩评价模式下，政治激励及经济激励的有效性决定了地方政府执行中央产业政策时的行为选择，进而影响了政策的最终效果[②]。陈玲等（2010）认为当中央政策对地方政府的政治激励和经济激励均十分有效时，地方政府官员会采取积极主动的实质行动策略，真实执行中央政府的产业政策，即"实动"；当中央政策仅具有较高的政治激励而缺乏足够的经济激励，地方政府官员会倾向于选择在表面响应、实质观望的执行策略，即"伪动"；当某项中央政策的政治激励较低而经济激励较高，例如一些产业规制性政策，地方政府官员有可能采取先行先试、先斩后奏的执行策略，即"暗动"；当中央政策对地方政府的政治激励和经济激励都很低，地方政府则会采取搁置、观望的"缓动"策略。因此在战略性新兴产业的培育中，需要从激励机制的角度进行政策设计，采取足够的政治激励和经济激励手段，创造有利于产业发展的政策环境，使地方政府从"缓动"、"暗动"、"伪动"的状态走向"实动"，达到地方利益与全局利益、当前利益与长远利益之间的激励相容。彻底改变政策缺乏

① 赵刚：《政府支持战略性新兴产业发展的政策和机制思考》，《中国科技财富》2010 年第 19 期。

② 陈玲、林泽梁、薛澜：《双重激励下地方政府发展新兴产业的动机与策略研究》，《经济理论与经济管理》2010 年第 9 期。

连贯性、系统性和前瞻性的问题，以支持战略性新兴产业的长远发展。

6. 有利于新技术新产品进入市场的政策法规体系不健全

当前，在一些新兴产业的领域技术标准和市场准入制度已经成为制约第三次工业革命健康发展的关键。当前，在一些战略性新兴产业的领域技术标准和市场准入制度已经成为制约其健康发展的关键。例如在三网融合领域，目前制约智能电视、手机电视、数字电视等发展的并非技术、产品等硬性因素，而是行业标准的相对滞后，一些生产厂商虽已具备生产能力，但只能抱着观望态度等待标准的推出。三网融合涉及设备监管、内容监管、运营监管、用户引导等多种政府职能，需要发改委、工信部、广电总局、国标委多个政府部门有机协调，但由于认识、利益上的不一致，出现了部门分割、地域分割等情况。一些部门为了自身利益，甚至利用手中的权限，相互牵制，三网融合难以取得实质性进展，体制问题已成为制约三网融合发展最大的瓶颈。在新能源产业领域，采取风力发电、太阳能发电等的分布式能源电站，其定价机制、并网模式、与自然垄断的电网运营之间的融合等问题，都需要国家的接入标准和市场准入制度来解决。物联网作为一个多设备、多网络、多应用、互联互通、互相融合的大网，所有的接口、通信协议都需要有统一的产业标准来协调。纵向管理的传统政府管理模式已经不能适应物联网的发展，需要打破传统行业的纵向制度壁垒，建立新的管理体系和运作机制。此外还有一些标准参照国外标准，例如我国目前沿用的风电标准大部分根据国际电工委员会 IEC 标准转化而来，并不完全适合我国的气候特征和地理环境。

7. 创新型人才培育制度落后，创新型企业严重不足

创新型科技人才是建设创新型国家和第三次工业革命的核心要素，是培育新兴产业国际核心竞争力的基础。第三次工业革命对人才的需求是多方面的，包括既具有战略眼光又能把握高端技术的战略管理人才、掌握尖端技术的科技专家、能够落实执行的技术骨干，以及负责执行的实施人才。但长三角目前人才结构严重不合理，能够把握战略新兴产业的科技领军人物非常稀缺，承担和实施战略新兴产业项目的科技骨干人

才严重短缺,而同时低端人才过多①。人才结构失衡将严重影响到战略性新兴产业的持续健康发展,高端创新型人才不足已经成为制约科技发展、战略性新兴产业发展的瓶颈。"为什么我们的学校总是培养不出杰出人才?"振聋发聩的"钱学森之问",直指目前中国教育的瓶颈问题——如何培养创新型人才。

(二)第三次工业革命的机遇

长三角在迈向第三次工业革命的过程中仍旧具备一定优势,这些优势有利于抓住第三次工业革命所带来的机遇。一是制造业基础厚实,近年来在数字制造技术、高端装备等方面也有长足进步;二是长三角正在形成国际金融中心、航运中心、信息中心,资源配置正在走向全球;三是长三角是全国的人才高地,科技创新人才集聚。

四、长三角产业结构转型的目标取向

现实情况表明,第三次工业革命正处于前夜,但它所引发的蝶变及版图重构的影响不可小视。长三角产业结构转型,必须要在基础研究和原始创新的基础上,着眼于第三次革命五大支柱的构建,以创新增值为抓手,调整优化产业结构,大力提升产业的核心竞争力、国际竞争力和产业附加值,努力构建面向第三次工业革命的新型现代产业体系。

长三角未来的产业体系应该是以先进数字制造业为基础,与金融、

———————

① 徐晓兰:《战略性新兴产业科技人才:须既重使用又重培养》,《人民政协报》2010 年 11 月 24 日第 C03 版。

贸易、航运、研发、专利服务等现代生产服务业互相融合的新型产业体系。芮明杰（2012）指出长三角需要以"高端、高效"的目标特征作为产业发展的导向。其中产业高端具有三方面的内涵：第一，高级要素禀赋，即要素禀赋从传统的资源要素转到知识要素禀赋，而知识要素在企业中多体现为在核心技术和关键工艺环节中有较高的技术密集度；第二，高的价值链位势，制造业价值链形如"微笑曲线"，高的价值链位势就是占据"微笑曲线"两端，而动态维持高价值链位势需要具有高的自主创新能力；第三，高的价值链控制力，是对价值链关键环节——核心技术专利研发或营销渠道、知名品牌等的控制力，高价值链控制力也意味着产业内部的高战略引领性。"产业高效"是指产业资源配置效率高，具有良好的经济和社会效益。产业高效也具有三方面的内涵：第一，高的产出效率，如单位面积土地产出效率、人均产出效率等；第二，高的附加值，利润率高、工业增加值率高、税收贡献大等；第三，高的正向外部性。即产业与环境和谐友好，生产过程产生污染少、符合低碳经济要求，还有就是对就业的促进和产业链上其他企业的带动作用等[1]。

（一）着眼于构建适应于第三次工业革命的基础设施产业

里夫金指出信息技术与可再生能源的紧密结合，为第三次工业革命创造强大的基础设施。要想产生新的工业革命，需要新的可持续的能源体系来逐步取代现有的矿石能源。并像以往两次工业革命一样，通过与新的通讯技术相结合，对新的经济有机体进行监管、协调和处理，建构支持第三次工业革命的基础设施，如同第二次工业革命时期建设高速公路和高压电网一样，把越来越多的人纳入到更为复杂的经济社会中。新

---

[1] 芮明杰：《第三次工业革命的起源、实质与启示》，《文汇报》2012 年 9 月 17 日。

的基础设施产业是第三次工业革命的基石，传统的第一产业、第二产业和第三产业都可以在以能源互联网、平台、大数据和云服务为基础设施来提高生产效率。如多利农庄属于第一产业，以前它生产的产品是从田间到地头，现在则通过互联网对农作物种植的温度、光线、施肥等进行调控，客户、品种与产量的需求也全部实现数字化。完善的基础设施产业还有利于创新创业和中小企业的快速发展。

（二）突破新能源技术、支撑制造业数字化、智能化、个性化的关键技术和核心技术

增式制造技术、智能机器人技术、新材料技术、新一代信息技术等关键技术的成熟和产业化是第三次工业革命的必要条件，也是各国争夺第三次工业革命先发优势的主战场。目前长三角在这些技术的研究和开发环节已建立起一定基础，但是与国外先进技术相比仍有不小差距，产业化步伐严重滞后。以 3D 打印机为例，3D 打印需要依托多个学科领域的尖端技术，主要包括：（1）智能软件技术：要有先进的设计软件及数字化工具，辅助设计人员制作出产品的三维数字模型，并且根据模型自动分析出打印的工序，自动控制打印器材的走向。（2）精密机械装备技术：3D 打印以"每层的叠加"为加工方式。要生产高精度的产品，必须对打印设备的精准程度、稳定性有较高的要求。（3）新材料技术：用于 3D 打印的原材料较为特殊，必须能够液化、粉末化、丝化，在打印完成后又能重新结合起来，并具有合格的物理、化学性质。目前国内只有少数科研院所在从事 3D 打印机技术的开发，但是在打印设备、材料种类、产品性能、投入产出效率等方面仍然落后于美欧等发达国家同类技术，而且产业化步伐滞后更为严重。目前中国的 3D 打印服务提供商绝大部分仍然采用进口的 3D 打印设备，新材料和智能软件研发能力还比较

弱，且只能够制造较为初级的 3D 打印产品。因此，长三角必须加强对关键技术和核心技术的突破和产业化的政策支持，这一方面是长三角实体经济、制造业转型升级的需要，是我国实现工业强国的需要，另一方面也是长三角重塑自身优势的关键。这些关键技术和核心技术将使制造业向数字化、智能化、个性化方向发展，并全面提升产品设计技术水平、加工技术水平、管理技术水平，进而提高产品设计质量和一次研发成功率、整个制造业的工艺水平、企业应对市场的反应速度和产品开发速度。

（三）大力推动制造业的服务化，发展高端的生产性服务业

随着资源、环境、土地等要素的日趋紧张，长三角的商务成本逐年提高，同时长三角受工业用地指标的约束越来越强。与其他地区相比，长三角在高新技术制造业方面的竞争力将越来越低，因此，长三角的高新技术产业发展必须向高端攀升，从以高技术制造业为主向以高技术服务业为主转变。这也与长三角的经济结构调整和城市功能升级的战略转型目标相契合。高技术服务业具有高增值、低消耗、高辐射、集聚性强等特点，并且具有大大高于高技术制造业的渗透和辐射效应。长三角需要通过制造业服务化和培育高技术服务业来引领传统产业的转型升级，一方面，可以促进长三角的产业结构升级、自主创新能力提升和高素质人才就业，支撑和带动社会经济的发展；另一方面，可以通过错位竞争，避免与兄弟省市的恶性竞争，充分发挥长三角服务全国的作用。近年来，我国正在逐步形成一个人才密集、知识密集、附加值高、支撑并服务于经济、产业和企业发展的高技术服务体系，高技术服务业在未来现代服务业的发展中将占据越来越重要的地位。根据国家发展改革委的估计目前我国高技术服务业销售收入已经超过 2.2 万亿元。

　　装备制造业服务化已经成为国际装备制造业发展的重要趋势之一。目前，欧美装备制造业市场构成的 40% 以上、利润构成的 60% 以上来自于服务收入。服务不仅有利于产品保持品牌的特色，增强市场竞争能力，更重要的是保持了客户源，延长了企业的产业链，获得更大的产业利润。国外装备企业越来越重视依靠服务来扩大经营的增值空间，例如美国通用电气公司，不仅为自己的用户，而且为竞争对手的用户提供服务。该公司把服务作为一个独立部门经营，服务所创造的价值相当于其海外工程承包总额的 70%。在国内，陕鼓动力也是通过制造业服务化从单纯的制造企业转型升级为节能服务型企业，成为专门为冶金、石化、煤化工、电力、环保等行业提供大型动力装备系统问题解决方案的集成商和系统服务商。陕鼓动力不仅仅为客户简单提供产品，而且提供包括方案设计、系统成套供货、设备状态远程监测健康管理、备件零库存、融资服务及耗材服务等在内的系统服务。随着陕鼓的转型升级，其利润率远远高于国内的平均水平（见表 1 和表 2），甚至还高于全球风机行业龙头德国曼透平公司。

表 1　2003—2008 年中国风机协会企业与陕鼓动力盈利能力比较

单位：万元

		2003 年	2004 年	2005 年	2006 年	2007 年	2008 年
中国风机行业	产品销售收入	588382	853485	1233844	1478755	2032999	2240606
	利润总额	42466	62940	91430	103230	141317	126458
	利润率	7.2%	7.4%	7.4%	7.0%	7.0%	5.7%
陕鼓动力	产品销售收入	104270	171732	199791	240997	291189	394307
	利润总额	20291	32682	35642	36351	42306	51421
	利润率	19.5%	19.0%	17.8%	15.1%	14.5%	13.0%

数据来源：行业数据来源于中国通用机械工业协会，陕鼓动力 2006 年至 2008 年数据来源于申报财务报告，2003 年至 2005 年数据来源于本公司年度审计报告。

表 2　　2006—2008 年鼓风机行业内的主要企业盈利情况

单位：万元，%

	2006 年			2007 年			2008 年		
	销售收入	利润总额	利润率	销售收入	利润总额	利润率	销售收入	利润总额	利润率
陕鼓	240997	36351	15.08	291189	42306	14.53	394307	51421	13.04
德国曼透平公司	908000	71000	7.82	1108471	111507	10.06	1328489	157539	11.86
沈阳鼓风机(集团)有限公司	242412	3526	1.45	507880	7510	1.48	688111	12510	1.82
重庆通用工业（集团）公司	100972	6886	6.82	97446	5645	5.79	121675	9225	7.58
上海鼓风机厂有限公司	71117	2028	2.85	72253	2581	3.57	76032	1400	1.84

（四）基于国内市场需求培育自主的产品架构创新能力

产品的个性化生产要求充分重视市场需求在未来产业发展中的重要作用，为第三次工业革命做好市场准备。前两次工业革命通常忽视现实中用户作为创新者所发挥的重要作用，而第三次工业革命需要更有效的满足客户对产品和服务的个性需求，客户作为产业创新者的作用无疑将会更加突出，因此充分激发用户潜在的创新能力至关重要。因此，长三角需要充分利用我国居民消费能力和消费层次双"提升"的有利条件，将产品的个性化生产与促进新兴产业成长、启动"内需"战略有机结合起来。

　　个性化产品的竞争优势来源不再是同质产品的低价格竞争，而是通过更灵活、更经济的新制造装备生产更具个性化的、更高附加值的产品。这种新产品的开发需要较高的产品架构创新能力。架构创新是对产品构成、组织结构和生产流程的系统性创新，它不仅反映了产品构成要素之间相互依存和功能分担关系的改变，还反映了产业系统内各利益主体之间互动关系的改变。基于先发企业主导设计和产业架构已经确定的假定前提，朱瑞博等（2011）在藤本隆宏（2007）研究的基础上，根据零部件设计的相互依存度和企业间联系的紧密度两个指标，把产品架构区分为一体化整合架构模式、垂直整合架构模式、垂直分工架构模式（设计制造分离模式）和模块化的虚拟再整合架构模式四种类型。他们的研究表明架构创新在这些企业的超常规发展中起到了关键作用，这些后发企业成功的创新实践已经远远超出了 Henderson and Clark（1990）的架构创新范畴[①]，在此基础上他们对架构创新进行了再定义，认为只要采取了与市场中主流架构模式不同的创新都属于架构创新，即在零部件设计的相互依存程度和企业间联系的紧密程度两个维度上至少发生了一个比较显著的变化。如从整合性架构到模块化架构，从封闭性架构到开放性架构，或者从模块化架构到整合性架构，从开放性架构到封闭性架构，这些改变都是架构创新。因此架构创新的核心本质是企业根据特定市场的需求特点形成自主的产品概念，然后以建构技术借用并整合发达国家企业的核心元件技术，设计并制造出一种全新的产品（路风和慕玲，2003）。朱瑞博等（2011）通过对比亚迪、联发科、华为、振华重

---

　　① Henderson and Clark（1990）指出产品架构是促使系统内各单元能够灵活顺畅和相互协调的设计构想。每一种产品既包括若干组件，也包括把这些组件连接为整体的架构（architecture），在此基础上，他们根据创新影响架构连接的程度以及创新改变组件的程 两个维度，将创新活动划分为渐进式创新、架构式创新、模块式创新、突破式创新四类。其中架构式创新是指产品组件及其核心设计基本上并未改变，但产品的架构则重新建构。架构性创新往往是因组件的变化而引起的，例如组件尺寸或者是设计上其他参数的改变，这些变化会导致现有产品的组件之间产生新的互动和关联，但这些组件背后的核心设计原理则没有发生变化。

工 4 个典型案例的剖析研究了后发企业如何通过架构创新提升其在全球产业链中的生态位并进而实现了令竞争对手羡慕、忌惮的跨越式赶超。

架构创新需要准确把握技术与需求的战略契合点，这是形成领先市场的关键。在领先市场的形成过程中，即战略性新兴产业萌芽的形成阶段，市场上存在着多种由不同技术路线创新设计的产品，这些不同设计之间的竞争激烈而残酷。企业之间竞争的焦点在于提高产品性能的创新设计，不断通过"尝试—纠错—尝试"进行频繁的产品架构创新。世界各国和地区产业发展的历程告诉我们，科学革命导致技术革命，然后才出现产业革命。新兴产业的核心技术和关键技术来源于基础研究和原始创新，其发展过程严格遵循着科技创新的基本规律。但基础研究和原始创新的相对落后，也并不意味着战略性新兴产业发展就会受制于人。合成氨、液晶显示器、核电等新兴技术率先实现产业化的国家和地区都不是基础研究和原始创新的诞生地，但这些国家和地区无一例外都是在新技术产业化的过程中率先实现了技术与需求的有机匹配，并进而形成了领先市场。合成氨率先在德国实现了产业化，液晶显示器首先在技术跟随者的日本形成了领先市场。诞生于前苏联的世界第一座核电站就是探索式利用已有的核裂变技术进行架构创新来满足潜在的核能发电需求 [1]。Christensen, Suarez and Utterback（1998）的研究发现，在迅速变化的产业中，过早进入并不会必然提高企业生存概率，只有当在主导设计出现的几年前才会提高这种生存概率。

---

[1] 核裂变现象是 1938 年由德国科学家哈恩和斯特拉斯曼发现的。他们用中子轰击铀原子核，导致了铀原子核的裂变。1942 年 12 月 2 日，美国芝加哥大学成功启动了世界上第一座核反应堆。

后城市化社会的来临

——苏州城乡一体化发展研究

韩振武

（上海财经大学）

今天，中国已成为世界上城市化速度最快、规模最大的国家。但城市文明的展开并不是一个如歌的行板。过去十几年中，城市发展已经失控，我们似乎正见证城市危机的晚期阶段。[①]中国政府多年前提出统筹城乡发展、走中国特色城市化（城镇化）道路、建设社会主义新农村等理念，而现实中，圈地运动、大拆大建、土地抛荒等现象仍屡见不鲜。有的市民舍弃都市繁华去故乡过低碳低成本的田园生活，但城市产生的污染还是源源不断地流向乡村。癌症村、血铅事件、特大火灾、地铁追尾等事件触目惊心。安全尚无保障，生活何以美好？

一、城市中国的警报

1.1984 年中共中央部署开展以城市为重点的全面改革后，从对内搞

---

① ［加］杰布·布鲁格曼（Jeb Brugmann）：《城变：城市如何改变世界》，董云峰译，中国人民大学出版社 2011 年版，第 8—9 页，第 127—128 页。

活到对外开放，经济建设迅速发展，社会面貌发生深刻变化。进入 20
世纪 90 年代，沿海地区纷纷设立各类工业园区，同时，城市化逐渐成
为理论热点和各级政府施政主要方向。但随着市场改革在城市展开，农
业生产成本大幅上升，农产品价格保护政策缺位，农田水利设施建设滞
后；农业科技支撑不足，缺乏现代农业发展需要的保险手段。财政支农
资金占中央财政收入的比重总体上处于波动和下降状态，农村公共服务
捉襟见肘。城乡收入差距 1992 年为 2.58：1，2001 年 2.90：1，2010 年
达 3.45：1。[①] 70 年代改革的红利消耗殆尽，"三农"出现新的危机。取
消农业税后，城乡统筹发展进入了新时期。但计划经济体制下形成的城
乡分割的二元结构至今尚未根本改变。

2. 到目前为止，中国不仅没有形成本土化的城市化发展理论与模式，
而且也没有一个完善的本土化的城市化发展战略。[②] 但这并没有妨碍各
地城市化的快速推进。在以经济建设为中心的路线和以增长保稳定的思
想引导下，城市的增长极作用被夸大，加上一些人好大喜功的作风，各
地不断以低价土地、低环保门槛招商引资，征地开发扩城，城市几乎成
了超级工地。"十一五"规划的国内生产总值、城镇化率指标都超额完成，
而服务业增加值占比、服务业就业占比、研发支出占比目标没有实现。
尽管国家有世界上最严格的土地管理制度，耕地锐减的趋势却没有得到
有效遏制，城镇普遍患上土地饥渴症，违规现象层出不穷。能源资源供
需矛盾日益突出，直接威胁国家的经济安全。农民失地即失业，超速的
城市化已经引发了众多的群体性事件。一些专家还在鼓吹快马加鞭，用
城市化刺激未来 20 年中国的增长。城市化演变成了一场政府与农民攫取
土地级差收益的博弈。迫不及待的工业化和都市化过程中，环境暴力正
在以隐蔽或公开的方式瓦解着中国农业的基础条件，也威胁着城乡居民
的生存。高速的城市化带来社会前所未有的脆弱性，警示信号不断出现。

① 《中国全面建设小康社会进程统计监测报告（2011）》，http://www.stats.gov.cn/
tjfx/fxbg/t20111219_402773172.htm.

② 张鸿雁：《中国城市化理论的反思与重构》，《城市问题》2010 年第 12 期。

都市人落入了自己的聪明才智造就的陷阱，过分拥挤的生存空间与人的生物学特性严重相悖，造成过多的都市病。[①] 越来越多的人开始对社会生活产生心理排斥，随时可能在紧张压力下崩溃。一边是过劳死增多，自杀事件频发。一边是豪华的竞技场、高耸的楼房、无所不在的裸体像、经常的性感刺激、暴力等。民众也着迷于各种耗资巨大而又转瞬即逝的时髦活动。堕落权力扩大，而生命被缩小。这是厄运临近的征候。[②]

二、苏州城乡一体化发展经验

（一）从消费城市到生产城市

近代遭遇西方冲击后，苏州本土工业衰落，变成了消费城市。民国以后小农经济仍在传统的轨道上运行。1949 年成立苏州市人民政府，20 世纪 50 年代，设想逐步把苏州改造成生产性公园化城市。1957 年第二产业占比超过第三产业，1970 第二产业比重与第一产业持平；此后第二产业占据主导地位。但在"先生产、后生活"的思路指导下，工业化并未带来城市化的提高。1949 年城市化水平为 20% 强，到 1970 年降至 15%，1980 年仍未恢复到建国初的水平。而且受城乡、条块分割政策局限和历次政治运动的干扰，城乡总体面貌陈旧零乱，建设布局和生态方面积累的矛盾日益突出。

---

① ［英］德斯蒙德·莫利斯 (Morris, Desmond)："人类动物园"，何道宽译，复旦大学出版社 2010 年版，第 117—123 页。

② ［美］刘易斯·芒福德 (Mumford, Lewis)《城市发展史：起源、演变和前景》，宋俊岭、倪文彦译，中国建筑工业出版社 2005 年版，第 259、384、542—544 页。

（二）城市化重新起步

改革开放后苏州城市化大致走过三个阶段：第一阶段，以乡镇企业发展带动小城镇建设。通过农村工业化、就地城镇化参与创造了苏南模式。1985 年城市化率超过建国初水平，1990 年为 26%，超过全国平均水平。第二阶段，以开发区建设带动城市扩容增量。20 世纪 90 年代开始，先后建立了 5 个国家级和 11 个省级开发区，苏州被列为较大的市，十多年的高标准基础设施建设，促进了各类要素集聚。2000 年市区建成区面积达到 86.5 平方公里；城镇户籍人口占总人口比重 42.6%。[①] 期间所辖县全部撤县建市。九五期间，基础设施建设投入超过建国后 40 多年总和，加速形成了适度超前、城乡一体的能源、通信、交通等基础设施网络。第三阶段，全面实施城市化战略的超速城市化时期。2001 年 8 月苏州市第九次党代会提出大力实施城市化战略，2003 年出台《关于加快城市化进程的决定》，实施重大行政区划调整，积极撤并镇村。2004 年非农人口超过农业人口，2010 年常住人口城市化率达到 70.55%，昆山更高达 74%。苏州市区建成区面积 2005 年猛增到 195 平方公里，2008 年更扩至 317 平方公里。

（三）高速城市化的负面影响

乡镇企业发展初期走的是"村村冒烟、处处点火"式路子，缺少科学规划，已经使许多地方的水乡古镇风貌荡然无存。加快城市化进程中，野蛮征地、破坏生态等问题十分严重。

规划滞后于建设，留下开发败笔。2006 年完成《苏州市城市总体规划（2007—2020)》，2007 年完成全市城镇村布局规划。而实际工作

---

① 王国平主编：《苏州史纲》，古吴轩出版社 2009 年版，第 678、703 页。

中已经等不及，政企联手强力推进，行政村由 2833 个下降到 1114 个。其中苏州工业园区 813 个自然村到 2009 年已全部拆迁。苏州高新区首期开发土地用尽，做出"北扩西进"部署后，通安镇政府要求正在动迁的 13 个村，涉及 9905 亩耕地在秋熟收割结束后，一律停止种植。一些村民因补偿标准过低拒绝签字而遭遇强拆，甚至酿成极端事件。有动迁户逐级上访，当地政府则采取"办学习班"等方式限制其人身自由。[①] 政府文件要求传承好优秀传统文化，但现实中撤并村镇操之过急，特色只能保留在个别点上。如吴江市保留农村居住点 67 个，仅占自然村总数的 2%。城市边缘的一些村落整村拆迁，原有的保护性规划难以落实；古村落过度商业化开发的现象日益加剧，抢救和保护古村落已刻不容缓。

以人为本和可持续原则与服从大局原则难以兼顾。政府提出以不断满足人的需求作为推进城市化的出发点；城市发展与人口、资源、环境相协调；避免浮夸冒进，防止一哄而上。但同时要求树立全市一盘棋的观念，服从组织协调。现实中，两个要求发生矛盾时一般还是要求服从大局比较多。高新区的通安产业园重点引进项目体量大、科技含量高、投资密度强、行业带动性好的项目。但"当地农民们一辈子都很难进入这类高新科技企业工作，注定是被牺牲掉的一代"。[②] 被征地农民失业后与城市居民收入差距进一步拉大。[③] 苏州工业园区 8.6 万就业年龄段的被征地农民中 3 万多人处于灵活就业或未主动登记失业状态。阳澄湖村服从开发征地、动迁，村民中 40% 的劳动人口没有就业。[④] 苏州人均 CO_2 排放量远超全国人均水平，能耗、电耗也居高不下。企业三废排放

① 谢海涛：《苏州城乡一体化反思》，《中国改革》2010 年 10 月。

② 《苏州问责"通安事件"：落后乡迅速崛起?》，http://www.fjsyxww.com/bbs/viewthread.php?tid=409.

③ 苏州市城乡一体化办公室等：《城乡一体化建设——苏州的实践与探索》，红旗出版社 2011 年版，第 199—215、147—153、19—22、176—185 页。

④ 沈磊、李艳、李庆：《苏州工业园区失地农民就业问题研究》，《农村财政与财务》2011 年 7 月。

逐年增加，土壤中重金属等有毒物质的污染已经显现。[①] 气候变暖对农作物生产及病虫害防治等产生严重影响。同时各市区仍然或多或少存在撂荒闲置农田，第一产业连续多年萎缩。人均耕地已经不足半亩，口粮自给率约1/3，生猪自给率约1/4，稳物价、保供应的压力越来越大。食品监管和清洁安全生产服务不到位，优质教育资源短缺，卫生服务资源配置不合理。外来常住人口已经超过本地户籍人口，其中350万外来人口分布在各个城镇。但镇的管理权限小，小马难拉大车；部分农民集中居住小区建设质量差，社区配套公益设施建设滞后，商服网点杂乱无序；应付计划生育、环境卫生等日常事务已显力量不足。农村几乎是赌博成风。有老板，也有一夜暴富的失地农民。有些"白相人"不惜倾家荡产；滋生、诱发黑恶势力的消极因素广泛存在。[②]

（四）城乡一体化发展的主要做法和成效

两年来，我们先后走访了上海市宝山区月浦镇、苏州高新区枫桥街道、吴中区木渎镇、临湖镇湖桥村、横泾镇尧南社区、常熟市蒋巷村、昆山市千灯镇等单位，了解了苏州城乡一体化综合配套改革的做法和成效。

（1）优化城乡空间布局。1983年国务院批准苏州实行市管县体制，撤销苏州地区，结束了长期"地市分设、城乡分治"的制度。苏州市曾提出对辖区内的城市和农村、工业和农业统筹兼顾，实行城乡一体调节和安排。后来虽被城市化战略取代，但城乡统筹的做法仍断断续续在延续。2008年，苏州提出城乡一体化发展综合配套改革方案，要使城市

---

①　转自王芳：《苏州农业可持续发展的制约因素及其路径》，《江苏农村经济》2011年2月。

②　赵端英：《关于加大对农村社会恶势力和赌博活动打击力度的建议》，http://www.suzhou.gov.cn/asite/lh2011/rd-onepage1.asp?bh=0050.

更像城市，农村更像农村，园区更像园区。① 积极引导农户把集体资产所有权、土地承包经营权、宅基地及住房置换成股份合作社股权、城镇保障和住房，并推动工业企业向园区集中、农业用地向规模经营集中、农民居住向新型社区集中。全市累计有 40 多万农户、近 120 万农民实现了居住地转移和身份转变，工资成为农民主要收入来源。2010年，农村劳动力的非农就业率已达 88%。83% 的工业企业进入了工业园，70% 的承包耕地实现了规模经营，38% 的农户实现了集中居住。23个先导区已全面完成镇村布局规划和土地利用总体规划的修编，初步形成了国民经济和社会发展规划、土地利用总体规划、城乡总体规划和环境保护规划"四规融合"的规划体系。

（2）发展合作经济，促进现代农业发展。2010 年全市村均收入 448万元，农村集体总资产突破 900 亿元。农民人均纯收入连续八年实现两位数增长。2011 年底，农村社区、土地、物业、专业等股份合作经济组织 3497 家，96% 的农民入社持股，基本做到村村有社、户户有股、年年分红。同时，坚持以生产、生活、生态、生物为乡村基本功能定位，建成各级各类现代农业园区 175 个。2010 年第一产业投资增长28.9%，增幅超过二、三产业。建成全国农村旅游示范点 30 家，2010年实现旅游收入 175 亿元，吸纳农村劳动力就业 23 万人。2010 年农林牧渔业总产值 271 亿元，其中农业产值为 105 亿元，2001 年后连年下降的态势得到扭转。

（3）加快社区建设，推进基本公共服务均等化。2009 年苏州市投入农村社区建设资金约 13 亿元，1113 个村全都建成了设施完善、功能齐备的农村社区服务中心，服务半径不超过 3 公里。布局上努力做到最大的空间留给村民活动，最方便的空间留给村民办事，最小的空间留着办公，留一点空间让村集体增收。镇村数字电视网络、图书室、文化活动室普遍建成；行政村农村客运班车通达率保持 100%；区域集中供水入户率超

---

① 韩振武：《城市化，加速还是减速？》，《城市（津）》2012 年第 2 期。

过 95%，农村自来水普及率超过 99%。85% 的村实现充分就业；138 万农村劳动力参加城镇职工养老保险；新型农村合作医疗覆盖率 98.7%。2011 年 7 月城乡最低生活保障统一提高为 500 元 / 月。成为全国统筹城乡社会保障典型示范区和城乡一体化发展试验区。在保留的乡村，与城市居民相比，农民生活空间更广阔、环境更优美、空气更清新、房价更便宜。城乡一体化改革发展已日趋成为新时期苏州最大的特色、最大的优势。

（4）率先实施生态功能区补偿政策。2010 年开始，预算安排资金率先对基本农田按不低于 400 元 / 亩的标准给予生态补偿；同时，对连片 1000 ~ 10000 亩的水稻田，按 200 元 / 亩追加补偿；连片 10000 亩以上的水稻田，按 400 元 / 亩追加补偿。对县级以上饮用水水源地保护区范围内的村按每村 100 万元给予生态补偿；对太湖、阳澄湖及其他重点湖泊水面所在村，按每村 50 万元补偿。县级以上生态公益林按 100 元 / 亩给予生态补偿。"十一五"期间完成 1112 个村庄生活污水治理，受益户数 22 万户，敷设污水收集管道 1895 公里。太湖一级保护区生活污水处理率达到 75%，阳澄湖水源水质保护区为 60%，其他地区平均为 45%。苏州被确定为国家可持续发展实验区。

（5）健全城乡一体的金融支持体系。建设银行苏州分行被总行批准为全国首家城乡一体化发展综合配套改革金融服务试点行，服务内容涉及农民动迁安置、农村基础设施建设、现代农业、股份合作经济等领域。全市设立农村小额贷款公司 61 家，发放贷款余额 213 亿元。2011 年政策性农业保险保费收入 6437.78 万元，为 42.39 万户农户提供 21.32 亿元保险保障，赔付 6850.49 万元，受益农户 21339 户次。[①] 乡村股份合作组织入股农户申请贷款有公司提供担保，所得贷款公司统一购买生产资料。一定程度上解决了分散受理农户贷款固有的信息不对称缺陷，办贷效率大幅提高。

---

① 陆晓华：《苏州政策性农险一年赔付 6850 万元》，http://www.nb.suzhou.gov.cn/newsview.asp?id=1515.

三、后城市化社会的来临

（一）征兆

经过高速城市化后，苏州建设用地占陆地面积超过 40%，粗放式增量扩张的路子难以为继。其城乡一体化发展配套改革的核心是打破城乡分割的资源配置方法，从偏向城市转向兼顾城乡，从单向索取转变为双向互补，从低价征收转向等价置换，使经济社会发展从征地投资拉动转向主要利用存量土地的可持续发展之路。近年来，经过城乡一体化配套改革，苏州正开始进入城乡和谐发展的新阶段——"后城市化社会"（The post-urbanization society）。其特征一是城乡基本公共服务均等化，社区功能比较完善。二是城乡产业结构趋于协调。服务业比重逐步上升，第一产业也重新受到重视。三是城乡居民收入差距缩小，要素流动障碍加快消除。2011 年农民人均纯收入同比增幅比城镇居民收入增幅高 3.1 个百分点，城乡居民收入比降至 1.94∶1。[①] 城乡户籍的附着利益此消彼长，农村人口不愿"农转非"。大学毕业生包括研究生到县级市和镇上工作的逐年增多。四是国土功能区划趋于稳定，人与自然矛盾得到缓解。公布的苏州市主体功能区规划里没有重点开发区域。禁止、限制开发的区域 3000 余平方公里，占全市总面积近 40%。五是告别短缺经济，进入大众消费社会。2010 年末全市社会消费品零售总额 2402 亿元，比上年增长 18.5%。限额以上批发零售贸易业零售额中，汽车类增长 35.1%，金银珠宝类增长 34.7%，文化办公用品类增长 30.9%，服装

---

① 秦华江：《苏州成为全国城乡居民收入差距最小地区之一》，http://www.js.xinhuanet.com/xin_wen_zhong_xin/2012-02/19/content_24734391.htm.

鞋帽、针、纺织品类增长28%，日用品类增长24.9%。[①]2010年苏州农民人均消费性支出10397元。农民人均在外饮食消费575元，年均增长15.9%；人均衣着消费支出694元，年均增长13.9%。每百户农民家庭拥有电冰箱108台、空调184台、家用电脑68台、家用汽车20辆。[②]六是健康城市、城乡和谐发展等理念开始深入人心。苏州明确提出完善区域生态补偿机制，确保基本农田、水稻主产区、水源地、重要生态湿地、生态公益林等区域农民人均纯收入不低于当地平均水平。加快实现由主要依靠物质资源消耗向创新驱动转变，由粗放式增长向集约型发展转变，由城乡二元结构向城乡一体化发展转变。

这些特征概括起来，就是城乡二元分治的经济条件和政策体制障碍逐步消除，城乡互惠共生、良性互动的机制开始形成。后城市化社会概念是在中国社会主义初级阶段的背景下提出的，有的与后工业社会的特征重合，但也有区别。后工业社会是针对北美发达国家产业结构、就业结构演化特征提出的，而后城市化社会是针对苏州地区的经济社会发展特征提出的，这些地区尚未达到后工业社会的阶段，但近代以来经历了城乡合治—城乡分治—城乡一体—快速城市化进程，土地开发强度大、经济外向度高、非农就业比例高、城镇体系完整、地方政府的组织基础好、公共财政能力较强，同时有耕读传家和办乡村企业的传统，较早开始了城乡一体发展的实践，城乡差距较小，是中国道路的样本之一。这里的后城市化社会概念不具有世界普遍意义，也许在苏南等地区有一定普遍性。苏南地区在地理上、人文上是独特的，而经济上又无法脱离经济全球化的逻辑，政治上也受到民主集中制体制的约束。这里既是追赶型现代化的，又有厚重的文化传统。新的经济制度、政治制度及文化还没有成熟，中国的社会变迁也在路上，"后"这个定语就是要说明旧的社会关系、思想意识、资源配置方式正在消融，而新的社会关系、意识

---

① 《2010年苏州市国民经济和社会发展统计公报》。

② 孙新研：《城乡一体化作用凸显 农民收支持续增长——2010年苏州市农民收支情况分析》，苏州统计调查公众网，http://www.sztjj.gov.cn/Info_Detail.asp?id=19165.

形态、发展方式还没有完全确立这样一种过渡状态。

（二）三个阶段社会的对比

有后城市化必然要追问前城市化。在贝尔 (Bell,D.)《后工业社会的来临》[①] 的启发下，我列出下面的表格，对城乡社会三阶段特征做了对比。其中后城市化社会的特征有的是已经呈现的，有的是期待中的。

以城市化区分的城乡社会特征

前城市化社会	城市化中的社会	后城市化社会
基础设施匮乏	大规模基础设施建设，存在过度开发	国土功能区划趋于稳定，基础设施以维护为主
城乡合治，县管城	城乡二元分治，市管县	城乡一体化治理，强县扩权
自然经济、小农经济为主	第二产业为主，计划＋市场双轨制	三次产业趋于协调，社会主义市场经济为主
劳动力拉动	征地投资、出口拉动	存量土地优化利用，创新驱动，出口、消费拉动
劳动生产率低，商品短缺	生产率迅速提高，短缺与相对过剩并存	生产率高，告别商品短缺，进入消费社会
农业财政，重农抑商	企业＋土地财政，亲商压农	公共财政，重商惜农敬人
皇权专制＋乡绅制；民众普遍无权利，社会保障缺乏	民主集中制；城乡权利不平等，部分社会保障	法治化（宪政）；城乡权利趋同，基层自治，全民社会保障
城乡无差别，无城市病	城市优先，城市病流行	城镇体系合理，健康城市流行
统治型政府	建设型政府（经济建设为中心），学习型社会	服务型政府，信息化社会，创新型国家
神秘主义价值观；乡土文化	集体主义＋个人主义价值观；科学文化，转型文化	公民人权价值观；多元和谐文化

①　[美] 丹尼尔·贝尔：《后工业社会的来临》，高铦等译，商务印书馆 1984 年版，第 2、17、87、91、296、144 页。

续表

前城市化社会	城市化中的社会	后城市化社会
敬畏自然，循环经济，生态破坏较少	征服自然，单向索取，生态破坏严重	亲近自然，双向互补，修复生态
人口分散	人口集聚加速	劳动力转移基本结束，人口双向流动，趋于合理分布
生存型乡村，消费型城市	生产型乡村，生产型城市	可持续发展型乡村，多功能城市

前城市化社会交通基本靠走，通讯基本靠吼，治安基本靠狗，劳动基本靠手。城市化社会有了机动车代步和运输，有了电话和电报，还有了互联网，有了部分人群的社会保障。后城市化社会要追求公共交通的普及和良性运转，信息技术和服务的普及，社会保障的全面覆盖和平等享受。未来的家园不是大城市，而是在区域内构建一种完整的可达性，一小时生活圈或 40 分钟生活圈。苏南已经有了这种趋势。

秦汉以后，中国地方行政管理一直实行城乡合治体制。鸦片战争以后，随着通商口岸的辟设，治外法权的实行，租界的建立，西方的城市规划、司法制度、市政管理、经济管理等制度的引入，中国传统城市的城乡文化一致性、城乡行政一体性的特点才逐渐消失。一体性解体的标志是 1909 年清政府颁布的《城镇乡自治章程》。[①] 该章程规定：凡府、州、县治所在的城厢地方称为"城"，其余地方人口满 5 万的称"镇"。城和镇都可以单独设置自治管理机构。新中国城市化过程中强化了城市的管理功能，很大程度上压制了县乡村的自治。现代的城市化虽一度导致城乡对立的加剧，但发展趋向是逐步走向城乡一体化。[②] 因为城市化与经济增长之间并不是简单的线性关系，而是人口密度、专业分工、知识溢

① 熊月之：《中国城市史研究：问题与思索——中国传统城市特质的变易与延续》，《学术月刊》(沪)2009 年第 10 期。

② 陈国灿：《中国古代江南城市化研究》，人民出版社 2010 年版，第 8—15 页。

出、技术进步、公共政策等一系列经济变量综合作用的复杂关系。[1]"农村城市化是城市中心主义的产物，其出发点是错误的，代价也过于昂贵，城市化不能作为农村的发展过程和归宿"；城乡一体化与农村城市化最大的区别在于新重农战略。它以生物工程、信息技术等高科技为推动力，以惠农助农政策和法律为保障，使农村在结构上与城市融为一体，功能上比城市更有效率，生活质量更高，成为更富有人性的地域；使农民具有现代文化水平和思想观念，职业日趋多样化。[2]后城市化社会将在梳理传统、借鉴国外的基础上，进一步还权赋能，强化城乡基层自治。二元分治的城市化结果是城乡两败俱伤，高速城市化后应该追求两全其美，各得其所。

前城市化社会的主要矛盾是人的生存问题，城市化社会的主要矛盾是经济发展问题，后城市化社会的主要矛盾是可持续发展，包括人与自然的和谐发展，福利公正问题。前城市化社会城乡尚未分化，城市化中的社会城乡差距显著，后城市化社会城乡重新融合，进入和谐发展阶段。前城市化社会，我们的祖先曾遭受长期贫困之苦，只能依赖有限的自然资源。而我们今天的富有更多地依靠几千年积累起来的技术和科学知识。蛋糕不再是有限的，"我们也不再需要为生存而进行无情的争斗，也不再需要现实政治中以我为先、将罪恶感抛在脑后的思想"。[3]城市化社会里追求产出的多和快，往往粗放发展；后城市化社会追求好和省，既要产出，又要减排。前城市化社会的经济活动场所主要在乡间，城市化社会的主要在城市，后城市化社会既在城市，又在乡间，还在虚拟空间，是多元的。前城市化社会围绕乡土稳定而组织，城市化社会围绕经济建设、劳动力转移而组织起来；后城市化社会则是围绕城乡和谐

---

① 巴曙松、杨现领：《城市化不会自然导致经济增长》，http://www.sss.net.cn/Read-News.asp?NewsID=36500&BigClassid=14&SmallClassID=49&SpecialID=0&belong=sc.

② 何慧丽：《是农村城市化，还是城乡一体化?》，《农业大学学报》2000年第2期。

③ ［美］斯塔夫里阿诺斯 (Stavrianos, Leften Stavros)：《全球通史》（第七版），董书慧等译，北京大学出版社2005年版，第788页。

发展而组织起来的网络，一个新型社会将出现，财富、权力和地位不再以潜规则来分配。城乡居民都将拥有各自的宅基地，并不会被强拆。胶囊公寓、鸽子笼、危房将逐渐消失，房产闲置率大大下降，适度的建筑既不使人压抑，也不放纵野蛮，公民都将学有优教、住有宜居、病有良医、劳有多得、老有颐养。

城市化过程中的社会是经济化的社会，以职能效率原则为中心，它所迫切需要的是以少求多。第二次浪潮带来工业的一体化，用核心家庭取代了大多数农业社会里的大家庭，建立了越来越高的垂直等级结构，催生了不断扩张的城市—工业文明，也污染了地球。第三次浪潮是将生产、市场和社会的一体化分解开，承认并接受不同模式的家庭结构，向网络和许多替代结构过渡。① 后城市化社会将比以往包含更多的政治，因为人们将以自由看待发展，维持多个决策中心和预警系统。人们将尊重多样文明，以协商而不是霸权或欺诈的方式取得各自的权利。后城市化社会，公民将在文化的碰撞和融合中修身成长，对多样文明的尊重将减缓地球的崩溃。技术不断发展提高了人们的生活质量，大家才会停止相互争斗和杀戮，把精力放在别的事情上。容易摘到的果子已经被摘得差不多了，现在要想让财富增长，只有依靠高度领先的创造力。最大的愿望是互联网、数字革命能够把世界连接起来，为全世界的每个人提供更多个人进步的机会。②

孙中山曾设计了中国政治发展的三步走：军政—训政—宪政。中国城市化过程中的社会基本上对应军政和训政阶段，后城市化社会应该进入宪政阶段。后城市化社会，军人的民主素质进一步提升，同时将继续保持军民鱼水情；军队将在宪法和国际法的约束下走精兵之路。警务博客将与民间信息充分互动，执法者将不会异化为人民的对立面，而是以

---

① ［美］托夫勒（Toffler, Alvin）等：《财富的革命》，吴文忠等译，中信出版社 2006 年版，第 20—21 页。

② ［美］杰伦·拉尼尔（Lanier, Jaron）：《你不是个玩意儿：这些被互联网奴役的人们》，葛仲君译，中信出版社 2011 年版，第 80—81 页。

最大的努力化解矛盾。选举机构将受到更多尊重，开门立法成为普遍选择。后城市化社会将按照契约精神尊重公民的自由居住、建筑和自由迁徙权利。将放开户籍管制，以服务型政府的模式为各地居民提供所需的必要保护，在政府、社会、公民、企业良性互动中寻求合宜的民主集中制。这也许是乌托邦，但是人类从来是靠理想引领方向。

四、结　语

"消灭城乡之间的对立，是共同体的首要条件之一。这个条件又取决于许多物质前提。"① 生产力与生产关系的发展为人居聚落由城市化模式走向后城市化模式的复归提供了物质条件。国家人权行动计划、全国主体功能区规划、税费、户籍改革等措施不断完善，后城市化社会似乎万事俱备只欠东风。但"由于聚落心理的复杂性与人的全面发展的艰难性，人居聚落后城市化将是一个充满反复的振荡过程"。② 理想的城乡一体化发展是一种帕累托改善。苏州文化中的精益求精、融合创新是优秀的文化资源，先污染后治理的曲折也可资借鉴。随着国力增强，中国人失去多年的自尊正在恢复，同时，致命的自负也在滋长。形形色色的既得利益者和欲取而代之者势必阻挠这种理想的发展趋势。除非力量对比、财富分配、发展方式出现彻底的革命，否则高速城市化将继续破坏生态。《2012》方舟的船票非常有限，我们必须让科技为正义服务，破除等级制度，分享共同财富，促进城乡共同进步；公正配置公共资源，节省资金用于植树造林，开发清洁能源，支持多元文化，等等。

　　后城市化社会的进程还刚刚开始，本文所得只是趋势性的判断，也

---

① 《马克思恩格斯文集》第 1 卷，人民出版社 2009 年版，第 556—557 页。
② 计彤：《建构后城市化聚落的可能性分析》，《兰州学刊》2011 年第 8 期。

许只有再过几十年，才能对其作出比较完整的总结。但有一点是确定的：若不珍惜乡村，城市人将只好去古诗词里找寻似曾相识的乡愁。对苏南地区来说，认清新阶段的特征，因势利导，在创业创新中实现和谐发展是必然的选择。其他城市化加速的地区借鉴苏州的经验教训，对落实主体功能区规划，加快转变发展方式也有积极意义。

后世博时代长三角地区的城市转型发展

——基于区域经济社会可持续发展的视角

杨红芬

（上海世博发展集团）

一、引　言

　　城市转型是城市发展过程中的重大转折，是从理念、路径、模式、政策和措施等全面而深刻的转变，是城市发展的一次革命。新中国成立六十多年，特别是改革开放三十多年来的城市发展，已经取得了巨大的成绩。但是，面对科学技术进步和生产力的迅速发展，国际国内经济社会环境的巨大变化，世界各国城市发展错综复杂的新形势和新问题，使我国城市发展进入一个新时期，传统的发展模式和路径已不能继续，必须改变观念、创新理论、转变战略，按照新的思路和战略进行发展，也就是说，需要实现城市转型发展。

　　以上海为龙头、江浙为两翼的长江三角洲地区，是我国经济最发达，人口、产业、城镇、财富最密集的区域，也是我国跨省市区域一体化进程起步最早、基础最好、发展最快的地区。2008 年 9 月，国务院在《关于进一步推进长江三角洲地区改革开放和经济社会发展的指导意见》中首次明确提出了"长三角一体化"的概念，标志着"长三角一体化"正式跃升至国家战略层面。2010 年 5 月，国务院正式批准实施《长江三角洲地区区域规划》，明确将长三角地区定位为我国国际化发展的先导区、亚太地区重要的国际门户、全球重要的现代服务业和先进制造业中心、具有较强国际竞争力的世界级城市群[①]，为长三角未来区域经济社会一体化发展指明了前进的方向。同时，2010 年上海世博会在促进和推动中国、长三角、上海与世界各国交流交往的同时，也为长三角地区城市可持续发展的转型和提升区域综合竞争力提供了千载难逢的发展机遇和强大动力。

如何紧紧抓住世博会这一重大事件，积极借鉴上海世博会的有益经验，促进长三角地区实现城市转型发展？如何通过后世博时代国际化、低碳化和制度化等诸多效应的充分发挥，切实推动上海和长三角地区实现区域经济社会的一体化发展和可持续发展？是值得广泛探讨与深入研究的重要议题。

二、长三角地区城市转型发展现状与动因分析

（一）长三角地区城市转型发展现状分析

1. 长三角地区城市发展的现状

无论是从经济总量占比，还是从产业升级和产业集聚，长三角在全

---

① 2010 年 5 月《国家发展改革委关于印发〈长江三角洲地区区域规划〉的通知》（发改地区〔2010〕1243 号）。

国都占据领先地位，是全国经济发展速度最快、经济最活跃的区域。改革开放以来，长三角地区在中国较早地建立起社会主义市场经济体制基本框架，是完善社会主义市场经济体制的主要试验地，已率先建立起开放型经济体系，在政府体制、产业政策、战略规划和法律保障上积累了丰富的经验，形成了全方位、多层次、高水平的对外开放格局。国家区域发展总体战略深入推进，2010年出台的《长三角地区区域规划》将进一步加大中央对长三角地区的支持力度，长三角地区的发展势头将更为强劲。

新世纪以来，长三角地区产业结构调整升级与经济转型的步伐呈加速态势，经济实力进一步增强，整体呈现稳定向好的发展态势。2011年江苏省地区生产总值达49110亿元，增长11%；浙江7市地区生产总值32000亿元，增长9%，增速分别高于全国平均增速2.8和0.9个百分点。上海地区生产总值增速低于全国平均增速1个百分点，但结构优势明显。以长三角城市群的16个城市为例，2011年16个城市的地区生产总值突破8万亿元，达到82023亿元，占全国的17.4%。其中第三产业增加值38144亿元，增长11.3%，第三产业增加值占地区生产总值比重达到46.5%，比上年提高1.2个百分点。上海第三产业增加值占地区生产总值比重达到58%，列长三角城市首位（如表1）。

表1 2011年长三角地区经济发展现状

	GDP 总量 （亿元）	GDP 增速	增速与全国 对比	一、二、三次产业结构
全国	471564	9.20%	—	10：47：43
长三角地区	100306	9.4%	+0.2	5：49：46
上海	19196	8.2%	−1	0.7：41.3：58
江苏	49110	11%	+1.8	6：52：42
浙江	32000	9%	−0.2	5：51：44

注：根据2011年全国、上海市、江苏省、浙江省统计年鉴等相关资料计算、整理。

2010年上海世博会的主题是"城市，让生活更美好"，其核心就是城市的生态建设，这使长三角地区树立了生态环保、节能减排的理念，加快了建设资源节约型、环境友好型城市的步伐，使长三角地区城市能实现可持续发展，从而引领城市创新能力提升的城市合理转型。在后世博时代，长三角地区仍然注重生态环保建设理念的贯彻实施，从而带动长三角区域生态一体化和可持续发展的顺利实现，在提升城市整体生态环境水平的同时，为区域生态一体化和可持续发展奠定了基础，从而创建绿色、生态长三角。

2. 长三角地区城市转型发展面临的瓶颈与挑战

从目前长三角地区所处的宏观环境来看，城市转型发展面临着前所未有的机遇，但在微观环境层面还存在着一系列的瓶颈与挑战。主要体现在以下几个方面：

一是制度层面的制约。我国政治经济体制还处于转型期，在向市场经济过渡的过程中，行政管理、社会管理体制等方面改革还不到位，改革攻坚的任务仍然繁重，这在一定程度上束缚了长三角地区城市转型发展。另外，尽管长三角的区域合作取得了很多成绩，但是一些影响区域一体化发展的关键问题仍很难突破，平台建设和专题合作仍然是务虚多于务实。一些合作专题和平台建设缺乏明确的目标、时间节点和计划安排，合作效果的衡量缺乏合理的尺度与评估机制，合作实效不够明显；一些专题和平台的建设缺乏明确的负责人、有效的激励机制和硬约束机制，也缺乏完善的监督机制，从而导致在很多重要合作领域一直难以深入下去。

二是产业同质化缺乏创新。在产业结构一体化上，长三角地区城市产业同质竞争问题突出，区内各地在经济发展指标上盲目攀比，在产业结构、产品结构及出口结构上有趋同现象，在发展规划及主导产业、支柱行业设置上有趋同现象。产业结构趋同现象比较严重，在产业结构相似基础上进行错位竞争是长江三角洲地区产业发展的突出特点。同时，长三角地区区域内尚未解决的结构性矛盾与国际金融危机的影响交织在一起，长三角地区进一步发展困难加大，近几年，区域内各城市产业结构趋同，地方利益冲突明显，严重影响地区之间人流、物流、资金流的自由流动和市场调节作用的有效发挥，产业结构趋同使长三角各地区不能发挥各自的比较优势，金融机构地区分割、门户独立的界限，难以满足长三角地区经济一体化发展的需要。

三是社会文化环境方面的挑战。主要表现为近年来城市生活成本急剧升高，教育、医疗等支出居高不下，就业问题、特别是外来民工的就业问题亟待解决。教育、医疗卫生、文化体育等绝大部分社会事业的组织形式仍是行政体制，去行政化步伐较为缓慢，公立机构几乎垄断了社会服务业的大部分优质资源，阻碍了民间资本的进入，制约社会发展质量提高和消费结构升级，影响到我国中高端就业和宜居环境。由于移民倾向逐渐高涨，社会结构中上层的空心化问题也逐步显现出来。这些都不利于整个长三角地区的区域一体化和可持续发展。

（二）长三角地区城市转型的动因分析

1. 长三角地区城市转型的理论动因

区域发展具有一定的生命周期，城市群的发展与演化一般包括四个阶段：离散阶段、城市体系形成阶段、城市向心体系阶段（都市区阶段）和城市群发展阶段。所谓城市离散发展阶段是个别中心城市枢纽城市功能比较发达，而大多数周边城市都独立发展，相互间经济与社会联系不紧密，城市化进程尚处于较低的一段时期。城市体系形成阶段是指随着城市逐渐膨胀，边缘的向心倾向减弱，城市区域逐步向四周扩散，形成以中心城市为主的向心环带状结构，同时卫星城市逐级出现，区域城市化水平迅速提高。城市向心体系阶段是指随着中心城市规模的不断扩大和交通、邮电、通信条件的迅速改善，市区沿交通线蔓延，中心城市的向心力促使其达到相当规模。城市群发展阶段是指都市区的郊区化和沿交通线的延伸进而形成核心的巨大城市群[①]。P. Geddes 在 Cities in Evolution 中将城市演化形态归结为城市地区（City Region）、集合城市（Conurbation）与世界城市（World City），其中"集合城市"是城市群的结构体系。Y. N. Pyrgiotis, K. R. Kunzmann & M. Wegener 等在研究经济全球化与区域经济一体化背景下跨国网络化城市群结构体系时得出结论，城市群实际上是产业空间整合的产物，并将占据全球经济的核心位置[②]。

Antonio Vazquez-Barquero 在"Endogenous Development"中提出城市层级关系向城市体系网络的转变。城市是新产业创生与发展的主要场所和全球经济的服务节点，并且城市发展与内生性发展具有互动关系；因而城市发展的地域模式必须根据经济全球化的进程和趋势加以改变，以促进全球化条件下地区生产系统的增长活力。Scott 等也认为，由于世界资本主义经济结构的生产技术、社会、经济与地域组织"技术——体制"系统的变化，后福特主义生产综合体空间结构形成时期存在普遍的"空间切换"（spatial switching）与"社会切换"（social switching），"关系空间"（spaces of relations）取代了"点空间"（spaces of points）。[③]

就某个区域的城市群内部而言，由于众多单体城市的规模、功能、地位不同，因此是一种三级差序化结构。第一层次为核心城市（大都市中心区），处于城市群的核心地位，不仅规模大，而且起到对其他城市的控制与支配作用；第二层次为次中心城市，往往是大都市郊区和大中城市，作为次级控制中心，对周边的中小城镇起到控制与支配作用；第三层次为卫星城市，一般是处于从属地位的中小城镇。就具体功能而言，核心城市（或大都市中心区）以研发、设计、培训以及营销、批发零售、商标广告管理、技术服务等环节为主；次中心城市（或大都市郊区、工

---

① 郁鸿胜：《关注城市群演化规律》，《国际金融报》2004 年 7 月 26 日。

② Kunzmann K R, Wegener M. "The attern of urbanization Western Europe." *Ekistrics,* 1991, 50(2), pp.156—178.

③ 秦跃群、吴巧生：《国工业化与城市化的协同性分析》，《决策参考》2005 年第 2 期。

业园区和其他大中城市）侧重发展高新技术产业和先进制造业，以关键零部件的设计与加工、终端产品生产、物流等环节为主；卫星城市（周边其他城市和小城镇）发展一般制造业与零部件生产，以一般零部件制造、产品组装与测试等环节为主，城市间形成新型的产业分工模式。①

2. 长三角地区城市转型的现实动因

在经济全球化浪潮的冲击下，城市群在全球经济发展中的地位越来越重要。当前世界主要城市群有：美国东北部大西洋沿岸城市群、北美五大湖城市群、美国西南部太平洋沿岸圣地亚哥——旧金山城市群、英国的伦敦城市群、法国的巴黎城市群、德国的莱茵——鲁尔城市群、荷兰的兰斯塔德城市群、日本的"太平洋沿岸城市群"，以及我国的长江三角洲城市群、珠江三角洲城市群等。现代区域竞争越来越表现为城市群之间的竞争，城市群已经成为提升区域国际竞争力的重要支点。

从世界重要城市群发展轨迹看，在其发展到中高级阶段，通常会引发关于交通、住房、通勤、环境等一系列的大都市问题，城市空间结构、产业结构等都面临着重大转型。东京都市圈城市转型具有很好的代表性。纵观日本东京都市圈的整个转型历程，可以将之分为三个阶段，前期通过城市群"据点开发"、"大规模投资项目构想"，侧重开辟城市间交通线路，引导城镇间的产业部门联动效应，形成产业密集带的雏形；中期通过实施"定住构想"，进行居住综合环境改造，培育功能完备的新产业增长极，完善产业密集带的功能中心结构，后期则通过"交流网络构想"、"参与和协作"计划，强化产业集中区之间的联系，构建产业地域轴，发展为成熟的产业密集带。

借鉴世界典型城市群的发展规律与经验启示，对推动长三角地区经济社会的一体化发展和可持续发展具有重要意义。世界典型城市群发展的基本经验表明重视组织的协调作用、发挥中心城市辐射作用、加强区域内的分工协作、实现产业结构优化配置以及积极承接世界产业转移等

---

① 刘友金、罗登辉：《城际战略产业链与城市群发展战略》，《经济地理》2009年第4期。

方面对城市群的转型发展影响深远。

从国内城市发展轨迹来看,在当前我国经济发展转型的关键历史阶段,深入推进长三角地区的城市转型发展,强化其服务和辐射功能,有利于进一步发挥该地区在全国的龙头、示范与引领作用。长三角区域经济一体化发展和可持续发展,有助于增强长三角区域经济的整体实力,创造更多的物质财富,从而为国家区域发展总体战略的深入实施提供坚实的物质支撑。另外,由于长三角地区比国内其他地区具有更广阔的辐射空间,它不但处于我国东部沿海地区的中部,有利于沿着"黄金海岸"向全国辐射,而且是长江流域的龙头,溯江而上可通苏、皖、赣、鄂、湘、川、渝及滇、黔、陕、豫等地。[①] 长三角区域经济整体实力的提升,有利于增强对中西部地区的辐射带动功能,推动全国区域协调发展。

如果说北京奥运会标志着中国已结束了经济不发达国家的历史,人均 GDP 超过 3000 美元,进入了中等偏下收入国家的"门槛",那么,上海世博会则标志着长三角城市群正转型发展为真正意义上的世界第六大城市群,终将被全世界所承认。因此,应从世界眼光看待长三角地区,准确定位上海世博会后长三角城市群的区域功能,使之真正成为一体化发展和可持续发展的世界级城市群。

三、后世博时代长三角地区城市转型
发展的路径分析

2010 年上海世博会的主题是"城市,让生活更美好",与之相对应的内部主题应当紧紧围绕"世界级城市群"的目标定位,以提升城市功能升级为核心,实现"城市转型和发展模式转变"。在后世博时代,上

---

① 杨凤华:《长三角区域经济一体化深化发展的思考》,《工业技术经济》2011 年第 5 期。

海世博会的后续效应对全世界，特别是举办城市及其周边地区未来社会
发展理念、方向、结构和方式等产生的广泛、深刻和持续影响①。那么，
如何从现实的关系起点出发，推进长三角地区的转型发展，是世博会纳
入研究范畴时首先需要考虑的问题，本节将从城市群发展的时间和空间
两个维度，探讨长三角地区城市转型的两个方向，即区域可持续发展和
区域一体化发展。

（一）长三角地区城市群转型路径一：区域可持续发展

1. 上海世博会的可持续发展理念及其在城市转型中的体现

上海世博会强调经济、社会、环境的平衡发展或者"生产、生活、
生态"三方面的协调，而这正是可持续发展概念的核心意义。发展以循
环经济、低碳经济为表现形式的绿色经济，是世界各国应对金融危机和
气候变化挑战的重要表现。上海世博会上许多国家的展馆就是以展示绿
色技术和绿色经济为重点的。具体来说，上海世博会所蕴含的可持续发
展理念，主要体现在以下几个方面。

首先，绿色经济的关键是提高资源生产率。绿色经济强调资源节
约、环境友好的经济，其重点是提高经济过程中的资源生产率。英国绿
色经济学家斯特恩在上海世博会上指出，制约世界经济发展的主要稀缺
因素发生了根本变化，化石能源和环境容量等自然资本约束已成为 21
世纪发展的主要挑战。因此，科技创新和经济活动需要向大幅度提高自
然资源的产出方向努力。现在的绿色经济倡导基于资源生产率（按照单
位资源投入或环境容量的经济产出或服务产出来衡量）的新工业革命。
这是当今世界许多绿色科技创新的总体特征。

---

① 后世博效应与长三角一体化联动发展研究课题组：《后世博效应对长三角一体化
发展区域联动研究》，《科学发展》2011 年第 5 期。

其次，发展零废弃物的循环经济。循环经济的意义是从以减少负面危害为特征的被动性环境保护，转向以创造正面收益为特征的更有积极意义的绿色经济。从上海世博会的展示来看，循环经济的实施包含三方面：一是消费后废弃物再循环。伦敦零碳馆几乎所有展示物都实现了再循环。二是产品和部件的再利用。例如，上海世博会的许多场馆百分之百可拆卸，到异地再用。三是通过服务再循环使经济过程从出售产品向出售服务转变，导致制造业服务化或产品服务系统的发展。布莱梅案例以及德国等国家展馆中展现的汽车共享使用系统，强调"有车可用但是不求拥有汽车"和"让最少的汽车被最多的人使用"的新经济模式，促进了城市出行方式的变革和创新。

再次，发展全过程约束碳排放的低碳经济。低碳经济重点是在促进经济社会发展的同时减少化石能源消耗以及相应的二氧化碳排放。上海世博会，强调了在经济活动的全过程约束碳排放的低碳发展思想。一是在经济过程的进口环节，用太阳能、风能、生物能等非碳可再生能源或者水能、核能等清洁能源替代传统碳基能源，即源头替代的低碳经济。二是在经济过程的转化环节，提高工业、交通、建筑三大领域内的能源利用效率，减少二氧化碳排放，即中间转化的低碳经济。三是在经济过程的输出环节，通过植树造林、建设绿色空间以及发展碳捕捉能力吸收二氧化碳，即末端中和的低碳经济。

2. 长三角地区城市可持续发展的模式

早在 2000 年，德国汉诺威世博会旨在促进世界经济、社会和环境的和谐发展，大力倡导可持续发展和再利用的理念，这得到所有参展国家的支持，并在实际中得到前所未有的贯彻。[①]2010 年的上海世博会，

---

① 德国汉诺威世博会的主题是"人·自然·技术：展示一个全新的世界"。早在1992 年，《从摇篮到摇篮》一书的作者，前美国总统科技顾问威廉·麦克唐纳与德国化学家迈克尔·布朗嘉特，共同为汉诺威世博会撰写了"汉诺威原则"，它的核心是"设计服务于可持续发展"，这个原则应答了人类 21 世纪在环境方面所面对的主要挑战，提出了人与自然在可持续的条件下共存的观点，引起国际社会广泛关注。

更是提出了"生态世博"的理念，重新诠释了新世纪的可持续发展，绿色发展已成为城市转型发展核心问题。(如图1)

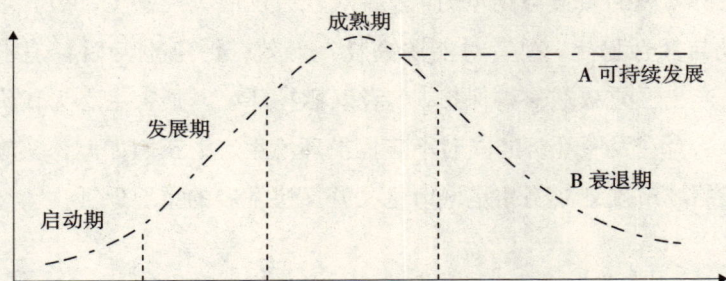

图 1 城市转型路径——可持续发展

　　城市可持续发展和生态环境问题是城市转型的核心问题。这就要求长三角地区城市转型应当转变城市发展模式，走绿色发展道路。也就是说，在长三角地区新一轮的城市转型进程中，城市发展必须实现由速度型向质量型的转变，由粗放型向可持续型的转变，进入一个从规模扩张到品质提升的整体转型时期。对低碳城市的发展，要用低碳理念来规划城市，建设城市。长三角地区是世界级制造业中心，当然有很多的企业是在城市，对未来的发展势必产生重大影响，需要促进包括能源技术、传统能源的高效转化技术、节能技术、温室气体减排技术等新技术的研发、推广、使用。绿色经济的发展现在是全球一个热点问题，联合国环境署建议把大量资金投到新的绿色产业，用于既发展经济，还能够改变地球面临的气候变化等重大的环境问题，它倡导要求各国至少把三分之一的投资投到绿色经济。①

　　另外，城市可持续发展规划是实现城市的未来发展、城市的合理布局和管理各项资源、安排城市各项工程建设的综合部署。传统城市规划

---

　　① 李宇军、张继焦：《从上海世博会看中国新一轮城市发展的可持续性》，《WTO 经济导刊》2011 年第 8 期。

同可持续发展城市规划间有"质"的区别：前者注重人口数量的增加，后者更重人口素质的提高；前者注重经济发展速度快慢总量多少，后者更重经济发展的质量与竞争力；前者对社会发展关注甚少，后者重视社区建设与社会稳定；前者对能源高耗、低效、污染重，后者追求低投入、高产出、重效益、讲保护；前者以牺牲环境，损害生态为代价发展经济，后者在发展经济的同时不忘保护环境生态。正因如此，实施可持续发展的城市规划战略才是城市化又好又快发展的重要保证。

（二）长三角地区城市转型路径二：区域一体化发展

彼特·霍尔（P.Hall）曾指出，全球城市区域以区域内部联系为构造基础。[1] 它是在经济全球化高度发展的前提下，以经济联系为基础，由全球城市及其腹地内经济实力雄厚的二级大中城市扩展联合而成的一种独特空间现象[2]。在这种现象背后，是区域中的多个城市为适应竞争环境的剧烈变化，出于要素与资源获取战略的转变和合作动机的增强而采取集体行动，进而引起区域空间结构演变的过程。

1. 后世博时代上海市在长三角地区一体化进程中的引领作用

世博会对举办城市所在区域的经济腾飞起着极为重要的带动作用，使得各城市在保持产业独特性的同时，会产生城市群功能的聚变。世博会通过主办城市增强信息聚集与交流功能而对周边地区实施积极影响，主要以城市间的网络联系为传导介质。[3] 目前，世界上六大著名城市

---

① Hall P."Global City Regions in the Twenty- first Century"，In:Scott A J(ed.).*Global City Regions: Trends, Theory, Policy*. Oxford : Oxford University Press , 2001.

② Scott A J , Agnew J , Soja E W, et al.*"Global City Regions", In: Scott A J(ed.). Global City Regions: Trends,Theory, Policy*. Oxford : Oxford University Press , 2001.

③ 胡彬：《世博会对长三角区域联动发展的影响效应与促进作用》，《当代财经》2009 年第 5 期。

群^① 的区域一体化发展，无一例外都与世博会的举办有着重大关系（如表 2）。上海应主动深化长三角地区一体化合作计划，推动一体化合作瓶颈的突破，在不断增强城市首位作用的进程中，加快推进长三角地区深度融合，延伸与放大世博会的区域一体化效应。

表 2　世界六大城市群与世博会

城市群	举办地点	举办时间
美国东北部大西洋沿岸城市群	纽约	1853、1939、1964
	费城	1876、1926
北美五大湖城市群	芝加哥	1893、1933
	蒙特利尔	1967
欧洲西北部（巴黎）城市群	巴黎	1855、1867、1889、1900、1925、1937
	布鲁塞尔	1935、1958
	汉诺威	2000
	阿姆斯特丹	1883
以伦敦为核心的城市群	伦敦	1851、1862、1908
日本太平洋沿岸城市群	大阪	1970
	爱知	2005
中国长三角城市群	上海	2010

注：根据世博网 http://www.expo2010.cn/ 相关资料整理。

世博会在增强举办城市的经济实力的同时，会进一步加强举办城市与周边地区的经济联系。比如，1970 年的大阪世博会，举办时正是日本快速发展的时期，加之大阪又是日本的特大城市，因而较之筑波世博

---

① 20 世纪 50 年代，法国地理学家简·戈特曼（Jean Gottmann）在对美国东北沿海城市人口密集地区做研究时，提出了"城市带"（megalopolis，也译作特大城市或巨型城市或城市群）的概念，认为城市带应以 2500 万人口规模和每平方公里 250 人的人口密度为下限。城市带是城市群发展到成熟阶段的最高空间组织形式，其规模是国家级甚至国际级的。按照简·戈特曼的标准，世界上有六大城市群达到城市带的规模，称为世界六大城市群。

会对周边城市群的影响力更强，此次世博会后，大阪所在的关西地带经历了持续 10 年的迅猛发展时期。上海世博会与大阪世博会举办背景较为相似，辐射的范围将达到 300 公里以内的南京、扬州、镇江以至中国最富庶的华东六省一市。上海世博会所展示的低碳、生态、节能、绿色等先进理念和高新科技是推动长三角产业升级的两大动力。国外大量先进产品在上海世博会展出，促使长三角地区的企业可以在国际背景下进行产业结构调整，带动长三角地区新一轮技术革命，加速长三角地区一体化进程。

总之，后世博时代长三角地区的区域一体化主要表现为举办城市对周边城市的区域联动及其效应的发挥。通过后世博区域一体化进程中产生的扩散效应、放大效应、辐射效应、溢出效应等各种作用的发挥，将进一步加快长三角成为亚太地区重要的国际门户、全球重要的现代服务业和先进制造业中心、具有较强国际竞争力的世界级城市群的发展进程，同时也有利于长三角率先实现全面建设小康社会和率先基本实现现代化的发展目标。

2. 长三角地区区域经济社会的一体化发展

长三角地区区域经济一体化的本质是使得各种生产要素有机地、有序地、关联地、自由地在该区域中流动，从而达到区域整体经济共同地、有效地、协调地发展。长三角区域经济一体化的路径是整合式一体化，其外部力量的作用及其突出，而这主要的外部力量就是各个地方政府的强势权力。总体来说，长三角地区的区域一体化应在中央政府的引导下，以各地方政府经济合作为主导、实现多主体组织的区域联动。当长三角各地方政府的行政目的一致时才能打破隐形的行政壁垒，整合长三角区域的利益，建立长三角资源共享，生产要素资源流动的一体化配置机制以及竞争与合作的经济一体化运行机制。

长三角区域经济一体化的最初形成始源于中央政府提出成立"以上海为中心建立长三角经济圈"的决定。在长三角区域经济一体化的过程中，中央政府也一直参与其中，并给予一定的帮助和指导。由于长三角地区经济发达，企业众多，许多情况下政府会通过与企业以及民间团体组织合作来达到区域经济发展的目的，而企业也能通过政府搭建的平台得到更多的利益，因此，由政府、企业和民间团体多主体组织联动的区域一体化机制应运而生（如表3）。

表3　长三角地区区域一体化进程

时间	一体化进程
1982 年 12 月 22 日	国务院决定成立上海经济区，成为长三角的最早雏形
1983 年 3 月 22 日	上海经济区规划办公室正式成立。上海经济区包括上海、苏州、无锡、常州、南通、杭州、嘉兴、湖州、宁波、绍兴等 10 城市
1983 年 8 月 18 日	第一次上海经济区规划工作会议召开，建立了包括上海、江苏和浙江的"首脑"会议制度、10 市市长联席会议制度
1992 年	上海、无锡、宁波、苏州、扬州、舟山、杭州、绍兴、南京、南通、常州、湖州、嘉兴、镇江等成立长三角 14 城市经协委（办）主任联席会
1993 年	上海提出包括江苏、浙江和上海的长三角大都市圈构想
1997 年	泰州加入，15 城市成立长江三角洲城市经济协调会
2003 年 8 月 19 日	台州加入，成员城市扩大到 16 个。《关于进一步推进经济合作与发展的协议》和《进一步加强经济技术交流与合作的协议》等一揽子协议签订
2004 年 11 月 2 日	长江三角洲城市经济协调会由每两年开一次改为一年一次
2007 年 5 月 15 日	国务院总理温家宝在上海举行长三角经济社会发展专题座谈会
2007 年 5 月 30 日	《长三角区域大通关建设协作备忘录》签署
2008 年 9 月 7 日	国务院通过《关于进一步推进长江三角洲地区改革开放和经济社会发展的指导意见》
2010 年 6 月 22 日	国务院批复《长江三角洲地区区域规划》

注：根据相关资料整理。

城市群虽然是由多个城市共同组成的城市经济区，在各个组成单元之间存在各具特色的明确的职能分工。每个城市都应根据自身基础和特色，承担不同的职能，在分工合作、优势互补的基础上，共同发挥着城市群应该具有的整体集聚优势。另外，城市群内各城市和地区间具有广泛的空间联系，并在此基础上形成了特定的空间结构。空间结构与产业结构一起组成影响城市群经济发展的重要结构性因素，并且两者互相影响、互相作用。根据经济的内部联系和空间距离的远近，长三角地区在区域一体化进程中，应发展为由中心城市、都市区和都市圈组成，在空间结构上呈现出圈层形态特点的城市群，从中心到外围分别是：中心城市及其周边城市密集程度相对较低的地区所组成的大都市区、大都市区和与其有着密切联系的相邻城市共同组成的都市圈、多个都市圈共同组成的城市群。也就是说，长江三角洲城市群空间特征为，以上海为核心，以基于行政区划基础上形成的杭甬都市圈和南京都市圈为东西两翼的区域发展轴线。

四、后世博时代促进长三角城市群转型发展的对策建议

（一）完善跨区域的政府协调机制

以政府的联合推进为依托，以产业布局的同城化为目标，紧紧围绕长三角区域规划重点要求的城镇发展与城乡统筹、产业发展与布局、自主创新与创新型区域建设、基础设施建设与布局、资源利用与生态环境保护、社会事业与公共服务、体制改革与制度创新、对外开放与合作八个方面的发展方向和重点任务，共同建立"后世博协调平台"，探索建立跨区域的共建共管协调机制，创新合作方式，建立跨区域的产业联盟与合作长效机制，形成区域城市共促、社会并进、政策对接、文化交融、产业互补、要素畅动、生态同治的区域一体化效应。

长三角地区统一的政策和执法环境，是区域一体化的基础条件。目前，长三角地区有三个省级地方立法主体和五个较大城市地方立法主体（南京、杭州、宁波、苏州、无锡），形成了一系列具有地方特色的法规。应加快系统梳理区域法规、政策冲突，分析不同政策法规对长三角协调发展的影响，提出统一法规政策的对策建议。

区域一体化的推进需要比较完善的能够均衡各方利益的公共服务体系，为区域一体化发展提供政策保障。加快城市政府间信息系统建设，特别是加快电子政务系统建设，通过硬件建设，链接政务信息，实现各市政务资源和政府公众信息网上直通。建设电子政务网络系统一体化，为各市相关部门间网上的信息交流、业务往来等广泛合作提供优质服务。

（二）建立健全长三角地区区域创新体系

创新已经被广泛认为是经济增长和发展的重要动力，而且是促进产业升级和向价值链高端转型发展的主要途径。目前长三角地区总体上处于从投资驱动阶段为主向创新驱动阶段为主转变过程，城市群产业升级和功能一体化格局的构建以及国际竞争力的提高都需要通过技术创新和区域创新体系的构建来推动。

以上海世博会的召开及其后续效应的发挥为契机，共同打造和建立展示世博创新科技的公共传播信息平台，充分发挥世博科技所带来的溢出效应，推动跨区域科技协同创新平台的建设，共建区域协同创新体系，引领区域逐步向资源共享、规划共构、交通共建、产业共兴、市场共融、环境共保的目标发展。以战略产业等为切入点，以区域间的产学研合作及战略联盟为抓手，迅速提升产业科技自主创新能力，实现支柱产业和新兴产业等战略产业的提升。以关键领域和核心技术创新为突破口，增强自主创新能力，形成优势互补、资源共享、互利共赢的具有国际竞争力的区域创新体系。

总之，通过长三角地区区域创新体系的完善和创新型城市的建设，加快长三角地区范围内资源的整合，加快技术进步，促进产业成长和产业升级，推动不同产业空间分布的集聚与扩散，进一步实现城市转型以及城市群功能的一体化。

（三）探索区域环境保护和补偿制度

区域可持续发展不仅要体现区域共同利益，更要体现区域共同管理，长三角各城市要建立生态环境联合保护制度。建立和完善两省一市环境保护工作交流和情况通报制度，定期通报和交流省市环境保护工作情况；建立环境信息共享机制，形成相邻区域环境应急和环境执法机制的正常化和规范化；联合制定区域生态建设和环境保护合作计划，做好黄浦江源头地区、太湖流域以及杭州湾的环境保护，重点加强水资源和海洋环境保护，共同推进海洋开发。

为促进长三角地区人口、经济、社会、资源和环境的协调发展，实现区域可持续发展，需要创新区域环境与资源管理的相关制度，进而为区域内不同利益主体提供一种激励与约束机制，影响区域内不同利益主体的决策及行为，实现个人理性（地方利益最大化）与集体理性（整个区域利益最大化）的统一。区域环境与资源管理的相关制度的创新，最根本的是需要建立起地方政府间利益分享和利益补偿机制。有效的利益分享和利益补偿机制通过建立复合型财政转移支付体制来健全长三角地区环境、资源补偿机制，推进区域污染治理和生态环境保护工作。例如，通过建立长三角地区生态补偿基金，由各个地方政府通过谈判来采取财政预算直接拨款；生态补偿基金可以参与重大生态投资，用于支持区域生态建设项目，或对因生态建设需要而付出代价的企业进行补偿。

中国城市绿色交通体系发展研究

王劲松　马智慧

（吉林省城市发展研究所，杭州国际城市学研究中心）

交通是《雅典宪章》所明确的城市四大功能之一，是城市运转与发展的"动脉系统"，交通问题日益成为当今城市尤其是大城市面临的巨大难题之一。随着研究和实践的深入，城市"绿色交通体系"正取代传统交通理念和实践，成为城市交通规划与具体建设的指导和目标。中国《交通运输"十二五"发展规划》提出，要建立以低碳为特征的交通发展模式，构建绿色交通运输体系。建设便捷、环保、安全的城市绿色交通体系是建设资源节约型、环境友好型社会的必然选择，是推动城市科学发展、可持续发展的必由之路。

一、传统城市交通体系面临的困境

传统城市交通体系由于以便利汽车通行为发展导向，对交通与人、环境、资源、城市社会的关系重视不够，常常盲目加建、拓宽道路，缺乏系统规划，带来很多难以解决的交通难题。

城市交通拥堵问题是一个世界性的难题，是现代"城市病"中的一大顽疾。有研究预测，2025 年英国所有驾驶员一年中将会在交通拥堵中累计度过 6.56 亿小时，这相当于 75000 年。20 世纪 90 年代，美国每年因交通拥堵造成的经济损失约为 410 亿美元，规模居前 12 位的大城市每年的损失均超过 10 亿美元。[①] 欧盟 2011 年发布的交通发展白皮书显示，交通拥堵造成的经济损失占欧盟 GDP 的 1%。《中国汽车社会发展报告（2011）》显示，全国 667 个城市约有 2/3 的城市交通高峰时段出行拥堵。与行车难并存的是停车难，许多城市停车位严重短缺。据 2011 年 4 月的统计，北京市 400 多万辆汽车，停车位仅 74 万个。

交通污染尤其是机动车尾气排放，是城市环境面临的严峻挑战。交通排放中的一氧化碳、碳氢化合物、NO_x（氮氧化物）和 VOCs（挥发性有机化合物）是城市大气的主要污染源，而城市空气中的浮尘，包括总悬浮颗粒物（TSP）、PM10、PM2.5 等，约有 50% 来源于汽车尾气排放及车辆行驶过程中带起的扬尘。此外，汽车鸣笛及行驶噪音会带来噪声污染。交通排放产生大量的 CO_2 等温室气体，不但使城市“热岛效应”加重，而且将导致全球气候变化加剧。欧洲城市中交通 CO_2 排放量占 CO_2 排放总量的 14%。中国环保部的一项调查显示，2010 年全国 333 个地级以上城市，1/5 空气质量不达标，汽车尾气排放是主要污染源。自 2012 年开始中国将分期推进实施新修订的《环境空气质量标准》（GB 3095-2012），增设了 PM2.5 和臭氧 8 小时浓度限值等。按照新国标，全国有 2/3 的城市达不到空气质量的要求。

城市交通能耗尤其是燃油等化石燃料消耗问题，是城市可持续发展面临的重大资源问题。国际能源机构（IEA）的研究报告显示，2000 年全球约 50% 的石油消耗在运输部门，到 2020 年全球运输用油将占石油消耗的 60% 以上。在美国，约 10% 的家庭收入消耗在汽油上。中国每年因汽车增长而增加的石油消费达 3000 万吨，“十一五”期间国内新增炼油能力全部被新增汽车消耗掉。

---

① 陆化普：《大城市交通问题的症结与出路》，《城市发展研究》1997 年第 5 期。

二、绿色交通体系的理念和国际经验

传统城市交通体系的弊端，说明以汽车为发展重心的城市交通是不可持续的，这引发人们不断探索新的交通发展模式，"绿色交通"应运而生。

（一）绿色交通体系的兴起与发展

1994 年，加拿大人克里斯·布拉德肖（Chris Bradshaw）提出了"绿色交通等级层次"的观点。[①] 随着研究的深入和实践的推进，融规划系统、基础设施系统、交通工具系统和管理系统等于一体的"绿色交通体系"概念逐渐形成。城市绿色交通体系是指，与城市发展、规划和功能分区相协调，以节能、环保、通畅、安全的交通设施为基础，以公共交通、慢行交通（步行、自行车）、适量新能源、环保型汽车为主体，以高效、智能管理为依托的，可持续、可拓展的城市综合交通系统。城市绿色交通体系以"减少交通拥挤、降低能源消耗、促进环境友好、节省建设维护费用"为目标，[②] 其核心是"交通的通达，有序，参与交通个体的安全和舒适，尽可能少的土地和能源占用，与生活环境和生态环境的协调统一及交通系统的可扩展性"。[③]

绿色交通体系具有很好的环境和经济效益。据国际公共交通协会（UITP）对世界 45 个城市的调查，绿色交通方式比例高的城市，即使人

---

① 他对交通出行进行评价和优先级排序的结论，依次为步行、自行车、公共交通工具（公共汽车、地铁、轻轨等）、共乘车、自用机动车，即"绿色交通等级层次"。

② 陆化普：《城市绿色交通的实现途径》，《城市交通》2009 年第 6 期。

③ 王秋艳主编：《中国绿色发展报告》，中国时代经济出版社 2009 年版，第 47 页。

口密度较高，交通能源消耗和出行费用依然比较低（见表1）。同时，绿色交通占用道路空间较小（见表2）。这些优点使很多国家和城市将其作为交通规划和建设的指导。联合国环境规划署发布的《迈向绿色经济：通往可持续发展和消除贫困的各种途径》也将推进城市交通"绿色发展"作为建设未来"绿色城市"的必要途径，[①] 其发展前景十分可观。

表1 城市人口密度、出行方式、燃料消耗和出行费用

城市所属区域	城市人口密度（人/平方公里）	步行、自行车和公交所占出行比例（%）	年平均交通能源消耗（焦/人×10⁶）	城市居民出行费用（% of GDP）
美国、加拿大、大洋洲	1750	15.5	48000	12.6
欧洲	4550	53.0	15500	8.5
亚洲（富足城市）	13400	61.5	11000	5.5
亚洲（发展中国家城市）	16600	77.5	5800	12.0

资料来源：陈旭梅、袁庆达、高世廉：《绿色交通理念下的城市交通可持续发展》，《综合运输》2002年第2期。

表2 城市主要交通方式常速时占用道路空间

交通方式	常见速度/(km·h-1)	车头间距/m	车道宽度/m	占用道路面积/m²	车均载客数/人	平均每位乘客占用道路空间/m²
步行	4	1	1.00	1	1.0	1.00
自行车	15	8	1.00	8	1.0	8.00
摩托车	30	20	2.00	40	1.2	33.00
小汽车	40	40	3.00	120	1.5	80.00
中型公共汽车	30	35	3.50	123	40.0	3.10

① UNEP, *Towards a Green Economy: Pathways to Sustainable Development and Poverty Eradication,* 2011.

续表

交通方式	常见速度 / (km · h-1)	车头间距 /m	车道宽度 /m	占用道路面积 /m²	车均载客数 / 人	平均每位乘客占用道路空间 /m²
大型公共汽车	30	35	3.50	123	60.0	2.10
通道型公共汽车	25	30	3.75	113	120.0	0.94

资料来源：陆建、王炜：《城市道路网规划指标体系》，《交通运输工程学报》2004 年第 4 期。

　　从已有的实践来看，公交、慢行交通和环保型交通工具是绿色交通体系建设的重点。优先发展公共交通是提高交通资源利用效率、节能环保、缓解交通拥堵的重要手段，世界上许多大城市都努力打造"公交都市"，东京、纽约、伦敦、新加坡、中国香港等较为典型，轨道交通和 BRT（快速公交）是发展的重点。国际经验表明，当一个国家的城市化率超过 60%，城市轨道交通将实现高速发展以解决大城市交通拥堵问题。伦敦、纽约、东京、香港、北京等都是轨道交通发达的城市。近些年来，在世界范围内，各种类型的快速公交系统得到广泛的发展，人口过千万的大城市，如圣保罗、首尔、墨西哥城等都建设了快速公交系统。自行车交通非常适合短距离出行需要。20 世纪 80 年代以来，油价上涨、环境污染、交通拥堵等问题的出现，以及休闲健身需求的增加，使自行车在发达国家备受青睐。美国拥有 1 亿辆自行车，有 15.5 万公里自行车专用路；日本有 5000 万辆自行车，有 2 万公里自行车专用道。[①] 以色列在耶路撒冷、特拉维夫、海法等城市修建自行车专用道路，发展公共自行车。荷兰许多城市辟有专门的与交通主道隔离的自行车道，完善自行车与火车等交通的衔接。伦敦的手机运营商和自行车租赁公司联合推出了"短信租车"服务；巴黎于 2007 年推出了名为"Velib"的自行车自助租用服务。目前，全球已有近 300 个公共自行车系统项目，发

---

　　① 黄序等编著：《外国家庭汽车化与大城市交通》，中国建材工业出版社 2006 年版，第 139 页。

展前景十分可观。

步行，是人类最基本的空间移动方式。汽车成为城市交通工具主体之后，城市步行空间被大大压缩，人车分离。随着社会的发展，"街道共享"理论促使人和车辆平等共存的概念逐渐取代人车分离的概念，[①]步行交通获得了新的地位和发展。苏黎世是步行城市的典范，人行道和徒步旅行道系统的总长约3150公里，每位居民大概日平均出行1.8公里左右，接近1/3的出行通过步行来完成。[②]

燃油资源紧张、价格上涨，城市环境污染，使各国纷纷出台政策扶持环保型交通工具。其中的关键革新有二：一是能源，二是动力技术。目前，纯电动汽车、燃料电池电动汽车等成为引领交通技术和工具革新的代表。2010年，全球新能源汽车产量为106.1万辆，比2006年增长了117.4%，呈现出快速发展势头。[③]

（二）城市绿色交通体系的国际比较

在世界范围内，伦敦、新加坡、中国香港等城市在经历了交通拥堵、环境污染的痛苦阶段后，转变传统交通发展模式，将绿色交通体系作为发展方向。它们创造了适合自身发展的绿色交通模式，其政策引导、公交优先、鼓励慢行、限制私人汽车、智能管理等经验可供我们借鉴。

1.伦敦——"公交+限车+自行车"模式

伦敦曾经是世界上交通最拥堵的城市之一，汽车尾气是导致其成为

---

① 卢柯、潘海啸：《城市步行交通的发展——英国、德国和美国城市步行环境的改善措施》，《国外城市规划》2001年第6期。

② 戴德胜、姚迪：《全球步行化语境下的步行交通策略研究——以苏黎世市为例》，《城市规划》2010年第8期。

③ 赛迪顾问：《2010年中国新能源汽车发展报告》，2011年。

"雾都"的主要原因。为改善交通，2001 年的伦敦交通发展战略提出，10 年中使轨道交通和公共汽车交通运输能力各增加 40%，以减少 15%的中心城区交通量。经过更新、完善的伦敦公共交通系统十分发达，地铁、轻轨、公共汽车、水上交通等有机结合，线路密集，节点科学，换乘便捷，保障了出行的便利和高效。

2003 年伦敦对交通拥堵的重点地区开始实施 5 英镑拥堵收费方案，[①] 一年后拥堵下降了 30%，车速提高超过了 20%。[②]2005 年拥堵费上涨到 8 英镑。2007 年公布了更为严厉的《交通 2025》方案，计划在 20 年内将伦敦的私家车流量减少 9%。2011 年收费标准上调 25%。值得注意的是，拥堵费被用来改善公交系统，进一步推动了公交的发展。

伦敦将每年的 9 月 20 日定为"自行车日"，以提高市民对自行车的热情。至 2008 年时，伦敦修建了 1000 英里长的自行车线路网，有 350 多条自行车专用道。2008 年和 2009 年，伦敦市长伯瑞斯·约翰逊相继提出和补充了他的"自行车革命"计划，包括开通巴克利自行车高速公路、新的自行车租赁计划、自行车培训、增加停车点、组建自行车警察部门等，目标是到 2013 年让 100 万伦敦市民加入自行车出行，到 2025 年自行车出行要比 2000 年增加 400%，占所有出行量的 5%。[③]

2. 新加坡——"限车 + 公交 + 共用汽车"模式

新加坡发展绿色交通的基本手段是控制交通需求，限制私家车数量，发展公交。新加坡通过静态的车辆配额系统（VQS）和"拥车证"（COE）制度，有效地控制了私家车数量的增长；通过动态的智能管理手段——电子道路收费系统（ERP），降低了高峰时段交通流，并促使

---

① 颜燕、杨英姿：《伦敦交通拥挤收费的实施效果及相关思考》，《城市公用事业》2009 年第 1 期。
② 《世界各地交通拥堵费实施情况的报道》，中国交通技术网，2010 年 3 月 9 日。
③ 《伦敦发展出租自行车业务鼓励绿色出行》，中国环保网，2010 年 9 月 17 日。

民众选择公交出行。①

　　新加坡公共交通发达，地铁、轻轨、公共汽车、出租车组成了多层次的覆盖网络，成为新加坡人出行的首选。其公交分担率为 63%，位列世界第四，绝大部分公共交通使用者在早高峰时段可以在 45 分钟内完成出行。近年来，新加坡兴起了会员制的"共用汽车"模式。会员绝大多数时候选择公交出行，当公交无法到达目的地时，才改乘"共用汽车"。这一交通方式填补了私家车和公共交通之间的缺口，有利于缓解交通压力。②

3. 中国香港——"公交 + 城铁 + 限车"模式

　　香港在城市交通发展中，打造了"公交 + 城铁"为主的客运系统。便捷、舒适、经济的公共交通成为大多数居民出行的首选。香港运输署2010 年底的统计数据显示，香港约有九成市民选择公交出行，居世界第一。③ 市区巴士以载客量大的双层客车为主，舒适整洁，不仅是市民出行工具，也是游客欣赏风景的良好选择。香港铁路（包括地面铁路和地下铁路）每日载客量占公共交通总载客量的约 35%，同时运送 65%的跨境乘客前往内地。香港采用"铁路加物业"的发展模式，利用沿线物业收益，补贴建造和营运费用，基本收支平衡，并保障铁路票价维持在较低水平，吸引大量市民乘坐。

　　香港在大力发展公共交通的同时，对私家车采取比较严格的限制措施。首次登记费、燃油税、隧道、桥梁费等使拥有私家车的支出很高。此外，香港停车位非常紧张，并完全由市场调节，费用高昂。这些因素使香港私家车拥有率很低，公交的发展空间更大。

---

　　① 《新加坡模式的启示——用绿色交通建设可持续发展的现代化都市》，中国交通技术网，2008 年 6 月 27 日。

　　② 《新加坡：多种措施齐抓共管筑"绿色交通"》，《经济参考报》2007 年 9 月 19 日。

　　③ 《香港交通不堵车是最大人性化，九成市民公交出行》，人民网，2012 年 3 月23 日。

三、城市绿色交通体系在中国的实践

按照国际通用标准，一个国家 100 个家庭中有 20 个拥有汽车即标志着该国进入了汽车社会。据预测，2012 年第一季度，中国私人汽车拥有量达到 8650 万辆之时，百户家庭汽车拥有量达到 20 辆。[①] 预计到"十二五"末，民用汽车保有量将达到 1.5 亿辆。[②] 汽车保有量的增长速度大大超过交通配套设施的增长速度，随之而来的是交通拥堵、环境污染、能源紧缺、事故频发等问题。交通问题已成为我国城市发展面临的一大顽疾和可持续发展的"瓶颈"。

发达国家城市交通发展经历了"需求导向、效率导向和环境导向"三个阶段。[③] 建设绿色交通体系，促进城市交通可持续发展，已是势所必然。随着研究和实践的发展，"绿色交通"理念被引入到我国。2003年 8 月，建设部、公安部联合倡导开展创建"绿色交通示范城市"活动，从组织管理、规划建设、公共交通、基础设施、交通环境五个方面建立了考核指标体系，以引导绿色交通建设的发展。2007 年 9 月 16 日—9月 22 日，国家建设部开展"中国城市公共交通周暨无车日"活动，核心主题是"绿色交通与健康"。2009 年中国城市无车日活动于 9 月 22日举行，活动主题为"健康环保的步行和自行车交通"，大力倡导绿色出行。2011 年 11 月 9 日，交通部发出《关于开展国家公交都市建设示范工程有关事项的通知》（交运发〔2011〕635 号），在"十二五"期间组织开展国家"公交都市"建设示范工程，计划到 2013 年底前，全部启动 30 个城市的"公交都市"示范工程试点工作。绿色交通理念逐步

---

　① 王俊秀主编：《中国汽车社会发展报告(2011)》，社会科学文献出版社 2011 年版，第 3—4 页。

　② 中华人民共和国交通运输部：《交通运输"十二五"发展规划》，2011 年 4 月。

　③ 陆化普：《城市绿色交通的实现途径》，《城市交通》2009 年第 6 期。

深入到我国城市交通规划与建设实践中，并涌现出一些城市典型。

（一）北京、上海、广州、大连
——发达地区城市案例

地铁是北京的骄傲。北京地铁以便捷、高效、安全、经济闻名，是北京城市客运的主体力量。截至 2011 年底，轨道交通总里程达到 372公里。2007 年 5 月以来，轨道交通既有线先后 14 次缩短运营间隔，大大提高了轨道交通的运输效率。自 2007 年 10 月 7 日起，执行新的票制票价政策，全路网实行单一票制，票价为 2 元 / 人次（不含机场轨道交通线），进一步提高了出行吸引力。根据北京综合交通体系规划，2020年计划建成轨道交通线路 19 条（中心城线路 15 条，市郊线路 4 条），运营线路总里程约 570 公里；中心城区公共交通出行占客运出行总量的比例，由 2000 年的 27%，提高到 50%以上，其中轨道交通及地面快速公交承担的比重占公共交通的 50%以上，使公共交通成为城市主导交通方式。近几年，北京还将自行车租赁作为分担交通流的手段，并经历了由企业租赁到政府主导的转变，将其纳入公交系统。2011 年，北京公共自行车在东城和朝阳两区先行试点，各 1000 辆。"十二五"期间，北京计划建成 1000 个站点、5 万辆规模的公共自行车服务系统。

上海是人口众多的特大型城市，在交通领域十分重视公共交通尤其是轨道交通发展。至 2010 年年底，公共交通日均客运量达 1623 万人次，比 2005 年增长 30.70%。其中，轨道交通客运量占公共交通客运量的比重从 2005 年的 13.1%增长至 31.8%。"十一五"末，上海城市轨道交通运营里程 450 公里，比"十五"期末增加 304 公里，位居世界第一。

上海慢行交通发展可圈可点。2001 年《上海市城市交通发展白皮书》提出重视城市慢行交通，2008 年完成《上海市中心城慢行交通系统规划》，计划营造 300 多处中心城区"慢行核"和数十个"慢行岛"，建设自行车休闲道、专用道和廊道，注重与公共交通的衔接。2008 年，上海张江公共自行车系统试运营 50 个服务点，成为国内首家试行的公共自行车系统。截至 2011 年 9 月底，上海共建成 800 个服务点，投放自行车 3 万辆，有效解决了公交"最后一公里"问题。"十二五"期间，上海将再建成轨道交通和城际铁路约 200 公里，完善轨道交通基本网络功能，实现"区区通轨交"（崇明县除外），基本建成以公共交通为主体、机动车交通和慢行交通相协调的"便捷、安全、集约、低碳"的一体化综合交通运输体系。

亚运会推动了广州公共交通尤其是轨道交通的发展。至 2010 年亚运会开幕前，广州轨道交通运营线路达 211 公里，居全国第三位。目前，日均客运量超过 400 万人次，成为广州城内客运的中坚力量。2007年，编制了《广州市轨道交通站点客运一体化设施近期规划》。近期线网换乘枢纽站设置了"P+R"私人小汽车换乘设施、"K+R"接送换乘及短途接驳巴士，以实现无缝化衔接。广州 BRT 筹划 4 年之久，2008年 11 月动工，2010 年 2 月正式开通，采用"快速专用通道 + 灵活线路运营"模式，客流承载量大，单向客流达到 2.2 万人次 / 小时，高峰客流达到 2.5 万人次 / 小时。① 同时，31 条 BRT 线路覆盖了全市 1/7 公交站点，且多个站点与地铁线路接驳，站台设计包括自行车停车点以及公共自行车。广州 BRT 票价一律 2 元，属公交地铁优惠方案范畴，BRT站台内实行同方向免费换乘。速度方面，甚至可以和出租车媲美。2011年 1 月，在美国交通运输研究委员会 (TRB) 的年度会议上，广州由于在中山大道快速公交系统、公共自行车系统、绿道系统等方面的突出成就，获得了可持续交通奖委员会颁发的"2011 年可持续交通奖"，这是中国城市首次获得该项荣誉。

2006 年，《大连市轨道交通线网规划》和《大连市快速轨道交通建设规划》确定了由 5 条线路组成的"以换乘枢纽为核心，交通走廊为骨

---

① 《美国官员来穗取经 BRT》，《广州日报》2011 年 4 月 12 日。

架，沿城市发展方向辐射"的无环放射式的线网形态，线网骨架由核心区域结合"西拓北进"的发展思路，沿客流主流向四周辐射，明确了以"快速公共交通和轨道交通为主导"的绿色交通发展方向。2008年1月15日，大连公交集团开通首条快速公交线路，成为东北地区的第一条城市快速公交系统，利用现代化公交技术配合智能交通和运营管理，开辟公交专用道路和建造新式公交车站，优化运营服务，对缓解大连市交通拥堵起到了重要作用。大连计划在现有12条公交专用道基础上再增建10条，通过公交枢纽站实现"零距离"换乘。快速公交将是大连打造绿色交通的主要载体。

（二）武汉、昆明、乌鲁木齐——中西部城市案例

武汉市两江分隔、三镇鼎立、山体湖泊众多的城市格局，致使城市道路网络存在先天不足，为此，武汉打造了轨道交通、快速公交、自行车、步行一体化的公共交通网络。轨道交通1号线2001年4月开工，2004年7月28日开通试运营，全长10.234公里，全线高架。武汉市新的轨道交通线网规划于2008年5月通过审批，到2012年底之前线路里程达72km，形成连通长江两岸的"工"字形线网。"十二五"期间，中心城区每年开通一条地铁线，与新城区全部实现轨道交通或快速公交线连接，使公共交通分担率达到40%。[1] 至2040年建成后，有66%的人口和岗位位于地铁站点600米步行半径范围内，居民选择轨道交通出行可实现60分钟穿城，30分钟到达中心城的目标，轨道线网承担客运比重占公共交通的50%以上。[2] 武汉市公共自行车系统的功能定位是"接驳公共交通，形成多层次、一体化的公交运输体系"，解决公交末端"一

---

① 《武汉市政府工作报告（2012）》。

② 课题组编：《中国城市轨道交通年度报告（2009）》，中国铁道出版社2010年版，第90页。

公里"问题，实现"门到门"服务。[①] 至 2010 年 5 月初，武汉中心城区站点已发展至 800 个，免费自行车已经达到 2 万辆，日租车量突破 18 万辆次。步行交通系统方面，推进"绿色江城"建设，建成 30 公里江滩生态游园，"两江四岸"成为靓丽的风景线。花山生态新城以"慢行优先"为交通特色，建设 200 公里以上的步行网络。

内侧式公交专用道是昆明道路建设中的一大特色，使普通公交具备了部分 BRT 特征，提高了运行效率。2003 年，《昆明快速公交系统规划研究》构建了昆明由公交专用道系统向大容量 BRT 发展的技术框架和措施。2011 年底，昆明正式提出了将城市主要客流走廊和城市组团之间的主要干道发展为 BRT 线路的方案，以连接公交场站、交通枢纽、客流集散点、重要交通节点，并衔接地铁，满足换乘。昆明轨道交通发展迅速，目前有 6 条城市轨道线，主城骨干线 2 条，主城与呈贡骨干线 1 条，辅助填充线 2 条，机场线 1 条，总长 162.6 公里。[②] 2011 年昆明主城公交出行分担率达 40%。[③] 近期，昆明提出了争创"公交都市"试点城市的目标，力争到"十二五"末，基本形成以"轨道交通和快速公交为骨干、常规公交为主体、出租车为补充、慢行交通为延伸"的"三位一体 + 一慢"一体化都市公交体系，公交分担率大于 50%，其中轨道交通承担比重大于 50%。

近两年，乌鲁木齐市在公共交通建设中重点发展了 BRT。投资约 9.3 亿元，于 2011 年 5 月 1 日开工建设，8 月 28 日 1、3 号线开通，11 月 26 日 2 号线开通，大部分路段使用专用道，形成了一个相互连接的环状网络，1、2 号线在五个车站可双向免费换乘，2、3 号线在两个车站可同向免费换乘，BRT 路网已见雏形，对加快形成城市客运"大通道"，架构城市公交网络格局具有重大作用。三条线路日客运量约 33.3

①　李黎辉、陈华、孙小丽：《武汉市公共自行车租赁点布局规划》，《城市交通》2009 年第 4 期。

②　《昆明市交通发展概况》，昆明市交通运输局网站，2011 年 9 月 22 日。

③　《昆明市政府工作报告（2012）》。

万人次，占乘坐公交车出行总人数的 14%，改变了市民出行理念，每天有近 8% 的私家车车主选择 BRT 出行。① 目前，乌鲁木齐的公交出行率约为 30%，占机动化出行总量的一半以上。"十二五"期间，乌鲁木齐将坚持"公交优先、功能完备、层次清晰、运行高效"的原则，重点建设轨道交通 1 号线，发展 BRT 系统，形成"田"字型快速交通体系，建设公交专用道路和"一心三十场"公交场站等，实现乌鲁木齐市内公共交通的无缝衔接，构建"轨道交通为骨架，BRT 快速公交系统为支撑，常规公交为主体，其他交通方式为补充"的一体化都市公交体系，使公交分担率达到 35% 以上。

（三）杭州、厦门、珠三角城市——个性交通案例

杭州公共自行车系统在国内乃至国际上都处于领先地位。自 2008 年 5 月推出以来，杭州市不断改善自行车出行环境，改进服务质量，扩大公共自行车覆盖面，有效连接公交（地铁）车站、居住区、商务区、学校、机关、企事业单位、公建配套设施、风景旅游点，引导绿色出行。至 2011 年 8 月底，共设服务点 2431 个，投放公共自行车 6.06 万辆，日租用量最高突破 32 万辆次，成为全球最大的公共自行车系统。杭州水上巴士自 2004 年在全国率先开通后，一直受到市民和游客青睐。杭州水上巴士的发展遵循"能通则通、连片成网"的要求，不断开辟新航线，加密上下班高峰期班次，完善与地面公交尤其是与公共自行车的零距离换乘，不断提高公交分担率，让市民乘坐水上巴士上下班成为常态。截至 2011 年 8 月底，已开通水上巴士线路 8 条，线路涵盖城西、城北、城中地区，总线路里程已达 78 公里。

兼具休闲、交通功能的绿道，是新时期颇受追捧的慢行系统。厦门

---

① 《乌市 BRT：从质疑到喝彩的背后》，《中国青年报》2012 年 2 月 8 日。

除了颇具特色的被称为"空中走廊"、"百姓专线"的高架 BRT 外，还开展了全岛健康步道系统建设，打造绿色交通体系。从 2007 年开始，厦门开展了健康步道规划、步行系统研究。健康步道是可供自行车出行、市民步行的、连续的交通线路，环保又健康。目前，环岛路栈道是已经有的海滨步道。今后厦门健康步道还将注意与城市公共空间、公共设施建设以及城市公共交通系统之间的衔接，提升其交通功能，引导绿色出行。

"珠三角"城市慢行绿道网规模目前居中国首位。2010 年 1 月，广东省开展了"珠三角"绿道网建设工程，以生态廊道和慢行系统相结合，引导市民绿色交通、低碳出行。2011 年 1 月 5 日，"珠三角"区域绿道全线贯通，累计建设完成 2372 公里。[1] 绿道网的慢行道分为步行道、自行车道、无障碍道和综合慢行道，建设自行车租赁点、停车场等设施，增强了交通功能。

四、中国城市绿色交通体系发展的问题

尽管上述部分城市在绿色交通发展方面取得了一定成果，但系统化的建设明显不足。绿色交通体系的发展受到多种因素的影响，既涉及交通系统内部，又涉及与交通紧密相连的社会系统（人的交通观念、出行方式选择）、法规政策系统（相关规范、引导政策）等。从更深层次看，建设绿色交通体系，要推进交通与环境的和谐（生态、土地、城市其他设施）、与未来的和谐（适应未来发展）、与社会的和谐（安全、以人为本）、与资源的和谐（以最小的代价或最少的资源满足交通需求）。建设

---

① 冯利芳：《功在当下，造福千秋——珠三角绿道网建设的调查报告》，《城市发展研究》2012 年第 2 期。

绿色交通体系离不开交通系统之外的社会系统、法规政策系统的支持，并且需要逐渐替代、淘汰传统交通工具，尤其是传统汽车，转向便捷高效、通达有序、环保、节能、舒适、人性化、经济型的交通。以此观之，我国城市绿色交通体系发展面临着不少困难和问题。

（一）规划与设施方面

我国传统的城市交通规划综合性差，单一面向交通，大多只注重对设施本身的规划，在规划时主要是以土地利用为依据，缺少综合交通对土地利用的反馈；单纯把建设投资金额作为成本因素的唯一约束条件，没有考虑到环境补偿的成本要求和资源约束。[①] 另一方面，以机动化尤其是小汽车交通需求为导向的规划模式，从需求出发安排各项交通设施的布局，其结果往往是交通建设跟不上机动化交通的发展，造成交通拥堵，而研究表明，30%—40%的小汽车出行不是必须的，完全可以用绿色交通方式（公交、自行车、步行）代替。就人性化的角度而言，交通规划要照顾到最大多数人的利益和需求。而机动化建设导向导致非机动道路空间受到挤压，道路不连贯，甚至机非混合，安全性差。

此外，在科学配置和利用交通资源方面的规划尚有很多不足，还不能综合考虑交通结构优化、换乘枢纽配置、对外交通衔接、线网分布、场站布局，轨道交通的公交接驳不尽如人意，沿线的停车场建设不到位，大多数公交站没有自行车停放点，多数尾站没有停车场，不利于车辆接驳，易增大交通流量。

目前，我国许多城市绿色交通基础设施建设还不能与城市发展水平、总体布局和人口产业分布相协调。我国土地资源比较缺乏，人口

[①] 中国城市规划设计研究院：《中新天津生态城绿色交通系统规划研究》，2008 年 2 月。

集聚的城市尤为突出。据统计，我国 12 个大城市平均每人占有道路面积仅为 5.7 平方米，而伦敦为 28 平方米，纽约为 26.3 平方米，东京为 10.9 平方米。[①] 此种情况下，许多城市仍以私人机动化交通需求为目标建设基础设施，造成交通需求与分配不协调，公共交通尤其是慢行交通发展受限。现阶段，步行和自行车交通仍是我国城市居民出行的主要方式，一般占总出行方式的 60%。许多城市道路空间分配不平衡，很多非机动车道或太窄或被占用，步行和自行车使用的道路空间受到严重挤压，造成机非混行，交通安全得不到保障。许多道路尤其是平交道口安全防护设施欠缺，易发生交通事故。从 2009 年的发展趋势看，自行车出行比例正以年均 2% 至 5% 的比例下降。[②]

（二）技术与工具方面

全球性能源紧张以及气候变化问题受到普遍关注，交通节能减排也日益成为国际社会的共同责任，也是实现低碳经济的重要途径。2009 年中国政府已向全世界庄严承诺，到 2020 年单位国内生产总值二氧化碳排放比 2005 年下降 40%—45%。作为"三大碳源"之一，交通碳排放占据比例较大且增长较快，是我国节能减排的重点领域。《交通运输"十二五"发展规划》提出"交通运输行业要以节能减排为重点，建立以低碳为特征的交通发展模式……构建绿色交通运输体系，走资源节约、环境友好的发展道路"。《公路水路交通运输环境保护"十二五"发展规划》提出，到 2015 年，营运车辆单位运输周转量的碳排放量比 2005 年降低 11%。实现这些目标，需要推进绿色、低碳交通技术、工

---

① 白雁、魏庆朝、邱青云：《基于绿色交通的城市交通发展探讨》，《北京交通大学学报（社会科学版）》2006 年第 2 期。

② 《住建部：步行和自行车交通占我国全方式出行比例的 60%》，新华网，2009 年 9 月 2 日。

具的推广，尽快建成以低碳排放为特征的绿色交通工具体系。但我国在绿色交通技术创新及绿色交通工具普及方面还有很大不足。

目前，我国新能源汽车发展的重点是混合动力汽车、纯电动汽车，电池等技术瓶颈是最大的问题。推向市场的电动汽车蓄电池的充放电次数一般是 300—400 次，使用寿命较短；一次充电后的理论续驶里程为100—300 公里，但一般都无法达到这个目标。相比美国、欧盟和日本等国家，我国对新能源汽车关键共性技术研发的政策支持和资金投入力度仍显不足。新能源汽车实现产业化，尚需政策与资金扶持，以突破技术瓶颈，完成核心部件和材料的进口替代，降低成本，完成市场导入。

我国绿色交通工具，尤其是新能源汽车消费市场仍有待培育。目前，新能源汽车主要应用于市政交通领域，进入私人消费领域的规模和数量非常有限。2010 年 6 月 1 日，财政部、科技部、工信部、国家发改委联合发布了《关于开展私人购买新能源汽车补贴试点的通知》，确定上海、长春、深圳、杭州、合肥 5 个城市为试点，纯电动汽车每辆最高补贴 6 万元。但相比传统汽车，价格仍很高，难以吸引消费者。加之配套的充电设施不完善，更影响了新能源汽车的普及。

（三）管理与控制方面

城市交通是一个复杂系统，涉及多个部门和行业，需要公安、环保、科技、司法等部门的协同。目前，我国很多城市的交通管理体制受计划经济时期分块管理模式的影响，规划、建设和运营管理缺乏协同，还不能形成符合市场经济和交通发展规律的行业管理模式。在分散管理的情况下，难免造成管理体系不健全、监督和执行力度不强、监管手段缺乏以及监测、统计、监理等较为薄弱等不足。同时，由于城市交通智能化控制建设滞后，信息共享较差，还不能有效指导和控制车辆通行，以及运用于交通指挥和交通管理，造成交通有序性差，易引发拥堵和交通事故。

另一方面，与引导不足相对，不顾城市自然地理环境、经济社会发展实际，盲目超前发展绿色交通体系尤其是地铁等轨道交通，追求形象工程，造成浪费和损失，也是不可取的。公共交通尤其是轨道交通项目具有投资大，运行费用高，社会效益好而自身经济效益差的特点。因此，发展公共交通应当坚持量力而行，合理控制建设规模和发展速度，确保与城市经济发展水平相适应，防止盲目发展或过分超前。针对部分城市盲目发展轨道交通的现象，国务院办公厅曾发布《关于加强城市快速轨道交通建设管理的通知》（国办发〔2003〕81 号）加以规范。

五、中国城市绿色交通体系发展的政策建议

鉴于我国绿色交通体系发展存在的困难和问题，今后城市绿色交通体系发展的战略思路是：构建以公交为重点，以慢行交通为补充，辅以适量环保型汽车交通的综合交通体系。其中的重点是发展公交和慢行交通。对于大城市而言，要以轨道交通、快速公交作为发展重点。

国内外实践经验表明，建设绿色交通体系，要处理好交通与社会、交通与城市、交通与环境、交通与行人、交通与能源等的关系，统筹考虑交通系统内部和系统外部的各种因素。同时，要因地制宜，选择适合城市自身特点的发展模式。

（一）树立理念，增强责任

交通活动的主体是人，交通变革离不开人的需求和支持。只有社会普遍接受绿色交通理念，增强责任感，才能从根本上推动绿色交通

体系发展。绿色出行既是对社会的贡献，也是为自己节约时间和经济成本。要通过"无车日"、"公共交通周"等活动，提高民众素质，形成绿色出行风尚和文化氛围。

（二）出台法规，正确引导

目前，许多城市和部门对绿色交通体系认识不深，实践零散，缺乏规范指导和科学标准。要真正将理念转化为切实可行的建设计划与实施方案，必须出台相应的法规政策，制定规范和标准，推动建设有序开展。要协调应用法律、经济、财政、行政管理等多种政策手段，有效促进绿色交通体系建设。

建立健全法律法规和标准体系。要从以人为本和国情、市情出发，借鉴国内外绿色交通体系建设的成功经验，从规划、建设、管理等方面，加快建立确保绿色交通发展的法律法规体系。要健全规划编制、基础设施建设、交通工具配备与更新、环境要求、服务质量等方面的技术标准体系。

保障和引导绿色交通发展。一是资金到位。绿色交通体系发展尤其是其中的轨道交通建设需要大量投资，除政府投资外，要进一步开放市场，推动投资渠道和投资主体多元化。二是执行到位。采取措施，防止和纠正侵占绿色交通基础设施的行为，保证优先发展公共交通、慢行交通的需要。加强机动车环保监管能力建设，提高排放控制水平。三是引导到位。首先是引导绿色出行。建设绿色交通体系硬件设施和配套环境，通过财政补贴降低公交费用，增加公交出行吸引力。其次是引导绿色交通工具的发展。要实施优惠政策，并加快相关配套设施建设。限制、淘汰传统汽车。要通过税费调整、政策限购等措施，控制私家车过快增长。要通过征收拥堵费，减少私家车出行；通过提高节能减排标准，淘汰传统汽车。

（三）科学规划，以人为本

做好综合交通规划。要在对交通现状、需求和发展前景进行充分调查研究的基础上，以公共交通为核心，兼顾慢行交通，编制与城市总体布局和人口产业分布相协调的城市综合交通体系规划，建立以公共交通、慢行交通为导向的城市发展和土地配置模式。

做好公共交通专项规划。要注意提高线网密度和站点覆盖率，优化运营结构，形成干支协调、结构合理、高效快捷并与城市规模、人口和经济发展相适应的公共交通系统。合理规划公交专用车道（路）、优先车道，提高公交车辆运营速度。

推广 TOD 模式，科学规划换乘枢纽。科学的城市形态和土地开发模式是减少交通需求、减少机动车出行的有效策略。TOD(Transit-oriented Development) 是以公共交通为导向的、国际上具有代表性的城市土地开发模式，可实现城市功能区紧凑型开发、有机协调。交通换乘枢纽规划要实现公交之间的方便快捷换乘、"零距离"换乘，与慢行交通及其他交通有效衔接、无缝接驳。

科学规划静态交通。静态交通不仅仅是交通工具停放，它涵盖停车政策、换乘方式等诸方面内容，是复杂的城市系统工程。科学规划静态交通设施是交通规划的必要环节，是保证动态交通顺畅的有效手段。

（四）关注环境，完善设施

要加强生态保护，合理避绕生态敏感区，降低交通设施建设对生态系统的扰动。要注重生态修复，改善受影响区域的生态环境功能。基础设施建设要注重节约土地、能源、建筑材料等，提高设施耐久性，提升节能水平。要积极推进废旧材料、疏浚土等的循环利用。要研究制订生态型交通设施的技术指南，逐步推广生态型交通基础设施建设。同时，要建设防噪降噪设施，在高架、快速路、轻轨等交通线两侧建隔声屏、绿化带。

（五）公交优先，助推慢行

公共交通承担着城市客运的主要任务，要大力开展公共交通建设，完善支持政策，增加线路、延长营运里程、扩大站点覆盖面、优化线网结构和运力配置，提高运营质量和效率，提供方便周到、快速准时、经济舒适、绿色环保、安全可靠的优质公共交通服务，引导人们选择公共交通作为首选出行方式。对于交通拥堵的大城市，要适当发展轨道交通，发展 BRT。提升公交运输能力的同时，要大力改善公交服务，加大行车密度；要加强对公交场站、车辆、设施装备等的维护保养，创造良好的乘车、候车环境。

发展慢行交通重点要增强道路安全性、改善道路环境，完善行人和非机动车的交通组织和安全防护设施。要设置专用路和专用道，实施渠化交通，在机非交叉带设置减速路拱，保障安全。同时，修建和完善停车场、维修部等服务设施，加强路面改善、绿化，提高舒适度。要积极鼓励发展公共自行车系统，推进自行车交通公益化建设。此外，要适当发展电动自行车，出台新国标，严格实施市场准入规范和标准。

（六）提升管理，加大监督

推行集中管理。交通巨系统涉及多个部门，需要集中管理，通盘考虑。因此，要推进机构改革，实行行业化管理，将规划与管理、建设与监督、统计与测评等统一、集中于大交通部门，集中管理和指导城市交通建设与发展。

推广 ITS（智能交通系统）。ITS（智能交通系统）可以大大改善交通状况，使交通拥挤降低 20%，延误损失减少 10%—25%，车祸降低 50%—80%，油料消耗减少 30%，尾气排放减少 26%。① 因此，要积极利用信息化技术，促进人员、车辆、场站设施以及交通环境等要素之间的良性互动，推动智能交通系统建设。要科学配置交通线路运行显示系统、多媒体综合查询系统、乘客服务信息系统，方便人们了解交通信息，合理安排出行。充分运用信息技术，建立计算机营运管理系统和连接各停车场站的智能终端信息网络，加强对车辆、人流的管理，提高交通效率。

建设交通大环境监测评价系统。要加强环境保护政策法规、监测、统计、评价等方面的建设，完善各级交通环境保护管理机构设置，增强执行能力。要形成科学规范的环保统计、评价和公报制度。要建立交通环境监测站，形成监测网络，实时反馈交通环境数据。同时，建设统计信息平台，建立标准统一的统计数据库和网络传输系统，开发统计数据分析系统。一旦发现不符合标准、规范的交通工具、行为和建设项目，要及时处理。

要之，建设绿色交通体系是我国城市交通可持续发展的必然选择。城市绿色交通体系的发展，需要交通、环保、土地、科技、工业等多个部门及科研机构的协同努力，需要从社会人文、法规政策、管理监测、规划建设、交通工具、科研开发等多个方面联合推进，是一项社会系统工程。绿色交通是以人为本的交通，广大城市居民和游客要提高责任意识，形成广泛的绿色交通社会认同，绿色出行、文明交通，为绿色交通体系建设，为城市交通可持续发展，尽责尽力。

---

① 戴东昌、蔡建华：《国外解决城市交通拥堵问题的对策》，《求是》2004 年第 23 期。

CBD 与全球城市区域发展的互动关系研究

楚天骄

（中国浦东干部学院）

一、引 言

　　中心商务区（Central Business District，CBD）是城市科学中长盛不衰的研究课题。自 20 世纪 20 年代起，CBD 的研究已经经历了 90 余年的历史。早期对 CBD 的研究是以单一城市的地域空间为基础的。美国社会学家伯吉斯（E. W. Burgess）于 1923 年在研究城市"同心圆"的空间结构模式时最早提出了这个概念。伯吉斯将城市空间结构分为五个圈层，最中心的为城市地理及功能的核心区域，功能包括百货和其他零售商店、办公机构、娱乐场所以及公共建筑等（其余四层由内向外依次是转换区、职工住宅区、高级住宅区和城市边缘转换区）。20 世纪 80 年代后期以来，随着经济全球化的深入发展，一批 CBD 的规模不断扩大，功能不断提升，其影响已经超越本市、本地区和国界，成为世界经济的指挥和控制中心。邹德慈（2008）把现代意义上的"CBD"定义为"在一个比较重要的大城市内，集中了大量的商务、金融、文化、服务机构和商务办公酒店、公寓等配套设施，具备完善边界的交通、通讯等现代化基础设施和良好的环境，便于开展大规模的商务活动的核心城市区域"。他认为，只有全球性的大城市的城市中心区才有可能发展为 CBD。Hall（2001）则提出了 CBD 是全球城市区域多中心圈层空间结构之核心的概念，将 CBD 的研究基础进一步扩展到全球城市区域。所谓全球城市区域，是在经济全球化高度发展的前提下，以经济联系为基础，由全球城市及其腹地内经济实力较为雄厚的二级大中城市扩展联合而形成的一种独特空间现象（Scott，2001）。也即是说，当经济全球化和信息化对越来越多的城市和地区产生重大影响，并将其卷入全球经济一体化进程的背景下，作为城市中高能级经济实体的重要载体和经济流汇聚的焦点，CBD 以前所未有的超地域的广泛联系而生存和发展。在这种情况下，单纯以城市为单元，已经无法充分解释经济全球化时代 CBD 的地域扩张和结构演变现象。因此，从城市区域角度考察 CBD 发展与全球城市区域形成之间的互动关系，对于更好地把握 CBD 发展规律，并采取措施提高其对城市区域的辐射带动作用，无疑具有重要的意义。

二、城市区域的形成是 CBD 发展的动力

城市区域的出现是一个历史过程。城市是一个区域的中心，通过极化效应吸引各种资源要素向城市集中，引起城市人口密度增加，发展到一定程度后，经济辐射能力不断增强，经济辐射范围不断扩大，使城市范围得到扩展。伴随着城市规模的扩大和城际之间交通条件的改善尤其是高速公路的出现，相邻城市辐射的区域不断接近并有部分重合，城市之间的经济联系越来越密切，相互影响越来越大，逐步形成了城市区域。城市区域基本上可以分为两种形式：单一型城市区域和复合型城市区域（杨波，2006）。

城市区域的形成加速了城市中心区乃至中心城市的产业和人口外移，迫使城市政府加快 CBD 的规划和建设，为城市产业结构升级提供空间载体。城市区域的形成过程是与产业和人口从中心城不断向外扩散相伴生的。由于中心城市空间有限，地价高昂，再加上交通运输基础设施的发展降低了城市中心区的相对优势，越来越多的制造企业甚至企业总部选择从城市中心区迁到郊区或者周边中小城市，造成城市中心区乃至中心城产业"空心化"和人口减少。以伦敦和纽约为例。从 1961 年到 1971 年，伦敦的就业减少了 40 万，其中主要是制造业就业人数的下降。究其原因，一是城市空间有限，限制了制造业的发展；二是企业向伦敦之外，特别是东南地区的转移（Gordon & Young，1986）。纽约也存在类似情况。从 1970 年到 1980 年，纽约的总就业人数从 370 万人下降到 300 万人，制造业就业减少 35%，总部办公职位减少 41%，办公室的总体就业下降 15%，许多公司总部向郊区和其他地区转移（沙森，2005）。中心城制造业就业人口的大量减少，使得伦敦、纽约和东京等城市在 20 世纪 70 年代中期都面临着严重的财政危机，迫使城市政府采取多种政策措施，加速城市中心区的空间转型和经济转型。作为城市经济转型的空间载体，CBD 的规划和建设受到城市政府的普遍关注。例如，芝加哥从 1958 年就开始关注对 CBD 的再开发，并提出"正在上升的 CBD 是全市经济发展的关键"（Chicage 21 Plan,1973）。伦敦、巴黎、东京也都出现了在原有 CBD 的基础上规划和建设新的商务区的热潮。

三、经济全球化成为 CBD 功能提升和空间扩张的背景和条件

20 世纪 80 年代以来，经济全球化导致了经济活动的地域再分工，进一步促成新的城市形态和城市功能的形成。20 世纪 80 年代以后地域

经济的全球化，是以世贸组织推动的国际多边贸易体制和由跨国公司推进的全球贸易、投资和生产的国际化，以及金融主导经济一体化为标志的。全球范围的国际经济、政治、文化的交流，借助日益发达的电子信息技术以及交通工具，提升到了一个历史空前的程度。经济的全球化在地域上产生了一种复杂的二重性：经济活动在地域上的高度分离与全球范围内的高度整合。这就产生了对高度分散化的经济活动进行控制与管理的需要，而城市，尤其是在区位上具有独特优势的大城市，无疑是进行这种控制与管理的最佳空间集结点。于是，城市就逐步演化为世界经济结构中高度集中的指挥控制中心，其功能、组织及体系结构都发生了剧烈的变化（周振华，2006）。弗里德曼（Friedmann）和沃尔夫（Wolff）首先提出了"世界城市"的概念，认为世界上的主要城市将成为全球性资本流动的出发点与归结点，资本的空间流动有可能导致世界城市体系的形成；处于全球城市体系顶端的城市，即世界城市，主要充当跨国公司总部所在地，其成长由少数快速增长的产业所支撑，如国际金融、国际贸易，以及各类商务服务。沙森（Sessen）则提出了全球城市理论，把全球城市定义为发达的金融和商务服务与管理中心。

　　作为全球城市的核心，CBD 的功能和地域范围都得到进一步提升和拓展。首先，在功能上，金融、商贸和其他专业服务业快速发展，并分化为面向世界市场的服务业和面向国内的服务业。以伦敦和东京为例。在伦敦，1981 年，银行、保险和金融业就业人数占伦敦市区就业人数的 71.7%，1999 年，该比例上升到 82.7%，同期全英国该指标的平均水平分别为 7.8% 和 18.7%。在东京，1980 年，CBD 服务业就业人数占全部就业人数的比例为 66.1%；1987 年，该指标上升到 77.0%。在这 77.0% 的服务业中，面向世界市场的专业服务业所占的比重，比整个日本全国或大东京地区高得多（沙森，2005）。其次，在空间组织上，单个商务区开发强度加大，并形成商务区网络。尽管很多世界知名商务区都是从 20 世纪 50 年代末就开始规划和着手建设的，但其快速发展却是在 80 年代之后。例如，日本于 1978 年分别建了新宿、涩谷、池袋三个副中心，分别作为商务办公和娱乐中心、交通枢纽和信息中心、商业购物中心，而传统的商务中心区都心区则集中了大量的金融机构和企业总部。伦敦在 80 年代规划建设了新的商务办公区堪纳瑞（Canary Wharf），主要发展总部办公职能，与原英国的国际金融中心（IFC）所在地内伦敦共同构成伦敦的 CBD。巴黎也是这样。巴黎传统的市中心位于火车站附近，是仅次于伦敦的欧洲第二大国际金融中心（IFC）。新商务区德方斯（Defense）尽管从 1958 年开始规划，从 1965 年到 1982 年，建成的办公建筑面积总计 107 万平方米，从 1983 年到 1992 年新增办公建筑面积就达 134 万平方米，聚集了大量的国际公司总部、专业事务所和国际组织，成为欧洲最大的新兴商务办公区。

四、CBD 的发展在全球城市区域的形成过程中发挥了枢纽功能和辐射功能

CBD 的发展是城市区域发展成为全球城市区域的必要条件。Hall（2001）认为，全球城市区域应该具备多中心的圈层空间结构形态：核心是 CBD；第二层次是新商业中心区；第三层次是内部边缘城市，主要是工商业用地的外围扩展；第四层次是外部边缘城市，由一些交通节点上的城镇组成，成为中心市区与外部的联系点；第五层次是"边缘城镇复合体"，在此圈层主要聚集了一些中心市区企业的研发部门；在城市区域的最外圈，则分布着遵循劳动地域分工的专业化次等级中心，其为中心区及其他圈层提供教育、娱乐、商务会展服务等。只有当 CBD 形成面向全球的控制、管理和服务能力，其所在的中心城市才能被称为全球城市，其所在的城市区域才能成长为全球城市区域。

CBD 代表城市区域参与国际交流，成为城市区域与国际接轨的门户，提升城市区域在国际上的地位和作用。在经济全球化时代，介入全

球化进程的各种要素流和商品、服务流把与世界其他城市发生联系的城市连接成全球城市网络，每个参与其中的城市都是该网络中的一个节点。城市作为节点的功能，更少地取决于其所占有的各种物质资源、新技术及其路径依赖，而更多地依赖其在城市网络中的联系，因此，连通性就成为衡量一座城市在全球城市网络中的地位和作用的关键指标（周振华，2006）。作为集聚大量商务活动的 CBD，就成为体现城市连通性的关键。于是，"我们正目睹跨国界区域'中心'的形成，通过大量在全球城市网络中的经济交易活动而相互联结……这些主要国际商务中心网络，构成了新型的地理集中。这些新的地理集中的最大效用，是在全球范围内联结了主要的国际化金融和商务中心——如纽约、伦敦、东京、巴黎、法兰克福……这些城市通过金融市场、服务贸易与投资，使其经济交易量急剧增长，也成交了大量的订单"（沙森，2005）。可以说，全球城市区域的国际联系集中体现于 CBD，CBD 的发展水平决定了其所在全球城市区域的国际化程度和在全球经济中的重要程度。

　　CBD 的发展有利于促进区域内的产业分工，在区域内形成既竞争又合作的产业格局，提高城市区域的综合竞争力。由于 CBD 对面向全球的高端专业服务业具有很强的集聚能力，因此，城市区域中的高端专业服务业有从其他城市向 CBD 转移的趋势。与此同时，随着中心城市制造业的外迁，这些外迁企业追逐最佳区位的选址行为无疑进一步强化了区域内不同城市之间的产业分工，进而在这些城市中产生了更多的对生产性服务业的需求。这样，我们看到的是这样一幅图景：CBD 集聚了大量高端专业服务业，而城市区域内的其他城市则发展出具有竞争力的生产性服务业，各城市之间的分工进一步深化，区域的服务业整体水平提高，区域总体竞争力增强。事实表明，在英国，"伦敦生产者服务的高度集中及其强劲的全球市场导向，不仅对伦敦，而且对英国东南部地区都是一种增长动力，大量有活力的部门在伦敦以及伦敦地区的出乎寻常的集中"。在美国，主要城市中生产者服务的专业化程度更高，而在第二层级的城市中，生产者服务则有更高的增长率（沙森，2005）。纽约大都市已经延伸到新泽西，形成了一个巨大的产业综合体，包括化学和仪器制造业等。在东京南部和沿多摩河的多摩地区，有大量日本最重要的企业，包括发达的高新技术企业，并与国内其他主要地区有紧密的联系。

五、结论及启示

通过对 CBD 与全球城市区域之间互动关系的分析，可以得出以下结论：

首先，具有联结世界主要金融和商务中心的 CBD 是形成一个全球城市区域的关键。全球城市区域与城市区域的区别就在于前者以全球城市为核心。全球城市中的 CBD 在全球经济活动中发挥着管理、控制和服务的功能，并带领所在城市区域中的其他次级城市一起参与到经济全球化进程中，从而在全球城市区域中形成一种不断加强的、更广泛的超国家关系，这种关系完全不同于一般城市区域内相互联系所体现的国内的地方关系。因此，建设面向全球的 CBD 是形成全球城市区域的关键所在。

其次，CBD 的形成是中心城市与城市区域双向互动的结果。城市区域的形成为中心城市的制造业外迁提供了新的地域空间，劳动分工在更大空间范围内的进一步深化，产生了更多的生产性服务业需求和金融及专业服务业需求，中心城市 CBD 的集聚作用得到凸显和强化，CBD 能级得以提升。当 CBD 集聚了更多的面向全球的管理、控制和服务职能时，该城市区域就成长为全球城市区域，该区域通过 CBD 联结世界主要金融和管理中心，从而参与全球市场的竞争。

最后，加强 CBD 与城市区域互动的着力点在于制度创新。尽管主要国际商务中心的 CBD 已经联结成一个跨国界的"CBD 网络"，但是这些 CBD 依然根植于其所在的全球城市区域。由于全球化突出了空间接近和集聚对促进经济生产能力和形成优势的重要性，因此，全球城市区域在其发展初期的领土和实体扩展中，出现了邻近地区政治单位（县、都会区、市等）的俱乐部一起进入的松散的联盟，在应对全球化的威胁和机会的基础上寻求效率。正是在这种有着高度经济联系的全球城市区域中，才有足够的人力资源、资本动力、基础设施以及相关服务行业支撑的具备全球化标准的生产。因此，巨大的全球城市区域充当了企业参与全球市场竞争的地域平台。可见，无论是 CBD 的发展过程，还是全球城市网络的发展过程，都必须通过一系列的制度创新，打破区域之间行政分割和贸易保护的桎梏，在更大的地域空间内实现资源和要素的自由流动。

近年来，北京、上海都提出建设世界城市的战略目标，应该说，它们分处我国经济最发达的环渤海经济圈和长三角经济圈，城市区域的雏形已经出现，但都缺少一个具有国际影响力和竞争力的 CBD。同时，在现行的行政体制和税收体制下，中心城市与二三级城市之间的合作存在一系列体制和机制障碍，集中表现为对外国直接投资、企业总部和研发机构的无序竞争，地方保护、贸易壁垒等也还在一定程度上阻碍着区域一体化的真正实现。世界城市的形成需要一个城市区域的支撑，也需要一个高能级 CBD 的带动。通过制度创新，在 CBD 与城市区域之间建立有效的互动机制，是促进世界城市和全球城市区域的形成，提高我国综合竞争力的有效途径。

主要参考：

1. 邹德慈：《中心商务区发展概述》，《南方建筑》2008 年第 4 期。
2. P.Hall, "Global City Regions in the Twenty-First Century" In Scott(ed.), *Global City Regions*, New York: Oxford University Press, 2001, pp. 59—77.
3. A.J. Scott(ed.),Global City Regions, New York:Oxford University

Press,2001.

4. 丝奇雅·沙森:《全球城市:纽约、伦敦、东京》,上海社会学院出版社 2005 年版。

5. 杨波等:《城市化的阶段性特征与我国城市化道路的选择》,《上海经济研究》2006 年第 2 期。

6. Buck, N.I.Gordon, K.Young. The London Employment Problem. Oxford:Clarendon Press, 1986.

7. 周振华:《全球化、全球城市网络与全球城市的逻辑关系》,《社会科学》2006 年第 10 期。

8. 黄玮:《空间转型和经济转型——二战后芝加哥中心区在开发》,《国外城市规划》2006 年第 4 期。

9. Friedmann, J. and Wolff, G., "World City Formation: an agenda for research and action". *International Journal of Urban and Regional Research*, 1982, 6(3), pp.309—344.

长三角地区产业竞争态势
与合作前景

崔凤军

（浙江省湖州市人民政府）

在经济全球化、区域一体化的大背景下，参与国际分工，不再是单个城市或省区的行为，而是越来越多地表现为以若干大的城市群地区通过资源整合、产业协作，发挥整体竞争优势。长三角地区是我国经济最发达、产业配套最完善、整体竞争力最强的地区，2010 年长三角地区 GDP 总量达 8.5 万亿，占全国 GDP 总量的 21%，制造业产值约占全国 25%，出口额占全国 28%。由于地域相邻、文化相融、经济相连，奠定了长三角地区一体化发展的基础。国务院于 2008 年制定了《关于进一步推进长江三角洲地区改革开放和经济社会发展的指导意见》（以下简称《意见》），2010 年发布实施了《长江三角洲地区区域规划》（以下简称《规划》）。《意见》和《规划》的发布实施，标志着长三角地区一体化发展成为国家战略重要组成部分。长三角地区经济运行质量、产业竞争能力对于带动长江流域乃至全国全面协调可持续发展将发挥更重要作用，因此，在长三角地区一体化发展不断推进的背景下，研究长三角地区产业竞争与合作发展，找准长三角地区产业定位，显得尤为重要。

一、长三角地区产业竞争态势

不同地区之间的产业竞争态势与产业发展战略、主导产业选择、产业相似程度密切相关。长三角地区自然条件相似,发展水平相当,经济发展路线接近,产业按照行政区域分散发展,产业结构比较相近,易于形成产业竞争发展局面。

(一)产业调整路线比较接近

20世纪90年代以来,长三角地区制造业结构的调整路线比较接近,交通运输设备制造业、电子及通讯设备制造业、电气机械及器材制造业、金属制品业等行业都有不同程度的提高。"十五"、"十一五"、"十二五"期间,上海市把电子信息制造业、先进重大装备、石化、钢铁、汽车、船舶、生物医药、海洋工程装备、新材料等列为重点支持的行业,江苏、浙江也选择了类似的结构调整重点。十二五发展规划中,上海提出重点发展新一代信息技术、高端装备制造、生物、新能源、新材料等主导产业,积极培育节能环保、新能源汽车等先导性产业;江苏则提出重点发展新能源、新材料、生物技术和新医药、节能环保、软件和服务外包、物联网和新一代信息技术等六大新兴产业,同时大力发展高端装备制造、光电、智能电网等新兴产业;浙江提出,大力培育新能源、新材料、生物医药、节能环保、信息网络特别是物联网等九大战略性新兴产业。

(二)产业相似程度较高

从近十年统计数据(见表1)可以发现,江苏与上海、江苏与浙江制造业产业结构相似程度较高，相似系数（相似系数越接近于1，则两区域产业结构相似性越强，反之，则差异性越强。）在0.9左右，而浙江与上海制造业产业结构相似程度相对较低，也在0.7左右，这说明三地存在较大程度的产业同构现象。但近十年的变化表明，江苏上海之间同构性越来越强，浙江与江苏、浙江与上海之间则相似性越来越低，表明浙江产业的传统化依然突出。

表1　长三角地区产业相似度指标比较

年份	江苏—上海	江苏—浙江	浙江—上海
1999	0.873	0.951	0.734
2000	0.843	0.937	0.736
2001	0.834	0.930	0.698
2002	0.843	0.914	0.701
2003	0.867	0.865	0.667
2004	0.904	0.829	0.648
2005	0.917	0.815	0.653
2006	0.909	0.848	0.701
2007	0.907	0.846	0.688
2008	0.913	0.854	0.697
2009	0.901	0.847	0.682

数据来源：《江苏统计年鉴》、《浙江统计年鉴》和《上海统计年鉴》（2000—2010）。

（三）主导产业高度重合

表2是两省一市1999—2009年产值最大的6个产业对比。可以发现，江浙沪三地主导产业高度重合，三地共同的主导产业包括化学原料及化学制品制造业、电气机械及器材制造业和交通运输设备制造业，苏沪、苏浙、浙沪重合的主导产业分别有5个、4个和4个。

表2　长三角地区主导产业排序表

序号	上海	浙江	江苏
1	通信设备、计算机及其他电子设备制造业	纺织业	通信设备、计算机及其他电子设备制造业
2	交通运输设备制造业	电气机械及器材制造业	化学原料及化学制品制造业
3	通用设备制造业	交通运输设备制造业	电气机械及器材制造业
4	化学原料及化学制品制造业	通用设备制造业	黑色金属冶炼及压延加工业
5	电气机械及器材制造业	化学原料及化学制品制造业	纺织业
6	黑色金属冶炼及压延加工业	金属制品业	交通运输设备制造业

数据来源：《江苏统计年鉴》、《浙江统计年鉴》和《上海统计年鉴》(2000—2010)。

　　相似或雷同的产业结构，从负面效果来看是在地方政府之间形成了白热化的竞争，产生了很多问题。诸如争夺资源、项目、人才和审批资源；很多产业形态也造成了大量的重复建设、产能过剩；因为地方政府拼政策、拼土地而导致资源浪费等。但是，笔者坚持认为，产业结构的适度相似才是形成产业空间集聚和行业集中的重要原因，这符合经济发展的客观规律。当前制约中国经济发展的依然是缺乏有效竞争。竞争促进了区域一体化的形成，竞争促进了资源要素和合理流动，竞争才是长三角地区快速发展的根本原因。

二、长三角地区的产业分工具
有内源性和阶段性

　　虽然相近的产业结构使得地区间的产业竞争激烈，但是这并不意味着产业内没有分工与合作。新经济地理学认为,垄断竞争的市场结构和产品跨区销售具有运输成本,因此厂商倾向于选择靠近市场的地区进行生产,而当大量企业都据此决策时,产业集群就产生了。产业集群的正外部性使同一产业集中在一个地区专业化生产,地区之间产业分工与协作关系增强。

(一) 产业发展处于不同阶段

仅从各地产业结构差异,就可反映上海、江苏、浙江不同的发展水平和发展阶段。早在 2000 年,上海第三产业 GDP 比重为 50%,就业人员比重为 46%,产值、就业已经形成"三、二、一"格局。2010 年,上海第三产业 GDP 比重达 57%,第二产业 GDP 比重为 42.3%,第一产业 GDP 比重不足 1%,产业结构进一步优化。江苏 2010 年第一、第二、第三产业比例为 6.2∶53.2∶40.6。浙江为 5.0∶51.9∶43.1。

(二) 工业内部结构存在差异

2010 年,上海全年电子信息产品制造业、汽车制造业、石油化工及精细化工制造业、精品钢材制造业、成套设备制造业、生物医药制造业等六个重点发展工业行业完成工业总产值占全市规模以上工业总产值的比重达到 66.2%;高技术产业工业产值占工业总产值比重为23.3%;重、轻工业增加值比例为 2.3∶1;重要工业产品中,微电子计算机产量增速较快,达 20%,成品钢材产量 2475 万吨。江苏的重、轻工业增加值比例也达到为 2.5∶1,说明其重工业化程度在不断深化,但其主要工业产品中,除微电子计算机等少数产品产量较大外,其他产品如水泥、化纤、纱、电视机产量较大,钢材中粗钢产量占钢材总产量 41%。浙江高新技术产业增加值 2396 亿元,明显低于上海 6958

亿元，仅是上海的 30% 左右；重轻工业增加值比例为 1.2∶1，主要工业产品如水泥、化纤、纱、布的产量较大，结构明显偏轻。通过比较发现，三地区在工业内部存在比较明显的差异，上海的工业结构倾向于重化工业，资本密集型和技术密集型产业优势明显；江苏高加工度化和知识密集型行业增长较快，资本密集型行业也具有比较优势；浙江工业优势主要集中在劳动密集型产业，纺织、服装等产业具有竞争优势。

（三）第三产业发展水平具有明显的层次性

2010 年，上海第三产业增加值占 GDP 比重为 57%，江苏为 40.6%，浙江为 39.9%。上海的金融业、保险业、信息服务业、商贸业等现代服务业保持快速发展，国际金融中心和航运中心加快建设，第三产业发展水平和层次明显高于江苏和浙江两省。以金融业为例，2010 年，上海实现金融业增加值 1931.73 亿元，全市有各类金融单位 910 家，其中，银行业 140 家，证券业 138 家，保险业 320 家，在沪经营性外资金融单位数达到 173 家。发展水平明显高于浙江和江苏两省。

（四）制造业集中度和专业化水平差异

长三角地区的工业以制造业为主，排列前 10 位的制造业（见表 3、4、5）包括电子及通讯设备制造业、交通运输设备制造业、黑色金属冶炼及压延加工业、电气机械及器材制造业、通用设备制造业、化学原料及化学制品制造业、金属制品业、纺织业等。从表 3、4、5 可以计算，上海、江苏、浙江前五大行业集中度分别为：54.48%、48.19%、41.03%，行业集中度上海最高，江苏次之，浙江相对较低。

表3　2009年上海市产值前十位制造业

行业	总产值	占全省比重（%）
全市	24888	
电子及通讯设备制造业	4844	19.46
交通运输设备制造业	3246	13.04
黑色金属冶炼及压延加工业	1289	5.18
电气机械及器材制造业	1607	6.46
化学原料及化学制品制造业	1691	6.79
通用设备制造业	2172	8.73
石油加工及炼焦业	978	3.93
金属制品业	752	3.02
专用设备制造业	855	3.44
塑料制品业	519	2.09

表4　2009年江苏省产值前十位制造业

行业	总产值	占全省比重（%）
全省	73200	
纺织业	4905	6.70
电子及通讯设备制造业	10457	14.29
化学原料及化学制品制造业	7091	9.69
通用设备制造业	4758	6.50
电气机械及器材制造业	6534	8.93
交通运输设备制造业	4868	6.65
黑色金属冶炼及压延加工业	6279	8.58
服装及其他纤维制品制造业	2302	3.14
金属制品业	2838	3.88
专用设备制造业	2418	3.30

表5 2009年浙江省产值前十位制造业

行业	总产值	占全省比重（%）
全省	41035	
纺织业	4691	11.43
电气机械及器材制造业	3727	9.08
通用设备制造业	2835	6.91
交通运输设备制造业	2880	7.02
化学原料及化学制品制造业	2704	6.59
金属制品业	1732	4.22
电子及通讯设备制造业	1496	3.65
塑料制品业	1544	3.76
化学纤维制造业	1424	3.47
黑色金属冶炼及压延加工业	1488	3.63

数据来源：《江苏统计年鉴》、《浙江统计年鉴》和《上海统计年鉴》（2000—2010）。

　　产业集中度在一定程度反映了各地的产业发展水平，这里引用区位商[1]的概念来表示一个地区特定产业的专业化程度。根据与全国相关行业的产值计算的区位商（见表6）。

表6 江苏、上海与浙江制造业产业区位商

地区	江苏			上海			浙江		
年份	1999	2004	2009	1999	2004	2009	1999	2004	2009
通信设备、计算机及其他电子设备制业	0.90	1.32	1.60	1.16	1.70	2.29	0.43	0.41	0.43
交通运输设备制造业	0.75	0.59	0.80	1.66	1.53	1.64	0.68	0.67	0.88
通用设备制造业	1.71	1.46	1.19	1.21	1.62	1.68	1.45	1.76	1.33
化学原料及化学制品制造业	1.32	1.28	1.31	0.84	0.79	0.97	0.86	0.83	0.94

---

　　[1] 区位商是指一个地区特定部门产值在该地区总产值中所占的比重与该部门在全国总产值中所占比重的比率，区位商越低，表明该产业专业化程度越低，比较优势越不显著。

续表

地区	江苏			上海			浙江		
电气机械及器材制造业	1.12	1.08	1.32	1.16	1.05	1.01	1.34	1.43	1.41
黑色金属冶炼及压延加工业	0.64	0.92	1.01	1.46	0.87	0.64	0.30	0.32	0.45
纺织业	1.83	1.68	1.46	0.82	0.40	0.28	2.14	2.53	2.61

数据来源:《江苏统计年鉴》、《浙江统计年鉴》和《上海统计年鉴》(2000—2010)。

可以发现:就上海而言,通信设备、计算机及其他电子设备制造业、通用设备制造业和化学原料及制品制造业的区位商快速提高,说明这些产业的比较优势逐步增强,规模优势日益凸显。而交通运输设备制造业、电气机械及器材制造业的区位商基本保持稳定。就江苏而言,通信设备、计算机及其他电子设备制造业区位商迅速上升,专业化优势提升,其在国内的比较优势不断增强。六大主导产业中,只有纺织业的区位商出现了下降,主导产业的比较优势正在不断提升。就浙江而言,纺织业、电气机械及器材制造业、交通运输设备制造业、化学原料及制品制造业和金属制品业的区位商值稳步提高,通用设备制造业的区位商值略有下滑,但仍然有较强的比较优势。上述分析表明,各地的产业发展具有明显的层次性,这为区域分工提供了条件,带动了区域产业的合作发展。

三、长三角地区产业合作形成了自己的特色

(一)各城市形成一批自己的优势行业和特色产业

如上海以金融、证券、信息为代表的高层次服务业、以信息技术、

汽车制造、电子技术、生物工程为代表的新兴工业；南京的石化工业、电子工业、杭州的轻纺工业、旅游业，宁波的石化工业，舟山的海水捕捞和养殖业都具有相当规模。另外，长三角经济区最引人注目的产业集群的形成和发展也构成了该区域不同的产业分工格局。目前，长三角经济区已形成了以上海为核心的电子信息及设备制造业、汽车及零部件等交通运输设备制造业等技术和资金密集型产业集群，以浙江杭州湾为核心的服装、鞋、眼镜、打火机、皮革、五金、低压电器、日用小商品等劳动密集型产业集群；而江苏则兼有电子、汽车及石化等技术和资金密集型产业集群以及棉纺织和食品加工等劳动密集型产业集群。

（二）形成和发展了沿路、沿江产业带

突破了行政区的框架，区域经济模式展现出了自己的特色。一是由上海、苏州、无锡、镇江、南京、常州及吴江、昆山组成的沿沪宁铁路及高速公路的沿线产业带，该产业带已逐步形成为以上海为主要设计研发和经营管理中心，昆山、吴江、苏州、无锡为主要生产基地的电子信息产业基地，同时也是我国主要的机械工业、纺织服装工业、化学工业及家用电器生产基地。二是由上海、嘉兴、杭州、宁波等地构成的沿沪—杭—甬高速公路及铁路的沿线产业带，该产业带是我国主要的化学工业、纺织服装工业、机械工业、皮革工业生产基地。三是由上海、南通、扬州、镇江、宁波、舟山、台州等地构成的沿海及沿江产业经济带，该产业带也已成为全国最主要的以石油化工、钢铁生产等能源工业、基础工业为主的重化工及重型机械工业生产区域，并形成以石油为主的上海石化、镇海石化、南京石化等大型企业集团及上海石化基地和以汽车制造为主的上汽、南汽、扬汽等整车生产基地。

（三）形成了圈层化的区域合作空间结构

围绕上海经济增长极，这一区域的经济空间扩散为三个圈层：第一扩散圈层是苏州、无锡、杭州和宁波，这一圈层的第三产业所占比重较大，乡镇企业发达，普遍成为当地经济支柱和财税来源。第二扩散圈层是南京、嘉兴、绍兴、常州和镇江，这一圈层的工业发展迅速，主要向机械、电子方向发展。第三扩散圈层是扬州、南通、湖州和舟山，这一圈层的乡镇企业发展较晚，第一产业所占比重较大，产业结构水平较低。同时，上海这个增长极主要以沿铁路为扩散轴，沿江扩散轴和沿海扩散轴成为次一级的扩散轴。

（四）初步形成了以各个城市为核心、接轨上海、差异化发展的格局

长三角经济区各城市以上海为龙头，进行合理定位，主动融入长三角经济圈，如杭州定位为长三角副省级城市，提出"接轨上海，错位发展"的战略方针；南京的城市定位为"以江为轴，跨江发展，呼应上海，辐射周边"；绍兴市形成了与上海实现互补型发展的战略，并制定了"战略北上，接轨上海"的行动计划；南通市以上海后花园姿态定位；舟山市的目标是要发展成港口旅游的中等城市，制定了"打破封闭，全面接轨"上海的三大战略；常州市则提出了要成为上海工业后方基地的设想；嘉兴要实现与上海的"无缝链接"，成为上海的功能块区等。这些内容表明长三角经济区各省市围绕龙头上海做文章，形成明确集中的"向心力"，使长三角区域合作表现了较为明显的紧密型互补性合作模式特性。

四、长三角地区产业竞合发展的前景展望

产业的竞争与合作是长三角"走在前列"的重要保障。长三角产业发展水平取决于区域产业链的协同水平。产业定位高、协作能力强的产业链不仅有利于各环节、各地区的发展，而且有助于加快长三角产业整体发展步伐。

（一）上海率先转型是长三角地区合作的根本

首先，上海是国际经济、金融、贸易和航运中心，其强大的辐射力对周边地区而言是不可或缺的。上海作为长三角的龙头是绝对不能走下坡路的，长三角因沪而崛起，也会因沪而塌陷。上海形成的经济"势力场"，福荫长三角，上海落下去是长三角之祸。其次，上海要站在高端参与国际竞争，发挥人才信息等优势，发展高端服务业、总部经济、楼宇经济等控制力强的产业，把相对较低端的产业、制造业等"甩给"周边。只有上海转型了，长三角才有更大希望，才能率先实现"有序竞争"。

（二）发挥区位、资源等比较优势，确立各主要城市的功能定位

城市功能定位是破解长三角内部过度竞争的支点，应通过城市本身的差异化定位，带动各地产业的协同发展，在资金、信息、人才、商品的流动中积极寻找适合本地发展的城市定位。《长江三角洲地区区域规划》对长三角的战略定位是"亚太地区重要的国际门户、全球重要的现

代服务业和先进制造业中心、具有较强国际竞争力的世界级城市群"。上海加快建设国际金融中心和航运中心，同时在金融、人才、信息、产业等方面处于高地，龙头地位毋庸置疑。浙江、江苏两省应结合这一定位，进一步明确各地功能定位，充分发挥自身优势，功能互补，有效避免恶性竞争。上海要强化国际大都市的综合服务功能，充分发挥金融、航运、贸易、物流中心的作用，大力发展现代服务业，并突出发展以创新和研发为主的高端制造业。南京、苏州、无锡、杭州、宁波等区域性中心城市则应提升综合承载能力和服务功能，扩大辐射半径，带动区域整体发展。

（三）形成整体优势，积极参与全球产业结构的调整

作为外向型经济集聚的区域，长三角已经被逐渐纳入到经济全球化大生产网络体系中，在后世博时代，这种趋势将越来越明显，长三角区域应从单纯的区域协调发展，上升到使企业、集群和区域更好地参与国际竞争，以整体优势承接国际制造业产业转移，逐步形成高端产业集群经济和产业配套体系。另外，长三角要从融入全球价值链，到构建国家价值链，不能老是由跨国公司主导全球价值链，不能满足于加工贸易、服务外包和贴牌加工。中国的市场容量足够大，我们完全可以创造条件，由本土企业家掌握住产品价值链的核心环节，在本土市场获得品牌、销售终端渠道以及自主研发创新能力等产品链高端的竞争力后，参与全球或者区域市场体系的价值链分工体系。

（四）产业分工既要注重比较优势,更要创造竞争优势

长三角地区各地要充分利用本地的优势，发展优势产业和特色产

业，更加专注于区域大产业下的细分领域，注重发挥比较优势和竞争优势相结合。面对发达国家资本密集型产业和技术密集型产业的垄断，发展战略性新兴产业和利用新兴高科技改造提升传统产业应该成为长三角地区产业结构调整的方向之一。

（五）突出重点产业布局，形成相对合理的空间结构

按照长三角一体化发展的要求，优化产业结构和布局，加快发展现代服务业，推进信息化与工业化融合，培育一批具有国际竞争力的世界级企业和品牌，建设全球重要的现代服务业中心和先进制造业基地。一是优先发展现代服务业。上海重点发展金融、航运等服务业，成为服务全国、面向国际的现代服务业中心。南京重点发展现代物流、科技、文化旅游等服务业，成为长三角地区北翼的现代服务业中心。杭州重点发展文化创意、旅游休闲、电子商务等服务业，成为长三角地区南翼的现代服务业中心。苏州、无锡、宁波也应根据自身优势选择重点发展旅游休闲、现代物流、商务会展等服务业。二是做强做优先进制造业。电子信息产业以上海、南京、杭州为中心，沿沪宁、沪杭甬线集中布局。装备制造业以上海为龙头，南京、杭州为先导，苏州、无锡、宁波、徐州、台州等为骨干，沿沪宁、沪杭甬线及沿江、沿湾和沿海集聚发展。钢铁、石化产业应依托现有基础，进行空间结构和行业集中度的调整。例如，要发挥浙江沿海地区深水岸线和管道运输优势，建设利用境外资源合作加工的大型石化基地，进一步壮大炼油、乙烯生产规模，建设大型基础石化产业密集区。三是加快发展新兴产业。如生物医药产业，建成上海生物及新型医药研发与生产中心，加快建设上海、泰州、杭州国家生物产业基地，建设南京、苏州、连云港、杭州、湖州、金华等中医药、化学原料药、生物医药、海洋生物等生产和研发基地。

（六）转换角色，在竞争中实现地方政府的职能转型

历史地看，长三角地区经济发展的经验表明，市场化过程与政府的介入不是相互排斥的，相反，在市场化初期，由于市场的缺失，企业家和民间资本力量薄弱，信息与信用制度严重滞后，地方政府的介入实现了对市场和企业家的替代，有利于经济的起飞。中国三十年的发展表明，地方政府对经济发展的推动作用不可替代。有专家指出，地方政府已成为经济增长的内生变量，是中国经济转型和经济增长的第一推动力。从长三角地方政府的行为看，总体而言，坚实的履行着发展地区经济这一第一要务，实施着经济增长的赶超战略，具备强烈的现代化动机。但是，随着市场体制的不断完善，市场主体得到较好的发育，环境更加开放，竞争愈加充分，也要求地方政府从经济主体的角色中率先退出，转变为治理主体，最终放弃对企业的控制，完成从经济主体到社会服务的转型。

区域经济转型升级的
实践与思考

路 军

（江苏省昆山市人民政府）

  加快转变经济发展方式是当前我国经济社会又好又快发展面临的攻坚战和硬任务。作为长三角地区的一个重要的县域经济体，自改革开放以来，昆山始终把转型升级作为重大的战略任务，牢牢把握时代的脉搏，紧紧追随时代的潮流，先人一步、快人一拍，先后历经"农转工"、"内转外"、"散转聚"等三次转型，目前正处于"低转高"和"大转强"并行的发展阶段，走出了一条率先发展、科学发展、和谐发展的新时期"昆山之路"，率先达到江苏全面小康社会水平，成为全国18个改革开放典型地区之一，综合实力连续八年位列全国同类城市榜首。

  近年来，昆山深入贯彻落实科学发展观，大力学习国内外先进经验，直面宏观经济环境变化产生的不利影响和自身发展中的瓶颈制约，自觉把转型升级作为重大的战略任务，作为必须完成的历史使命，立足于转得早、转得快、转得准、转得好，深入落实"转型升级、创新驱动"各项措施，促进了经济社会的协调发展，推进了发展方式的全面转型。

一、推进产业转型，提升区域经济发展层次

产业转型是经济转型升级的关键环节。我们坚持不懈调结构抓创新促转型，以结构调整培育新的增长点，以自主创新抢占发展制高点，以节能减排提升可持续发展能力，着力提升经济发展层次。

一是推动制造业产业链高效整合。一方面，坚持把电子信息作为战略性、基础性和先导性产业，以光电产业为重中之重，完善壮大软件、集成电路、平板显示、计算机及网络设备、通信等五条产业链，推动产业链的完善及其衍生，促进价值链的提升和再造，努力建成全国最大、全球一流的电子信息产业研发制造基地。另一方面，做大做强现代装备制造业，完善模具、工程机械（特种车辆）、数控设备、新能源装备等四条产业链，向设备大型化、技术高端化、产品高附加值、加工高精密化转变，把昆山建设成为全国重要的现代装备制造产业基地。

二是抢占新兴产业发展先机。坚持把发展战略性新兴产业作为第一方略，锁定新显示、新能源、新材料、新医药和服务外包产业，提前"卡位"，抢占先机。2011 年，昆山战略性新兴产业完成产值 2188.7 亿元，增长 24.5%，增幅高于全市工业平均水平 10 个百分点，占全市规模以上工业产值比重达 29.7%。预计未来 3—5 年，光电产业将实现产出超 3000 亿元，高端装备制造产业超 2000 亿元，新能源产业超 1000亿元，以小核酸为主的生物医药产业规模将达到 300 亿元。

三是打造现代服务业发展高地。以花桥国际商务城为龙头，大力发展生产性服务业，重点突破金融服务外包、区域总部、软件服务、三四方物流、展示展销等领域。法国凯捷、华道数据、柯莱特信息系统等一批领军型金融外包企业相继落户，仁宝、捷安特、恩斯克等 20 多个全球知名企业在昆山设立区域总部，戴尔、宏碁、华硕、联想四大品牌电脑的重要零部件供应分拨中心在昆山集聚。大力发展会展经济，积极举

办中国国际进口产品博览会、中国零售商大会、中国国际发明博览会、世界电子竞技大赛、昆山电子电机暨设备博览会等重大展会活动。大力发展现代金融业，累计拥有银行机构 27 家、证券营业部 3 家、保险公司 36 家。彰化银行昆山分行是首家大陆台资银行，汇丰银行、渣打银行、东亚银行、韩国企业银行等外资银行也相继在昆山设立了分支机构。引进股权基金投资公司超 80 家，注册资金超 300 亿元。

二、推进动力转型，提升区域创新创业水平

动力转型是经济转型升级的源头所在。我们坚持"开放带动"与"创新驱动"紧密结合，着力构建科技创新、产业集聚、人才支撑和可持续发展"四大平台"。在国家科技部、社科院组织的城市创新能力综合测评中，昆山连续四年位居全国县级市第一。

一是注重高端人才引进培养。大力实施"人才生根"战略和"三新"人才计划，目前，全市人才总量达到 26.5 万人，人才贡献率达到 36%。一方面，像重视招商选资一样重视招才引智，以江苏省人才特区试点工作为契机，在美国硅谷建设海外人才创新创业孵化基地，在美国、德国、日本等国家设立海外人才招聘站，全力推进"人才国际化"。另一方面，坚持"投资人才就是投资未来"，市级财政每年按不低于财政支出 6% 的标准，设立优秀人才和科技专项资金，大力实施"六个百万工程"，全力支持各类人才创新创业。目前，昆山已引进"两院"院士 15 人、"长江学者"9 人，1 人入选国家"新世纪百千万人才工程"，吸引了 55 名国家"千人计划"人才、34 名省高层次"双创"人才在昆创新创业。

二是构建区域科技创新体系。加快推动创新资源向优势企业集聚，实现 90% 的创新人才、90% 的科技投入、90% 的研发中心和 90% 的科

技成果在企业。目前，全市已有省级外资研发机构56家，近四年来有300多项科技项目被列入国家和省科技计划。积极与中科院、清华大学、北京大学等高校、科研院所开展合作，建设阳澄湖科技园、留学人员创业园、清华科技园、南大昆山创新研究院、昆山产业创新研究院等创新载体。大力建设以"1院3区10基地"为主体的科技创新体系，完善技术公共服务、技术成果交易、创新创业融资服务、社会化人才服务等"四大平台"，促进高成长性产业和优势支柱产业集群，高等院校、科研机构和服务中介集中，政府和相关社会组织公共服务集成。

　　三是营造一流创新创业环境。坚持思想上重视人才、感情上贴近人才、工作上支持人才、生活上关心人才，让各类人才真正感受到"昆山是一个有梦想的地方，也是一个可以实现梦想的地方"。我们专门成立了市镇两级人才工作办公室和人才服务中心，提供全过程、专业化、保姆式服务，积极帮助各类人才解决后顾之忧。坚持把创新驱动、财富驱动作为转型升级和创新型经济发展的新引擎，积极推进金融街、基金园和财富广场建设，吸引一批股权基金管理公司进驻昆山。发挥国资投融资平台作用，成立多个创投及担保公司，对科技项目进行投资，全力为高新技术企业发展提供资金支持和配套服务。

三、推进载体转型，提升园区开发开放水平

　　载体转型是经济转型升级的重要支撑。我们按照"新城市、新产业、新人才"的要求，推动重点园区功能突破、资源整合和政策共享，以最优载体"抢最好的牌"。

　　一是加快"二次创业"，把昆山开发区打造成为产业升级的主战场。重点突出主导产业的先进制造功能。一方面，大力推进产业升级，重点打造光电产业园，加快建成国内第一的平板显示产业基地，同时加快建

设现代装备制造产业基地。另一方面，加快贸易方式转变，降低外贸依存度，大力发展货物贸易、服务贸易和技术贸易，拓展保税物流、展览展示、研发设计、检测维修等功能，推动昆山从加工贸易一业独大向多种贸易并存转变。

二是突出"国际商务"，把花桥国际商务城打造成产业转型的示范区。累计引进现代服务业项目 500 多个，总投资超过 500 亿元，建立总部经济园区，初步形成服务外包、物流配送、商贸服务等三大产业集群，引进了法国凯捷、美国简柏特、戴尔服务等一批领军型服务外包企业，万国数据、中银商务、诺亚财富等一批金融外包企业，亚马逊、阿里巴巴、迪卡侬等一批电子商务及物流配送企业。加快海峡两岸（昆山）商贸示范区建设，全力打造台湾商品进入大陆的"第一平台"、台资企业产品在长三角的重要集散地。花桥国际商务城获批全国首个服务外包认证国家示范区，跃居中国服务外包园区第二。

三是打造"创新高地"，把昆山高新区打造成新兴产业的试验区。推动技术、人才等生产要素向园区集中，加快从投资驱动向人才、创新驱动转变，从工业经济向知识经济、智慧经济转变，从工业园区向科技新城转变，着力打造产业集聚、成果转化、科技人才、科技金融"四大高地"，建设具有国际影响力的现代化科技生态新城。目前，已初步形成有机发光显示、模具、可再生能源三个产业集群，并积极培育机器人、小核酸产业。去年，昆山高新区专利申请突破了 5000 件、授权 2500 件；实现新兴产业产值 352 亿元，占规模以上工业比重达到 32%。

四是强化"资源整合"，把各特色产业基地打造成全市经济的重要增长极。突出特、新、高产业特色，重点发展竞争力强、成长性好、关联度高的产业，抢抓一批关键性项目，吸引一批领军型人才，培育一批标杆型企业，努力形成先发优势，迅速抢占产业发展制高点。目前，已建成先进装备制造、可再生能源、小核酸、新材料、服务外包、软件园、传感器、电路板、模具、休闲运动等一批特色产业基地，拥有 6 个国家火炬计划产业基地，1 个国家"863"成果转化基地。

四、推进服务转型，提升区域经济保障能力

服务转型是经济转型升级的重要支撑。我们通过注重效率效能，提升服务水平，落实优惠政策，强化要素配置，为区域经济发展提供了有力保障。

一是注重效率效能。通过成立招商服务中心、企业投诉处理中心、"马上办"等机构，建立首受（问）负责制、重要岗位 AB 角制、告知承诺制、限时办结制、部门会商制、会审协调制等机制，设立"解决问题月"、"诚信服务月"，实施监管审批流程再造，实行大规模监管审批提速，有力提升了昆山服务效率效能。

二是健全服务机制。建立市领导挂钩联系企业制度，定期深入企业，跟踪生产经营动态，助企解难。建立重大项目建设领导领办制，由市镇两级领导负责跟踪包干，每月掌握进展情况，推动项目审批、土地、融资等难题的解决。实现项目分类分级管理，加大考核督查力度，以责任落实倒逼服务到位、倒逼项目进度。

三是制定优惠政策。设立科技发展、支持企业做大做强、台资企业转型升级等十多项专项资金，为企业在科技创新、技术改造、股改上市、发展服务贸易、对外贸易等提供专项扶持。对重点企业实行"一企一策"、"一事一议"式帮扶政策。安排足额财政资金，及时做好国家有关政策的落实和配套工作。在确保各项政策措施落实到企业、落实到基层的同时，针对国际、国内经济形势变化，研究出台力度更大的政策措施。

四是强化要素支撑。通过加强监测预警，科学调配能源，积极向上争取，千方百计保障重点行业、重点企业有序用电需求。通过加强土地排摸梳理和清理整治工作，实施土地年度指标和动态调配相结合的土地保供机制，调存量、抓增量、争指标，鼓励企业通过追加投资、技术改

造等方式，提高用地投资强度。强化用工保障，利用"区校合作联盟"、"实习实训基地"等平台抓好校企供需对接，开展劳动力生源地专场招聘，引导企业加强内部建设"留老带新"，鼓励企业制定激励措施吸引员工。

在取得实践成绩的同时，我们也清醒地认识到，昆山转型发展的任务还很艰巨繁重，发展中还存在一些深层次矛盾和问题，主要有：制造业层次相对偏低，服务业占比相对偏小，资源性约束相对偏紧，创新驱动力相对偏弱。下一步，我们将按照当好江苏"两个率先"、科学发展、改革开放"三个排头兵"，打造国际现代产业、中国和谐幸福、江南人文宜居"三大名城"的要求，着力完善国际现代产业体系，以国际化提升促转型；着力集聚国际创新资源要素，以人才科技促转型；着力增强园区载体支撑功能，以筑高平台促转型；着力提升科学发展领导水平，以作风效能促转型，确保"率先基本实现现代化"首战必胜、首战告捷，确保转型升级、创新发展取得更大成效，加快构建以高新技术产业为先导、先进制造业为基础、现代服务业为支撑、现代都市农业为特色的现代产业体系，使昆山产业结构更优、创新能力更强、内生动力更足。

城镇化：长三角农村现代化的
路径考量

毛燕武

（杭州国际城市学研究中心）

现代化（Modernization）是传统农业社会向现代工业社会转变的过程，伴随这一过程，经济、社会、文化以及人们的思想观念和思维方式等方面都发生显著变化。世界各国发展的实践表明，工业化和城市化是现代化发展的一般规律，而传统农业社会是现代化的发源地。马克思在100多年前就曾指出"现代化的历史就是乡村城市化的历史"。农村现代化就是使农村全面实现农业现代化、经营产业化、结构非农化、乡村城镇化、生活现代化、管理科学化、保障社会化、农民知识化、社会文明化。农村现代化是我国整个现代化的重要组成部分，甚至是最重要、最基本的部分，也是我国现代化任务中最艰巨的部分。

中国是一个农业大国，同时也是农村大国、农民大国。"三农"问题由来已久，"三农"问题不解决中国很难和平崛起。实施以农村为重心的改革和发展战略，全面推进农村现代化，以逐步实现中国现代化，对中国这个发展中的农村大国来说是一种必然选择。当前，我国农村现代化面临着大量农村劳动力富余、农业比较效益偏低、农村现代化建设资金缺乏、农民综合素质较低等难题。解决好"三农"问题事关全面建设小康社会大局，必须始终作为全部工作的重中之重。十七届三中全会再次强调，"农业基础仍然薄弱，最需要加强；农村发展仍然滞后，最需要扶持；农民增收仍然困难，最需要加快。我们必须居安思危、加倍努力，不断巩固和发展农村好形势。"本文以现代化视角，从农村现代化的内涵和表征、农村现代化的路径选择和基于农村现代化的城镇化三个维度，阐述城镇化是实现城乡一体化、破解"三农"困局和推进农村现代化的现实战略。

一、农村现代化的内涵和表征

从农村经济、结构转换、社会演进的角度来看，农村现代化的内涵主要由农业现代化、农村工业化和农村城镇化三个互相联系、互相影响的部分构成。农业现代化、农村工业化和农村城镇化是农村现代化的一般趋势和基本表征，是农村经济社会发展到一定阶段的产物，也是一切农业国家转向工业文明的必经之路。农业现代化、农村工业化和农村城镇化是经济发展的表现和结果，是经济社会结构变化的不同阶段。农村工业化是农村经济社会脱离乡村走向现代化的初级阶段，没有农村工业化的支撑，就没有农村城镇化。而农村城镇化则是农村工业化的必然趋势，是农村经济结构转换的后续和更高级阶段，它综合反映了农业现代化和农村工业化的水平，是农村现代化的集中体现。

农业现代化是指传统农业向现代农业的转化，其主要标志是农业劳动生产率的大幅度提高。加速农业现代化，促使农业现代化与农村工业化、城镇化协调发展，是农村现代化的重要内容。我国从 20 世纪 50 年代初期到 70 年代末期，曾致力于缩小工业和农业的差别，但事实上并未能真正消灭工农差距。80 年代乡镇企业的繁荣和发展，尽管推动了农村经济的大发展，但最初农村工业的发展并未直接带动农业的发展，不少地区在一定程度上出现了农村内部的二元经济结构，即乡镇工业与传统农业并存的局面。若不能及时消除工农差别，甚至农业与工业的差别还不断扩大，落后的传统农业必然会对工业发展以至整个国民经济发展产生制约作用，影响农业比较效益的提高和农业劳动力的转移，从而延缓农村现代化进程。农业现代化是以提高农业生产力水平、提高农业的经济效益和提高农业劳动生产率为基本目标。大力推进传统农业的改造，逐步实现农业现代化，就成为农村现代化的一项重要任务。

农村工业化是工业在农村不断发展，生产和就业比重不断提高的过程，是国家工业化的重要组成部分。农村工业化的基本标志是农村第二、三产业的生产总值比重及非农劳动力的比重表现为不断上升的趋势。建国后一个长时期均采取了城乡分隔的工业化战略，迅速建立起独立的、比较完备的工业体系。但这种发展战略就其实质来讲，是把广大农村排斥在外的城市工业化，而且在实践中，借助工农业产品价格"剪刀差"这种不等价交换，以牺牲农业、牺牲农村为代价，迫使农业为工业、农村为城市积累资金。我国农业劳动力大量剩余，而城乡分隔的工业化没有产生吸纳农业剩余劳动力的效应。其直接后果是我国农村的贫穷和落后状况一直未能得到根本改变。我国新一轮的工业化，即农村工业化，由于其与农村、农民的天然联系，加之农村企业大都是中小企业，成为大量吸收和消化农业剩余劳动力的有效途径，从而推进农村经济结构的非农化。大力发展农村工业，促进农业生产活动不断转向非农业生产活动，是农村现代化的基本任务。

农村城镇化是指在存在特定人口转移障碍的背景下，在推动农业现代化和农村工业化的同时，广大农村依托传统集市和行政中心，参照现代城市先进的经济、社会标准，发展中小城镇，从而使农村富余劳动力不断由农业转向非农产业，人口以及经济活动不断由农村向城镇集聚的过程。农村城镇化的主要标志是农村城镇人口比重的持续上升。农村城镇化是农村工业化和现代化的必然趋势。长期以来，我国实行城乡隔离的户籍政策，"工人"和"农民"成为一种身份，而不仅是职业的差别，"城里人"和"乡下人"泾渭分明。这种二元社会结构极大阻碍了我国的现代化进程。而农村城镇化的发展，使城市和农村之间的经济格局和人口分布发生了积极变化，城乡差别日益缩小，城乡一体化的新型社会不断涌现。加快农村城镇化进程，不断提高城镇化水平，是农村现代化的根本任务。①

二、农村现代化的路径选择

到目前为止，中国农村现代化的路径主要有城市化辐射、城镇化带动、新农村建设等几种。在过去的几十年里，政府一直重视城市化、工业化，对城镇化存在某些偏见，对城镇化在社会经济发展中的作用认识不足，没有处理好城市化、工业化与城镇化之间的关系，甚至是采取了一系列妨碍城镇化正常发展的政策。② 人为地把工业化的主战场放在为数不多的城市中，可以说违反了现代化发展的客观规律，广大农村为此付出了巨大代价，最终影响了整个国家的现代化进程。上世纪末本世纪初以来，城镇化和新农村建设才逐渐兴起，并走上了快速发展的路子。

不可否认，城市化滞后仍是中国现代化进程中的一个客观现象。原先指望在发展城镇的基础上，在农村发展第三产业，以实现大部分农村劳动力的非农化转移，但结果不甚理想。我国乡镇企业的发展确实吸纳了一定规模的农村劳动力，但大部分劳动力仍然选择流入城市去寻求更多的生存和发展机会。1980 年，我国城市化水平为 19.39%，2001 年上升为 37.7%。③ 尽管农村劳动力向城市转移是符合客观发展规律的，但迄今为止，他们仍然没有获得进城并在城市生活的制度合法性，客观造成了农民工群体的困难处境。随着城市化进程的加速和城市人口的急剧

①　唐传阳：《小城镇建设与农村现代化》，http://www.jgny.net/nong/2002.asp?id=2896.
②　陆相欣：《农村社会学》，郑州大学出版社 2006 年版，第 241 页。
③　刘玉亭：《转型时期中国城市贫困的社会空间》，科学出版社 2005 年版，第 87 页。

增长，城市贫困问题已成为当前世界性的突出问题。自上世纪 90 年代中期以来，欧美国家纷纷掀起"去城市化"浪潮。大都市被描述为"一个强化不平等和两极分化的碎形城市"、"一个堡垒城市的监禁群岛"。①韩国政府则通过实施相关政策和发展战略，在一定程度上限制了大城市地区过快膨胀的趋势，加快了其他地区的发展。印度的城市化过程中，大城市过度发展，"城市病"非常严重。孟买、加尔各答、新德里和马德拉斯四个大城市中集中了全部城市人口的 1/6。人口在大城市的高度集中，给城市带来了巨大的压力，城市建设受到严重影响，城市生活状况恶化。②

在中国，伴随着计划经济体制向社会主义市场经济体制的转轨和传统农业社会结构向现代工业社会结构的转型，也促生了一个数量可观的城市贫困阶层（Urban poverty）——"农民工"（Migrant workers）。数量庞大的"农民工"是中国在特殊的历史时期特有的一种社会现象。"离土又离乡，进厂又进城"的农民工干了工人的活，但没有得到工人的身份。农民工和正式工同工不同酬、不同时、不同权，始终是城市的边缘群体。③农民工市民化进程受制于经济水平障碍、思想观念障碍、制度障碍、主体素质障碍等而举步维艰，这既是机制体制的不完善，更是历史的沉淀。

十六届五中全会提出建设"社会主义新农村"（Building Socialistic New Countryside），是在新的历史背景下，落实科学发展观、全面解决"三农"问题的具体体现，其基本出发点就是中国存在城乡二元结构，而农民转移进入城市需要相当长一个时期，在此期间必须站在农民主体的角度考察他们从现代化中获益情况。在城市化强大辐射下，农村人口不断减少的过程，同时也是人财物流出农村的过程。数亿人大规模流出

① Eward W. Soja：《后大都市——城市和区域的批评性研究》，李钧等译，上海教育出版社 2006 年版，第 6 页。

② 张永贵：《加快城镇化的战略选择》，中国计划出版社 2005 年版，第 97 页。

③ 陆学艺：《农民工问题要从根上治》，《读书》2003 年第 7 期。

农村，农村日渐衰败，对生活在农村的人口会造成严重问题。新农村建设就是通过国家投入来缓解农村衰败所造成的严重问题，从而使农村人口也可以享受到现代化带来的好处。可以说，新农村建设的决策，是破解"三农"难题，统筹城乡经济发展的大胆探索和实践。[①] 但是，在实际操作过程中，各地情况差异性巨大，新农村建设的美好愿景被整体效果一般化不断稀释。突出问题主要有：一、认识上有严重错误偏差。二、做法上存在着严重的形式主义现象，不是把发展经济实力放在第一位，而是热衷于做表面文章。三、操作上有违反法规现象，乱占耕地甚至基本农田建"新农村"，既浪费资金，又破坏资源和环境。四、建设上热衷于政绩工程。五、质量上存在着一些问题。六、投入上仍然存在乱摊派。七，规模上与新农村不相符。同时，我们也注意到，在城市中有"城市病"，在农村中也有"农村病"，把过多的人口集中在农村，势必会导致资源配置浪费、缺乏规模效应、生态环境遭破坏、市场化进程受阻、人口大量增长、封建愚昧蔓延等很多有悖于现代文明的现象发生。

政策与现实相背离是中国现代化进程中的一大典型特征，探索合适的现代化道路并进行相应的政策制度安排是中国政府一直致力解决的重要课题。从上个世纪 50 年代起，我国城市政策就向小城镇倾斜，1990 年还以城市规划法的形式确定了"严格控制的城市规模，合理发展中等城市，积极发展小城市"的方针。[②] 在依靠城市化辐射和新农村建设推进农村现代化相继"失灵"的情况下，城镇化不啻为现阶段农村现代化的合理、有效路径依赖。早在 1983 年，费孝通先生就提出，"解决农村剩余劳动力问题要以小城镇为主，大中城市为辅"，认为"加强小城镇建设是中国社会主义城市化的必然选择"。实际上，之所以选择发展小城镇来推动农村城镇化，这也是由中国的基本国情所决定的。这个基本

---

① 贺雪峰：《新农村建设与中国道路》，《读书》2006 年第 8 期。
② 杨家栋等：《农村城镇化与生态安全》，社会科学文献出版社 2005 年版，第 4 页。

国情就是我国人口多，人口的大部分是农民，全国大部分地区是农村，这也是长期以来我国农村实现现代化的最主要的制约因素。从基本国情出发，我国上世纪 80 年代初选择了走发展小城镇的道路，即对于从农村转移出来的人口，除了让现有的大中城市根据可能的条件容纳一部分人口外，作为主要的流向，引导向小城镇集聚。这是有效突破我国农村现代化所面临障碍的现实选择。

三、基于农村现代化的城镇化

"小城镇，大战略"是费孝通先生提出来的一句口号，它充分体现了小城镇在我国社会经济发展过程中起着至关重要的作用。费孝通认为"小城镇是个新型的正从乡村性社区变成许多产业并存的、向着现代化城市转变中的过渡性社区。它基本上已经脱离了乡村社区的性质，但没有完成城市化的过程"。① 我国的小城镇主要是指县级市（县城）、建制镇和集镇。

我们知道，农村现代化是一项系统工程，它涉及农村经济、政治、文化等各个方面的现代化。城镇是农村的政治、经济和文化中心，由于它具有缩小城乡差别、提高农村生活质量、普及现代生活方式以及提高农民素质，推动农村经济和社会结构现代化的巨大作用，具有一种综合性的功能，它综合反映了农业现代化和农村工业化的水平，是农村现代化的集中体现。农村现代化的关键节点就是把城市和广大农村作为一个整体，改变城乡二元经济社会结构，实现城乡一体化。根据城乡发展的目标和任务，统筹安排社会生产力，合理配置城乡生产要素，调整城乡产业结构，建立城乡社会经济网络，是城乡一体化的必然要求。这项工

---

① 具体见费孝通：《论中国小城镇的发展》，《中国农村经济》1996 年第 3 期。

作的切入点和突破口，就是发展小城镇。小城镇是大中城市联系农村的桥梁和纽带，是大中城市向农村辐射的中心环节，而小城镇比大中城市更能直接地组织农村的经济活动，是改变农村面貌的基地，能有力地推动农村经济社会的发展。加快城镇化是继续转移剩余劳动力的需要；是继续打破城乡二元结构的需要；是推进社会主义市场经济发展的需要，也是平衡城市化、新农村建设的需要。从这个意义上说，城镇化是实现城乡一体化、破解"三农"困局和推进农村现代化的现实战略。

改革开放 30 年来，我国小城镇发展势头迅猛。目前，我国已有小城镇近 6 万个，聚集在小城镇的人口 2 亿余人，其中有 80% 是上世纪 80 年代以后发展起来的。党的十七大报告明确提出：走中国特色城镇化道路，按照统筹城乡、布局合理、节约土地、功能完善、以大带小的原则，促进大中小城市和小城镇协调发展。我国农村城镇化走的是发展小城镇的道路。农村大量剩余劳动力实行就地转移或向小城镇集聚，这种劳动力转移方式被概括为"离土不离乡、进厂不进城"。这些小城镇已成为农村的经济文化中心，它们谱写着农村工业化的篇章，铺就着乡村城市化的道路，构筑起农业现代化的基石。城镇的发展成为具有中国特色的城市化过程中的极其亮丽的一道风景，逐步实现着千千万万农民向往城市生活的梦想，向世人充分展示着其推动农村经济社会发展的巨大力量。[①]

农村城镇化已成为关系到中国本世纪社会经济发展的大战略，中国未来的经济发展必须做好农村城镇化这篇大文章。在走新型工业化道路的情况下，加快城镇化进程，必须改变传统的发展思维和模式，转变经济发展模式，要走科技含量高、经济效益好、资源消耗少的可持续发展道路。为此，要合理规划城镇人口规模，提高资源的共享度和集约化程度，充分发挥城镇的规模效应和集聚效应，走城镇集约化道路；要从严

---

① 陈玫君等：《中国城市化的先锋——深圳农村城市化的实践与创新》，经济科学出版社 2006 年版，第 31 页。

控制城镇扩张所需的耕地的占用，建立节约使用土地资源、水资源、能源的新机制，发展资源节约型、环境友好型新城镇。要树立以人为本的科学发展观，以创造良好的人居环境为中心，全面提高城镇生态化环境质量，实现人、社会、自然的和谐持续发展。基于农村现代化的城镇化，其战略总要求是：适应全面建设小康社会目标和提前实现现代化的要求，大力推进城镇化进程，大幅度提高城镇化水平，促进工业化与城镇化的互相协调发展；保持城乡之间、城市之间经济关系的协调，逐步缩小地区之间、城乡之间的本质差别；促进社会结构的调整与转型，统筹城乡，协调发展，实现城乡社会共同进步。构筑开放、流动、有序、互补的城镇结构体系，克服我国目前"大城市不大、中城市不活、小城市不强、小城镇不优"的难题。具体来说，就是要把城镇打造成农村一定区域人口、资金、技术、信息等资源的聚集地，农村经济的"发展极"和增长点，促进农村经济资源的优化配置和经济发展的良性循环，加速农村城镇化步伐，实现城乡经济和社会的协调发展；要把城镇打造成联系城市和乡村的桥梁纽带，"城市之尾"上联城市，"乡村之首"下接农村，将城市先进的产品、技术、信息、管理方法等向农村地区传递并将农村的农产品或加工品等向城市输送，促进城乡商品流通及生产要素的合理流动和优化组合，推动城乡经济一体化；要把城镇打造成一定区域内的农村经济中心，将"乡村里的都市"建设成现代工业、商业、交通业、服务业、现代科学教育文化卫生事业等二、三产业的集中地；要把城镇打造成农村的文化中心，逐步完成农民向"镇民"的转化，促进城乡居民文明素质、价值观念的融合和一体化。

需要指出的是，当前我国城镇在整体质量发展水平还是相对滞后，且发展不均衡，城镇化方面的制度供给严重落后于制度需求，东中西部发展差异的变化，城镇群体、空间结构的演变等都将影响城镇化的走势。可以预期的是，城镇群将进一步分化和重组，未来的城镇发展依赖于区域整体实力的提升，或成为中心城镇甚至小城市，或成为农村社区居民点。作为改革发展的先行先试区，长三角理应在城镇化方面尽快强化制度创新的力度、速度和深度，尽快通过制度现代化而开辟出一条有中国特色的基于农村现代化的城镇化道路。

主要参考：

1. 费孝通：《论小城镇及其他》，天津人民出版社 1986 年版。

2. 辜胜阻：《非农化与城镇化研究》，浙江人民出版社 1991 年版。

3. 仇保兴：《中国城镇化——机遇与挑战》，中国建筑工业出版社 2004 年版。

4. 高波：《工业化、城市化与经济发展》，南京大学出版社 1994 年版。

5. 唐传阳：《对农村劳动力离土不离乡的再认识》，《江苏经济探讨》1999 年第 3 期。

6. 林涵碧：《城镇化进程中政府的职能作用》，《经济研究参考》2005 年第 11 期。

7. 巨宪华等：《小城镇：农村城市化的现实选择》，《生产力研究》1997 年第 3 期。

8. Josef Gugler.The Urbanization of the Third World[M].London :Oxford University Press,1988.

试论杭州在长三角地区发展中的定位与功能

陆立军　杨志文

（中共浙江省委党校）

长三角地区是我国经济发展最快、体制环境最优、开放程度最高、综合实力最强的核心经济区域之一，在我国社会主义现代化建设全局中具有十分重要的战略地位。2010 年 5 月 24 日国务院批准实施的《长江三角洲地区区域规划》对长三角地区的战略定位是：亚太地区重要的国际门户、全球重要的现代服务业和先进制造业中心、具有较强国际竞争力的世界级城市群。杭州作为长三角南翼的重要中心城市和浙江省省会，在长三角区域一体化和经济发展中具有重要地位。2012 年 2 月底召开的杭州市第十一次党代会提出，要着眼长三角地区打造世界级城市群的战略定位，加快建设具有中国特色、时代特征、杭州特点的现代化国际化大都市，着力打造东方品质之城、建设幸福和谐杭州；加快建立以服务经济为引领、十大产业为主体、创新为动力的杭州特色现代产业体系；加快形成"市区—县城—中心镇—特色镇—中心村—特色村"梯次衔接、功能配套的网络化、组团式城镇体系，建设网络化大都市。笔者认为，杭州的发展对于长三角地区实现党中央、国务院提出的战略目标具有重要推动作用。

一、长三角区域一体化是国家
利益的集中体现

在一个较长时期里，一些学者把长三角的范围限于上海以及苏南、浙北的 15 个城市，后来浙东的台州"申请"加入，形成了"15+1"的格局。对此，笔者曾多次提出不同意见，主张把沪苏浙两省一市的全部区域都纳入长三角范围（参见陆立军、朱海就：《长三角"四个中心"和上海大都市圈建设研究》，《经济地理》2004 年第 6 期；在 2007 年 1 月国家有关部门就《长江三角洲地区区域规划 2006—2010 年》征求意见时，笔者以书面形式提出："目前的《规划》是以 16 个城市为对象的，作为我国首个跨省、市的中长期规划，似应吸收'宽派'的一些意见，不宜局限于 16 城市，而应包括两省一市全部；以浙江为例，如果把温州、义乌这两个在全国都堪称最具影响力的区域中心城市排除在外，这一规划的客观性和前瞻性就会大打折扣"）。2008 年 9 月，国务院发布《关于进一步推进长江三角洲地区改革开放和经济社会发展的指导意见》，明确指出长三角地区包括沪苏浙两省一市，标志着长三角区域一体化站在了新的历史起点上，为沪苏浙两省一市实现资源整合、产业联动、功能互补和利益共享提供了难得的机遇。长三角区域一体化对推动全国经济社会又好又快发展，确立和提升在国际竞争中的地位具有极为重要的意义，是国家利益的集中体现。

长三角区域一体化是以上海为中心，构建世界第六大城市群和都市圈的需要。目前，世界上五个著名的大都市圈纽约大都市圈、东京大都市圈、伦敦大都市圈、巴黎大都市圈和美加大湖大都市圈不仅是国际经济、金融、商贸中心，也是世界科学技术创新中心、国际文化艺术交流和国际信息制造加工传播中心。它们在本国和世界经济发展中发挥枢纽作用，是连接国内国际的节点和产生新技术、新思想的"孵化器"，具有强大的国际辐射能力和"场效应"，也代表着当今世界经济发展的最高水平。因此，以上海为中心，将包括沪苏浙两省一市全部的长三角地区建设为世界第六大城市群和都市圈，对于提升我国综合国力、推进新型城市化具有极为重要的意义。

长三角区域一体化将成为引领国民经济跨区域融合发展的方向标。长三角地区拥有良好的区位条件和经济基础，教育、科技实力雄厚，金融、航运、对外贸易和制造业发达，是我国重要的经济重心区，是国民经济跨区域融合发展的方向标。长三角两省一市的经济总量约占全国的 1/5，财政收入约占全国的 1/4，出口约占全国的 1/3，拥有全国半数以上的百强县。作为我国对外开放的先行区，长三角是我国开展国际贸易的重要平台，区内的宁波—舟山港、上海港货物吞吐量分别居世界前两位，2011 年区内港口外贸货物吞吐总量达 9.45 亿吨，集装箱吞吐总量 6160.53 万标箱，分别占全国总量的 33.4%、34.3%，区内累计吸引的外资占全国总量的 35% 以上。随着长三角区域一体化步伐的不断加快，它将进一步发挥作为中国经济领头羊和改革开放排头兵的作用，进一步推动我国社会主义现代市场经济体制的建立和完善，进一步提升我国的对外开放水平，成为国民经济科学发展、和谐发展的新标杆。

长三角区域一体化将有助于把该地区建设成为创新型国家的示范区。党的十七大报告明确提出：要"提高自主创新能力，建设创新型国家"。长三角地区创新资源丰厚、创新基础坚实、创新氛围浓烈、创新成果丰硕，2011 年，区内拥有高等学历教育学校 274 所；研究与实验发展 (R&D) 经费合计达 2252 亿元，约占全国总量的 26%；国家级企业技术中心和分中心 149 个，约占全国总数的 18.80%；专利申请量 45.33 万件，专利授权量 29.72 万件，分别占全国总数的 30.65%、34.40%；各类技术合同成交总额 1081.72 亿元，约占全国总量的 22.7%。近年来，长三角两省一市努力提升以科技创新为核心的自主创新能力，加快跨区域的重大科技创新平台、创新载体和创新体系建设，共同开展在重大科技创新工程和行业关键共性技术方面的合作，这将有助于把长三角打造成为我国建设创新型国家的示范区。

二、杭州经济社会发展的特色

　　杭州是中国著名的七大古都之一，是国家首批命名的历史文化名城，以"东南名郡"著称于世。连续八年蝉联"中国最具幸福感城市"桂冠，被《福布斯》杂志评为"中国大陆最佳商业城市"，近年来还获得了"中国最佳旅游城市"、"中国十大创新城市"、"中国十大活力城市"、"中国十大低碳城市"等荣誉称号。多年来，杭州经济持续平稳较快发展，2011年全市实现生产总值7011.80亿元，同比增长10.1%，连续21年保持两位数增长，经济总量继续位居全国省会城市第二位（仅次于广州）、副省级城市第三位（仅次于广州和深圳）、全国大中城市第八位；全市按常住人口计算的人均GDP为80395元，按户籍人口计算的人均GDP为101266元，分别约合12447美元、15679美元，按照世界银行划分贫富程度标准，达到了上中等发达国家水平。

　　改革开放以来，杭州依托独特的区位和资源优势，立足自身文化积淀和城市特色，逐步形成了和谐创业的发展模式。其主要特点是：人性化创业、协调创业、可持续创业和知识创业。这一模式与"苏南模式"、"温州模式"、"义乌模式"等国内知名的区域发展模式明显的不同，这主要体现在企业家上。温州和义乌的大多数企业家都出身于农民，苏州的大多数企业家都是知识分子出身，服务于外资、合资企业，属于职业经理。杭州的企业家则大体分为两种：一是上世纪90年代以前，与温州相近，以农民出身的老板为主；二是90年代以后，许多知识分子集知识与资本于一体，成为集"知"本家和"资"本家于一身的老板，即新型企业家。由于杭州文化底蕴深厚，从政府到企业，都很注重企业与社会的和谐关系，注重企业对社会的贡献。不少企业都很重视企业文化的塑造，企业文化又与发展战略、产品特色相一致，从而提高了企业的凝聚力、创造力、适应力和竞争力，因此杭州企业的生命力、持续力都比较强。

在杭州的经济社会发展过程中，政府引导与市场主体有机结合，形成了一种具有充沛内在活力政府与市场相互依存的地方政治生态及畅通有效的沟通机制。正因如此，在杭州，公有制经济与非公有制经济有机互动、协同共进，具有典型意义。2011 年，全市有 22 家企业入选中国企业 500 强，30 家入选中国制造业企业 500 强，37 家入选中国服务业企业 500 强。2011 年，杭州市国资委监管的 12 家国有资产营运机构和国有及国有控股企业营业收入首次突破 1000 亿元，达到 1069.84 亿元，同比增长 36.03%；实现利润 79.14 亿元，同比增长 26.02%；资产总额 1861.24 亿元，同比增长 11.77%；经营性国有资产保值增值率达 119.1%，国有净资产收益率达 16.54%。以杭州第一家经市政府授权的资产经营机构杭州市工业资产经营投资集团有限公司为例，自 2001 年 6 月组建成立以来，实现了飞跃式发展，2002—2011 年间，销售额、利税、利润分别增长了 3.6、4.1、6.0 倍，2011 年国有净资产收益率高达 25%。与此同时，杭州的非公有制经济也实现了持续快速发展。2011 年杭州全市生产总值中，非公有制经济占比约为 66.6%，并创下了"三个第一"：56 家企业入选中国民营企业 500 强，连续 9 年位居全国省会城市第一位；非公有制经济实力位居浙江省第一位；非公有制经济规模和贡献位居浙江省第一位。全市 52.4 万家市场主体中，民营企业占比为 94.1%。为了进一步优化民营经济的发展环境，杭州还专门制定了《杭州打造民营经济强市三年行动计划（2011—2013 年）》，提出要健全金融服务组织体系，拓宽直接融资渠道，扶持民企上市，三年新增 32 家上市民营企业，累计达到 65 家。

三、建设创新型城市是发挥杭州在长三角地区发展中独特作用的必然要求

　　当今世界，全球已进入了空前的创新密集期和产业加速变革期，许多国家和地区都将创新作为其核心发展战略。对于杭州而言，必须将创新放到全局性、战略性的核心地位，深入实施"创新强市"战略，走创新驱动发展的道路，大力推进创新型企业、创新型社区、创新型乡村、创新型镇街、创新型政府建设，打造体系完善、机制灵活、活力迸发的创新型城市，这是杭州发挥在长三角地区发展中独特作用的必然要求。要着眼于长三角区域一体化的大趋势，从加快城市国际化、构建现代产业体系、推进杭州都市圈建设等方面入手，使杭州成为长三角南翼经济发展最快、服务功能最全、辐射带动最强的综合型中心城市，成为长三角最具活力的增长极之一，为长三角打造亚太地区重要的国际门户、全球重要的现代服务业和先进制造业中心、具有较强国际竞争力的世界级城市群做出积极贡献。

（一）加快城市国际化步伐，助推长三角打造亚太地区重要的国际门户

　　着眼长三角区域一体化的背景，充分利用上海的国际大都市地位，主动接轨上海，把它作为融入全球经济的主要渠道。抢抓新一轮国际产业调整和转移机遇，进一步加大战略性新兴产业、世界500强和行业领先企业招引力度，积极引进全球高端要素，对接和嵌入国际价值链、产业链、分工链。进一步加大智力、人才和技术引进力度，借鉴国际先进管理理念、制度、经验，促进体制创新和科技创新。大力实施"走出去"

战略，鼓励有条件的企业到境外投资合作，培育一批具有国际竞争力的跨国经营企业。营造国际化的居住和商务环境，增强城市包容性，扩大国际知名度和影响力。例如，在市属高等学校和各城区建设数所国际大中小学校或引进更多的外籍管理人才、师资和管理方式，以提升教育国际化水平；在现有邵逸夫医院的基础上，通过引进、合作、嫁接等方式再建数家国际医疗机构，或在普通市民医院里引进外籍管理人员和外籍医生，以提高国际化医疗服务水平；在所有公共场所设置双语或多语标识、标志，营造国际化语言环境，增强市民国际化意识；以建设为载体，加快杭州铁路东站综合交通枢纽和萧山国际机场扩建工程建设，强化服务长三角地区南部及其周边地区的国际物流功能。通过上述努力，全面提升杭州的城市国际化水平，将其建设成为具有较高国际知名度、美誉度的现代化国际化大都市，让这座"世界最美丽华贵之天城"继续闪耀于世界东方，为长三角打造亚太地区重要的国际门户注入生机和活力。

（二）加快建立现代产业体系，助推长三角打造全球重要的现代服务业和先进制造业中心

要充分考虑与上海、苏州、南京、宁波等临近城市的互补性，在产业上主要采取垂直分工方式，并在较高层次产业上进行行业细分和产品的水平分工。坚持先进制造业与现代服务业"两轮驱动"、工业化与信息化"两化融合"、改造提升传统优势产业与大力发展新兴产业"双管齐下"，以电子商务、生物医药、文化创意、旅游休闲、信息软件、先进装备制造、物联网等十大产业为重点，推动产业高新高端高效、集聚集群集约发展。要以杭州成为首批国家创新型城市试点和国家服务业综合改革试点城市为契机，以科技创新为核心，以产业创新为重点，以文化创新为基础，以体制机制创新为动力，着力提高自主创新能力，大力

发展生产性服务业和生活性服务业，把服务经济打造成杭州的"首位经济"；进一步提升和打响"购物天堂、美食之都"品牌，大力发展观光游、会展游、休闲游等，加快建设国际重要的旅游休闲中心；通过实施电子商务集聚、网络零售促进、物流配送保障、网络监管强化等"四大工程"，着力建设全国电子商务中心；推进金融集聚区建设和地方金融创新，着力打造区域性金融服务中心；充分发挥国家级试点和基地的辐射带动作用，大力发展高新技术产业和战略性新兴产业，积极发展涉海产业，做强做大先进制造业，着力打造"中国软件名城"，加快建设高技术产业基地。通过上述努力，使杭州成为长三角南翼最重要的现代服务业和先进制造业中心。

（三）加快杭州都市圈建设，助推长三角打造具有较强国际竞争力的世界级城市群

杭州都市圈是以杭州市区为极核，杭州市域网络化大都市为主体，湖州、嘉兴、绍兴三市市区为副中心，德清、安吉、海宁、桐乡、绍兴、诸暨等相邻6县市为紧密层，联动湖州、嘉兴、绍兴市域的发展区域。区域总面积近3.5万平方公里，是长三角大都市圈的重要组成部分。自2007年5月启动建设以来，已建立了市长联席会议决策等一系列推进机制，编制出台了《杭州都市圈发展规划》，签署了《推进杭州都市圈一体化行动纲要》等共同文件，初步形成了合作发展框架，并在交通、旅游、医疗、科教一体化等方面付诸实施。经过多年的努力，杭州都市圈在国内外的品牌影响力不断提升。据中国都市圈发展与管理研究中心最新发布的"2012中国都市圈评价指数"显示，杭州都市圈在全国18个大都市圈绩效评价中仅次于上海都市圈和广州都市圈，位居第3位。今后，应进一步按照"规划共绘、交通共联、市场共构、产业共兴、品牌共推、环境共建、社会共享"的"七共"原则，以推动项目合作为抓

手，加快推进交通、旅游、医疗、社保、教育、邮政、信息、人才、市场等方面的一体化步伐，建立行业协会联席会议制度，强化节点县(市)合作，不断增强合作共赢的凝聚力，努力使杭州都市圈成为辐射带动浙江全省、融入长三角城市群和都市圈的大平台、大载体，助推长三角区域一体化进程和世界级城市群建设。

长三角四省市竞合性人力资本政策实证研究

陈洪安　李　乐　关奉民　杨秀林

（华东理工大学商学院）

一、引　言

长三角地区作为我国经济高速发展的代表，也逐渐步入了后工业化时代，其突出表现就是第一产业和第二产业的增长率逐年下降，第三产业的增长率逐年上升，但是由于人才缺失等原因，长三角地区的服务业发展并没有达到成熟阶段。从欧美等发达国家的发展经验看，各国政府所制定的重要战略之一就是大力发展人力资本。进入新世纪以来，我国各个省市地方政府也开始积极制定相关的人力资本政策，竞相吸引各类人才。但各个省市地方政府出台的人力资本政策表现出惊人的相似性，实施相似性的人力资本政策将会导致区域之间人才恶性竞争与区域内部的封闭性和人力资本政策低效率性。长三角地区广义上是指上海市、浙江省、江苏省等两省一市，本文将安徽省也作为一个对象加以分析，主要是因为安徽省与长三角地区地理临近、文化具有相似性以及经济交往具有频繁性等特征。

二、长三角四省市人力资本的差异性

在讨论人力资本对经济增长的贡献时，有必要对内生经济增长理论的文献进行简要回顾。内生增长理论，即新经济增长理论，从已有文献得出其有三种研究思路：第一种思路继承阿罗模型 (1962) 的知识积累模型；第二种思路是建立在宇泽模型 (1965) 的基础上的人力资本模型；第三种思路是以学者杨小凯与其合作者博兰德（1991）理论为基础的分工演进模型。本文所参考的经济模型是第二种思路的人力资本模型，以卢卡斯 (Lucas,1988) 为代表的直接外部效应论者直接把人力资本当做技术进步的替代物，并引入增长模型，对人力资本外部效应进行研究。

（一）人力资本分类

1. 人力资本指标的选择

一般来说，对人力资本的衡量主要是从质和量两个方面。量的方面主要反映的是人力资本规模状况。人口数量、投身于有用工作的人口比例及劳动时间，是基本的数量特征，在一定程度上代表社会人力资本的多少。质的方面则主要指的是人的知识、技术以及其他类似可以影响人从事生产型工作能力的东西。相比量而言，人力资本更强调质的方面，认为质才是人力资本的内涵，即人力资本强调凝聚在劳动者身上的知识、技能及其所表现出来的能力。它对生产起促进作用，是一种具有较高经济价值的资本，也是促进生产增长的主要因素。而且，对于一个区域而言，人力资本还有结构方面的问题。如果一个区域具有较高水平的人力资本存量，但是结构不合理，也不利于人力资本实际功能的发挥。同物质资本一样，人力资本的形成也是一个投入产出的过程。

　　Schultz（1962）将人力资本界定为"人民作为生产者和消费者的能力"，"人力资本是由人们通过对自身的投资所获得的有用的能力所组成的"、"人力资本，即知识和技能"。他还提到"我们之所以称这种资本为人力的，是由于它已经成为人的一个部分，又因为它可以带来未来的满足或收入，所以将其称为资本"。[①] 他认为人力资本的提高对经济增长的贡献远比物质、劳动力数量的增加重要得多。国内外学者对于人力资本的划分主要有以下两种：第一，按照人力资本所有者的社会分工角色分类的人力资本，（李忠民，1999）[②]、（王金营，2001）[③]、（魏杰，2002）[④]、（张一力，2005）[⑤]、（Oketch，2006）[⑥]、（金相郁，2007）[⑦]、（Wei Chi，2008)[⑧]、（曾明星，2008）[⑨]、（刘婍，2008)[⑩]、(Belton Fleisher，2009）[⑪]，分为：一般型人力资本、技能型人力资本、管理型人力资本、

　　① 舒尔茨：《论人力资本投资》，吴珠华等译，北京经济学院出版社1990年版，第17、205、43、92页。

　　② 李忠民：《人力资本：一个理论框架及其对中国一些问题的解释》，经济科学出版社1999年版，第22—23页。

　　③ 王金营：《人力资本与经济增长——理论与实证》，中国财政经济出版社2001年版，第35—36页。

　　④ 魏杰：《论企业治理结构中的人力资本机制》，《福建论坛》2002年第11期。

　　⑤ 张一力：《人力资本与区域经济增长：温州与苏州比较实证研究》，浙江大学出版社2005年版，第41—143页。

　　⑥ Moses O. Oketch. Determinants of human capital formation and economic growth of African countries[J]. Economics of Education Review, 2006(25): 554—564.

　　⑦ 金相郁：《中国区域经济不平衡与协调发展》，上海人民出版社2007年版，第118—142页。

　　⑧ Wei Chi. The role of human capital in China's economic development: Review and new evidence [J]. Science Direct, 2008(19): 424—427.

　　⑨ 曾明星：《极化增长区域人力资源优化配置研究》，浙江大学出版社2008年版，第161—164页。

　　⑩ 刘婍：《区域经济差异与人力资本相关性研究——来自中国的实证》，复旦大学学位论文，第25—35页。

　　⑪ Belton Fleisher, Haizheng Li, Minqiang Zhao. "Human capital, economic growth, and regional inequality in China". *Journal of Development Economics*, 2009(1)，pp.1—17.

企业家型人力资本。第二，按照人力资本的投资途径和形成方式分类的人力资本，(Kwabena Gyimah-Brempong, Mark Wilson, 2004)[1]、(Robert Tamura, 2006)[2]、(杨建芳、龚六堂等，2006)[3]；(谭永生，2007)[4]、(刘志彪、郑江淮，2007)[5]、(Emanuele Baldacci, Benedict Clements, Sanjeev Gupta 和 Qiang Cui, 2008)[6]、(李宪宝，陈东景，2009)[7]，分为：教育资本、专业技术知识资本、"干中学"(learning by doing) 的经验资本、健康资本、迁移与职业选择资本。一些学者也提出了一些其他较新的观点。方竹兰（2002）[8] 在讨论魏杰教授的人力资本观时提出了将人力资本分为经济型人力资本、政治型人力资本、文化型人力资本。政府人力资本的概念，(吴华利等，2004)[9]、(范乾浩，2009)[10] 分为：异质型人力资本和同质型人力资本。Marc Goergen, Chris Brewster 和 Geof-

---

[1] Kwabena Gyimah-Brempong, Mark Wilson. "Health human capital and economic growth in Sub-Saharan African and OECD countries". *The Quarterly Review of Economics and Finance*, 2004(44), pp.301-315.

[2] Robert Tamura. "Human capital and economic development". *Development Economics*, 2006(79), pp.:6-15.

[3] 杨建芳、龚六堂、张庆华：《人力资本形成及其对经济增长的影响》，《管理世界》，2006 年第 5 期。

[4] 谭永生：《人力资本与经济增长——基于中国数据的实证研究》，中国财政经济出版社 2007 年版，第 76—80 页。

[5] 刘志彪、郑江淮：《长三角经济增长的新引擎》，中国人民大学出版社 2007 年版，第 149—156 页。

[6] Emanuele Baldacci, Benedict Clements, Sanjeev Gupta, Qiang Cui."Social Spending, Human Capital and Growth in Developing Countries". *World Development*, 2008(8), pp.1319—1322.

[7] 李宪宝、陈东景：《人力资本对区域可持续发展贡献差异的实证研究》，《科技进步与对策》2009 年第 7 期。

[8] 方竹兰：《论人力资本及其制度分析价值——与魏杰教授商榷》，《学术月刊》2002 年第 10 期。

[9] 吴华利、方媛等：《浅析政府人力资本运营体系及完善》，《科技创业月刊》2004 年第 12 期。

[10] 范乾浩：《论人力资本的内涵及人力资本投资对经济增长的作用》，《企业家天地》2009 年第 2 期。

frey Wood(2007)① 将现存的市场经济分为自由市场经济（Liberal market economies）和协作市场经济(Collaborative market economies)，分别研究了在这两种市场经济下的人力资本状况。Alberto Bucci 和 Giovanna Segre（2009）② 引入文化资本。

根据人力资本的定义,鉴于研究数据的可获得性与以是否接受高等教育为分界点,本文将人力资本分为一般人力资本和专业人力资本两类。一般人力资本是指具备一定的知识和基本的教育,如只接受过高中及以下的教育,经过简单的训练之后就能够适应工作;专业人力资本是指接受过较长时间的培训教育(接受过高等教育),再通过实践的训练而获得专业的知识和技能。具体定义是选取 12 个指标来反映两类人力资本的差别,这 12 个指标为:就业人口中文盲及半文盲、小学学历、初中学历、高中 / 职高学历、大专学历、大学学历和研究生以上学历各自所占的比重、高校在校生人数、企业家人数、科技活动人员、专利申请受理量以及专利申请授权量。这 12 个指标中前四个与一般人力资本有关, 后八个与专业人力资本有关。

2. 中国 30 省市的聚类分析

胡鞍钢③ 根据 UNDP 发布的 2003 年中国人类发展数据，采用聚类分析方法将中国分为四个世界。Xiangcai Meng 和 Azhong Ye (2009)④ 在探究中国的劳动力供给、居民康乐水平和人力资本对经济增长产生的效应时，将中国划分为东部、中部和西部三个区域。Belton Fleisher

---

① Marc Goergen, Chris Brewster, Geoffrey Wood."Corporate Governance Regimes, Investments in Human Capital and Economic Growth (2007)"，*ECGI–Finance Working Paper* No. 188/2007. Available at SSRN: http://ssrn.com/abstract=1016363.

② Alberto Bucci, Giovanna Segre."Human and cultural capital complementarities and externalities in economic growth". *Department of Economics University of Milan Italy*, 2009(5).

③ 胡鞍钢:《中国人类发展的地区差距和不协调：历史视角下的一个国家，四个世界》，清华大学国情研究中心工作论文第 4 期，2005 年 5 月。

④ Xiangcai Meng , Azhong Ye."Human Capital Externality, Knowledge Spillover and Sustainable Economic Growth". *Annals Of Economics And Finance*, 2009(10-1), pp.175-191.

(2009)[①] 将中国划分为沿海、东北、西部、内地这四个区域，来探究人力资本对经济增长的影响。本文为区分中国 30 个省在两种人力资本之间的差别，采用 2007 年中国统计年鉴的数据，用上述 12 个指标对中国除重庆外的 30 个省对样本的 Q-型聚类分析，采用 Ward 系统聚类方法。结论是 30 个省可以分成四大类[②]，见表 1。

表 1　中国 30 省市聚类分析结果

双高型	江苏、浙江、广东、山东
专业人力资本富裕型	上海、北京
一般人力资本富裕型	河北、河南、山西、辽宁、天津、湖南、陕西、湖北、福建、江西、安徽、四川、吉林、黑龙江、广西、内蒙古、新疆、海南
双低型	贵州、云南、甘肃、青海、宁夏、西藏

注：考虑到重庆市的建立时间，以及前后分析的一致性，本文区域的划分未将其考虑在内。

四大类分别是：双高型区域（一般人力资本和专业资本都高的区域，下文简称为"双高"区域），专业人力资本富裕型区域（下文简称为"专业"区域），一般人力资本富裕型区域（下文简称为"一般"区域），双低型区域（一般人力资本和专业人力资本都匮乏的区域，下文简称为"双低"区域）。

（二）长三角四省市的人口总量、质量状况

人力资本存在于人体之中，活动的人体是人力资本的天然载体，一切知识和技能等都依附于有生命的个体，所以在研究长三角四省市人力资本发展状况时，首先应该对各区域人口状况作一个大致的了解。

① Belton Fleisher, Haizheng Li, Minqiang Zhao."Human capital, economic growth, and regional inequality in China". *Journal of Development Economics*, 2009(1), pp.1-17.

② 陈洪安、李国平：《人力资本"双高型"四省区域经济增长分析》，《经济管理》2010 年第 5 期。

表2　长三角四省市人口总量状况

单位：万人

年份\区域		1978	1990	1995	2000	2005	2007
全国		92643.69	109288.95	116096.62	124351.48	128058.88	129705.11
双高型	江苏	5796.28	6735.62	7062.95	7290.18	7453.44	7586.99
	浙江	3737.76	4231.81	4365.61	4484.32	4850.68	5020.03
专业人力资本富裕型	上海	1092.11	1279.95	1299.99	1317.38	1778.41	1836.58
一般人力资本富裕型	安徽	4670.49	5567.01	5968.36	6242.52	6196.10	6113.89
长三角四省市		15296.64	17814.39	18696.91	19334.4	20278.63	20557.49

资料来源：根据历年《国家统计年鉴》与《新中国五十年统计资料汇编》整理。

　　从表2可以看出，从1978年到2007年，全国人口从92643.69万人增加到129705.11万人，增长了40.00%。双高型区域的人口总量从9534.04万人增加到12607.02万人，增长了32.23%，低于全国的平均水平。专业人力资本富裕型区域的人口总量从1092.11万人增加到1836.58万人，增长了68.17%，明显高于全国的平均水平和其他区域。一般人力资本富裕型区域的人口总量从4670.49万人增长到6113.89万人，增长了30.90%，要低于全国的平均水平。总体看来，四省一市按人口增长率从高到低排序为：专业人力资本富裕型区域、双高型区域和一般人力资本富裕型区域。

表3　长三角四省市人口质量状况

受教育程度\区域		知识					
		各级受教育程度构成（%）					平均受教育年限（年）
		文盲、半文盲	小学	初中	高中	大专以上	
全国		6.00	28.30	46.90	12.20	6.60	8.56
双高型	江苏	5.10	26.10	47.90	14.30	6.66	8.76
	浙江	6.00	31.70	42.10	12.10	8.02	8.55
专业富裕型	上海	1.20	8.50	35.10	27.50	27.68	11.42

续表

受教育程度 区 域		知 识					平均受 教育年 限（年）
		各级受教育程度构成（%）					
		文盲、 半文盲	小学	初中	高中	大专 以上	
一般人力资 本富裕型	安徽	14.30	30.10	44.90	7.30	3.42	7.56

资料来源：根据《中国劳动统计年鉴》整理。

人口质量情况可以采用教育水平这一指标进行反应。从表3可以看出，江苏省的文盲与半文盲占全省人口比例低于全国平均水平，高中以及大专以上占全省人口比例高于全国平均水平。浙江省的文盲与半文盲占全省人口比例等于全国平均水平，高中以及大专以上占全省人口比例高于全国平均水平。上海市的文盲半文盲占全市人口比例远低于全国水平，高中以及大专以上占全市人口总数的比例远高于全国平均水平。安徽省的文盲半文盲占全省人口比例远高于全国平均水平，高中以及大专以上占全省人口比例远低于全国平均水平。因此，江苏省与浙江省的一般人力资本与专业人力资本处于并存局面，上海市高端人力资本高于一般人力资本，安徽省的一般人力资本偏多。

（三）长三角四省市人力资本的产业分布情况

表4 长三角四省市各地区按行业分职工人数

单位：万人

产业 省市	第一产业		第二产业		第三产业		总人数
	人数	比例	人数	比例	人数	比例	
上海市	0.7	0.24%	129.8	44.29%	162.6	55.48%	293.1
江苏省	13.7	2.05%	359.5	53.87%	294.1	44.07%	667.3
浙江省	1.5	0.24%	386.4	61.08%	244.7	38.68%	632.6
安徽省	7.3	2.26%	134.5	41.58%	181.7	56.16%	323.5

资料来源：根据《中国2008统计年鉴》整理。

从表4可以看出，在长三角区域，上海市、浙江省以及江苏省的第一产业从业职工比例较小，上海市第三产业从业职工比例较大，江苏省和浙江省从业职工比例较大。安徽省的第三产业虽然从业职工比例最高，但是2007年安徽省的GDP总额为7364.18亿元，而上海市、江苏省、浙江省的GDP总额分别为12188.85亿元、25741.15亿元、18780.44亿元，所以安徽省的经济与人力资本情况并没有上海市、江苏省以及浙江省的发展情况好。

三、长三角四省市人力资本与经济增长的关系

（一）理论模型

卢卡斯结合舒尔茨的人力资本理论和索洛的技术决定论的增长模型，将人力资本作为一个独立的要素加入经济增长模型，提出了人力资本与经济增长的两个模型。第一个模型是人力资本积累模型；第二个模型为消费品及物资资本的生产函数。该模型说明了专业化的人力资本才是影响产出和经济增长的劳动因素，而且他把人力区分为社会生产中的一般化知识与劳动者个人所拥有的技能（专业化的人力资本），使人力资本的分析更加具体化，也使经济增长因素的分析更加具体化与微观化。卢卡斯的主要贡献在于把人力资本积累视为经济长期增长的决定性因素，并使之内生化。卢卡斯将经济增长的源泉归结为人力资本的增长。尽管卢卡斯没有揭示人力资本积累的微观原动力，但是卢卡斯所指明的方向至今仍为内生增长理论努力前进的方向。

通过以上分析，结合本文的研究目的，我们对卢卡斯（1988）[1] 的内生经济增长模型进行如下修正，以适应本文的考察，以便更好地探究人力资本对区域经济增长的作用。

对修正后的经济增长模型两边同时求导，建立计量模型：

$$\ln Y = \alpha \ln K + \beta \ln TFP + \varepsilon \ln L + \theta \ln H_1 + \zeta \ln H_2 \qquad (1—5)$$

各变量解释如下：$\ln Y$ 为各省国内生产总值的对数值，代表各地区的经济规模；$\ln K$ 为各省物质资本存量的对数值；$\ln TFP$ 表示各省全要素生产率的对数值；$\ln L$ 表示从业人员数量的对数值；$\ln H_1$ 表示一般人力资本存量的对数值；$\ln H_2$ 表示专业人力资本存量的对数值。

（二）样本和数据来源

对于中国人力资本存量和物质资本存量的估算面临的最大问题在于统计数据的缺失和统计口径的不一致。因此，为了使获取的数据口径一致和尽可能真实，关于人力资本存量和物质资本存量估计所需所有数据均来源于国家统计局公布或汇编的资料，具体包括《中国国内生产总值核算—历史资料 1952—2004》、《新中国五十年统计资料汇编（1949—1999)》、《中国劳动统计年鉴 1997—2008》、《中国统计年鉴 1996—2008》，这些资料都为估算省级人力资本存量和物质资本存量提供了客观支持。

（三）分析结果及其解释

本文采用面板数据进行实证分析。使用似不相关回归（Seemingly

---

[1] Lucas, Robert E. Jr."On the Mechanics of Economic Development". *Journal of Monetary Economics*, 1988,22, pp.3-42.

unrelated regression, SUR）进行检验，对模型进行相应的广义最小二乘法（Generalized least squared, GLS）估计。利用 E-views5.0 软件包，按照（1—5）式进行估计，结果如表 5、表 6、表 7、表 8。

表 5　上海市经济增长回归结果

变量	ln（TFP）	ln（K）	ln（L）	ln（H_1）	ln（H_2）
回归系数	0.113***	0.773***	0.019	0.043	0.247***
	(9.213)	(15.349)	(0.602)	(1.491)	(6.220)
R^2	0.999		D-W 统计量	1.956	

表 5 报告了上海市经济增长回归分析结果。从 Eviews 的回归结果来看，方程的拟合度达到了 0.999，拟合优度很高，方程的 D-W 统计量为 1.956，大于 1.5，表明模型不存在明显的序列相关问题。模型中所有参数不同程度地都通过了 T 检验，对经济增长有较强的解释度，方程顺利通过显著性检验。

表 6　江苏省经济增长回归结果

变量	ln（TFP）	ln（K）	ln（L）	ln（H_1）	ln（H_2）
回归系数	0.020***	1.029***	−0.0002	−0.015***	−0.018***
	(20.622)	(206.871)	(−0.051)	(−7.446)	(−9.531)
R^2	0.999		D-W 统计量	2.792	

表 6 报告了江苏省经济增长回归分析结果。从 Eviews 的回归结果来看，方程的拟合度达到了 0.999，拟合优度很高，方程的 D-W 统计量为 2.792，大于 1.5，表明模型不存在明显的序列相关问题。模型中所有参数不同程度地都通过了 T 检验，对经济增长有较强的解释度，方程顺利通过显著性检验。

表7 浙江省经济增长回归结果

变量	ln（TFP）	ln（K）	ln（L）	ln（H₁）	ln（H₂）
回归系数	0.009	0.909***	0.100	−0.018	0.014
	(0.903)	(35.720)	(1.419)	(-0.269)	(0.480)
R²	0.999		D-W 统计量	2.539	

表 7 报告了浙江省经济增长回归分析结果。从 Eviews 的回归结果来看，方程的拟合度达到了 0.999，拟合优度很高，方程的 D-W 统计量为 2.539，大于 1.5，表明模型不存在明显的序列相关问题。模型中所有参数不同程度地都通过了 T 检验，对经济增长有较强的解释度，方程顺利通过显著性检验。

表8 安徽省经济增长回归结果

变量	ln（TFP）	ln（K）	ln（L）	ln（H₁）	ln（H₂）
回归系数	0.151***	1.032***	−0.001	−0.036***	−0.019***
	(168.529)	(436.438)	(−0.307)	(−25.278)	(−17.664)
R²	0.999		D-W 统计量	1.950	

表 8 报告了安徽省经济增长回归分析结果。从 Eviews 的回归结果来看，方程的拟合度达到了 0.999，拟合优度很高，方程的 D-W 统计量为 1.950，大于 1.5，表明模型不存在明显的序列相关问题。模型中所有参数不同程度地都通过了 T 检验，对经济增长有较强的解释度，方程顺利通过显著性检验。

在长三角四省市的经济增长回归模型中，除浙江省的全要素生产率不显著外，四省市全要素生产率和物质资本存量与经济增长呈显著正相关关系，并且都在 1%的水平下显著，这说明了长三角三省一市的经济增长主要还是依靠物质资本投资拉动的。从一般人力资本与专业人力资本的回归系数来看，上海市的一般人力资本与专业人力资本都对经济增长起到了积极的推动作用，特别是专业人力资本。江苏省的一般人力资本和专业人力资本与经济增长呈负相关关系，并且都在1%的水平下显著。浙江省的一般人力资本与经济增长成负相关关系，专业人力资本与经济增长呈正相关关系，但是系数没有通过显著性检验，并且从表1—7中可以看出，物质资本投资对浙江省的经济增长起到了极大的促进作用。安徽省的一般人力资本和专业人力资本与经济增长呈现负相关关系，并且都在1%的水平下显著。长三角四省市的从业人员数量与经济增长之间的相关关系不显著。

四、长三角四省市人力资本政策建议

随着上海集聚和辐射能力的增强及江浙经济的迅速发展，区域自我支撑和发展能力的增强，长三角地区城市群将形成多点并重、整体快速发展格局。由于上海市、江苏省、浙江省以及安徽省的经济发展水平并不一致，需要相应的资源配置、打破劳动力市场的分割，以便使经济平稳、较快地发展。区域自由市场贸易将会有助于发挥区域中各个地方的比较优势，淘汰比较劣势。

竞合性人力资本政策，鼓励人力资本在各个区域自由流动是长三角四省市政府所需要解决的一个问题。上海市、江苏省与浙江省等省市政府已经出台一些政策措施，促进长三角地区之间的人力资本流动，如上海市、江苏省与浙江省政府共同签署的《沪苏浙共同推进长三角创新体系建设协议书》，此协议鼓励各省市企业、科研机构以及大学等机构之间联合共同创新，通过专业人力资本的流动带动知识资本在长三角各省市之间的流动。长三角四省市应当考虑以下三个方面，以制定竞合性人力资本政策。第一，逐步消除户籍制等所造成的制度性障碍。第二，安徽省等专业人力资本不发达省市，可以委托上海市、浙江省等经济发达省份培养高级人才，通过合作促进长三角区域的共赢。第三，通过省市之间便捷的医疗信息管理、社会保障管理以及交通管理等促进人力资本在长三角四省市之间的自由流动。

人力资本的政策制定包括四个方面：教育、在职培训、医疗保健、人口结构。竞合性的人力资本政策主要是指不同省市在结合自身情况，不断通过各种政策法规，培育、吸引优质人力资本，以便较快发展经济的同时，与周边区域所展开合作，打破劳动力市场分割所造成的人力资本不合理配置情况。通过上文的分析可以发现，长三角四省市的人力资本情况各不相同，其中江苏与浙江有较强的相似性。因此，在制定人力资本政策时，既要考虑各省市人力资本的独特性，又要强调长三角四省市在合作的基础上对人力资本的优化配置，具体措施见下表9。

表9 长三角四省市竞合性人力资本政策

政策 省市	教育	在职培训	医疗保健	人口结构
上海市	产、学、研相结合，三位一体；高等教育应侧重于第三产业以及高新技术类；	鼓励各类人才参加各种高级培训活动，如出国培训、企业联合培训，以吸取国外领先的职业技术、提升行业整体能力；	扩大医疗保障使用范围，特别是上海市非本地户口常住居民；改善医疗卫生体制不合理现象；	建立针对高端人才的中介机构，如猎头公司；逐步改进人口户籍制度，吸引高水平人才；
江苏省	建设高水平大学，投入更多高等教育资源；把握市场需求信息，培育满足地区发展所需的专业人力资本；	完善企业培训制度，设立指标督促企业积极完成；鼓励针对提升职员工作技能的技术培训；	实现城镇、农村居民医疗保障平等待遇；提高各种医疗补助标准；建立异地就医信息管理平台；	完善生活保障、雇用政策、社会保险、城市环境等方面，吸引高水平人才；设立专门的就业信息发布网站，减少市场信息不对称；

续表

政策 省市	教育	在职培训	医疗保健	人口结构
浙江省	建设高水平大学，投入更多高等教育资源； 把握市场需求信息，培育满足地区发展所需的专业人力资本；	完善企业培训制度，设立指标督促企业积极完成； 鼓励针对提升职员工作技能的技术培训；	实现城镇、农村医疗保障居民平等待遇； 提高各种医疗补助标准； 建立异地就医信息管理平台；	完善生活保障、雇用政策、社会保险、城市环境等方面，吸引高水平人才； 设立专门的就业信息发布网站，减少市场信息不对称；
安徽省	加大基础教育投资水平，提高九年义务教育普及率； 建设高级职业技术院校，培养高水平技工；	对传统农业地区进行科学和技术知识的普及； 积极吸取上海市、浙江省等地区企业的先进管理制度，完善企业人力资源体系；	扩大财政投入，在全省建立基本医疗保障体系； 加强对困难群众的医疗保障帮助； 提高医生数、床位数等基本医疗卫生条件；	大力发展第二产业，提升全省工业化程度，提高第二产业就业人数； 鼓励农村剩余劳动力人口进入城市，为第二、三产业服务；

投资是为了在将来某一时刻获取一定的报酬所进行的必要资本投入，因此要提高人口的知识、能力水平必须加大对教育的资金、物质、人力等资本的投入，以便在将来获得较高的人力资本要素回报率。建议各地区在经济发展的同时，不断扩大用于教育的财政支出，并且各市级、县级政府不应仅仅依靠省财政部门的拨款来维系其教育支出，应当扩大教育投资主体范围。

每一地方的教育发展水平不同，在实施具体的计划时，侧重点就会不同。安徽省的文盲半文盲、小学以及初中占全省人口比例较大，因此义务教育阶段的投入就应当占较大份额。江苏省与浙江省的人力资本总体水平良好，其教育投资的导向应主要来源于产业升级的需求。产业升级主要是指以第一、二产业为主导向以第三产业为主导转变，江苏省和浙江省的第二产业从业职工占全省人口比例最高，因此在大力发展第三产业的同时，教育投资部门应当积极搜索市场信号，以减少由于人才缺口造成的发展阻力。上海市的服务业发展在全国来看处于领先水平，并且经济实力非常强，因此可以借鉴国外经验，试水产、学、研相结合三位一体的教育投资战略。上海市的高校总体实力位居全国领先水平，但是由于近两年来在校学生对于热门专业的狂热追求以及对于职业学校的视而不见，造成了我国人才市场上的高级技工短缺和高水平管理人才的缺失。上海市可以采取适当的政策，鼓励学校、企业与研究单位的联盟合作，将社会人才需求与社会人才供给挂钩，减少由于市场信息不对称所造成的资源浪费。

我国人力资源管理科学与实践起步较晚，传统的人事管理观念根深蒂固，造成很多企业的人力资源管理没有形成完整的体系。培训是增加一个人的劳动技能的关键手段，包括学徒制、企业培训班等形式，同时企业在进行工作技能等的培训时也提高了工人的劳动生产率。政府可以出台相关的法规、政策，强制企业的职工培训投入不得少于某一数额，也可以进行适当的财政补贴。

人力资本的一个重要衡量指标就是人口的健康情况，也可以称之为"健康资本"。上海市等经济发达区域的医疗保障体系较为完善，但是像安徽等省份由于经济发展水平较低、财政收入较少、人口基数较大以及政府急于发展经济等原因，造成了对社会医疗保障体系的投入过少。如果希望提高人力资本对经济增长的贡献率，使经济发展走向良性循环轨道，必须提高人口的"健康资本"。

扬州沿江区域与长三角环境保护和污染控制分析及对策研究

金秋芬　华迎春　方志勇

（江苏省扬州市环境保护局）

　　在长三角区域一体化加快的过程中，地处长江中下游、长三角西北翼的扬州如何更好地加快融入步伐，优势互补，实现自身更好更快的发展，扬州沿江区域与长三角在环境保护和污染控制方面存在的主要问题，不仅是扬州市更高水平小康、建成生态市以及提高生态文明水平的基础问题，也是长三角地区亟待研究解决的重要问题。

　　扬州作为一个长江中下游有代表性的城市，沿江经济的开发与发展在环境保护和污染控制方面，如何打破行政区域的分割，加快建立长三角信息化交流合作网络平台，深化长江流域水环境保护和生态建设合作，将是解决长三角地区环境保护和污染物总量控制问题、推进沿江及长三角地区科学持续发展的主要举措。

一、2011年扬州沿江地区环境保护与污染控制状况

（一）环境保护与生态环境现状

扬州沿江区域主要包括市区（广陵区、邗江区、开发区、江都区）和仪征市，涉及长江主岸线76.82公里以及淮河入江水道（夹江）10公里岸线。沿江区域自然条件好，地势较平坦，水面宽阔，河港密布，土质肥沃，气候适宜，自然资源丰富，尤其湿地资源十分丰富；农、林、水产养殖业发达。有得天独厚的自然优势。南临长江，西靠南京，东连上海，优越的临江港口条件和岸线资源。是长江下游为数不多的天然优良岸段之一。因南京大桥的净空限制，使岸线成为万吨级海轮直接进入长江最靠近上游的港口。具有很好的区位优势。

2011年末，该区域户籍人口为286.56万人，城镇人口179.57万人，城镇化率为62.7%。区现拥有1个国家级开发区、5个省级开发区、8个市级工业集中区。主要工业产业包括化工、汽车制造、汽车零部件加工、电子电器及船舶制造等行业。

该区域2011年污染源普查的工业企业共1933家，其中仪征市，江都区，主城区（邗江、广陵和开发区）分别占9.9%、27.1%、63.1%。工业废水排放总量为5477万吨/年；化学需氧量排放总量为8092.32吨/年，其中仪征市占41.3%，江都区占3.8%，主城区占55%；氨氮排放总量为309.1吨/年，其中仪征市占33.2%，江都区占4.3%，主城区占62.5%。

工业污染的行业特征：化学原料及化学制品制造业、造纸及纸制品业、纺织业、原油加工及石油制品、食品制造业、玩具制造业、皮革加工业、材料制造业、金属冶炼及压延加工业和金属制品业是规划区内主

要污染源。普查的 1933 家企业中，属于金属制品业占 38.9%，纺织业占 12%，化学原料及化学制品制造业的企业占 11.1%。

年内，沿江区域生活污水排放量为 13206.6 万吨 / 年，主要污染物排放量：化学需氧量 13351.6 吨 / 年、氨氮 1597.6 吨 / 年。农业化学需氧量、氨氮、总氮、总磷污染排放情况排放量分别为 5043.39 吨 / 年、933.36 吨 / 年、3140.74 吨 / 年、274.45 吨 / 年。农业面源总体上分为种植业、畜禽养殖业、水产养殖业 3 个部分。农田污染负荷最大，畜禽其次，水产养殖业所占的比例最小。

2011 年，该区域有 17 家企业废水直接排入长江，排放量约为 4807.9 万吨 / 年，COD、氨氮入江量分别为 2588.1 吨 / 年、29.29 吨 / 年。现运行的污水处理厂共 22 座，其中县级以上污水处理厂 6 座，乡镇污水处理厂 16 座。

扬州沿江地区共有 93 家废水重点污染源安装自动监控系统，其中市直 27 家、广陵 2 家、邗江 13 家、江都 31 家、仪征 20 家。扬州市已建成 1 个市级监控中心，5 个县（市）级监控分中心，形成了省、市、县三级联网格局。各地污染源自动监控系统均实现了第三方运维。

2011 年扬州段主要入江河流水质，京杭大运河、古运河、仪扬河、胥浦河、沿山河、芒稻河、新通扬运河、廖家沟均能够满足水功能要求。长江扬州段水质优良。

扬州沿江植物资源丰富，现有木本植物 54 科 203 种，草本植物 45 科 220 种，水生植物 26 科 56 种。沿江动物资源区域畜禽地方品种主要有猪、牛、羊、兔、鸡、鸭、鹅、鸽等。

区域内渔业资源相当丰富，内河有鱼类 60 多种，隶属于 10 目、28 科、46 属。长江下游是许多珍稀水生动物洄游水域和栖息地。长江渔业资源丰富，年捕捞量 1.2 万吨。长江中共有鱼类 270 余种，扬州段有 108 余种，占总数 46%。

三江营取水口上游数公里就建有长江豚类动物省级保护区，而夹江、芒稻河口上游广阔的水面是白鳍豚、江豚等国家保护动物的天然栖息地，也是洄游水生动物溯流而上进入内河和湖泊的主要水道。

沿江湿地资源：长江、夹江、芒稻河、廖家沟附近港汊交错，原有大片滩涂型湿地，目前只有江堤内有江潮和淮汛退后留下的河滩湿地，生长着芦苇等挺水植物。沿夹江两侧堤内还分布着一些带状的鱼塘。此外，由于夹江西端（廖家沟与夹江交汇处西侧）六圩、沙头段筑坝隔断了江水，并开发成养殖水面，事实上此段夹江水面也已退化成人工湿地。

南水北调东线水源地国家级生态功能保护区包括扬州市大部（含扬州市、广陵区、邗江区、维扬区、宝应、高邮、江都等）和泰州市市区（含海陵区、经济开发区、高港区等），面积 6161 平方公里，人口 456.54 万人（2003 年末）。该区地处江苏腹地，长江北岸，江淮平原南端。南部濒临长江，与镇江隔江相望，北与淮安、盐城接壤，东与盐城、姜堰毗连，西与淮阴、天长（安徽省）、仪征交界。保护区境内有长江岸线 70 多公里，沿岸有江都、邗江、高港一市二区。

南水北调东线核心保护区范围内污水排口已经拆除，船厂、码头已经搬迁。同时，还采取了一系列措施，维护、改善区域范围内的生态环境功能，为恢复生物多样性创造条件；建设沿岸湿地，恢复沿岸带湿地；实施沿河的绿化和美化工程等。2010 年江都市、仪征市、邗江区、广陵区和开发区的生态环境状况指数分别为 66.33、65.94、68.80、72.48，生态环境状况为良好。植被覆盖率较高，生物丰度性较丰富，基本适合人类生存。

（二）污染物控制

2011 年，全市年均降低化学需氧量 4.1 万吨（不含面源）、二氧化硫 2.85 万吨；主要污染物 COD、SO_2 单位国土面积排放强度分别为 7.7 吨 $/km^2$、12.7 吨 $/km^2$，低于省长江三角洲平均水平；主要污染物 COD、SO_2 分别排放约 5.10 万吨、8.02 万吨，单位 GDP 排放强度分别为 2.37、

3.73 千克 / 万元，比 2005 年分别下降 4.4 千克 / 万元、7.03 千克 / 万元。（以上均为环保考核统计口径且不含面源。）

二、2011 年沿江地区环境保护与污染物 排放特征分析

水环境质量不断改善，局部区域水体污染严重现象得到遏制。长江是重要的水源地，南水北调东线取水口位于扬州长江段下游，同时长江又是区域主要的饮用水源地。水生态环境质量问题，尤其是长江水质问题，是区域环境安全的核心。

（一）水污染是全市重要的环境问题

工业废水和城乡生活污水排放量增加，地表水水质恶化，全市大部分内河（湖泊）都存在污染问题，有些河段已不能满足养殖、灌溉的要求。2011 年对全市 56 条河流 116 个断面的监测分析结果表明，各条河流有机污染 COD_{Mn}（化学需氧量）、BOD_5（生化需氧量）、氨氮、DO（溶解氧）超标现象比较普遍。在评价的 17 条主要河流（湖泊）中，河段水质符合功能要求的仅有 4 条（长江、新通扬河、三阳河、京杭大运河）；在这些河流 23 个河段中，有 2 个河段（江都、仪征长江段）水质较好，属 II 类水，6 个河段属 III 类水，6 个河段属 IV 类水，其他河段水质劣于 IV 类甚至 V 类水。

2011 年全市 50 多条主要河流中，全年达标的河流仅有京杭大运河高宝段、芒稻河、新通扬运河、三阳河及长江，其他河流如大运河市区段、通扬运河、盐邵河、仪扬河、宝射河、北澄子河及扬州市区诸多河道均

不能稳定达标，部分城市河道长时间黑臭，水质劣于 V 类，水环境问题已严重影响人民群众的生产生活，成为制约区域经济发展的重要因素。

（二）饮用水水源存在安全隐患

目前扬州市规划区内现有 8 个县级以上集中式饮用水水源地，其中 4 个水源地位于长江，除仪征月塘水库备用水源地水源类型为湖库型，其他水源地水源类型均为河流型。扬州长江岸段开发强度高，沿岸布置了较多的工业园区及较为密集的工业企业，沿江岸线现状布置众多的排污口，取水口与排污口形成交错态势，一旦出现污水处理超标排放，将给水源地带来很大的风险隐患。其次，长江是黄金水道，运输量大，过往船舶众多，扬州已建码头 75 个，在建 5 个，其中涉及危险化学品的码头为 30 个，其中 29 个分布在仪征境内，仪征港区位于扬州岸线的上游，在船舶航运或码头装卸时一旦发生危险品泄漏至长江的污染事故，将给沿江的水源地带来重大的污染，并给南水北调工程带来严重的影响。长江取水口已划定了保护区，但部分水源地二级保护区设置现状达不到《扬州市城市饮用水水源地安全保障规划》要求，岸线利用规划应做相应调整。目前江都区尚有 7 个乡镇饮用水水源地，也面临着饮用水源地保护区划分及保护的问题，应扩大区域供水范围，尽早关闭乡镇水源地，实现全部区域集中供水。

（三）产业结构需加快调整

由于历史原因，产业结构偏重的情况尚未得到根本扭转，第二产业的比例仍然偏高，2011 年达到 54.1%，根据《扬州市国民经济和社会发展第十二个五年规划纲要》，未来一段时期内，工业经济仍呈加速发展态势，产业结构偏重给水环境保护带来更大的压力。

从工业经济内部产业结构看，扬州化学原料及化学制品制造业占有较大比重，化学需氧量和氨氮排放量占工业企业总排放量的52%、54.5%。全市高新技术产业产值占规模工业总产值比例为37.9%，与苏南及长三角发达地区相比，高新技术产业对经济增长的贡献还偏低。2011年第三产业的比重为38.7%，第三产业比重还有待进一步提升。

（四）沿江开发伴随诸多生态问题

1. 岸线开发利用不合理

在沿江岸线开发利用中，一些地区岸线多占少用、布点分散，开发利用集约程度低；地区间则存在岸线开发模式单一、占用结构雷同以及重化工业过度开发，增大供水安全潜在威胁等问题。沿江岸线现状利用率较高，沿江岸线已利用60.7公里，占长江岸线总长度的79%，岸线布局比较混乱。仪征泗源沟至三乙涵岸段被32家企业占用，分布多家小型造船厂，目前除了作为饮用水源保护岸线外，大多已处于开发占用状态，现有岸线需要进行大规模整合调整。根据《扬州市沿江发展总体规划（2011—2020)》，生产岸线（包括港口岸线和制造业岸线）规划长度为53.18公里，约占70%。规划生产岸线长度比例过大，事故风险源与水源地的缓冲距离短，水环境风险隐患大。

2. 景观破碎化

众多港口、码头的建设使得长江岸线自然形态破坏，水质环境和水流的变化直接影响了生物多样性，破坏各种生物适宜的生境。同时港口的开发占用大量土地，对植被和陆域生态系统产生不利影响。港口区的开发利用以及建设项目开发利用不尽合理，绿地和防护林分散，不能连成一体，生态环境景观破碎化。破碎化影响生物种群的迁入率和绝灭率，使那些需要较大生境斑块的"森林内部种"或"面积敏感种"趋于消失，而使适应人类干扰环境的外来种、常见种的丰富度增加。

3. 湿地生态环境破坏

随着大量的工程项目的实施，沿江湿地面积大幅减少。为了发展区域经济，扬州市长江沿岸建设了一批化工、电厂、港口、码头等企业，占用了大量的天然岸线，大片的农田和湿地被破坏。孤立地看单个工程占地损失量不大，但随着大批企业陆续建设实施，造成长江沿江分布的湿地拼块数目减少，湿地景观的频率降低，不利于保持区域湿地景观系统的拼块多样性，导致湿地斑块之间连续性下降。

（五）生活污染源和农业面源需要进一步削减

规划区主要污染物主要来源于生活源污染，其化学需氧量、氨氮的排放量比重分别为54.8%、62.5%。农业面源也占有相当大的比重，其中农田排放比重最大，其次为畜禽养殖业。扬州市城镇化率将由2010年的54.4%提高到2015年的62%，新增城镇污水排放量达到6万吨左右。目前规划区内城市和县城的污水处理率分别为89.8%和70%，建制镇的污水处理覆盖率仅为32%，需要大幅提高污水处理率，加强乡镇污水处理设施建设。农村分散型生活污水总体上未能处理，大都采用简易的化粪池等处理。即使部分镇村已有一批污水处理厂和垃圾处理场投入使用，但由于现有的小城镇污水、垃圾处理项目投资和运行费用高，维持正常运行困难。对于农业面源，长期过量使用农用化学品，使土壤中残留了大量的农药和化肥，不但对食品安全构成威胁，土壤中的残留物还会通过雨水的冲刷，进入地下水和江河中，对水质造成污染。畜禽和水产养殖污染日趋严重。扬州市规模化养殖业和养殖大户少，多数畜禽养殖和水产养殖以一家一户的形式为主，缺乏统一规划，加之布局不合理，养殖业污染治理能力弱。部分地区利用河道、水库、湖面进行肥水网箱、网栏养鱼，使水质下降，对周边环境形成重复污染。

（六）城区河流污染需标本兼治

由于城市截污管网建设不到位和缺乏严格的河道管理，城区内河难以从根本上消除黑臭现象。主要受城镇污水截流不到位、河道受闸控水流不畅，底泥污染等综合原因影响。应进行科学系统论证，结合流域治理和水利工程建设，开展城区河流综合整治，采取河道整治、清淤、污水截流等综合措施，标本兼顾实施综合治理。

（七）环保工业污染源实现监控全覆盖的
　　能力和水平成为瓶颈

通过对全市所辖 7 个县（市、区）的城乡企业污染物排放情况进行详细地调研，得出以下统计数字：2011 年扬州市企业约 12256 家，全部工业增加值约 1075 亿元，COD 排放 1.85 万吨，废水排放 11918 万吨，废水达标率 82%，废气排放 14432070 万标/立方米，SO_2 排放 8.02 万吨。其中，纳入排污申报的企业 5546 家，COD 排放总量 1.62 万吨，废水排放量 9535 万吨，废水达标率 85.3%。废气排放量 12844543 万标/立方米，SO_2 排放 7.62 万吨，COD 和 SO_2 污染物排放量分别占全市企业排污总量的 87.6%、95%。在排污申报的企业中，传统工业企业有 533 家，主要污染物 COD 和 SO_2 的排放量分别占排污申报的 85%、95%。（不在环保考核统计范围的乡镇企业也在调查范围内。）

根据单位 GDP 污染物排放强度的要求，污染物总量监测的概念应该是包含所有产生污染的源头。但"十二五"扬州污染物总量监测主体在工业。全市排污申报的 5546 家企业中，有 40 家重点排污单位安装了污染自动监控系统，同时对部分企业实行污染源例行监测。调查显示，全市企业 COD 排放量占总排量的 13%，而列统企业排污量只占企业总排量的 78%，重点企业排污量又是列统企业排污量的 81%。因此，仅仅对部分污染源和排污大户进行监测、监控，不能代表污染物排放总量的全部。调查还发现采集数据难，规范整理数据难，统一口径更难。即便是相同的指标，由于出处不同结果不一，甚至在同一个部门其结果也不一致。数据互相不衔接现象普遍，统计机制严重不顺，基础数据可靠性受到影响。这主要由以下三个方面的原因导致的：第一，工业企业在管理上对污染物总量控制管理缺乏足够的认识，致使监测能力、技术水平、仪器设备、人员配备薄弱，难以满足污染物总量控制监测和管理的需求，造成企业内部数出多门。第二，由于宣传、制度、法律法规和体制改革等原因，相关部门或行业未建监测站、监测网，或者建了也处在不正常运行状态。真正以环保系统为骨干，以部门或行业监测站为补充的监测网没有形成。第三，各级环保行政主管部门、环境监测站的自身潜力没有得到发挥，为相关行业和部门提供高效全面的总量控制管理、监测服务的作用，没有得到充分体现。

（八）污染物控制指标体系单一且滞后

扬州市的污染物总量控制方面，1996—2005 年污染物控制指标共有 14 项，前几年调整考核指标为 8 项，其中水污染物控制指标 5 项，具体包括：化学需氧量、氨氮、挥发酚、石油类、悬浮物；大气污染物控制指标 3 项，具体包括：二氧化硫、烟尘、工业粉尘。近年来又改为 4 项，其中包括水污染物化学需氧量、氨氮，气污染物二氧化硫、烟尘，各两个项目。目前又确定为化学需氧量、二氧化硫两项。2003 年国家环保总局首次将单位 GDP COD 和 SO_2 污染排放强度两项指标，列入生态市建设考核指标体系。根据调查、测算和分析：就 COD 而言，2005 年单位 GDP 排放强度为 6.77 千克/万元，2010 年为 2.37 千克/万元，而面源单位 GDP 排放强度分别为 2005 年 6.6 千克/万元、2010 年 6.9

千克/万元。这表明：列统企业的污染物排放量随着流域、区域、南水北调东线治污工程、专项整治等重点项目的实施，排放强度有所下降，污染发展的势态得到遏制。而非列统企业的污染物排放量明显增加。这进一步反映仅依靠单项污染物进行污染物总量控制，对实现全面、协调、统筹发展的绩效还是十分有限的。

（九）在工业集中区规划、工业建设项目环评和后续管理中，污染物总量控制管理难以落到实处

为了实施可持续发展战略预防因规划和建设项目实施后对环境造成不良影响，促进经济、社会和环境的协调发展，《环境影响评价法》、《清洁生产促进法》等相关法律法规均从不同的角度对污染物总量控制及管理作了强制性的、明确的规定。这在本次调查得到反映，进行环评的工业集中区规划和建设项目不仅对总量产生、排放进行核定、对总量计划来源进行核准，还对污染物治理提出具体措施和要求。但目前全市工业集中区中约有30%没有做规划环评，25%没有建污水集中处理设施，45%污水接入管网没有建设到位。据调查，扬州建设项目环境管理针对单一项目进行的情况普遍存在，县、区表现得更为突出。只要污染物排放浓度符合标准，总量计划符合要求，就能取得合法资格。这种管理办法虽然对控制新污染源产生、扭转先污染后治理的被动局面和控制污染发展起到重要作用。但对于处在从目标总量与环境容量总量控制嵌入型管理的今天，就显得不足。缺乏对区域集中控制的力度，没有将区域环境保护目标、总量控制指标与区域环境承载力紧密地联系起来，没有全面地、宏观地考虑区域污染排放总量控制问题。导致大部分建设项目、工业集中区在"三同时"验收和后续的污染物总量控制管理上产生漏洞，没有能够实现实际意义上的污染物总量控制——目标分解落实到区域企业、削减方案落实到重点建设项目、减排措施落实到工程、考核办法落实到责任人。区域环境质量仍

受到较大影响，农村水环境质量和扬州、仪征两个市区酸雨频率仍然没有得到明显改善。至于农业、渔业和畜禽养殖业的建设项目污染物总量控制管理更是形同虚设，甚至没有明确的认识，别谈后续管理。究竟如何深入开展环境保护与污染物总量控制管理是新时期面临的挑战。

三、对策与措施

（一）创新建立时间、空间、区域全新的动态管理理念，为环境保护及总量控制提供技术支撑

首先，建立水体浓度动态与总量的响应关系，实现总量控制目标在时间上的动态管理。做好全市水环境功能区划分修订，时间跨度为2010—2020 年，包括全市城市及乡镇区域范围；重点为长江、淮河及所属一级、二级、三级支流。对约 60 多个河、湖、库的 70 个功能区，约 180个监测断面（国、省、市、县）进行科学合理的论证。在此基础上，对水环境、水质进行跟踪，根据年度污染物排放量及监控水环境的污染物浓度差，计算污染物总量削减率，为总量控制时间动态管理提供依据。其次，建立空间动态上的总量控制管理方法。在扬州市已经划分的 10 类 70 个重要生态功能保护区（其中：自然保护区 2 个，风景名胜区 6 个，森林公园10 个，饮用水源保护区 17 个，洪水调蓄区 4 个，重要水源涵养区 1 个，重要渔业水域 1 个，重要湿地 6 个，清水通道维护区 13 个，特殊生态产业区 10 个），面积约 1287.8 平方公里（其中禁止开发区约 141.6 平方公里，限制开发区约 1146.2 平方公里）的基础上，考虑国家节能减排的要求，空间上可细分为以下三部分，即禁止开放区、限制开发区、普通区。禁止开发区内禁止排污，所有排污企业应关闭或迁出，可用总量调整到普

通区；限制开发区不允许新建排污企业，或不设置排污口，已建排污企业并设置排污口的在一定时间段内逐年迁出或截污，可用总量考虑逐年匀速调整到普通区；为开展空间的动态管理奠定基础。最后，建立和健全科学规范的指标体系、完善与评定等级相配套的技术和管理办法。它是推动区域污染物总量控制管理创新的关键问题，也是难点和困惑的问题。

（二）发展生态农业和工业，打造长三角地区特色经济

1. 发展生态农业，打造绿色、有机农产品基地

坚持农业资源综合开发利用和生态环境保护相统一，积极探索适合区域自然条件和经济发展要求的生态农业模式，大力发展效益型农业，推进农业产业化，力争使我市成为长三角地区重要的绿色农产品基地。继续推进优势农产品区域布局，建设一批区域化布局、标准化生产、规范化管理的高效生态农产品基地，进一步优化农业产业结构，推进农业优势主导产业升级，全面提升农业产业的质量和效益。根据扬州农业资源分布和区域优势，大力发展生态农业，减少由于污染物排放对生态环境造成的损坏。这是解决农村环境污染和减少生态损失的重要办法和措施。

2. 发展生态工业，打造地区特色经济

针对扬州以火力发电、化工、钢铁、电镀、造纸、水泥等高能耗高污染行业排序及园区排污强度大的特征，大力发展循环经济、低碳经济，全面实施清洁生产，推广静脉产业园建设，推进工业园区和工业集中区生态化改造和生态工业示范园区建设，从源头以及决策上解决环境污染，对实现扬州市委市政府"十二五"期间提出的，更加注重发展质量与效益、更加注重产业结构优化和升级的重要抓手，对于环境保护管理水平跟上经济社会可持续发展需要的目标至关重要。

（1）发展扬州静脉产业。环保主要发展以静脉产业为主的产业，形成园区的基本框架，以提高资源产出效率为目标，加强规划指导，促成资

源循环利用产业发展，推进资源利用产业化，实现开发应用源头减量化、循环利用、再制造、零排放，形成产业链接技术的循环经济典型模式。

（2）创建生态工业示范园区。工业污染是我市实现全防全控的重点，而工业园区和工业集中区的污染物排放又是工业污染排放强度最大的地方。要全面推进我市工业园区和工业集中区生态化改造和生态工业示范园区建设，将之转型升级为循环经济示范园区，培植环保产业集团，实现工业污染联防联治，加快构建环境友好的生产方式，增强可持续发展能力。围绕建设生态工业园区的要求，必须采取统一规划和分步实施相结合的办法，稳步推进工业园区循环经济建设和生态化转型，培植环保产业集团，把生态工业园区建设工作不断引向深入，实现工业园区经济效益与环境效益的共同增进。全市在扬州市经济技术开发区率先创建成国家级生态工业园的基础上，辖区所有省级以上工业园区，达到并通过省级生态示范园区考核。再逐步推广到工业集中区，实现全省领先，并给全国、全省以启示。

（三）建立动态化管理模式，推进信息长三角一体化

1.确定污染物宏观总量控制观念

以往污染物总量控制的研究，大多只考虑单个点源或指标，并以重点工业和城市生活污染为主，而较少考虑把具体实施点源或面源扩散浓度相互叠加，并与资源利用、环境质量和污染控制指标相互关联。本文认为，总量控制具有宏观性，它的内涵不仅把总量削减指标分配到源的技术方法，而且将环境目标的实现与区域城乡经济社会的发展作为一个大系统进行综合研究，使之协调永续发展。它的实施需要在一系列的观念和策略上有根本转变为基础。因为，环境保护与经济发展是一个系统内的两个重要因素，环境指标也是重要的经济、社会指标，要想真正实现科学发展，必须合理分配环境资源、合理利用自然资源，并将其纳入

国民经济年度和中长期发展规划。

2. 建立区域污染物总量控制绩效考核指标体系

以区域污染物总量宏观控制的理念为指导，本着科学、先进、合理、易操作的原则，依据国家生态市（区）建设、国家环保模范城、小康建设考核指标，结合本地区国民经济发展、生态市建设规划目标和行政首长环保目标责任状任务，建立区域污染物总量控制绩效考核指标体系和动态管理应用系统。指标体系共分三大类28项指标。三大类包括资源利用、环境质量、污染控制。这三大类分别包括8项、7项、13项指标。考核等次共分四档，具体为优秀、良好、合格、不合格，每个档次都有目标值。目标值可根据具体情况修订，一般5—10年修订一次。体系见下表。

区域污染物总量控制考核指标

类别	序号	指标名称	单位	考核等级及指标标准				
				目标值	优秀（I）	良好（II）	合格（III）	不合格
资源利用	1	绿色 GDP 占 GDP 比例	%	≥ 90	≥ 85	≥ 75	≥ 60	≥ 32
	2	人均粮食产量	公斤 / 人·年	≥ 550	≥ 500	≥ 470	≥ 440	≥ 430
	3	人均耕地面积	公顷 / 人·年	≥ 0.083	≥ 0.08	≥ 0.077	≥ 0.073	≥ 0.068
	4	国土产出效率	万元 /km^2	≥ 8000	≥ 6700	≥ 3250	≥ 2900	≥ 2500
	5	单位 GDP 能耗	吨标煤 / 万元	≤ 0.50	≤ 0.55	≤ 0.65	≤ 0.80	≤ 1.0
	6	单位 GDP 水耗	立方米 / 万元	≤ 100	≤ 120	≤ 180	≤ 210	≤ 250
	7	应实施清洁生产企业比例	%	≥ 95	≥ 85	≥ 75	≥ 55	≥ 45
	8	环保投资比例	%	≥ 3.7	≥ 3.5	≥ 2.5	≥ 1.75	≥ 1.5
环境质量	9	好于或等于二级天数占年度比例	%	≥ 95	≥ 93.5	≥ 92	≥ 85	≥ 80
	10	主要水体水质达标率	%	100	≥ 95	≥ 90	≥ 80	≥ 70
	11	噪声功能区达标率	%	100	≥ 97	≥ 95	≥ 90	≥ 85

类别	序号	指标名称	单位	考核等级及指标标准				
				目标值	优秀(I)	良好(II)	合格(III)	不合格
环境质量	12	集中饮用水水源地水质达标率	%	100	≥ 99	≥ 98	≥ 97	≥ 96
	13	城镇人均公共绿地面积	平方米/人	≥ 18	≥ 15	≥ 14	≥ 12	≥ 10
	14	建成区绿化覆盖率	%	≥ 40	≥ 39	≥ 37	≥ 35	≥ 32
	15	森林覆盖率	%	≥ 37	≥ 36	≥ 35	≥ 20	≥ 18
污染控制	16	城(镇)生活污水集中处理率	%	≥ 95	≥ 90	≥ 82	≥ 75	≥ 60
	17	城(镇)生活垃圾无害化处理率	%	100	≥ 99	≥ 95	≥ 85	≥ 55
	18	工业二氧化硫排放达标率	%	100	≥ 99.5	≥ 98.5	≥ 97.5	≥ 85
	19	工业烟尘排放达标率	%	100	≥ 99	≥ 98	≥ 95	≥ 82
	20	工业固废综合(处置)利用率	%	100	≥ 98	≥ 97	≥ 95	≥ 85
	21	工业废水排放达标率	%	100	≥ 99	≥ 98	≥ 96	≥ 80
	22	单位耕地化肥施用强度	纯、公斤/公顷	≤ 225	≤ 250	≤ 270	≤ 290	≤ 450
	23	单位耕地农药使用强度	纯、公斤/公顷	≤ 2.1	≤ 2.3	≤ 2.6	≤ 3.0	≤ 3.8
	24	畜禽粪便资源化率	%	≥ 96	≥ 95	≥ 85	≥ 60	≥ 50
	25	饵料利用率	%	≥ 90	≥ 85	≥ 80	≥ 75	≥ 60
	26	COD污染排放强度	千克/万元	≤ 2.55	≤ 2.6	≤ 2.7	≤ 2.8	≤ 2.9
	27	二氧化硫污染排放强度	千克/万元	≤ 1.1	≤ 1.35	≤ 1.70	≤ 1.85	≤ 2.0
	28	污染物总量超计划项目比例	%	0	≤ 5	≤ 10	≤ 15	≤ 51

该系统可以帮助各级政府和部门，指导本地区用科学发展观进行资源合理开发利用、产业结构调整、城市建设规划布局、污染总量控制管理和社会经济环境的可持续发展。同时，可使从事生产服务活动的单位以及从事相关管理活动的部门，有计划、规范地组织、实施污染物总量控制，确保污染物总量控制目标落到实处。

污染物总量绩效考核等级的评判是一个较为复杂的问题，本文研究利用物元分析方法可建立多指标性能参数的质量评定模型，并能以定量的数值表示评定结果，从而能较完整地反映执行的实际综合水平，且易于使用电子计算机进行规范化评定和动态管理。规范设计的动态管理应用系统软件可以共享。

3. 建立以总量控制为核心的各类园区、企业和建设项目环境管理

扬州市污染物总量控制管理难以落到实处的现象存在的主要原因之一，是总量控制法律依据和制度不足。在国家还没有建立健全此类法律法规和制度的情况下，我们认为：建立以污染物总量控制为核心的各类园区和建设项目全过程环境管理，是改变现状、提高资源利用率、减少和预防污染的应急措施与保证。根据国家、省"区域集中、产业集聚、开发集约、能量集合"的原则，把全面实施总量控制宏观的理念，贯穿到每个园区、每个重点建设项目、每个重点工程和每个重点排污企业环境管理的全过程，并加大对执行情况的核查、通报和考核的力度。对落实污染物治理和削减措施得力的，政府财政可以实行"以奖代补"、"以奖促治"、"生态补偿"进行定额补助。对各类开发区、工业园区，规划环评不做、建设项目及工程总量控制措施不落实的，暂停审批进区建设项目。对建设项目"三同时"不符合要求、企业总量管理形同虚设的，即便其他工程全部到位，一律待批，同样要对责任人予以追究。通过核发生产许可证、经营许可证、排污许可证、土地证、规划审批、项目审批、功能区保护等手段，加大对一产、三产建设项目的以总量控制为核心的环境管理力度。

4.加强污染源监督监测，加大信息开发力度，牢固确立总量控制基础

各类园区、工业集中区和排污企业，应高度重视本部门监测人员和能力建设的配备，建立健全一整套较完善的污染源监测管理体系，层层落实污染源排污动态监测的组织形式和监测范围，加强污染源监督监测，牢固确立总量控制基础。加大监测、监控、信息开发及自身能力建设方面的投入，强化技能和业务水平，及时掌握本区域内污染排放动态变化。

污染物总量控制管理信息化是解决总量控制模式化的需求。我们认为总量控制工作应是滚动的，在为决策提供依据的同时，使大量的资源、环境综合质量、污染控制和社会、经济等方面的基础数据，及时收集、存贮、转换和加工，否则难以使门类众多的繁杂数据系统化、直观化、动态化。虽然本文针对总量控制绩效考核指标体系和技术，进行了信息的开发，但这只是末端的一部分，只为实现污染物总量控制信息化、规范化管理提供技术支撑和启示，远不能满足总量控制的需求。各级政府、部门、行业、单位应根据总量宏观控制的具体要求，进行信息系统的开发，将各自的战略或规划目标、方向和内容与污染物总量管理形成一个完整的、具有较高"耦合"度的体系。以促进总量控制工作科学地、有续地、深入地开展。

5.强化环境监管，推进信息长三角一体化

完善水环境监测网络系统，确保对敏感水域水质变化的及时掌控。扬州市级监测站要按标准配置饮用水全指标分析监测仪器、重金属污染与生物毒性应急监测设备、生物毒性在线预警监测设备、生态环境监测仪器设备和有毒有害污染物监测仪器设备，补充必要的仪器设备和人员。强化环境监督执法和污染源监控能力，市级、县级环境监察队伍应补充配备必要的交通、取证、通讯、快速反应等执法装备和人员，提高标准化建设水平。重点工业污染源和污水处理厂应安装

在线监控装置，并与环保等部门联网。建立自动化、立体化的应急监测体系，提高应急指挥综合反应能力。建立区域联动、全民参与、社会整体联动的综合应急管理机制，推进信息共享，实现长三角联防联控。

第三部分

长三角地区城市社会管理创新

城市化进程中的县域
社会管理研究

——以浙江省诸暨市社会管理实践为中心

余钊飞

（杭州师范大学法学院）

改革开放 30 多年来，我国已进入了改革发展的关键时期，经济体制深刻变革，社会结构深刻变动，利益格局深刻调整，思想观念深刻变化。这种剧烈的社会变革，给我国发展进步带来巨大活力，也必然带来这样那样的矛盾和问题。在经济方面捷报频传的同时，社会矛盾、社会冲突大量增加。这种压力和挑战对处于转型升级时期的长三角地区而言，也是极为明显的。长三角地区社会结构多元多变，社会管理环境从静态封闭走向动态开放，社会管理对象从"单位人"转为"社会人"，社会管理领域从现实社会延至虚拟社会，"人（流动人口）、屋（出租屋）、车（机动车）、场（重点场所）、网（互联网）、会（社会组织）"等社会管理要素纷繁复杂，新情况、新问题层出不穷。浙江省诸暨市位于浙东会稽山西麓，是省辖县级市，现由绍兴市代管。2010 年诸暨市国民生产总值达到 621 亿元，同比增长 11.6%，人均 GDP 达到 58186 元；城镇居民人均可支配收入达到 31413 元，同比增长 12.6%；农村居民人均纯收入达到 14490 元，同比增长 14%，藏富于民更加突出。2010 年诸暨市开展了大城市建设与产业转型升级工作，快速城市化进程与结构调整同时进行，社会管理的压力也陡然增加。作为闻名全国的"枫桥经验"的发源地，2010 年诸暨市被中央政法委列为全国社会管理创新综合试点城市，由此开启了诸暨全面探索基层社会管理创新的道路。在这个过程中，作为县级市的诸暨积累了不少经验，也遇到了一些新问题和挑战。

一、诸暨的经济社会发展水平与"中等收入"国家非常接近

我国已经进入中等收入国家序列，一个绕不过去的问题就是如何防止"中等收入陷阱"。世界银行《东亚经济发展报告（2006）》提出了"中等收入陷阱"的概念，基本涵义是指：鲜有中等收入的经济体成功地跻身为高收入国家，这些国家往往陷入了经济增长的停滞期，既无法在工资方面与低收入国家竞争，又无法在尖端技术研制方面与富裕国家竞争。即一个经济体从中等收入向高收入迈进的过程中，既不能重复又难以摆脱以往由低收入进入中等收入的发展模式，很容易出现经济增长的停滞和徘徊，人均国民收入难以突破 1 万美元。进入这个时期，经济快速发展积累的矛盾集中爆发，原有的增长机制和发展模式无法有效应对由此形成的系统性风险，经济增长容易出现大幅波动或陷入停滞。像巴西、阿根廷、墨西哥、智利、马来西亚等，在 20 世纪 70 年代均进入了中等收入国家行列，但这些国家的人均 GDP 始终在原来的水平上徘徊，并且见不到增长的动力和希望。国际上公认的成功跨越"中等收入陷阱"的国家和地区有日本和"亚洲四小龙"，但就比较大规模的经济体而言，仅有日本和韩国实现了由低收入国家向高收入国家的转换。从日本、韩国等国的经验看，最根本的是较为成功地实现了经济发展模式转型，特别是从"模仿"到自主创新的转换。日本和韩国在由中等收入转向高收

入国家进程中，都较好地控制了收入差距扩大，日本 20 世纪 60 年代实施"国民收入倍增计划"，韩国 1970 年代推行"新社区运动"，缩小了城乡和居民收入差距，使初次分配更趋均衡，为跨越"中等收入陷阱"创造了较为稳定的社会环境。

表 1　2010 年有关国家和地区人均 GDP 数据（IMF 统计数据）

国家	人均 GDP（美元）	排名	备注
日本	42820	16	成功跨越陷阱的国家
韩国	20591	34	成功跨越陷阱的国家
巴西	10816	54	中等收入陷阱国家
墨西哥	9566	62	中等收入陷阱国家
阿根廷	9138	63	中等收入陷阱国家
马来西亚	8423	66	中等收入陷阱国家
中国	4382	95	

表 2　2010 年江浙沪人均 GDP 统计表 ①

省、市、区	人均 GDP（美元）	全国排名	备注
上海	10828	1	直辖市
江苏	7682	4	省
浙江	7380	5	省

---

①　本表源于百度百科"人均 GDP"栏目的统计，该数据主要基于 2010 年人口普查数据制作，与各省市公报存在一定误差。2011 年 4 月 28 日，国家统计局发布的全国第六次人口普查数据显示，截至 2010 年 10 月 31 日 24 点，国内 31 个省、自治区、直辖市和现役军人的人口总数为 13.3973 亿（不含港、澳、台三个地区）。若依据上述人口普查数据与各地区发布的 2010 年 GDP 数据进行简单的统计分析，则可以得到以上数据。按照该数据统计，我国人均 GDP 已超过 1 万美元的 3 个地区，即上海、天津、北京三个直辖市。上述简要数据的分析结果表明，全国 31 个地区之间，其贫富差距的确比较大，排名最后的贵州人均 GDP 约为 1953 美元，且有 21 省低于全国平均水平。

表3 2005—2010年诸暨市GDP增长情况

年份	2005	2006	2007	2008	2009	2010
GDP（亿元）	324.99	378.03	441.54	498.03	527.72	621.52
增长速度（%）	14.4	13.3	14.3	9.6	9.5	11.6
人均GDP	30773	35779	41710	46891	49530	58186
增长速度（%）	14.3	13.3	14.1	9.2	9.2	11.3

通过上述三表的横向对比，我们可以发现，我国在世界200多个国家和地区的人均GDP处于中低等水平，是金砖国家中仅高于印度的国家，尽管总量已经位居世界第二，但人均与美、日、德、法英等老牌资本主义国家的差距十分之大；同时与进入"中等收入陷阱"的巴西、墨西哥、阿根廷等拉美国家及马来西亚等国的差距也比较大。由于我国的经济发展极不均衡，部分地区已经迈入人均GDP到1万美元的水平，如北京、天津、上海等大城市，两个东部发达省份人均GDP则突破7000美元，这些省市的人均GDP水平与进入"中等收入陷阱"的国家十分接近。如巴西、墨西哥、阿根廷等拉美国家及马来西亚等国人均GDP就在8000—11000美元之间。诸暨市2010年的GDP达到621.5亿元，人均生产总值为58186元，按照当年平均汇率折算达到8595美元；高于江苏省人均GDP，在全国位于前列水平；与国外相比，最接近的是马来西亚。这就意味着诸暨市人均GDP刚好位于8000—11000美元之间的中等收入国家水平上。表明诸暨经济发展已经迈入中等收入水平，必须面对"中等收入陷阱"的各种难题。

二、诸暨市经济结构与社会结构之间存在结构性紧张

近几年随着农村城市化、城市现代化进程的快速推进，劳动力的流

动、所有制结构的变化，使得工人阶级、农民阶级、干部阶层三层分立的格局动摇、分化和重组。社会阶层结构开始多样化、异质化。各阶层之间的社会、经济、生活方式及利益认同差异日益明显，以职业为基础的新的社会阶层分化机制正在逐渐取代以往的以政治身份、户口身份、行政身份为依据的分化机制。当前的社会阶层结构已经从"两个阶级、一个阶层"的结构，转变为由国家和社会管理者阶层、经理人员、私营企业主、科技专业人员、办事人员、个体工商户、商业服务业人员、产业工人、农业劳动者和失业半失业人员等十个阶层构成的社会阶层结构。20世纪90年代中期以后，科、教、文、卫、体等的建设出现了相对滞后的局面，出现了就业难、上学难、看病难、养老难、住房难等问题，这也是社会矛盾增加的原因之一。这些问题同样也是诸暨现阶段必须面临的重大社会问题。

（一）人民生活水平、保障水平显著提高，但覆盖面和层次有待提升

表4　诸暨市人民生活水平水平统计表

项目	2009	2010	增长（%）	计量单位
城镇居民人均可支配收入	27897	31413	12.6	元
农村居民人均可支配收入	12694	14490	14.2	元
非农业人口	161227	165819	2.8	人
农业人口	905517	903754	−0.2	人

从上表中我们可以发现，诸暨人民群众的总体生活水平已经位于全国前列，但是城乡之间的差距还是十分明显，所以对于政府而言，缩小城乡差距，合理调整收入结构的压力依然巨大。

表5　诸暨市社会保障水平统计表

项目	2009	2010	计量单位	增长（%）
参加养老保险职工人数	21.01	23.57	万人	12.2
参加养老保险离退休人员	2.09	2.2	万人	4.8
失业保险参保人数	11.65	12.9	万人	11.0
再就业资金支出	820.4	753.81	万元	−8.1
失业保险基金支出	1218.3	1747.1	万元	43.4
各类福利机构个数	33	35	个	6.1
各类福利机构收养人数	1225	1322	人	7.9
城镇居民最低保障线人数	640	645	人	0.8
农村居民最低保障线人数	13500	13728	人	1.7
年末户籍人口数	1066744	1069573	人	0.3

从上表中，我们可以看到诸暨市的社会保障水平在近几年中取得了长足的进展，特别是参加养老保险的职工和离退休人员已经达到25万人以上，参加失业保险的人数已经达到13万人左右，得到政府支持的城乡居民最低生活保障的人员已经达到1.4万多人。接近40%左右的群众享受到了社会保障直接利益。社会保障水平的提升以及覆盖面的扩大，标志着社会"安全阀"初步建设成功；但总体而言距离高层次的社会保障水平还是有很长的一段距离。

（二）社会矛盾化解机制有所创新，但社会矛盾不断复杂化、多样化

在目前的社会矛盾中，人民内部矛盾依然是主流。人民内部矛盾是在整体利益一致前提下的局部矛盾，不具有对抗性。但在一定条件下人民内部矛盾会出现某些对抗现象。有学者指出："尽管目前中国还不会发生全局性的重大政治事件，但也不排除发生局部的突发性事件的可能

性，社会不稳定又成为当前中国最突出的问题"。[①] 尽管是人民内部矛盾，但其处理难度也越来越高，稍有不慎则后果严重。这些情况表明，当前社会矛盾越来越复杂化和多样化。由于信访制度自身局限性明显，难以有效化解社会矛盾，所以这些年，基层社会对人民调解工作越来越重视。诸暨市 2010 年在人民法院中设立联合人民调解委员会，这与近些年"诉讼爆炸"的情况是密切相关的；如诸暨法院每年受理民商事纠纷近万件，每名法官每年承担 200 多件案子的办理压力。联合人民调解委员会的设立，使得法院的工作压力得到一定程度的缓解。相关资料显示，诸暨市人民法院 2010 年民商事收案数同比下降 2.9%，缓解了近年来不断上升的势头。同时也一定程度上化解了涉法涉诉信访的压力。联合人民调解委员会，通过对各类案件全程调解，促成当事人之间利益之争逐步趋向缓和，从而有效地避免了矛盾的激化和反复，也避免了当事人不服而反复上访或上诉，去年该院受理的初信初访同比下降 30%以上。

表 6　诸暨市联合人民调解委员会纠纷处理表 [②]

纠纷种类	2008 年 调解数量（35）	2009 年 调解数量（166）	2010 年 调解数量（240）
借贷	2	14	47
离婚及离婚后财产	2	11	23
买卖	13	25	42
物业		27	59
交通事故		7	4
财产赔偿		2	3
人身损害	1	23	10
抚养		11	10
承包和租赁	2	2	9
劳动工资	9	30	10
赡养	1	5	2
中介服务			2
其他	5	8	19

---

① 　王绍光：《安邦之道——国家转型的目标与途径》，三联书店 2007 年版，第 364 页。
② 　本表是笔者根据诸暨市联合人民调解委员会提供的数据制作而成。

从上表中，我们可以发现有一类纠纷随着城市化建设速度的加快，呈现出明显的上升趋势，那就是由于物业管理而引发的纠纷。在最近十年，随着县域城市化进程的全面加速以及商品房建设的超速发展，物业纠纷无论是数量还是解纷难度都呈现出快速上升的趋势。物业纠纷呈现出了以下特点：案件数量增长迅猛；案件类型复杂多样，人数众多，形成大量集团诉讼；在审判过程中被告缺席严重；公开审理时，旁听群众较多、矛盾易激化、审理难度大；由于该类案件涉及众多业主的日常生活和切实利益，因长期协调不成双方矛盾很大，造成很多业主将积怨集中发泄在庭审进行中，所以审理此类案件难度较大，稍有不慎，矛盾便可能激化。这类纠纷令当地法院和党委政府部门感到非常棘手。诸暨市正在全面推进大城市建设，物业纠纷势必也会出现迅速增长的趋势。这一点从诸暨市联合人民调解委员会 2010 年的统计数据中就可以得到证实。如 2009 年该委员会调解的物业纠纷是 29 起，是总数排名第二的纠纷种类；2010 年则迅速增长到 59 起，成为总数排名第一的纠纷种类。该数据只是显示诸暨市联合调解委员会受理的物业纠纷，尚未统计其他调解机构和司法机关受理的物业纠纷案件。所以在诸暨加快城市建设进程，改善居民房屋居住品质的过程中，必须认真分析物业纠纷产生原因，做到源头控制。

三、县域社会管理创新过程中几对重要关系

(一)"网格化管理"与"社会自治"

近几年，政府社会管理的职能也在不断强化，特别是在技术层面上取得了突飞猛进的发展。很多城市依托数字化城市综合管理、社会面立

体化防控和城市应急管理体系，大大提高了城市社会管理的水平。各地也创造了一些成功的经验，其中最为显著的就是北京市东城区首创的"网格化管理"。东城区根据"完整性、便利性、均衡性、差异性"原则将管辖地域划分成若干网格状的单元，由专门网格工作人员对社区实施 24 小时动态、全方位管理。小到社区环境卫生、居民矛盾化解，大到社区党建、社会治安维护等都可以做到凡事不出网格，构建了"天上有云，中间有网，地上有格"的格局。与此同时浙江省舟山市根据群岛特征及实际情况，也推出了"网格化管理、组团式服务"，在全国也产生了重大影响。浙江省诸暨市枫桥镇是网格化管理最早实施的地方，一开始是在安全生产领域实施的一项管理制度；最后在全国网格化管理普遍推行之后，得到全面推广和加强。

网格化管理的主要载体是组织网络体系构建和技术系统支撑。组织网络体系主要是依托现有健全的各级党组织体系和相应的基层自治组织体系，主要创新之处是细化了管理责任主体和精确了管理对象。实际上是对原有组织体系功能和责任的进一步细化。另外一个重要载体就是大规模运用视频监控，做到实时实地的动态管理。随着社会矛盾和纠纷的日渐复杂化、多样化，各级政府的社会治安防控的任务日益加重，为有效实现社会治安的打防控一体化建设，创造良好的社会治安环境，大规模运用电子监视系统已经成为各地的普遍做法。在"人防、物防、技防"一体化的指导下，构建系统、全面的网格化管理模式已经在广大城市、社区全面推行。如诸暨市就制定了《社会治安动态视频监控系统建设三年规划》，规划以"增点、扩面、控要；强基、建制、增效"为基本目标，经过三年建设，基本实现城区、集镇的视频监控和城区主要道路十字路口的电子警察全覆盖；基本实现重点村、企业，重要部位、场所的视频监控全覆盖；基本实现公交车辆和各种应急抢险车辆的车载移动实时监控。

大规模技术监控系统的建设对于提升社会管理的精确性有着非常良好的作用，但是其中也隐藏着一些新的问题。现代信息技术有时是一把双刃剑，特别是公民的个人隐私有面临监控危险。所以在技术控制系统的建设过程中，不能将管理对象视为机械、冰冷的课题，因为社会管理的对象是人，而人是最为动态发展、最为活跃的管理对象。网格化建设大大提升了城市社会管理的精细化水平。但是这种"全覆盖"、"全进入"的管理模式是依托巨大的财政实力建立的，对于经济发展水平一般的城市而言，还不具有普适性。尽管网格化管理取得了一些成绩，但是其中存在问题也需要认真思考。从技术手段上看，似乎完美无缺；但是从理念上讲，其基本思路依然是加强社会控制，相对而言弱化了社会自身的活力和创造力；因为网格化管理实际上是自上而下的管理体系建设，缺乏社区组织、居民自身的主导作用和主体参与。在这样的格局下，城市居民委员会也逐步由社区居民自治组织演变为行政抓手，行政化的特征明显。另外单向的"覆盖"和"进入"，使社区其他社会组织和公民也处于更加被动和从属的地位，实际效果有待观望。实际上，社会管理创新的终极价值取向不仅仅是为了社会稳定，而是为了保障公民权利。当一个社会是以保障公民人权为目标时，它就一定是稳定的。所以在加强和创新社会管理的过程中，必须认识到：社会管理不仅仅是加强社会治安和维护社会稳定，不是政府对社会的单向度管理和控制。社会管理必须注意到市场经济的发展和社会结构变迁，让渡一定的空间给公民和社会组织进行自我管理，尊重社会管理中的市场逻辑和自治逻辑。

（二）"条块分割"与"属地管理"

"条块分割"是关系到政府在行使行政管理职权时遇到的权力碎片化、分散化、低效率化的情况；特别是对基层政府而言，这是一个不得不面对的难题。曾任湖北省咸宁市咸安区委书记的宋亚平对此深有感触。他认为："块块"与"条条"的关系在许多方面十分复杂，表面上看是以"块块"为主，但到县一级基层，实质上是以"条条"为主。过去我们经常讲"条"与"块"相结合，在实际操作过程中则往往是"条"与"块"相分割。因为在这种体制与机制下，"条条"在行政区划内的政治和经济生活中是非常容易喧宾夺主的。各职能部门尤其是手中掌握着重要资源的行政审批部门，事实上是越来越显赫，权力越来越大，许多事情甚至可以"一竿子插到底"，成为上级政府的政策代言人和本级政府行政权力的直接行使者。作为"块块"的地方政府，越到基层权力越小，虽然肩负着本区划内社会事务管理的责任，但实际上这种责任和权力极不对称，义务与条件不相匹配，似乎只是担当着一个协调人的角色。① 宋亚平认为："条与块的矛盾，核心在于资源配置权力的纵向化与社会管理责任的横向化所导致的二元治理结构上的不平衡。"

当前，基层政权涉及维护社会稳定工作的机构就包括维稳办、综治办、流管办、司法所、城管分队、安委会、武装部、信访办、应急办、派出所、派出法庭等等。这些部门科室及相关站所之间由于处于条块分割的行政格局中，中间缺乏一个可以统一协调指挥的工作平台，所以难以达到有效地联动与合作。如果在基层缺乏一套完善的快速发现机制和应对机制，那么在处理上稍有不慎或者说拖延时机，小问题就会向大问题转化，表象问题就会向深层次问题转化，局部问题就会向全局问题转化，非对抗性矛盾就会向对抗性矛盾转化，这将会对社会稳定产生极大威胁。人员配置和社会管理工作任务不相适应，部门职能分割与执法目标不相适应等个性问题，已经深深困扰基层政权。所以如何进一步提高社会管理部门依法决策、依法办事、依法管理及依法处理各种社会矛盾纠纷的能力，切实履行好社会管理和公共服务职能显得尤为重要。各项决策或决策实施前，应进行科学论证和评估工作，听取各方面群众的意见，使决策符合实际，符合群众利益，防止出现"政策一出台，矛盾跟着来"的被动局面，防止因决策失误而引发群众利益矛盾。应该把改革的力度、社会各阶层的承受力度和改革稳定性统一起来，提高改革措施

---

① 宋亚平：《咸安政改》，湖北人民出版社 2009 年版，第 59 页。

的协调性，防止因改革措施不慎而发生伤及群众利益底线的问题，防止把改革付出的成本和补偿代价推向社会和普通群众，产生新的矛盾纠纷，影响社会稳定。

所以，在横向关系上，要增强政府社会管理的整体能力，必须把社会管理从综治工作系统的治安工作上升为实现社会长治久安的国家战略。社会管理是一个复杂的系统工程，过多依赖于综治部门来进行事后救急，恰恰是社会管理水平亟待提高的表现。目前，全国不少加强和创新社会管理的综合试点县市，都将试点领导机构放在综治部门。这种做法充其量只能是权宜之计，从长期来看，它是不利于社会管理的统筹协调，不利于形成强化源头治理的导向。在目前社会管理相关职责、权力、资源分散在 20 多个部门的情况下，不着眼于从体制上解决领导体制和管理格局问题，最终很可能造成部门本位主义的管理方式人为阻碍社会问题的解决，甚至人为制造新的社会矛盾，以至于应激性的社会问题大量增加，社会管理不得不越来越多倚重于综治部门的局面。要摆脱政府社会管理的狭隘化、目标短期化、行为应急化的困境，就必须认真研究如何从领导体制上取得突破，如何加强政府在社会管理上的统筹协调作用。

社会管理的重点和难点基本集中在基层，在目前的管理格局之下，基层压力巨大。当前的政府社会管理的主要承担者是基层，按照"属地管理、分级负责"和"谁主管、谁负责"的原则，基层承担了社会管理的主要任务和责任。目前，基层街道、乡镇存在着"事务大量增加，责任不断加强"的客观压力。特别是基层维稳、综治领域，部分基层干部认为，"有限的人力、无限的工作"，"有限的权力、无限的责任"，"有限的安全，无限的隐患"。这种情况对部分基层干部工作积极性产生较大影响。现有体制下，降低基层干部工作压力的唯一办法就是发挥社会组织和人民群众的力量。社区是城市管理和建设的基础，随着社区成员结构的日益多元化，对社会秩序的管理也要求多元治理。如果能够充分发挥居民自治组织在协调利益、化解矛盾、排忧解难中的作用，不仅效率高而且成本低。特别是在倡导自治的同时，基层政府并没有完全不管，"支持不包办、添柴不添乱"才是政府应当扮演的角色。只有政府合理的引导和培育，各类自治组织才能在社会建设中焕发出持久的活力。通过社区民主自治和培育社会组织，政府逐步转移社会组织通过自律来解决问题。从而实现治安管理与城市管理、市场管理、行业管理等有机结合。在快速城市化的发展过程中，只有合理培育和引导社会自治组织，才能使一些看似复杂的社会问题在不同的内部群体予以化解。

（三）户籍人口与流动人口

改革开放以来，随着我国社会结构由封闭走向开放，社会的流动性急剧增加，流动人口的管理成为许多经济发达地区和城镇社会管理的重要难题。流动人口的问题不仅涉及政府的行政管理体制改革、公共服务水平，同时也与地方政府的财政承载力密切相关。流动人口的大量进入，不仅为当地经济发展提供了劳动力，也为当地的经济发展带来了一些不确定性。一方面，快速涌入的人口与城市规模及经济发展有限容量存在着矛盾；另一方面，流动人口的无序流动，与我国主体功能区的整体规划存在一定的矛盾。[1]随着浙江经济的发展，大量外来务工人员来到浙江务工创业。由于城乡二元结构的各种深层次矛盾，外来务工人员职业和身份相分离，亦工亦农、亦城亦乡的特点和离土不离乡的矛盾仍然十分突出。在新的形势下，外来务工人员已由原来的就业生存需要转向基本利益要求，由原来的城乡之间流动转向流入城市，由原来的单纯追求经济利益转向和追求自身发展，原来的追求局部利益转向追求完整权利的愿望，由此产生了一系列矛盾，其主要表现就是本地人与外来人

---

① 沈立江等：《社会管理新探》，浙江人民出版社 2012 年版，第 186—187 页。

口冲突和纠纷的加剧。矛盾的核心问题就是两者在公共服务方面存在显著的制度性差异，这种差异主要是户籍差异及依附在户籍上的医疗、养老、教育、社保以及公民待遇等。

针对这些情况，浙江省宁波市曾在2011年颁布了《宁波市外来务工人员积分落户暂行办法》和《宁波市外来务工人员积分落户评价标准》，开始办理外来务工人员积分落户工作。对于总量调控方面，宁波主要是根据财政保障能力和城市承载能力确定年度落户指标。该政策在制度层面上打开了外来人口进入宁波户籍的通道，但是从其标准上来看，其要求之高、条件之多，预计能够达到要求的人数将非常之少，对于普通农民工而言依然是可望而不可及。当然这种制度突破在现行户籍管理体制下已经实属不易，只是在覆盖面和申请资格上还是需要进一步扩大。宁波市也是全国社会管理创新的综合试点城市，同时也是计划单列的副省级城市，在地方立法权和政策制定上拥有很大的自主空间，因而在外来人口落户方面的政府主动权还是非常之大的。作为县级市的诸暨显然没有这样的优势，只能根据自身的实际条件进行相应的外来人口管理体制创新。

诸暨市店口镇是诸暨的经济重镇，同时也是外来人口集聚区域。从2002年以后，店口的外来人口基本稳定在5万人左右（实际登记人口基本上低于5万）。37家大型规模企业雇用外来人口约15000多人，其余大量外来人口分布于各类小型企业和家庭作坊中。大量外来人口及时解决了店口"用工荒"问题，同时也考验着地方政府的管理和服务能力。从20世纪90年代中期开始，店口治安矛盾纠纷增多，内外融合距离拉大现象已经开始显现。店口镇曾经出现大量外来流动人员集聚冲击企业强索劳动工资，围攻政府机关聚众闹事等现象。甚至有的外来人员组成抢盗团伙，并形成黑恶势力的现象，这使得当时店口的社会治安形势日趋复杂。从派出所统计的情况可以看出，近年来店口外来人口违法犯罪已成为店口违法犯罪行为的主体，并由此引发了一些新的社会问题。

表7 "新店口人"刑事发案统计表 [①]

年份	"新店口人"数	处理外来刑事犯罪人员	占总刑事犯罪总数
2003	25900	12	86%
2004	27775	61	70%
2005	22739	129	57%
2006	39436	117	62%
2007	43803	161	71%
2008	49463	158	79%
2009	43475	176	71%
2010	39427	157	82%

　　面对外来人口犯罪数量较大的实际情形，店口镇政府认识到外来人口犯罪与其总体文化水平、经济收入较低、法律意识淡薄有关联，但其中一个重要原因就是外来人口难以融入本地社会，诸如外来人口受到社会歧视的几率较大，合法权益容易被侵犯等现象。店口外来人口融入当地社会存在的困难主要集中在以下几个方面：第一，就医难。很大一部分外来务工人员从事高强度体力劳动，其生活环境、饮食条件、安全意识都比较差，导致其身体健康隐患、意外伤害可能性极大。此外，由于区域分割化的医疗体制，导致大部分外来务工人员没有任何医疗保障，由于收入水平不高，其患病后未就诊、应住院未住院、住院后提前出院、选择"黑诊所"的现象比较突出。第二，入学难。在店口1.3万学生中，外来学生占40%，入学难的情况在近几年有所改善，但总体而言还是处于探索阶段。近年来，店口镇采取公办学校扩招、社会力量办学等方式极大缓解了外来人口子女入学难的问题，但是由于集镇教育资源总量的有限性以及资源分配不平衡的原因，目前5000多店口外来人口子女还是停留在"有书读"的阶段，离"读

---

　　① 相关外来人口及统计源于周华：《求解"世纪难题"》，《城店口》2011年第6期。

好书"还是有一定差距。第三，计生难。店口外来人口中绝大多数是中青年，其中有1万多外来育龄妇女，且一部分外来人口生育观念还是比较落后，持有在外工作两头管不到的心态，将暂住地作为超生地的想法较多。与此相对应的是，这些育龄妇女的妇幼保健水平也不高。第四，维权难。维权问题主要表现是劳资纠纷，有些企业为了降低成本，最大限度追求经济效益，轻视务工者的合法权益，甚至恶意规避法律规定，主要表现为：不与劳动者签订劳动合同；不为劳动者依法参加工伤保险；不支付加班工资；随意解除劳动合同，拒绝支付经济补偿金或赔偿金；等等。从务工者方面而言，少数务工者综合素质不高，安全生产意识不强，导致了人身伤亡事故频发。同时极少数务工者为了谋取不正当利益，过度维权现象开始显现，如果处理不当很容易形成群体性上访事件，成为社会不稳定隐患。

尽管户籍制度不是一个区域性、地方性的制度，而是一个国家层面的制度，改革户籍制度必须从全局出发，由中央政府综合研究统一制定改革的思路和方案，构建与国家经济社会发展和宏观社会管理体制相适应的户籍制度模式；但这并不意味着基层政府没有户籍改革拓展空间。作为诸暨市经济发展水平最高的店口镇，当地党委政府为流动人口融入本地作出了巨大的探索和努力：一是制定"虚拟户籍"政策，模拟互联网虚拟社区的做法，让所有进入店口的外来人口在虚拟社区中拥有同一个身份，并按照这个身份享受同城待遇。二是集中提升流动人口居住环境，从2011年起，店口镇启动"新店口人安居工程"，计划争取1000亩土地指标建设外来人员公寓；同时鼓励企业单独建造职工宿舍，为外来员工营造"家"的感觉。三是实施促进流动人口固化政策，着力解决流动人口的就业和生活保障，具体而言就是义务教育均等化、医疗卫生爱心化、文化娱乐经常化、劳动保障全员化、法律援助规范化、安居工程城镇化。四是全面推行"爱心服务一证通"，使流动人口在办理居住证的同时，真正享受到购物、娱乐、就医、就学等多种优惠和便利服务，实现低成本消费、高品质生活。由于店口是基层乡镇，在突破政策壁垒方面缺乏制度空间和权威，决定了店口社会政策主导空间不大；所以其主要创新方式还是集中在财政的惠及面上，使外来建设者在教育、医疗、购房上能够实实在在地享受到实际利益。由于户籍改革牵涉面大，属于高层级政府统筹协调的综合事务，店口镇的相关"同城待遇"实施还是存在着一些亟需突破的现实问题，需要更高层次的政府予以支持。

（四）民间融资与金融风险

浙江省是我国东部沿海发达省份，刚好处于社会转型、经济结构调整的关键时期。在社会管理压力方面，有着自身的特点。首先，浙江传统发展模式的种种体制性、结构性和素质性问题逐渐显性化，以及经济转型面临的巨大压力，给社会管理带来了阶段性风险增大的巨大挑战。浙江经济发展中面临转型升级的压力传导社会领域，就使得经济风险扩展为社会风险的关联性在不断加强。其次，随着浙江传统发展模式的社会负面效应逐步显现和放大，浙江维护社会公共安全体系的压力短期内还难以缓解。浙江民本经济的发展格局虽然具有显著的富民成效，但其存在的诸如企业规模普遍偏小，产业结构不尽合理、经济布局过于分散、产业技术层次不高，自主创新能力不强、产品附加值低、原材料和能源消耗大、环境污染严重等问题，也极大增加了安全生产和食品药品安全监管的压力，增大了相关社会问题的治理难度。再次，浙江民营经济活跃，经济转型过程中难以避免大量中小企业的倒闭，以及民间借贷不规范引发的债务危机等等，都有可能给社会秩序带来较大的冲击。[1]

----

[1] 沈立江、马力宏主编：《加强和创新社会管理论文集》，中央党校出版社 2011 年版，第 9—15 页。

2008 年的金融危机爆发时，绍兴当时最大的企业浙江华联三鑫石化有限公司深陷互保案漩涡。这家企业融资 80 多亿元，与数量庞大的企业存在盘根错节的互保关系，绍兴当地知名的展望集团、浙江玻璃、加佰利集团皆牵涉入内，数十家银行牵涉其中。若非绍兴市政府出手挽救，整个绍兴地区企业界岌岌可危。在遭遇经济下行时，互保的危害及弊端将再次显露无遗。

2011 年 9 月前后温州爆发了区域性民间借贷危机，这种民间借贷引爆的危机在 11 月前后就波及诸暨等地。2011 年 11 月，诸暨几家大型企业集团因为融资以及借贷问题引发了较大的危机，其中最为明显的就是 2012 年 10 月前后诸暨的企业互保贷款危机全面凸显。所谓的民间"互保"指的是互相担保，也就是企业之间对等为对方保证贷款，银行为了控制风险，除了抵押物有时会要求企业找一家甚至几家企业为其担保，一旦出现还不上贷款，就由担保企业承担还款连带责任。在浙江企业之间互保非常普遍，还有更多地采用"联保"，就是三家或三家以上企业组成担保联合体，所有成员为其中任何一家的贷款承担连带责任。2009 年国家实施 4 万亿经济刺激计划，海量的贷款从银行出来，并不全部流向企业的扩大再生产或转型升级，而是大部分流向了地产、矿产、期货以及高利贷市场等获利更高的投机领域。来自中国人民银行温州支行撰写的《温州民间借贷市场调查报告》显示，温州 1100 亿民间借贷的总盘子中，仅有 35% 用于实业经营，其他都用于投机。而根据民间的估算，投机的比例或许还要更高。这种投机以及部分企业的迅速扩张，积累了重大金融风险。

2011 年 11 月，诸暨境内的凯翔集团因为民间借贷危机爆发，企业陷入了严重困境；随后一连串的当地著名民营企业也陷入了互保危机。浙江经发实业集团，是一家"中国民营 500 强企业"。该公司注册资本 58721 万元，总部位于浙江诸暨，管理中心设在杭州，产业涉及旅游、酒店、金融、房地产、纺织制造、对外贸易等众多产业。特别值得一提的是，经发实业参股了多家银行，包括浙商银行、徽商银行、包商银行、诸暨农村合作银行等。由于企业过度扩张、受关联担保企业牵连等因素影响，遇到了现金流紧张、负债率上升等困难。经发实业陷入信贷危机之后，鉴于该庞大经济体在当地影响巨大，诸暨市政府介入帮助企业重组自救，终得以平稳过渡。诸暨的另一互保企业冠军集团也陷入了焦灼。据悉，与冠军集团互保的企业包括经发实业、达亨控股集团、宏磊股份等 10 家企业。其中，为经发实业担保的金额为 1400 万元，为达亨控股集团担保的金额为 7500 万元和 330 万美元。真正将冠军集团拖入债务泥潭的是达亨控股集团。2011 年 11 月，洲际橡胶集团因民间高利贷导致资金链条断裂。与冠军集团存在互保关系的宏磊股份同时也是洲际橡胶集团的互保企业，曾因此发不出工资导致工人堵门。达亨控股集团为洲际橡胶集团提供了 9200 万元的贷款担保，因而陷入还贷危局，董事长何先永被当地警方控制。据公开报道，为达亨控股集团提供担保的企业包括冠军集团、濠泰机械、海魄集团、爱莱针织公司等 16 家企业，担保金额为 5.22198 亿元。何先永的绝大多数资产投资在海外，无法在短时间内变现偿还债务，终在 6 月 17 日以涉嫌"非法吸收公众存款"被批准逮捕。为其提供 7500 万元和 330 万美元担保的冠军集团深受其害，被各大银行逼迫偿还银行贷款。

根据相关媒体报道，诸暨当地的企业信用体系近乎崩塌，企业主们纷纷撤保，包括何先永在内的多位当地企业负责人被以"非法吸收公众存款"罪抓捕。然而，担保的危机始终难解。诸暨市中小企业、个体工商户密集，最近几年企业融资困难，加上民间借贷在诸暨当地拥有深厚的历史惯性，所以如何加强民间借贷的引导和控制显得十分重要。诸暨未来五年将展开大城市建设和打造现代产业体系，总体而言必将有巨额信贷和政府财政投入进入这些领域，极易引起中小企业投入不足的问题，在这样的情势之下，民间借贷危机爆发的可能性将会有很大的上升。目前在现有的预警机制方面，诸暨市政府可以和人民法院建立联动预警机制。因为从人民法院审理和调解借贷纠纷实际数量发展趋势就基本可以判断民间借贷危机爆发的可能性。如 2008 年诸暨市联合人民调解委员会调解借贷纠纷数量是 2 件，2009 年则是 14 件，2010 年则猛增到 47 件，借贷纠纷呈现出爆炸式上升的趋势；在借贷纠纷数量激增的情况下，普通的民事纠纷已经上升为社会问题，必须引起党委政府的高度关注和提前预防。

杭州都市圈打造城市生活
幸福圈研究

都市生活幸福圈研究课题组[*]

从 2004 年起，《瞭望东方周刊》每年都进行"中国最具幸福感城市"评选，杭州连续 8 年荣获"幸福城市"排行榜的首位，成为备受瞩目的"幸福城市"。杭州成为中国最早的幸福城市。杭州市蔡奇市长在 2010 年初召开的推进杭州市经济圈工作第四次专题会议上，提出"打好民生牌，打造'幸福圈'"的内容，将构建"幸福圈"作为建设杭州都市圈的要求提了出来。"幸福圈"由此成为正式的命题。2011 年 4 月，在江苏省镇江市召开的"长江三角洲城市经济协调会第 11 次市长会议"上，通过了"构建长江三角洲幸福生活城市圈"课题的立项。2012 年 5 月，由杭州市社会科学院发布的长三角研究报告《构建长江三角洲幸福生活城市圈》由中央文献出版社出版。虽然"幸福生活城市圈"与本课题"城市生活幸福圈"在名称上有所差异，但究其本质并无多大不同。

　＊ 组长辛薇，杭州市社会科学界联合会主席，杭州市社会科学院院长、研究员；副组长唐龙尧，杭州市社会科学院副院长；副组长徐文霞，杭州市人民政府国内经济合作办公室副主任，杭州都市圈合作发展协调会办公室副主任、高级工程师。陈国军，杭州市人民政府国内经济合作办公室区域合作处副处长；杨砚，杭州市人民政府国内经济合作办公室区域合作处主任科员。执笔方晨光，杭州市社会科学院研究员，《杭州研究》编辑部常务副主任。

　　所谓"幸福圈"，是指生活在一定城市区域（城市、市区、县区等）中的人们，普遍对城市生活一体化带来的便利感到满意、和谐与满足。"幸福圈"的提出，其意义在于人们逐步认识到，在 GDP 以外还有更重要的内容是值得关注和考核的。韩国政府未来及洞察力理事会主席郭生俊在 2011 年大连夏季达沃斯论坛上说："GDP 不能真正反映经济、环境、生活的质量。无论是企业层面，还是国家层面，都要考虑到这个问题。这不仅影响到国家、企业，还有个人。""幸福圈"建设的内容包括：社会救助状况、教育质量、市民的文明程度、交通畅通和换乘、低保水平与养老状况、医疗水平和保障、就业状况、房价、物价、能源供应（水电、汽油等）、通讯保障（电话、网络等）、城市规划、政务公开、市民诉求渠道的畅通程度、市民意见或建议的有用程度、居委会的工作、社会团体（工青妇等）维权工作、民间组织（慈善、福利等）社会服务、对外来务工人员的关心程度、食品药品安全、治安状况、交通状况、生产安全、环境安全、网络安全、文体设施（博物馆、体育馆、图书馆）、文化进农村状况、文化资源和遗产保护情况、餐饮娱乐服务、旅游开发等感到满意的程度的城市生活的各个方面；生活在"幸福圈"的人们，普遍对生活感到满意、和谐和满足，对区域管理感到有序、规范，对区域政府有较高的信任度。

　　"城市，让生活更美好。"这是上海世博会的主题，它日益成为人们衡量城市幸福感的一把尺度。长三角开展"幸福生活城市圈"研究，广东提出"幸福广东"指标体系等，拟把幸福指数上升到与 GDP 考核同样重要的地位加以对待。"打造生活品质之城"是杭州近年来提出的口号，让生活在杭州的人们享受到"打造生活品质之城"所带来的幸福。就杭州都市圈而言，要让杭州、湖州、嘉兴、绍兴四城市及所有县（市）、区感受到杭州的经济与文化的辐射，感受到幸福传播所带来的快乐，在今后的一段时间内形成若干个城市生活幸福圈，并由此带动都市圈内所有中小城市和城镇一起文明幸福。

　　杭州都市圈打造城市生活幸福圈，是杭湖嘉绍四城市人民的共同愿望，四城市在"十二五"规划中都提出"让人民生活得更幸福、更美好"的目标。打造城市生活幸福圈具有重要价值。就杭州都市圈区域发展而言，能促进经济社会和谐发展和生态环境的改善；就经济建设而言，能促进产业集聚活力的增强和创新能力的提升；就文化建设而言，能促进城市凝聚力和归属感的增强。

一、打造城市生活幸福圈的调研

（一）打造幸福圈的调查与分析

经过几代人的努力，中国的经济飞速发展，GDP 年均增长近 10%，即使在经济危机的大环境下仍然能够保持 8% 的增长率。但与此同时，对于幸福感的质疑却越来越明显。人们不禁要思考，经济增长快慢能否代表社会和谐文明、城市健康发展程度？是否更应该关注社会总体幸福感的增长程度？基于以上理念，我们借助做长三角研究课题《构建长江三角洲幸福生活城市圈》的机会，对杭州都市圈四城市居民生活幸福感的基本情况和跨城市合作给居民生活带来幸福的程度进行调查，以为《杭州都市圈蓝皮书》提供可行的研究报告。为做好《打造杭州都市圈城市生活幸福圈》调查，科学地了解和掌握第一手资料，我们开展了杭州都市圈四城市问卷调查。问卷调查的主要程序为：问卷设计、问卷上传于"问道网——专业的在线问卷调查平台（http://www.askform.cn)"、网络调查、会议调查、街头调查、问卷统计、问卷分析、问卷研究等。

1. 问卷调查的设计与基本数据

《打造杭州都市圈城市生活幸福圈》调查的项目主要分三个部分：

一是城市个人幸福感调查；二是城市居民幸福感调查的研究；三是杭州都市圈跨城市合作满意度调查。问卷共分 50 项内容，涉及填表人基本信息（6 个）、个人幸福感（7 个）、城市幸福感（30 个）、城市合作幸福感（13 个）4 大方面的问题。分很满意、满意、基本满意、不满意、很不满意 5 个单选项，以掌握个人信息、个人幸福指数、城市幸福指数、跨城市幸福指数的主要数据。其中对城市幸福感的评介分为社会管理、社会安全、文化建设与资源可得性等维度；对城市合作幸福感的评介分为跨城市合作交流程度与跨城市便捷程度。内容涉及家庭生活、工作状况、城市管理、社会保障、文化享受、社会与环境资源等等。我们在杭州、湖州、嘉兴、绍兴四城市范围内进行会议发放、社区发放和网络平台调查等方式进行。调查共收到问卷 258 份，样本覆盖杭州都市圈的四城市，其中杭州 205 份，其他三城市 53 份，分别为 80% 和 20%；社区调查 89 份，约占总问卷数的 35%；网络调查 81 份，占总问卷数的 30%。

采用 SPSS13.0 和 Amos7.0 统计分析软件进行数据处理，运用 SPSS Statistics 17.0 进行分析研究。对城市居民幸福感和杭州都市圈跨城市合作满意度进行了幸福感量表项目分析、测量学特性分析和维度分析。通过对杭州都市圈城市居民幸福感的内在一致性系数进行了考察，最终得到了个人生活、社会管理、资源可得性、文化建设等具有 4 个维度的模型，其中个人生活（3.30）、文化建设（3.29）高于平均值 2.95，群众较为满意；社会管理（2.86）和资源可得性（2.39）低于平均值 2.95，群众不太满意，尤其是资源可得性方面低于平均值 0.56，应引起重点关注。通过对杭州都市圈跨城市合作满意度项目研究，最终得出跨城市便捷度和跨城市交流合作程度两个维度模型，其中跨城市便捷度（3.03）高于平均值 2.99，群众满意度较高；跨城市交流合作程度（2.94）低于平均值 2.99，群众满意度偏低。

2. 城市居民幸福感与跨城市合作的满意度调查

第一组是城市居民幸福感满意度的调查。（1）杭州都市圈居民感到基本满意、满意和很满意的前三位依次是：对家人的亲密程度、对自己与他人的关系的融洽程度和对工作和学习满意程度，分别达到96%、96%和91%。这说明绝大多数的人对自己的生活状况还是比较满意，表明和谐的人际关系、工作和学习对于个人幸福的重要性，而对家人的亲密程度满意和非常满意之和高达74%。（2）杭州都市圈居民感到不满意和很不满意的前三位依次是：对本市房价、对本市物价和交通状况，分别达到85%、71%和66%。说明有超过半数和接近半数的人对自己生存状况的担忧，可见房价、物价和交通状况是影响杭州都市圈幸福指数的关键因素。如果与长江三角洲的不满意和很不满意的前二位房价73.07%、物价65.09%相比，杭州都市圈的不满意和很不满意率要高出许多。而杭州都市圈交通状况（尤其是杭州市区）是仅次于房价、物价的影响人们幸福指数的关键因素，较长江三角洲城市的食品药品安全43.56%不满意和很不满意率高出22%。

第二组是跨城市合作满意度的调查。（1）杭州都市圈跨城市合作感到基本满意、满意和很满意的前三位依次是：旅游方便程度、跨城市观看文体赛事和交通方便程度（与人才交流合作并列），分别达到91%、87%和84%。说明杭州都市圈合作还是浅层次的合作。（2）杭州都市圈跨城市合作感到不满意和很不满意的前三位依次是：购买住房而不受户口限制、重大公共事件应急响应和城市价格管理，分别达到34%、26%和26%。与长江三角洲城市的不满意和很不满意的前三位跨城市医保结算31.56%、城市价格管理25.78%和就业方便程度25.19%相比，杭州都市圈居民更具市场经济和城市管理意识。

（二）打造幸福圈的共同基础与城市目标

杭州都市圈以杭州市区为极核，湖州、嘉兴和绍兴三市市区为副中心，杭州市域5县（市）及德清、安吉、海宁、桐乡、绍兴、诸暨等杭州相邻 6 县（市）为紧密层，联动湖州、嘉兴、绍兴市域。规划的区域总面积 34585 平方公里，占浙江省面积的 33.97%。2011 年末，杭州都市圈总人口达到了 2110.2 万人，生产总值（GDP）达到了 14497.18 亿元，占全省生产总值（GDP）的 45.3%，人均生产总值达到了 68839 元。城镇居民人均可支配收入为 31156 元，农村居民人均纯收入为 15799 元。杭州都市圈总体发展水平较高，在浙江省内甚至全国范围内有较强的经济实力，是杭州都市圈发展的有利条件，也是与南京、武汉、哈尔滨等国内其他都市圈城市相比最突出的优势。改革开放以来，杭州都市圈经济社会发展取得了举世瞩目的巨大成就，已成为全国发展基础最好、体制环境最优、整体竞争力最强的地区之一，具有在高起点上加快发展的优势和机遇。

历史上，杭、湖、嘉、绍地区具有共同的特征，地域相邻、人缘相亲、习俗相近、文化相融，经济社会联系紧密。随着交通通讯的日益便捷，经济合作的纵深推进，进一步联合发展、培育都市经济圈具备了坚实基础。根据《杭州都市经济圈发展规划》，杭州都市圈创新体制机制，突破行政区域，加强合作交流，以进一步发挥杭州在区域联动发展中的核心作用，推进规划共绘、交通共联、市场共构、产业共兴、品牌共推、环境共建、社会共享，逐步形成以杭州市区为极核，杭州市域网络化大都市为主体，湖州、嘉兴、绍兴三市市区为副中心，德清、安吉、海宁、桐乡、绍兴、诸暨等杭州相邻 6 县市为紧密层，联动湖州、嘉兴、绍兴市域的杭州都市经济圈，全面提升区域整体实力，建成世界第六大城市群重要板块、亚太国际门户有机组成、全国科学发展和谐发展先行区和浙江创业创新核心区。

杭州都市圈所辖的杭州、湖州、嘉兴、绍兴四城市由于地理位置、历史发展、文化积淀等原因，其城市个性表现出明显的不同，因此，提出的城市幸福目标也有所差异。杭州、湖州、嘉兴、绍兴四城市虽然提出的幸福目标口号不尽相同，但他们的共同点就是如何提高百姓的生活品质，让城市百姓享受到城市发展而带来的幸福生活。

1. 杭州：共建共享生活品质之城

杭州是中国"七大古都之一"和最著名的风景旅游城市之一，为"国画长卷，梦想天堂"。有研究认为①，杭州的幸福感主要来自3个方面：和谐友好的自然环境、富甲天下的富庶之乡和灵秀杰出的人文宝地。杭州自古就有美誉："江南忆，最忆是杭州"，"未能抛得杭州去，一半勾留是此湖"。自2004起，杭州连续8年蝉联"中国最具幸福感城市"称号，并获得联合国人居奖、国际花园城市、国际环保模范城市、全国绿化模范城市、中国最具安全感的城市等荣誉，2011年"西湖文化景观"又被列入《世界遗产名录》。"钱塘自古繁华"，"市列珠玑，户盈罗绮、竞豪奢"，杭州人之所以感觉到幸福，在于杭州占据着一处天然的鱼米之乡、富庶之地。幸福的秘诀是什么？是杭州人民的勤劳、和谐、勇敢、奋斗与努力。

为保持杭州的幸福度与美誉度，近年来杭州市政府提出"共建共享生活品质之城"的目标，把建设幸福杭州与共享幸福杭州紧密地结合起来，以城乡一体化、城市国际化为主抓手，在建设学习型城市、创新型城市、生态型城市和打造安居乐业示范区、城乡统筹示范区、人文法治示范区的过程中，全面推进经济、政治、文化、社会以及生态文明建设，把"生活品质之城"建设提高到新水平，为打造东方品质之城、建设幸福和谐杭州而努力奋斗。

2. 湖州：建设"富饶秀美宜居乐活"滨湖大城市

湖州人的幸福感源于湖州素有"丝绸之府、鱼米之乡、文化之邦"的美誉。湖州是世界丝绸文化发祥地之一，是历代列为"文房四宝"之首的湖笔的故乡。湖州向以山水清远而著称，自然风光秀美。人杰地灵的湖州历代人才辈出，"茶圣"陆羽隐居湖州所撰的《茶经》成为闻名中外的第一部茶叶专著；书画家赵孟、吴昌硕开创的"赵体"书、"吴门"画，在中国艺术史上留下了深远影响。

湖州围绕建设"富饶秀美宜居乐活"滨湖大城市的目标，致力于特

---

① 刘晓林：《杭州：用幸福指数说话》，http://www.sina.com.cn，2007年4月30日。

色产业集聚区、统筹城乡先行区、生态文明示范区、幸福民生和谐区建设。顺应人民群众过上更加美好生活的新期待，发挥湖州作为江南水乡城市的秀气灵气特点，不断改善生态环境、人居环境和干事创业环境，让广大老百姓安居乐业，健康舒适、幸福快乐地生活。湖州围绕新农村建设综合配套改革试点市，致力于"美丽乡村"建设，按照"生态、文化、和谐、精致"和"科学规划布局美、创业增收生活美、村容整洁环境美、乡风文明素质美、管理民主和谐美"的要求，全面推进新农村"湖州模式"的建构，初步规划，到 2015 年 60% 以上的村建设成为美丽乡村，80% 以上的乡镇、所有的县区达到美丽乡村建设工作的要求。

3. 嘉兴：打造文明"三城"为基础的田园城市

嘉兴人的幸福感亦源于深厚的文化底蕴和名人辈出，嘉兴是马家浜文化的发祥地，自古有"吴根越角"、"水乡泽国"之称；嘉兴列入《中国大百科全书》就有 80 余人，明清两代出进士 600 多人，现中科院和中国工程院两院院士中嘉兴籍占了 39 位；涌现出了顾况、陆贽、王国维、沈钧儒、茅盾、徐志摩、丰子恺、金庸等古今文化名人。

嘉兴市围绕坚持富民为先，增进民生福祉，努力打造和谐幸福城的目标，着力提升区域竞争力和可持续发展能力、着力提升城市功能品位、着力提升人民群众生活满意度，在全面建设创业创新城、人文生态城、和谐幸福城为文明"三城"的基础上，打造现代化网络型的田园城市，提升基本公共服务均等化水平，促进城乡充分就业，提高城乡居民收入，完善社会保障体系，促进人的全面发展，创新社会管理服务，全面建成惠及全市人民的和谐幸福之城。

4. 绍兴：统筹城乡发展建设文化休闲名城

绍兴人的幸福感源于其悠久的历史和众多的名人，绍兴素有水乡、桥乡、酒乡、书法之乡、名士之乡、"东方威尼斯"、"中国最具幸福感城市"、"联合国人居奖"等美誉；是中华民族立国始祖夏禹与诸侯会盟之胜地，古越国的都会；是陆游、蔡元培、秋瑾、鲁迅、周恩来、竺可桢、马寅初、范文澜等名人的故乡；是一座有 4000 多年文化积淀和

2500 年建城历史的文明古城，被誉为"没有围墙的博物馆"。

绍兴市以统筹城乡解读幸福含义，围绕建设特色产业城市、文化休闲城市、生态宜居城市目标，以"坚韧不拔、奋发图强、崇尚科学、务实创新"的"绍兴精神"，以"惠民、富民、新民、安民"为着力点，以统筹城乡发展建设新农村系列工程为载体，以制度创新为保障，努力破解城乡二元社会结构，优化城乡资源要素配置，强化城乡基础设施建设，推进城乡基本公共服务均等化，为广大市民打造一个经济繁荣、生活富裕、风尚文明的舒适便利的生活环境。

二、杭州都市圈城市生活幸福圈的建设历程与发展趋势

从 2007 年杭州都市圈协作机制建立至今，已经形成"幸福圈"共建共享的氛围。杭州都市经济圈已步入全方位深层次宽领域联动发展阶段，并向着"经济先行圈、生活幸福圈、生态文明圈"的方向迈进。

（一）幸福圈工作的推进

建立了以市长联席会议决策机制、政府秘书长工作会议协商机制、协调会办公室主任办公会议议事机制、专业委员会项目合作执行机制为框架的杭州都市圈建设政府协调机制；探索建立了节点县（市）联动机制和共青团、民主党派、行业协会等社会组织参与的跨地区联席会议制度等；成立并启动运作了规划、产业、旅游、交通、环保、宣传、信息化、金融、商贸、统计、教育、农产品、人力资源与社会保障、会展与节庆等 14 个专业委员会；建立了都市圈文化、科技、工商、卫生、

民政等 5 个局长联席会议制度。杭州都市圈按照"协商 + 统筹"模式，构筑了合作平台，不断把都市圈合作引向深入①。

杭州都市经济圈开展了项目合作。五年来，启动了主要包括规划编制、基础设施建设、产业合作、环保执法、数字电视合作、旅游联合促销、医保联网结算、通信合作、公交一体化、邮政一日达、人才培训等方面内容的 114 个合作项目。

规划——绘就幸福蓝图。五年来，先后通过了《杭州都市经济圈合作发展协调会章程》，签署了《推进杭州都市经济圈一体化行动纲要》；2010 年浙江省政府批复了《杭州都市经济圈发展规划》（浙政函〔2010〕174 号）；发展规划的出台为区域内各城市编制与修订国民经济和社会发展规划、有关专项规划及相关政策提供了重要依据；2011 年，综合交通规划、旅游发展规划已编制完成并进入实施阶段，环境共保规划、金融合作规划、信息化合作规划、工业发展规划已完成规划初稿。

交通——铺筑幸福道路。钱江通道、嘉绍通道、杭长高速公路工程进展顺利；杭州绕城高速公路西复线项目"预可"？已通过省交通运输厅组织审查，"工可"报告顺利通过交通运输部组织的评审；京杭运河浙江段三级航道整治工程（含运河二通道）"工可"报告通过交通运输部组织的专家评审。都市经济圈公交一体化工作积极推进，2010 年底杭州五县市全部开通城际公交，海宁市新增了至杭州大关北的 868 路城际公交线路；安吉县相继开通了"空港快客"和至杭州经济开发区直达客运班线，诸暨市开通直达杭州快客班车，绍兴杨汛桥至杭州主城区的公交线路力争年底前开通。2008 年 1 月 18 日，德清至杭州城际公交 K588 正式开通，客流量从原来的每天 800 人次增长到约 2500 人次，2011 年突破了 80 余万人次。嘉兴杭州之间开通城际公交，目前海宁、桐乡已有 7 路公交班车开通进入杭州和萧山机场；有 11 条通道与杭州对接。

---

① 杭州都市经济圈合作发展协调会办公室：《关于四年来推进杭州都市经济圈建设情况和 2012 年工作计划的报告》，2011 年 11 月 25 日。

市场——营造幸福体验。农产品专委会举办了中国农产品品牌博览会暨杭州市·都市圈优质农产品迎新春大联展，组织杭州都市圈各相关部门参加了"浙江农家乐文化主题体验游暨富春山居新农村精品线路观光活动启动仪式"；旅游专委会开展了为期一月的"江南绝色·吴越经典——杭湖嘉绍都市圈新春优惠月"活动，并组织四城市共同参加了 2011 中国国内旅交会联合推介活动，杭、湖、嘉、绍四城市旅游主管部门倾力打造"江南绝色·吴越经典"区域旅游品牌，有效吸引大量的国内外游客到达杭州都市圈旅游休闲，旅游人数从 2008 年的 11411.2 万人次，上升到 2010 年的 16094.6 万人次，增幅达 41.04%。商贸专委会出版了 2011 都市圈商贸消费指南；金融专委会组织四城市有关部门及企业参加了两次赴外地投资推介活动。人力资源和社会保障专委会组织开展了都市圈内就业服务"高速公路"工程——杭湖嘉绍四城市就业创业合作和培训；2009 年以来，共举办创业项目展示会 13 场，参展项目 434 个（次），参观人员 12600 余人。

产业——形成幸福链条。为打响都市圈名特优产品品牌，产业专委会组织四城市企业赴长沙开展了杭州都市经济圈名优特产品（长沙）展销会；都市圈行业协会联席会议制度进一步完善，在纺织、电镀建立都市圈行业协会联席会议制度的基础上，杭州市和湖州市民政部门组织了建立行业协会联席制度的签字仪式，两地 8 家协会签约；经合系统搭建统一招商引资平台，各节点县（市）参加了上海经贸洽谈活动；信息化合作不断深化，《加快杭州都市经济圈信息化发展行动纲领（2010—2012 年）》和《杭湖嘉绍四地信息化人才共享意向协议书》进一步得到落实；统计合作工作进一步完善，统计专委会每月编印"都市圈月度主要统计指标"手册，提供给都市圈各城市、各级领导、各有关部门参考。

品牌——创建幸福标识。2011 杭州生活文化主题学习活动暨第四届杭州市民体验日启动仪式上，1000 名来自杭州及节点县市都市圈市民分多路互相体验了杭州和节点县市的生活品质。杭、湖、嘉、绍分别互派"百名市民体验团"，交叉体验当地特色文化和品质生活，了解各地的区域品牌、文化品牌、服务品牌、行业品牌；会展与节庆专委会在都市圈内设立了诸暨、安吉、德清、海宁等4个第十二届西博会分会场；都市圈青联合作委员会召开了四地青联主席会议，四地和节点县青联分别交流了工作并就专项合作达成了共识。

环境——打造幸福区域。环保专委会制定印发了《关于2011年杭州都市圈区域环境共保工作的意见》，开展了杭州——绍兴边界联合执法，海宁桐乡携手"边界查污"取得显著成效；举办了第四届"浙江·杭湖嘉绍环保行"新闻联合采访宣传活动；同时，为加强太湖流域环境保护，杭州市制定了《杭州市2011年太湖流域水环境综合治理工作任务书》。

社会——共享幸福品质。教育专委会开展了特级教师支教活动，开展教科研交流暨杭州市课改优秀成果推介活动，举办了"杭州—安吉"校长论坛；联网结算异地医疗机构范围进一步扩大，与杭州医保联网结算的市外定点医疗机构已扩大至39家，杭州市8个统筹区及相关定点单位与省"一卡通"平台对接任务顺利完成；人力资源与社会保障专委会组织跨区域创业项目展示活动，与都市经济圈城市合作开展海盐县、德清县创业项目展示会和湖州市大学生创业项目展示会；杭州市文广新局赴湖州开展文化"走亲"活动，都市圈文化交流互动进一步增强；杭州市体育局组织了杭湖嘉绍6000名市民参加"无限极2011世界行走日（中国杭州站）健身走"活动，进一步促进了四地市民的民间交流。海宁连杭经济区、桐乡临杭区安装0571区号电话1.2万门，入区居民享受杭州电信资费同价待遇；海宁从杭州接入自来水和天然气管网，享受同城待遇。

（二）幸福圈工作推进中面临的困难

1.城市生活幸福圈建设尚处于浅层次合作阶段

城市居民幸福感的提高对于经济增长的敏感度进入转折期，经济发展方式的转变已迫在眉睫；四城市政府领导"居民幸福论"观念显现，城市间幸福观诉求存在较大差异；虽然各城市幸福目标有了明确的导向，但是施政方向的转变还未出现实质的飞跃。因此，要保持良好的发展态势，将施政方针的幸福理论导向实现质的飞跃；全面、动态地考察发展现状，深入、广泛地开展相关工作；充分尊重各个地区的个性、把握城市共性，促进有机团结。

2. 打造城市生活幸福圈民间参与积极性明显缺乏

杭州都市圈合作机制开始形成到现在已经 5 年，但杭州、湖州、嘉兴、绍兴 4 城市和 6 个节点县市跨城市合作工作开展还停留在政府层面，各城市之间的合作交流工作处于初步探索阶段，居民对于跨城市合作交流程度的感受性不强，跨城市合作交流工作还未很好地反映到人们的满意度中；跨城市合作不够顺畅，缺乏有效性和群众性，居民较少感受到城市合作带来的幸福感的提升，城市居民幸福感收益不理想。因此，要积极动员城市居民广泛参与，形成互利共赢的共享价值观，将政府层面的幸福理念转变成为市百姓带来幸福感的举措，发挥社会力量为都市圈的融合提供保障，消除阻力源，发掘动力源。

3. 城市生活幸福圈建设尚缺乏有力的推进机制

杭州、湖州、嘉兴、绍兴 4 城市和 6 个节点县（市）改善居民幸福感的愿望非常强烈，发展态势良好，但杭州都市圈城市生活幸福圈的打造尚处于初步探索阶段，还未形成系统的理论和思路，更缺乏有效的工作机制。因此，要调整向度、拓宽广度、增加深度、提高频度，激活城市的社会资本网络；构建集规划投入、领导组织、法律规范、引导激励和检查监督五个子系统为一体的城市生活幸福圈机制；各城市要先易后难，循序渐进，充分挖掘潜能，促进杭州都市圈城市生活幸福圈机制的形成。

（三）幸福圈建设的发展趋势

随着现代化步伐的加快和社会的进步，愈来愈多的领导、专家学者从关注个人幸福转向关注区域社会整体幸福，把区域社会的整体幸福作为施政的目标与导向，于是关注国内外的幸福施政理念与政策，借鉴和引用其相应经验与做法，成为走向区域幸福目标捷径。

1. 国内外经验对城市生活幸福圈建设的借鉴更被关注

幸福的个人其幸福各不相同，幸福的国家其幸福亦各显差异，这无论从幸福的含义、幸福的形式，还是幸福的标准上说都是如此。据美国《福布斯》杂志刊登的盖洛普幸福指数调查显示，来自北欧的丹麦、芬兰、挪威和瑞典在受调查的 155 个国家中名列前四，感到幸福的人比例最高。这些北欧国家不是世界上最富裕的国度，也不是最强大的国度，为何那里的人却有世界上最高的"幸福感"？原因很大程度上在于北欧独特的社会经济发展模式。北欧模式以四高一低——"高税收"、"高福利"、"高收入"、"高消费"、"低失业率"而著称。北欧人幸福的基础是充满活力的经济，诺基亚、宜家、爱立信等大企业在全球颇具竞争力。而美国人的幸福主要与物质、情感与环境因素关联，物质是幸福基础，环境宜居与和谐是幸福外部条件，情感与健康是幸福内在的保障。不丹是南亚小国，其幸福在于美丽的自然风光、幸福的国民生活、民主的政治环境等，每人拥有一分田，教育、医疗全部不收费，它的国王是GNH（国民幸福指数）的提出者。民主平等、国家富有、人均国民生产总值高、生活环境好、生活条件优越、社会福利好等等，是幸福国家的共同特点。

国内其他区域幸福指标体系的推出对幸福圈建设提供了借鉴。自从20 世纪 80 年代中期，主观幸福感研究进入我国研究者的视野以来，我国主观幸福感研究进入了飞速发展的阶段，其中邢占军博士的体验论主观幸福感测量观点备受关注，认为幸福感是满意感、快乐感和价值感的有机统一，是从心理学的角度对主观幸福感的测度。他认为幸福是人们对现实生活的主观反映，它既同人们生活的客观条件密切相关，又体现了人们的需求和价值。掀起幸福指数研究的热潮始于国家统计局，它们率先提出构建幸福指数指标体系这一构想。北京已经开展国民幸福指数的研究，推出一套幸福指标体系，并将其纳入和谐社会指标评价体系中。深圳市也开展了有关的测量研究，认为影响幸福感的因素主要是社会发展水平、历史文化背景、个人社会阶层、个人生存状况和改善预期及其实现度，观点主要是"幸福＝美满生活＋愉悦身心＋和谐关系"。江阴市在测算"幸福指数"时共设了 50 多个指标，包括家庭收入、生活环境、心理健康等，客观指标和主观指标各占了 60% 和 40%。杭州都市圈的临安、海宁、萧山借鉴国内外经验，亦编制出了符合自身特点的幸福指标体系。

2. 杭州幸福城市建设对都市圈的引领作用日渐显现

杭州已连续 8 次荣登"全国最具幸福感城市"的榜首，对于幸福城市建设早已在进行之中。杭州率先提出了打造"幸福圈"的目标，并作为政府施政纲领加以贯彻执行。杭州市副市长佟桂莉说，杭州将以"打造东方品质之城、建设幸福和谐杭州"为目标，着力建设"三城三区"(三城：学习型城市、创新型城市、生态型城市；三区：安居乐业示范区、城乡统筹示范区、人文法治示范区)，努力使杭州经济更加发达、文化更加繁荣、社会更加和谐、环境更加优美、生活更加幸福。杭州市政府提出，要全力打造覆盖城乡、全民共享的生活品质之城，既关注城市居民的幸福，更关注农村居民的幸福；既关注本地居民的幸福，更关注外来创业务工人员的幸福；既关注全体市民的幸福，更关注困难家庭、弱势群体、低收入阶层的幸福。提出让人民群众经济生活殷实富足，文化生活丰富充实，政治生活生动活泼，社会生活安全有序，环境生活舒适便利，不断提高广大市民的幸福感和满意度，努力把杭州打造成不同阶层人民共同生活的美好家园。为提升市民幸福感，杭州在 2012 年推出"十件实事"，即推进公交建设、加快实施保障性安居工程、实施大气环境综合治理、加强饮用水源保护、加强食品药品监管、提升小区居住环境、丰富群众文化生活、提升养老服务水平、改善农民生活环境、推进停车场库建设。杭州以建设幸福城市为抓手，从政府推进着手，全面建设生活品质之城，与城市居民一起共绘幸福蓝图，这对杭州都市圈的湖州、嘉兴、绍兴来说，起到了示范与引领作用。

3. 都市圈城市以合作提升市民幸福感日渐成为共识

杭州都市圈打造城市生活幸福圈是一个渐进的过程，需要杭州都市圈各城市共同努力。在"第三次杭湖嘉绍市长会议"上，杭州都市圈四城市签署了《推进杭州都市经济圈一体化行动纲要》，确定了"优势互补、互惠互利、联动发展、共同繁荣"的原则；开通了杭州、嘉兴两市公交互通互用，杭州和海宁两地签订了项目合作仪式，召开了杭州都市经济圈首届县市长论坛，共同签署《德清宣言》等。杭州都市圈内建设城市生活幸福圈的积极性日益高涨，杭州都市圈把实施"幸福生活圈"当做改善民生的重要项目来抓，通过公交一体化、市民卡（公交卡）互通、共享优质医疗资源、医保异地结算、杭州区号跨区域覆盖等，让群众共享到都市圈发展的成果，感受到实实在在方便和幸福。打造城市生活幸福圈将成为杭州都市圈共同的发展愿景与建设方向，日渐成为政府与市民群众的共识。

4. 都市圈城市将以提升市民幸福感为和谐社会的重要抓手

构建和谐社会将会把重点放在发展社会事业上，要以解决人民群众最关心、最直接、最现实的利益问题为重点。以关注幸福指数、提升生活质量，是建设社会主义和谐社会的根本出发点和落脚点。国家统计局将在推出绿色 GDP 指数之后推出幸福指数、人的全面发展指数、地区创新指数以及社会和谐指数等一些新的统计内容，以适应各方面对中国经济社会协调发展，人的全面发展以及民生、人文方面的需求。就杭州都市圈而言，"幸福感"作为衡量地方社会和谐与否的一个重要指标，摆上了城市政府的议事日程，并将社会发展、社会公平、社会保障、社会关爱、社会安全、生态文明等作为衡量区域"幸福感"的重要指标。除杭州、湖州、嘉兴、绍兴等中心城市外，许多节点县市区也推出了相应的发展目标。萧山提出"生产总值和幸福指数同步增长，生活品质和社会文明全面提升，向文明幸福砥砺奋进"的"建设文明幸福新萧山"目标；德清融杭十年，在教育、校企合作、医保实时联网等不同领域真正实现了共融，让杭州、德清两地市民充分感受到了"同城效应"带来的便利，幸福生活在合作交流中共享；海宁"幸福列车"领跑杭州都市圈，首次发布国民幸福指数，2011 年海宁的幸福指数为 86.64 分，力争在未来 5 年每年提高 0.5 分；桐乡以建设"风雅桐乡"为出发点，始终把改善民生、促进和谐摆在突出位置，优先发展民生事业，致力建设幸福桐乡，不断提高百姓幸福指数。

三、幸福圈建设的目标与步骤

幸福就是群众看得见、摸得着、享受得到的实实在在的具体的事。实现公民幸福，政府承担着义不容辞的责任。杭州都市圈各城市政府把实现公民幸福作为第一责任，为创造幸福生活的物质条件，改善扩大和改善公共服务的质量，保障和实现公民的政治与文化等方面的权益，扩大公民参与度，参与决策、执行决策，要让公民分享改革开放的成果，实现共同富裕。杭州都市圈打造城市生活幸福圈是一个综合性的指标体系，内涵丰富，涉及面广。这也决定了城市生活幸福圈建设是一项复杂艰巨的系统工程，需要从多方面、多层次进行努力。

（一）幸福圈建设总体要求

1. 总体目标

以《国务院关于进一步推进长江三角洲地区改革开放和经济社会发展的指导意见》《长江三角洲地区区域规划》《浙江省国民经济与社会发展第十二个五年规划纲要》《浙江省环杭州湾产业带发展规划》《浙江海洋经济发展示范区规划》和《杭州都市经济圈发展规划》为指导，与杭、湖、嘉、绍四市相关规划相衔接，进一步解放思想、与时俱进，坚持科学发展、和谐发展、率先发展，着力调整与创新同步进行，以提高杭、湖、嘉、绍城市居民幸福生活水平为目标，通过杭州都市圈共同的民生普惠、社会管理互助、文化生活共享等发展建设，切实提高城市居民的幸福感程度，推进杭州都市圈城市生活幸福圈的逐渐形成。

2."七共"原则

杭州都市经济圈将坚持规划共绘、交通共联、市场共构、产业共兴、品牌共推、环境共建、社会共享等"七共"原则，以打造都市圈品牌为主线，以推动规划实施为重点，以项目合作为抓手，通过规划建设一体化、基础设施一体化、产业发展一体化、生态环境一体化、社会管理一体化、民生保障一体化等"六个一体化"建设，按照杭州都市经济圈发展规划蓝图，率先进入全面小康社会，打造增长极并进一步凸现在长三角城市群中重要地位。

推进方式为，确立都市圈城市生活幸福圈共同体意识；采取政府推动和市场运作相结合的方式；实施区域统筹规划和以点带面推进思路。

3.基本内容

推进基础设施合作共建；推进民生工程合作共享；推进社会管理合作共管；推进信息资源合作共通；推进生态环境合作共抓；推进公共事业合作共兴；推进形象品牌合作共树。

（二）幸福圈建设的协调机制与实施步骤

建设幸福和谐的杭州都市圈，既要注重物质生活的改善，又要注重人文环境的营建，注重核心价值观的建设，以共同的理想信念、强大的精神支柱、良好的道德规范，建设幸福和谐的杭州都市圈。① 建设幸福

---

① 张永谊：《关于"幸福"的逻辑探寻》，《杭州周刊》2012 年 6 月 NO.220。

和谐的杭州，需要提高对幸福的认识水平，树立正确的幸福观，提升对幸福的宏观把控能力，以一种理想追求、理发思维、努力进取、包容善良的幸福观，把提升人民的"幸福感"作为公共管理重要职责，共同创造幸福生活，共同体验幸福生活。要通过强调政府间统筹协调，创新规划实施和保障机制，建立互利互惠、合作共赢的发展平台，有效解决事关区域居民幸福生活重大事项与重大问题，推进杭州都市圈城市生活幸福圈建设和发展。

1. 借助政府协作平台，建立社会协商推进机制

依托杭州都市圈协调会工作机制推进城市生活幸福圈建设，要充分利用浙江省统筹协调机制、杭州都市圈市长会议、主任协调会议、节点县（市）联动机制、部门联席会议等政府平台优势，建立起行业协会、工青妇群众团体、志愿者工作联盟、非政府组织、专家咨询委员会等社会层面各方参与的建设城市生活幸福圈的工作格局，充分发挥其服务、沟通、协商、监督作用。

2. 开展专题研究，制定专项规划与法规体系

杭州都市圈城市生活幸福圈建设是一项长期工程，需要进行长时间的专题研究。一是要经常性地聘请相关单位的专家，对城市生活幸福圈建设中的热点、难点问题进行研究，发挥专家学者对城市生活幸福圈建设工作的指导作用。二是要制订《杭州都市圈城市生活幸福圈规划》，规划内容包括指导思想、战略定位、发展目标、基本内容、分阶段目标、推进机制等，并通过若干年的共同努力，让规划逐步从文件变成行动、从行动变成专项现实、从专项现实变成区域共享，最终实现杭州都市圈城市生活幸福圈目标。三是要建立都市圈建设的法规和执法体系。建立有利于进行跨行政区建设和管理的法规政策体系，通过区域的共同立法和执法来规范杭州都市经济圈建设，可通过出台《杭州都市圈发展规划实施细则》，建立协调机制，沟通信息，规范执法和执法监督，破解法律障碍，加强环保、工商、文化市场等部门的统一执法等，提出区域一体化监管的立法建议等建立四城市利益协调机制或法规体系。

3.进行幸福圈建设试点，逐步推广到都市圈

构建杭州都市圈城市生活幸福圈是一个渐进的过程，既需要杭州都市圈各城市共同努力，又需要以点带面、进行城市、城区、社区试点。试点工作必须考虑试点区域的积极性和发展基础，还要考虑其建构的区域氛围。具体可以从有条件的海宁、萧山、德清、临安等市县区先行开展。

4.建立利益共享和利益协调仲裁机制，加速幸福圈建设的推进

围绕跨区域项目的实施，机构设置、职能分工、人员安排、资金保障以及政策配套等方面要探索、借鉴、创新与项目实施相配套的决策机制、利益分配机制、建设机制和管理体制，力求体制机制符合科学、民主、公开、规范、高效的原则，更好地营造良好的建设环境，保障项目顺利推进。按照"谁投资谁受益，谁受益谁承担"的原则协调利益关系。通过自愿协商，签署平等互利的合作契约（协议）来推动幸福圈建设项目的落实，当各方利益发生冲突时，按照已签订的契约（协议）规定的事项进行协商；通过法律协调，制订有关区域政策、法规，当各方利益出现不一致时，按照一定的规则进行协调，做到互惠互利；通过行政协调，自上而下的省市级协调机构仲裁，协调、解决利益争端，妥善解决规划、监督、资金分配等问题。①

5.建立区域品牌共建共享机制，加强对外开放的合作交流工作

为实现杭州都市圈区域品牌共推共享的共同愿望，提升区域整体实力的影响，区域内各行政单元的城市品牌、行业品牌和活动品牌等在彰显单元个性的同时，建设共同的区域品牌、跨区域合作的项目品牌和活动品牌等，实现区域品牌、市场品牌的全面对接，共树共建共推共享；

---

① 杭州都市经济圈协调会办公室、杭州市经合办：《构建杭州都市经济圈协调机制的实践与思考》，《杭州都市经济圈第五次市长联席会议资料》2011年11月25日。

中浦院书系·论坛系列
长三角地区城市发展的路径选择 | 306

通过统一的对外宣传平台，发挥舆论先导的作用，提升都市圈形象，扩大都市圈影响，推进一体化建设，打响都市圈的经济先行、生活幸福、生态文明的区域品牌。要以杭州都市圈为区域单位，积极参与长三角区域一体化，形成以杭州都市圈一体化为核心的多圈层大跨度合作格局，加强与省内浙东经济合作区、闽浙赣皖九方经济协作区的联系交流，建立紧密型合作关系；加强与长三角、环渤海、珠三角等国内三大区域的合作联系，建立重点型合作关系；加大与南京都市圈、长株潭城市群、武汉城市群、海西经济区等区域组织的沟通联系，建立交流型合作关系。同时拓展与境外都市圈的合作交流空间，加强协调沟通，深化杭州都市圈的发展内涵。

6.研究幸福圈评价体系，推行工作测评

推进城市生活幸福圈建设工作的有序进行，必须建立评价体系，开展指标体系的研究和编制。指标体系内容可参照"幸福广东指标体系"，包括就业和收入、教育和文化、医疗卫生和健康、社会保障、消费和住房、公用设施、社会安全、社会服务、权益保障、人居环境等。光有指标体系还不够，还必须建立起有效的工作测评机制。比较有效的办法是建立专家咨询委员会和专家测评委员会，由专家咨询委员会提出城市生活幸福圈建设分步推进的可行性方案，交各相关城市充分讨论，达成共同推进的合作意向，签署相关文件或备忘录；然后由专家测评委员会，根据相关文件或备忘录进行跟踪，定期组织和发布城市推进或项目进展情况，最后形成相应评估报告，递交杭州都市圈市长联席会议审议通过，并对于完成出色的城市和项目进行奖励。

政社合作中的基层社会管理创新

——政府行政管理与群众自治衔接互动的太仓实践

陈　朋

（南通市委党校）

　　社会管理，重点在基层，难点也在基层。为此，基层社会管理创新一直深受关注。从实践来看，当前基层社会管理不乏创新之举，不少地方政府都在"创新"的推动下作出了有益探索。客观而言，基层社会管理创新需要的不仅仅是勇气和胆识，更需要切实有效的平台。没有有效的平台，社会管理创新实践难以萌生和发展，更难以持久。江苏太仓通过打通政府行政管理与群众自治的衔接互动渠道，建立社会管理创新的重要平台，不仅有力提升了社会管理绩效，而且也启示了构建政府行政管理与群众自治的衔接互动机制（政社合作）对基层社会管理创新的重要价值和积极意义。

一、基层社会管理格局的嬗变及研究假设

　　虽然社会转型的诸多现实问题，引发了人们对社会管理的热切关注，但是目前对社会管理的定义远未形成一致看法。尽管有人认为，

"在中国，'社会管理'作为一个相对独立的概念及其所涵盖的知识体系，形成于 20 世纪 80 年代初期。它首先是随着改革开放的深化从国外引进的"。① 但是，实际上"在北美英语语系国家和英联邦国家中，并没有哪个概念能够与中文的社会管理恰好吻合。即使是直译的 society administration 和 society management 的含义也有所不同。society management 有公共关系的意味，有时特指社会中介组织提供的公关和社会关系管理服务；有时则有社区自主管理的含义。在法语里，社会管理的对应概念为 administration societe，德语中为 die gesellschafliche regierung，这两个概念与中文意义上的社会管理也有一定距离。而与中文社会管理较为接近的 society administration 也并不必然指代政府的社会管理职能，公共部门、私营部门，乃至第三部门都可以进行有效的社会管理"。② 正如此，国内的研究者在解说社会管理的涵义时，采取了务实主义的研究态度：根据研究需要和学科视域来予以阐释。在这个过程中，逐渐凸显出公共管理学、政治学和社会学的三大主要视角。

实际上，无论从何种视角来阐释社会管理的涵义，都离不开对社会管理基本任务的关照。社会管理的基本任务实际上限定了社会管理的范围和目标取向，乃至设定了社会管理的基本框架和运作逻辑。所以从这个意义上讲，立基于社会管理的基本任务来界定社会管理的含义更具合理性。从政治学的角度看，"在现代国家和市场经济背景下，社会管理有两个基本内容：一是实现和维护公民的社会权利；二是把多元化的社会有效地组织起来，实现国家与社会互动的结构化。后者是以前者为前提的，前者的实现则以后者为条件"。③ 因此，如果同时关照社会管理的基本任务和基本内容，再参照治理理论的分析框架，来界定中国的社

① 刘瑞等：《社会发展的宏观管理》，中国物价出版社 1998 年版，第 32 页。
② 陈振明：《政府社会管理职能的概念辨析——"政府社会管理"课题的研究报告之一》，《东南学术》2005 年第 4 期。
③ 杨雪冬：《走向社会权利导向的社会管理体制》，《华中师范大学学报（人文社会科学版）》2010 年第 1 期。

会管理或许更具现实意义。之所以强调社会管理的基本任务，是因为重构社会秩序，促进社会和谐，提升社会福祉，成为研究者公认的社会管理应该追寻的目标旨归所在。之所以强调两大基本内容，是因为"社会权利是所有社会成员都应该享有的作为社会成员的基本资格。虽然这个概念是一个现代产物，但是每个传统社会中都有对社会成员基本权利资格的规定"。① 基于此，社会管理可以看做是，基于谋求社会权利保障的目标，多元治理主体参与其中并努力发挥自治和调控的有效作用，对社会系统的组成部分、社会生活的不同领域、社会公共事务以及社会发展的各个环节进行组织、协调、服务，进而推动个人发展和社会有序的过程。相应的，基层社会管理，就是社区成员、基层政府、社会组织等主体，围绕权利维护和秩序构建等议题，通过互动合作和自治互助，对社会公共事务进行组织、协调和管理、服务的过程。

传统中国是农业社会，国家在基层的社会管理方式主要是"县政乡治"模式。正所谓"皇权不下县"。对此，孙中山说，"在清朝时代，每一省之中，上有督抚，中间有府道，下有州县佐杂，所以人民和皇帝的关系很小。人民对于皇帝只有一个关系，就是纳粮，除了纳粮之外，便和政府没有别的关系。因为这个缘故，中国人民的政治思想就很薄弱，人民不管谁来做皇帝，只要纳粮，便算尽了人民的责任。政府只要人民纳粮，便不去理会他们别的事，其余都听人民自生自灭。"② 随后，经过中华民国的政权下乡建设，国家政权开始进入乡土社会。特别是在以"一大二公"、"党政不分"和"全能主义"为主要特征的人民公社制度下，政权一直延伸到最基层。然而，由于这种体制既严重制约了经济发展与社会进步，也不利于政治发展和民主国家的建构，它在 80 年代最终寿终正寝，为"乡政村治"的基层社会管理模式所取代。通过重构国家与社会的关系，尤其是尊重地方性知识和权力文化网络，"乡政村治"

---

① 杨雪冬：《走向社会权利导向的社会管理体制》，《华中师范大学学报（人文社会科学版）》2010 年第 1 期。

② 孙中山：《三民主义》，岳麓书社 2000 年版，第 89 页。

的基层社会管理模式发挥了不可忽视的积极意义。

然而，囿于国家本位主义的由来已久和基层自治能力的严重不足，尤其是事权财权不对称的基层财税体制和压力型行政体制的双重驱动，基层社会管理日渐沦陷成"汲取式管理"：地方政府出于理性人追求效益最大化的考虑，不断扩张机构，增加人员，巧立名目，乱摊派、乱收费、乱集资，转移财政负担，千方百计地从群众身上榨取各种税费，但是对理应承担的公共产品和公共服务供给任务，却采取"不作为"或"消极作为"的态度。日益加重的负担和贫瘠的公共服务，带来了"农民真苦、农村真穷和农业真危险"的"三农"困局和农民的激烈反抗，也严重影响了农村社会的稳定和国家政权在基层社会的权威与认同。

为应对这种艰难局势，国家果断的采取了积极应对措施。这就是在新世纪之初，于中国长达 2600 多年之久的农业税走到了历史尽头，9亿多农民从此告别了缴纳皇粮国税的生活。伴随"农业财政"时代的结束，"以工补农"、"以城带乡"、"城乡统筹发展"的发展战略开始付诸实施。于是，各种惠农利民的政策措施不断出台，一系列冠以多种"下乡"名由的服务资源频频注入基层。与此同时，群众对公共服务的需求也与日俱增，中央政府对基层社会管理不断提出新要求，作出新导向。在这些因素的共同作用下，基层社会管理格局开始由"汲取式管理"向"服务式管理"悄然转变。为基层社会提供公共服务，寓管理于服务之中，成为基层社会管理的基本理念和核心要求。

在"服务式管理"模式下，政府打通了与服务对象——群众之间的桥梁和纽带，不再仅限于履行行政事务的执行和管理职能，而是通过构建公共服务体系，着力满足群众的服务需求，在服务中实现政府职能的履行和提升。从总体上看，这种管理是为了保障基层社会事务都能得到管理而且能管得好的治理模式。与单一、直线性的"汲取式管理"模式不同，"服务式管理"是建立在服务供给者与承受者交往与合作的基础之上，否则服务资源无从下达，无从承接，服务管理绩效也无法落实，无法发挥。因为，没有交流互动，政府难以知晓和捕捉群众的需求，群众也难以将自身的意愿积极有效的传递、表达给政府。基于此，政社合作互动成为基层社会管理格局嬗变情况下的重要议题。

基于上述讨论，本文提出以下研究假设：

假设1：基层社会管理创新能否顺利开展并实现绩效提升，直接关联于能否构建互动合作的政社关系。唯有构建互动合作的政社关系，基层社会管理才会真正迸发创新的火花，结出创新的硕果。在很大程度上讲，政社互动合作，是影响基层社会管理创新的基础因素和核心环节。

假设2：从当前情况看，构建政社互动合作的交往关系，主导权在政府，矛盾的主要方面在于政府不愿放权、不敢放权，权能过大。因而，要在破除"还权不忍心，放权不放心"思想阻力的基础上，着力构建有效和有限的现代政府，对政府行政管理权与群众自治权予以明确界定和划分，并促进二者良性互动合作，积极鼓励和支持公共参与，推动基层民主发展。

二、政社互动合作的社会管理创新实践：江苏太仓的探索

太仓是苏州所辖的一个县级市，文化底蕴丰厚，工业发展迅速，经济增速位居苏州市域第一位。太仓也是中国经济最为发达的县市之一，2010年，其综合实力位列全国百强县（市）第四位。总面积620平方千米，下辖6个镇和1个街道办事处。截至2011年底，全市常住人口94.7万，市区常住人口35万。其地理位置优越，东北濒长江，与崇明岛隔江相望，东南临上海市宝山区、嘉定区，南连昆山市，北接常熟市。

快速的经济发展，让太仓收获了改革创新的诸多丰硕成果，但也带来了很多烦恼。如46.3万的流动人口（这个数字接近其户籍人口总数），虽然给太仓带来了富裕的劳动力，但是如何让其融入社区，为其提供有效的管理与服务，成为政府不得不面对的重大现实问题；伴随城市化进

程的加快，农村大量人口在征地拆迁的过程中涌向城市，但是他们既有的生活习惯难以适应现代城市的生活节奏，并由此引发了一系列问题；政府不断强调社会管理，不断加大社会建设的力度和投入，但是很难得到群众的积极回应和支持，从而导致政府社会管理的绩效和水平难以有效提升；群众对公共服务的需求越来越高，日益渐长，但是既有的服务模式却难以真正满足其需求。尤其是，如何在政府的行政管理与群众自治之间寻找到合适的平衡点，一直成为当地政府和群众的关注焦点。政府部门虽然一方面极力强调对群众自治的大力支持，但在实际运作中很难真正做到平衡，总是喜欢"一竿子插到底"，一直把村（居）委会当成政府下级组织。对社区（村）来讲，也是"上面千条线，基层一根针，各种检查、评比、考核，应接不暇，哪个'婆婆'也得罪不起"。毫无疑问，这种情况同规范、有效的社会管理需求是极不相称的。因为，一方面政府自身的能力和精力都有限，不可能事无巨细的全面介入、全盘接管，另一方面，群众的需求在不断增长，自主意识和自我服务的能力和需求在不断提升。为此，积极探索一条适合新形势需求的社会管理新思路，成为当地政府和群众的共同期盼。

经过深入调研，太仓最终决定从三个方面予以探索。一是梳理权力清单，明晰政府与自治组织的权责边界。长期以来，制约政府管理与群众自治良性互动的主要因素，就是政府的行政权力与群众组织的自治权力缺乏清晰的边界，彼此权属界限模糊不清。为此，太仓将明晰政府和自治组织的权责边界作为推动政社互动的关键和前提。在调查论证的基础上，制定出了《关于建立政府行政管理与基层群众自治互动衔接机制的意见》，明确规定"凡属村（居）自治性的管理工作，放手村（居）委会自主管理"、"政府部门行政职责范围的工作任务，不得随意下达到村（居）委会"。此后，又通过部门清理、专家审核、村（居）讨论、社会公示等环节，梳理出《基层群众自治组织依法履行职责事项》和《基层群众自治组织协助政府工作事项》两份清单。前者整理出"自治组织依法履职事项清单"共10项，根据这个规定，凡未列入公布事项的，政府部门不得随意要求群众自治组织予以协助，不得干预基层自治组织依法履行职责，不得要求镇政府与基层自治组织签订除法定以外的行政责任书。后者是对行政权力的限制清单，对政府权力进行分界，法无授权全部取消，最终确定取消需要自治组织协助处理的事项 27 项，比清理前减少了 51 项。两份清单的理清，为行政权力与自治权力的界限作出了明确划分，从而为推进"政社合作"奠定了坚实基础。

二是签订工作协议，促进社会管理与群众自治的有效对接。长期以来，基层政府多沿用压力型管理体制的惯性，通过签订目标责任书的方式，将原本不是群众自治组织的工作范畴直接下拨给自治组织，并实行严格的考核办法，督促其完成和落实。这是制约社会管理绩效和群众自治水平的重要因素，太仓实践的探索者也深刻认识到了这一点。为此，在明晰权责边界这一关键环节迈出之后，便将如何改变压力型管理体制作为突破口。对此，他们采取了废止行政责任书的做法，变责任书为协议书。2010 年 4 月，城厢镇、双凤镇先行试点，两个镇政府与各自辖区内的共计 34 个村（社区）平等的签订了《协助管理协议书》。一年后，全市各镇、区全部与村签订了《协助政府管理协议书》，全面取代《行政责任书》。这份协议书立基于双方平等、独立的基本原则，将双方理应承担的责任、义务，以及所享有的权利标注的清晰明了。其最大特色是，将自治组织履行法定职责和协助政府管理的事项，以相应规定且合理的制约机制予以明晰。它规定，凡属法定义务，自治组织必须依法履行；法律规定但需要自治组织协助处理的，则实行"协助支付"的方式予以完成；法律没有规定自治组织必须完成的，则实行政府"购买服务"。通过这个办法，一些政府部门的事项，因无法律依据和市级政府以上规范性文件依据，被"清理"出村（社区）职责，比如工商局申报设立合同助农指导站、食品药品监督局申报的食品协管、农林局申报的取缔农村畜禽场等。而一些本属于村（社区）的法定工作也得到了明确，比如村民用地申请审批、农业技术推广等。为提升协议书的合法性，获得村民的支持，协议书需要经过村居代表会议表决，只有获得村居代表超过三分之二的票数才可以通过。相应的，村（居）干部的报酬也有"财政支付"转为自治组织的"协管经费"。如果说理清政府与群众自治组织的权限边界，是太仓探索政社合作的前置条件，那么签订协助管理的协议则是保证政社合作的操作平台，它有力地推动了社会管理与群众自治的相互衔接。

三是推行购买服务，实现政府与自治组织的互利互赢。《协助管理协议书》搭建起了政府进行社会管理与群众开展自治组织的平台，但要真正推动政府社会管理与群众自治的有效衔接，还必须寻找到合适有效的抓手。为此，太仓主打政府"购买服务"：对于需要村（社区）协助处理的事项，一律坚持"政府立项——社区申报——绩效评估——费用支付"的方式予以落实。如为完成残疾人资料普查和第六次全国人口普查工作，城厢镇支付了 50 万元来购买社区协助完成这项工作，市人社局为推动村村通工程，也以每年 320 万元的费用购买社区提供的相应服务。而这些工作在以往都被看做是村（社区）理应完成的，因而是没有任何报酬的。结果，村（社区）干部迫于政府压力，可能会采取强硬态度直接压制推行，或搪塞、弄虚作假的方式予以应对。很显然，这种工作模式既难以实现社会管理的绩效，也难以充分发挥群众自治组织的积极性。实施政府购买服务后，过去常见的政府无偿占用基层自治组织人力、物力、财力的现象明显减少了，基层自治组织自我管理的潜力得以释放，政府与自治组织实现了互利共赢。

三、太仓实践的价值意蕴：基于个案的学理解读

1. 促进基层社会管理的话语体系从"管理"到"治理"的积极转变

社会管理离不开政府的引导，而且从目前的情况看，社会管理的主

导权确实在于政府，政府肩负社会管理的规则制定、方向引导、绩效提升等职责。从这个意义上讲，政府之于社会管理可谓须臾攸关。也正因如此，有人褊狭的认为，政府的社会管理职能就是沿用传统的行政管理方式，通过制定政策、实施政策和行政命令，对社会公共事务实行行政管理。从实践看，很多基层政府虽然不时强调社会管理创新，但从主政者的真实意愿和对社会管理的趋向性理解来说，依旧停留于"管控"。然而事实表明，这种管控思维的社会管理模式，并不能真正解决问题，相反还会滋生更多的矛盾。正是从纠偏这一错误观念出发，太仓实践的探索者从革新基层社会管理的话语体系着手，试图通过架构政府行政管理与群众自治之间的衔接桥梁来推动话语体系从管理到治理的积极转变。

从治理主体看，多元化主体格局显现。同其他地方相似，太仓原来参与社会管理的主要是依靠政府部门。改革创新以后，活跃于基层社会管理场景的则不仅限于政府部门，还有社区自治组织、社会组织乃至居民个人。目前太仓登记的社会组织有 300 多家，备案 600 多家，总数达千家，每年还以 10% 左右的速度增长。为培育社会组织，太仓专门制定了《太仓市"三社联动"实施计划》，提出到 2015 年全市万人拥有社会组织数要达 10 家以上，备案的社区社会组织数达每个城市社区 10 个、农村社区 5 个。据太仓市民政局介绍，目前太仓正逐步改变社会组织的管理模式，降低登记门槛，出资建设面积 1000 平方米的社会组织服务中心，为处于萌芽期或初创期，群众需求多、发展前景好、服务潜力大的社会组织提供孵化服务。总体上看，这些社会组织涉及经济社会生活的各个领域，并且初步形成了门类齐全、层次不同、覆盖广泛的社会组织体系，有效的弥补了政府在社会管理职能上的不足。如纺织服饰、轻工机械、塑料化工等专业类社会组织在全市同类产业中开展了行业规范和管理服务，为行业企业提供业务咨询和操作规程指导，老年社会组织积极协助政府部门开展群众体育运动，唱响了"长寿之乡"的品牌，慈善社会组织发动社会捐赠为残障人员提供细微服务，参与兴办教育、卫生、社会福利等事业，社区组织则在协调纠纷上发挥了大协调作用。多元治理主体的出现和发挥作用，既弥补了政府职能的不足，也提升了社会管理绩效。

从权力向度看，多向性和协商性特征明显。传统的管理强调权力的单一性和强制性，而治理则适时回应权力单向性的不足，着眼于权力的多向、互动。太仓实践中，《协助管理协议书》明确规定，自治组织协助政府管理事项时，需经双方协商，并由村（居）代表会议讨论通过后方可签约实行。而双方协商的底线正是《基层群众自治组织依法履行职责事项》和《基层群众自治组织协助政府工作事项》两份清单。如果政府越界，擅自将政务入村（居），自治组织则可以明确亮出红牌予以回绝。这从根本上规避了传统社会管理格局中只有政府吩咐事务、下达命令的弊端，基层政府行政管理与群众自治之间的权力多向性和协商性得以保障。

从运作过程看，追求政社互动和相互认同。在"上面千条线，下面一根针"的基层格局下，为完成自上而来的行政任务，基层政府过去多是依靠下命令的方式予以落实。这种方式虽然能在短期内形成工作效率，但都是"一次性"的——因政府的行为与后果之间经常出现不相对称，从而导致当面临同样的问题时，若再使用同样的办法，则难以奏效。出现这种情况的深层次原因正是政府的行为是短期的，且缺乏与社会和群众互动、认同。创新探索之前，太仓也面临这个问题："过去，镇政府和村民自治组织签的是《行政责任书》，相当于上下级关系，我们怎么说，他们就怎么去做，但现在下行政命令那套行不通啦！群众不认同，你的想法和做法再好，做得再多也是没用。"城厢镇党委副书记如是说。因此，他们急切希望寻找到新的方法来打通互动和认同的渠道。经过探索，"政社合作"解决了这一难题。比如，由于城乡一体化建设，城厢镇电站村需要动迁。对于这一敏感和现实话题，如何处理好与群众的沟通工作，成了城厢镇政府的一大难题。调研之后，镇政府在电站村村委会的协助下专门编制了《动迁居民调查表》，用问卷的方式对全村 17 个村民小组 604 户农户挨家挨户做调查，详细了解村民的想法：想不想拆，对赔偿有什么要求，安置房想要高层还是多层……在这一过程中，村干部一方面作为群众代表和政府协商，一方面对村民做思想工作。结果，不出三个月电站村便顺利完成动迁。这一过程正是政社合作带来的互动和认同的良好结果。

2. 寻求基层社会管理中秩序与民主的有机均衡

"历史经验告诉我们，社会要进步，首要的问题是要有社会秩序。社会秩序之于人类的重要意义在于它是人类生活和实践的社会环境，人类要时时跟这个环境进行竞争与协同。可见，社会秩序对于人类具有不可或缺性，它是人类个体及由其所构成的社会在自然界存在和发展的首要条件，社会秩序是社会行动的前提和基础"。[1] 对于处于现代化建设攻坚阶段的中国来说，秩序更加弥足珍贵。为此，胡锦涛同志在省部级主要领导干部社会管理及其创新专题研讨班开班式上的重要讲话非常鲜明地指出，加强和创新社会管理，根本目的是维护社会秩序、促进社会和谐、保障人民安居乐业，为党和国家事业发展营造良好社会环境。社会管理的基本任务包括协调社会关系、规范社会行为、解决社会问题、化解社会矛盾、促进社会公正、应对社会风险、保持社会稳定等方面。这既是对社会发展面临诸多现实问题作出的全面反思和深刻凝练，也是对社会管理创新重要目标旨向的客观总结和理性架构。同时也表明，社会管理的重要诉求是构建良好的社会秩序，以为社会运行提供安全稳定的社会基础。

虽然对一个国家来说，秩序的重要意义是无需证明，但如何获得秩序却有着不同的方式。是通过暴力垄断社会资源进而实现全面而又严密的掌控，还是通过民主和谐的协商合作共同构建秩序，既拷问着执政党的执政理念，也直接影响着秩序构建的效率和可持续性。从现代社会生

---

① 郑茜午：《社会进步与社会秩序的维护》，http://www.aisixiang.com/data/52295.html。

活看，通过民主的方式构建秩序才是理性和健康的。早在 19 世纪，法国政治学家托克维尔就在其《论美国的民主》中开宗明义的提出：民主是事必所致，理所当然。人类社会发展到当今，民主的价值更加彰显。因而，民主之于秩序，虽然难以完全肯定它是最好的方式，但可以说它是最不坏的方式。然而，历史经验也表明，片面的、不以现实为基础的去追求民主，最终也不会带来秩序，相反还会破坏秩序。从这个意义上讲，如何寻求基层社会管理中的秩序与民主的有机均衡，实现既有秩序也有民主的现代生活，成为人们共同关注的焦点。

太仓实践之所以成功前行，重要一点就在于它实现了秩序与民主的有机均衡。无论是对于政府还是对于群众来讲，社会管理只是一种口号或者说手段，其最终的目标还是建立社会秩序。然而，经过市场经济浪潮的洗礼，群众的自主意识和行动能力日益增强，他们不希望"被安排"，而是期待参与、合作和民主。于是，围绕秩序建构，双方寻求合作并走到了一起。这场实践鲜活的表明，政府的在场，能适时激发、引导民主，规范民主朝着合理的方向发展。因为，相对于西方发达的民主基础而言，中国的民主基础还是薄弱的、不足的，此时显然离不开适当的引领和规范。历史清晰的证明，缺乏规范的理性民主，留下的多是社会动荡和创伤。而群众的在场，则不仅昭示了社会力量的壮大和充足的民主动力，而且还可以制约政府的"肆意妄为"。因为，同为理性人，政府也有权力的随意性和扩张性。正是在这种格局中，政府的行政管理与群众自治实现了衔接，基层社会管理的秩序与民主实现了有机均衡。"过去，一谈管理就是调控，有调控，秩序当然好，但是群众自治死气沉沉。放松调控，社会活了，但是秩序又乱了。也就是说，总是摆脱不了一控就死，一松就乱的纠结。而现在好了，既有政府的管理也有群众的自治，结果也没出现一控就死，一松就乱的情况了。也许这就是我们创新实践的价值所在吧！"太仓市加强社会建设创新社会管理工作领导小组办公室（简称"社会办"）的负责同志在介绍情况时如此坦言。

3. 积极推动政府职能由管理向服务转变

在马克思主义政治学里，国家有两种职能：政治统治和社会管理。历史上的社会管理都是适应政治统治需要而展开的，更主要的是"管"字，以至于最终形成了"总体性社会"。然而，随着社会的快速转型，总体性社会开始迈向个体性社会。这一过程对政府职能提出了严峻挑战。如果政府不能适时调整职能方向，促进职能转换，它将不仅面临合法性的挑战而且还会出现生存危机。对于层级颇多的中国政府来说，其职能是有分工的。一般情况下，越往上，政府的政治统治职能越强，越往下其服务职能越强。也就是说，对于政府职能本身而言，其职能结构是有不同比重的。因而，在"社会管理，说到底是对人的管理和服务"的语境下，基层政府必须适时促进职能由管理向服务转变。正所谓寓管理于服务之中，服务在先，管理在后。这与是"管在先，服务在后，甚至没有服务"的传统管理的迥异之处。

太仓实践通过架构政府与群众自治组织之间的合作桥梁，树立"尊重自治权利，建设有限政府"的法治思想和"共同参与、和谐共治"的管理理念，逐渐改变了过去政府只管下命令的硬性管理模式，转而实现寓管理于服务之中的柔性策略。比如，太仓除了积极尝试购买服务，以彰显服务职能之外，还将服务细化到日常工作之中，如实施"向基层倾斜、向老人倾斜、向特殊疾病倾斜、向特殊人群倾斜"的政策，对符合条件的对象，提供"保费救助"、"实时救助"、"担保救助"、"再保险救助"等多种救助服务，强力保障了社会医疗的机会公平。尤其是，在全省率先启动了劳动和社会保障"村村通"工程，在各村（社区）建立劳动保障服务站，使城乡居民实现了获取就业信息不出村、接受培训教育不出村、办理社会保险不出村、享受社会化服务不出村。在社会服务信息化方面，太仓实施了以"数据集中、职能下延、全市联网、信息共享"为重点的劳动保障信息系统建设。如今，外来务工人员一抵达太仓客运汽车站，就会在旅客大厅 20 平方米彩色显示屏上看到人力资源市场的招聘信息。太仓还联合中国移动开发了"就业通"，把公共就业服务网站开设到了手机上，求职者只需通过便捷操作，即可将本人简历、求职意向自动上传给用人单位。

服务职能的转变，不仅解决了政府职能"越位""错位""缺位"的问题，还彻底革除了传统的命令型工作思维，纠偏了政府与自治组织之间的权责关系。对此，沙溪镇的一位负责人说，"'政社互动'后，政府和自治组织的关系变为了一种平等关系，协商解决相关事务。对政府来说，以前的'领导'实际上变成了'指导'；对自治组织来说，行政职责变成了协助管理"。"以前，由于是逐级下达行政命令，镇一级政府基本上只对上级政府负责。现在不一样了！由于签署的是协议书，镇政府和村组织的关系是平等的。因此，上面可以检查，群众也可以检查。基层政府不仅不能对自治组织指手画脚，还必须接受自治组织的评估。在这种情形下，干部的眼睛不能只'向上'看，而是'上下'都得看"。

4. 有力开辟群众自治的广阔空间

作为群众自治的有力形式，村民自治有效应对了人民公社体制解体以后，如何构建农村社会秩序的重要问题。正如徐勇教授所言：作为基层直接民主的有效形式，村民自治从根本上改变了长期以来中国社会普遍存在的自上而下的授权方式，将一种自下而上的乡村社会的公共权力产生的方式用制度确定下来，体现了法治和民主精神，是现阶段中国民主政治建设的起点和突破口。然而，在城镇化建设和人口流动日益加剧的当今，村民自治面临诸多严峻挑战，以至于有人悲愤的提出"村民自治走进了死胡同"。同农村群众自治组织的客观情形相似，城市社区自治的景观也不容乐观。任务型自治正弥散于城市社区民主和治理之中。这就是，社区自治组织在自治过程中，政府和街道办事处因行政扩张权力的本性及其自身面临的工作压力，在"工作指导"的面纱下，给社区布置了大量的工作任务，社区因之还要接受政府的绩效考核，社区自治的空间因此遭受严重挤压，自治反倒成为一种"副业"，居委会、业委会等群众自治组织的"当家人"角色也被"代理人"的角色所逐渐取代。在这种情况下，不是没有社区自治，而是相比较完成政府交办的任务而言，居委会难以把主要精力放在自治上，自治的空间难以伸张，甚至是逐渐萎缩。其结果很可能是，居委会在完成政府任务和实现自治的过程中左右摇摆，难以独立，在实现自治上有心却无力，里外不讨好。① 这是制约社会管理和群众自治的重要因素。

从深层次看这些问题，其主要症结在于三个方面：一是政社关系不清，导致自治组织饱受不当干预；二是动力不足，群众参与积极性不高；三是财力匮乏：群众自治面临无米之炊的尴尬境地。换句话说，如果能有效解决这些难题，群众自治的空间将是广阔的。太仓实践正是从这些方面有力的回应了群众自治面临"空间紧张"的诘难。首先，通过梳理权力清单，明晰政府与自治组织的权责边界，进而在平等独立的基础上，签订《协助政府管理协议书》，以全面取代《行政责任书》，从而将双方理应承担的责任、义务，以及所享有的权利标注得清晰明了。这就是从根本上厘清政社关系，排除政府对自治组织的不当干预。事实证明，政社关系清晰以后，政府不再把村（居）作为行政附属机构而频繁发号施令了，村（居）也不再习惯于行政依赖，且是承担起了自我管理、自我教育和自我服务的功能。其次，通过转变政府职能，积极构建公共服务体系，让群众享受到了实实在在的实惠，从而激发了群众参与社会管理及自治的积极性。在社会管理作为一种利益协调机制的背景下，治理主体的利益得到满足将会带来巨大动力。太仓实践证明了这一点，其"购买服务"的细心探索，不仅减轻了政府负担，而且提升了服务绩效，让广大社区居民享受到了实惠和便利，从而激发了群众参与社会管理的积极性，祛除了群众参与不足的困惑。访谈中，90%的群众坦言，正是在切身参与中体会到了实在实惠，因此才会关心身边的事情，也愿意参与社区生活。所以，不同于以往每当有公共事务需要讨论时，干部总是担心没人参与，现在只要发出公告，群众都会准时参与并积极建言献策。再次，通过付

———————

① 陈朋：《从任务型自治到民主合作型治理：构建合理的城市街居治理体制——以上海市 24 个社区为例》，《中国行政管理》2010 年第 2 期。

费管理，有效解决了群众自治组织画饼充饥、无米可吹的尴尬境地。当政府向社区提出协助管理的任务或项目时，不再像以前一样"开空头支票"，只给任务，不给经费，而是要严格按照"费随事走"，坚持一个项目一笔款。在日常经费上，市镇政府每年对城市社区拨付 20 万元、农村社区 15 万元。社区干部的基本报酬则实行统筹，并纳入社会保险。这样一来，经费上有了保障，居民也不用纠结公共事务经费无着落，干部也不必纠结公共事务无人问津了，群众自治也会挺起腰板，阔步向前走。

四、简短的结语

架构政府行政管理与群众自治衔接互动桥梁的太仓实践，以其鲜活形式证明了，基层社会管理唯有建立在互动合作的基础上，才会彰显其生机和活力。作为基层社会管理创新的基础和核心，政社互动事关创新实践的产生和发展。对于社会力量发育不足的当下中国来说，构建政社互动合作的交往关系，主导权客观上仍在政府。因此，政府愿不愿意放权、如何放权将从深层次上制约创新实践能否萌生及其产生绩效。正如太仓实践的主要推动者坦言，如果没有政府的积极放权和合理引导，这场实践也许不会诞生，即使诞生也许不会持久。时至今日，它依然活力迸发，正是因为政府敢于放权，大胆探索，为群众自治组织开辟了广阔空间。

对于人口众多、域情各异的不同地区而言，其社会管理所面临的问题和具体的优势不尽相同。因此，无论是被当地主政者总结提炼成"太仓模式"还是其他各种模式，都毫无疑问的难以提供一个基层社会管理创新的标准模版，各地只有结合自身实际，探索建设适合自身特点的社会管理体制，才是良策。但是，不管何种探索，努力实现政府行政管理与群众自治的有效衔接和良性互动，始终是不能脱离的主题，否则，将难以获至充足的发展动力和可持续性。

对城市化背景下创新社会管理的思考与探索

——基于对全国 306 名县处级以上领导干部问卷调研的分析

李 德 李 怡

（中国浦东干部学院）

一、引 言

加强社会建设、创新社会管理、推进我国社会体制建设是近年来全社会关注的热点、难点和重点问题。2004 年 9 月，党的十六届四中全会提出，要"加强社会建设和管理，推进社会管理体制创新"。2007 年 10 月，党的十七大提出，要"健全党委领导、政府负责、社会协同、公众参与的社会管理格局"。2008 年 7 月国务院常务会议审议通过《关于 2008 年深化经济体制改革工作意见》首次把"社会体制"问题单列出来，要求积极探索社会体制改革的有效途径，破解社会体制改革难点。2010 年 10 月，党的十七届五中全会强调，要"加强社会管理能力建设，创新社会管理机制，切实维护社会和谐稳定"。

2011 年 2 月 19 日上午，胡锦涛在中央党校全国省部级主要领导干部社会管理及其创新专题研讨班开班式上讲话时强调，加强和创新社会管理，牢牢把握最大限度激发社会活力、最大限度增加和谐因素、最大限度减少不和谐因素的总要求，以解决影响社会和谐稳定突出问题为突破口，提高社会管理科学化水平，完善党委领导、政府负责、社会协同、公众参与的社会管理格局，加强社会管理法律、体制、能力建设，维护人民群众权益，促进社会公平正义，保持社会良好秩序，建设中国特色社会主义社会管理体系，确保社会既充满活力又和谐稳定。2011年3月，国家发布的"十二五"规划建议中提出，要"加强社会管理能力建设""创新社会管理机制"。2011年5月30日，胡锦涛主持召开中共中央政治局会议，研究加强和创新社会管理问题。会议强调了加强和创新社会管理的重大战略意义和现实紧迫性，明确了加强和创新社会管理的指导思想、总体要求和基本原则。

　　加深对于这一战略部署的理解，提高对于这一战略部署的执行力，必须摆上我国各级党组织与政府部门的重要议事日程，必须成为我国全体人民群众共同的责任与行动。当前，必须正确处理经济建设与社会建设之间的关系，把社会建设和经济建设放到同等重要的位置。由于社会建设相对滞后，在确保经济继续平稳较快发展的同时，要下更大的决心、拿出更多的精力搞好社会建设和社会管理创新。因此，加强社会建设、创新社会管理、推进社会体制改革，既是解决我国30多年来改革开放特别是经济体制改革所积累起来的一系列社会问题的重要途径，促进了我国经济体制改革的进一步深化与完善，同时也为政治体制改革创造了更好的社会环境和条件。

二、当前我国社会管理面临的挑战

　　改革开放以来，随着我国城市化的快速发展，以及社会的急剧转型，我国的社会管理体系面临着前所未有的新情况、新问题和巨大的挑战。

(一) 城市化快速推进

城市化与城市现代化是当前及今后我国城乡经济、社会发展的潮流和趋势。改革开放 30 多年来，我国的城市化和城市现代化进程不断加快，为我国经济社会发展提供了强大的动力。1978 年我国的城市化率只有 17.9%，2009 年达到 46.6%。尽管这 30 年间差不多增长了近 30 个百分点，但仍低于世界平均水平。据预测，"十二五"期间我国的城市化率将突破 50%，到 2030 年城市化率将达到 60% 到 65%，[①] 年均增长 1 个百分点以上。推进城市化与城市现代化不仅是时代发展进步的要求，也是保持经济平稳较快发展的重要引擎，更是打破城乡二元结构、促进城乡一体化发展的必由之路。未来 10 年，我国城市化将进入一个快速发展、品质提升、制度创新、矛盾多发的高潮期，这也将使我国的经济社会结构和人民群众的生活发生深刻而巨大的变化。但是，我国城市化的速度过快，也带来了一系列的问题，加大了社会管理的压力。

第一，城市新移民的迅速增长。相当一部分农民工在城市获得了较为稳定的工作和居所，举家迁入城市，成为城市新移民。私营企业、中外合资企业就业的员工，个体工商户，民营企业家，个体医生、律师、演员等群体，以及已离开学校又未及时就业的大学生，成为城市新移民的一个重要组成部分。城市新移民由于没有本地的户籍，难以纳入传统的社会管理体系之中。

第二，社会管理建设相对滞后。与此相关的户籍制度几十年不变，已经远远不能适应城市化发展的需要。相关的社会保障、医疗保险，以及子女教育、交通、住房也都跟不上城市化发展的速度。

---

① 王信川：《2030 年我国城市化率将达 65%》，中国经济网，2010 年 9 月 21 日。

第三，新的城乡结合部和三不管地区大量出现。为了解决城市人口和新移民的住房问题，各地都大兴土木进行房地产开发，而规模比较大的新建居民区都建在城市的近郊，从而形成了新的城乡结合部。一个几万人乃至几十万人的超大小区，往往就坐落在一个乡甚至一个行政村的范围内。这些小区的社会管理已远远超出了当地农村组织的管理权限和能力。这些地区的安全保障、社会秩序、交通、公共卫生、文化、商业等社会管理和服务工作，远远跟不上发展的需要，也与城区存在较大的差距。据统计，1978 年，全国仅有 1.5 万就业人员处于正规部门之外，而到了 2010 年 6 月 27 日，国家人口计划生育委员会流动人口服务管理司发布的《中国流动人口发展状况报告》提供的信息显示：2009 年中国流动人口已达到 2.11 亿，人群迅速膨胀的一个直接后果是加剧了人群的流动化和不稳定性，使大量人群长期游离于组织之外，成为原子化的孤独的个体，对国家战略规划、政府社会管理和公共服务提出了严峻挑战。[1]

（二）单位制逐步弱化

长期以来，人们的工作、学习乃至生活都同单位密切联系在一起，乃至形成了对单位的人身依附关系。几乎所有的资源、福利都来自单位，离开单位也可能就一无所有、寸步难行。党和政府通过单位进行社会管理，简单快捷，行之有效。但随着经济结构、社会结构的变化，"单位"社会开始松动。一些社会管理和社会服务功能逐渐从单位中剥离出来。在改革进程中，已实现社企分开，企业不再具有社会管理的一些功能，如医疗保险、退休养老、子女教育等。事业单位也参照企业的模式进行改革。例如，后勤服务都在逐步实现社会化。同时，人才交流，自主择业，双向选择，尤其是福利分房制度的终结和大批商品房的

---

① 田毅鹏：《社会管理体制改革的理论逻辑》，《江苏社会科学》2011 年第 4 期。

兴建，使员工对单位的依赖度大大下降。同时，单位对于员工的约束力也随之下降。员工的许多行为已经自主化，与单位没有直接关系，只受相关法律、法规约束。这样，"单位人"逐渐转变为"社会人"。①

（三）社会保障不健全

在计划经济条件下，"单位人"的医疗、退休、养老、子女教育等社会福利和保障都由国家全包。但实践中也出现了两个问题：其一，这一福利和保障体系未能全面覆盖广大农民；其二，由于我国经济基础薄弱，资源和财力有限，社会福利和保障只能维持在一个很低的水平，无法满足广大群众日益增长的需求。因此，改革开放以来对传统社会福利和保障体系逐渐进行了改革。当前，仍然处于从旧体制到新体制的转型期。旧的制度废除了，新的制度还没有建立起来。一些居民既不能继续享受原有的社会福利和社会保障，也还没有完全享受到新的社会福利和社会保障。结果，与此相关的群众生活就出现了困难：看病难，看病贵；幼儿入园难，入园贵；养老难以及房价过高和改善住房条件难的问题。

（四）利益主体多元化

在计划经济条件下，利益主体相对比较单一和明显，主要表现为国家、集体和个人三者之间的利益关系。但改革开放以来，出现了利益主体多元化和利益诉求多样化。从利益主体多元化来看，除了国家、个人之外，集体作为一个利益主体，已经呈现出多元化的趋势。除了传统意义上的机关、企事业单位外，还涌现出大量民营的、外资的、中外合资

① 田毅鹏：《社会管理体制改革的理论逻辑》，《江苏社会科学》2011年第4期。

的企事业主体。它们的利益和诉求同传统的企事业单位以及它们彼此之间存在很大的差别，甚至会因为资金、市场、资源、立项竞争而产生直接或间接的利益冲突。同时，个人作为利益主体，其利益诉求也呈现多样化的趋势，并由此产生各种各样的社会矛盾。此外，各级地方政府作为利益主体，更加关注自身的利益。因此，地方主义、分散主义以及与此相关的阳奉阴违，上有政策，下有对策，变相拒不执行中央政府政策的现象呈上升趋势；官商勾结，肆无忌惮地损害国家利益、侵害人民群众合法权益的现象屡见不鲜。这无疑给我们的社会管理工作造成巨大的困难。长期的高速经济增长在增强我国经济实力和综合国力，提高人民生活水平的同时，确实在一定程度上掩盖了社会建设领域的一些矛盾和问题，并使得这些矛盾和问题逐渐累积并凸显出来。

2011 年 7—12 月，我们围绕"加强社会建设、创新社会管理"这一主题，在中国浦东干部学院对前来学习的城市社会管理专题研究班、城市社区基层党组织建设专题研究班、城市公共安全与危机管理专题研究班、河北省县委书记培训班、河北县长班等 15 个班次的 306 名学员进行了问卷调查。结果分析显示：学员对我国当前的社会安全总体上持认可态度，但普遍认为目前社会矛盾与冲突较为严重，当前影响我国社会稳定的因素呈现出多元化趋势，社会矛盾和冲突的原因逐步深化和复杂。

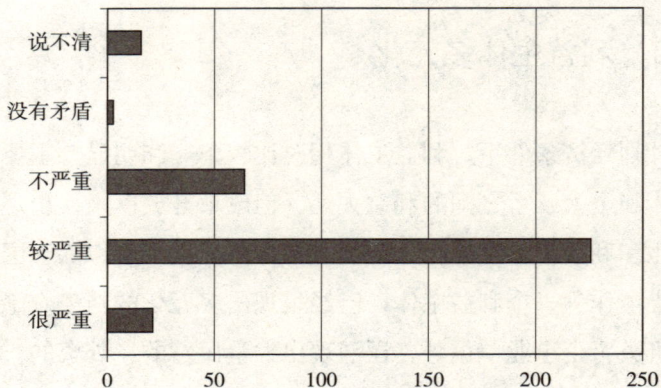

图 1　当前我国社会矛盾冲突程度测度

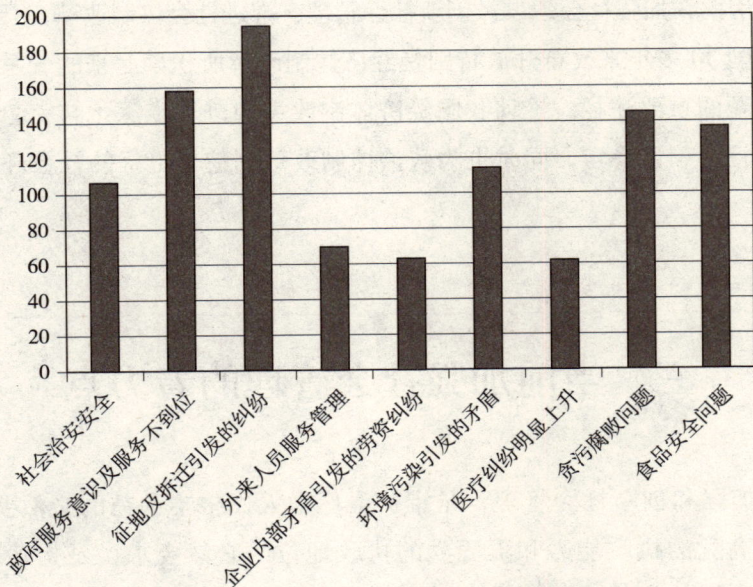

图2　影响我国社会稳定最为突出的问题

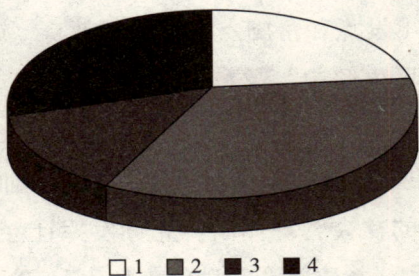

□1　■2　■3　■4

图3　社会矛盾与冲突的主要原因

注：1表示过于追求经济发展，社会建设滞后；2表示经济利益分配不均
　　衡，贫富分化严重，弱势群体生活困难；3表示社会阶层逐步固化，
　　社会流动性减弱；4表示因滥用权力与以权谋私所造成的社会不平
　　等、不公正，导致一些社会成员产生相对剥夺感，易产生心理和社
　　会的危机，形成不满情绪及仇官仇富心理。

因此，加强社会建设、创新社会管理、推进社会体制改革，既是解决我国 30 多年来改革开放特别是经济体制改革所积累起来的一系列社会问题的重要途径，推动我国经济体制改革的进一步深化与完善，促进了社会和谐稳定，同时也为政治体制改革创造了更好的社会环境和条件。

三、当前加强社会管理的着力点

加强和创新社会管理，是维护最广大人民根本利益的必然要求，是提高党的执政能力和巩固党的执政地位的必然要求，是构建社会主义和谐社会的必然要求。对当前如何加强社会建设、创新社会管理？为了使得出的结论和对策建议更具科学性，我们设计了一个客观题和一个主观题。在"您认为当前我国加强社会管理、构建和谐社会的着力点在哪里？"这一题中，排在第 1 位的是"把保障和改善民生作为全部工作的出发点和落脚点，解决好教育、就业、医疗卫生、社会保障等突出的民生问题"，约 93.8%（287 人）的学员选择，排在第 2 位的是"建立社会风险预警机制，更好地化解社会风险，约 72.9%（223 人）的学员选择，排在第 3 位的是"加强政府主导下的多元主体共同参与的社会管理体制，充分发挥社会组织的作用，通过公共服务外包，积极探索社会管理的市场化"，约 69.6%（213 人）的学员选择，排在第 4 位的是"建立社会'安全阀'机制，为社会不满提供释放途径的合法冲突机制"，约 49.7%（152 人）的学员选择，排在第 5 位的是"运用现代高新技术，提高社会管理信息化水平，为科学决策提供保障"，约 34.3%（105 人）的学员选择。如下图所示：

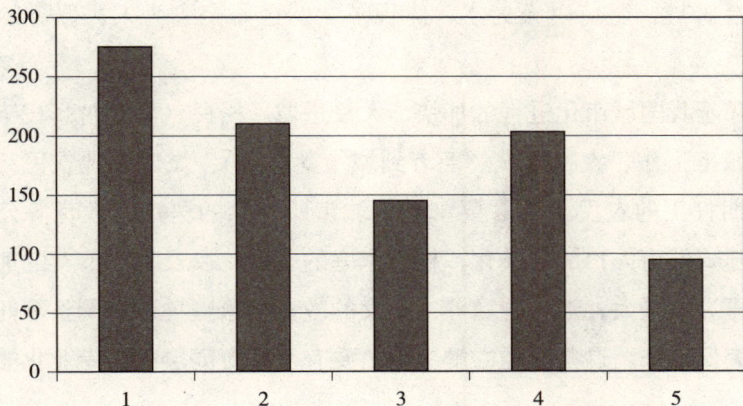

图4　当前加强社会建设、创新社会管理的着眼点

注：1 表示把保障和改善民生作为全部工作的出发点和落脚点，解决好
　　教育、就业、医疗卫生、社会保障等突出的民生问题；2 表示建立社
　　会风险预警机制，更好地化解社会风险；3 表示建立社会"安全阀"
　　机制，为社会不满提供释放途径的合法冲突机制；4 表示加强政府主
　　导下的多元主体共同参与的社会管理体制，充分发挥社会组织的作
　　用，通过公共服务外包，积极探索社会管理的市场化；5 表示运用现
　　代高新技术，提高社会管理信息化水平，为科学决策提供保障。

（一）坚持以人为本、不断改善民生

　　2011 年 2 月 19 日，胡锦涛同志在省部级领导干部社会管理及其创
新专题研讨班开班式上指出："社会管理，说到底是对人的管理和服务，
涉及广大人民群众切身利益，必须始终坚持以人为本、执政为民，切实
贯彻党的全心全意为人民服务的根本宗旨，不断实现好、维护好、发展
好最广大人民根本利益。"从外向维度来说，以人为本要求党的社会管
理科学化必须营造良好的社会文化环境氛围。从内向维度来说，以人为
本要求党的社会管理科学化必须高度关注人民群众的现实利益实现。加

强社会管理，坚持以人为本，体现了党的全心全意为人民服务的基本宗旨。

随着我国城市化进程的加快，大量进城新居民（如农村高校毕业生留在城市工作，农村进城经商者到城市落户等）、城郊失地农民、在城市长期打工的农民工都需要享受到城市所提供的医疗、教育等公共服务。随着城市人口的老龄化、核心家庭的普遍化以及工作节奏的加快和竞争压力的增大，老人的赡养、子女的教育和家庭关系的调整等问题就开始突显出来，这些问题的解决都需要有一种更高层次的专业化的社会服务。

加强社会建设的核心就是满足人民群众的基本公共服务需求，解决群众的日常生活困难。进一步的研究发现，基层群众对公共服务有着巨大需求。公共服务和社会管理在基层不能分开，它既凸显了基层公共服务匮乏的矛盾，也凸显了社会管理不足的问题。我们根据有关城乡居民社区服务需求的比较研究发现，城镇居民的服务需求依次是家政、就业、老年人、儿童青少年、低收入家庭服务，而农村依次是老年人、文体生活、儿童青少年、低收入家庭和残疾人服务。城市社区服务存在的主要问题，第一位的是邻里关系冲突，其次是缺乏场所和设施，最后才是缺乏认同感。大量研究证明，农村也具有强烈的公共服务需求，尤其是大量农民工外出务工，农村留守儿童问题、农村养老问题等，而且农村与城镇的公共服务需求存在很大差别，对此要区别对待。从总体上说，中国现阶段的公共产品的供给要优于公共服务供给，因为曾经有相当长一个时期，我们重视基础设施投资，而忽视人力资本的投入，这个问题至今也没有从根本上得到改观。

我国经济的发展、社会的转型、城市化进程的加快，对城市公共服务发展提出了严峻的挑战，目前城市公共服务规模、水平已经远远不能满足当前人民的需求。因此，加大民生的社会重建投入力度，把保障和改善民生作为全部工作的出发点和落脚点。政府只有不断满足人民群众对社会公共服务日益增长的需求，切实改善民生，以保障和改善民生为重点，建立完善的社会保障制度，解决就业、教育医疗、养老等与群众切身利益相关的突出问题，解决广大民众的后顾之忧，在解决人民群众关注的热点难点过程中保持社会稳定，才能有效地化解社会矛盾，进而促进经济、社会的进一步发展。

（二）创新基层党建、引领社会管理

时代的发展、社会的快速转型、社会结构的深刻变化要求党要不断与时俱进，积极转变执政方式，把党的建设、群众需求与社会建设有机地结合起来，不能就党建论党建，要充分发挥党在社会建设中的政治引领作用，密切党与群众关系，不断改善人民生活，解决人民群众的实际困难，鼓励、支持社会服务机构为人民提供优质、高效、专业的社会公共服务。中国共产党是执政党，要以党的基层建设引领基层社会管理工作。除了继续搞好基层企事业单位、居委会的党组织建设之外，应当重点加强流动人口和新社会群体的党建工作。

第一，做好农民工党建工作。按照党的十七届四中全会的部署，"加强党员动态管理，健全城乡一体、流入地党组织为主、流出地党组织配合的流动党员教育管理服务工作制度。实行城乡基层党组织一方为主、接续培养、两地考察、相互衔接的优秀农民工入党办法"。为此，流入地基层党组织，包括基层企事业单位、居委会、社区党组织都应该设立相应的机构，或者指定专门人员负责本地区、本单位农民工群体的党建工作。要恢复农民工中党员的正常党内生活，使其在城市中"找到组织"，享有并行使一个党员应有的权利，履行应尽的义务。要按照中央的精神，在农民工中发展新党员。为了加强农民工党员的动态管理，应逐步建立健全全国党员信息库，并为每位党员配发具有全国联网功能的党员证；每个基层组织都应配发全国联网的电子终端设备；还可以设立各种党员之家、党员培训和帮扶中心，加强对流动党员的服务工作。

同时，也要教育党员在社会管理工作中发挥先锋模范作用。此外，要加快各类民营企业、外资企业、中外合资企业和股份制企业的党建工作。

第二，做好新社会组织党建工作。创新基层党组织管理模式，把基层党建作为加强社会管理，构建稳定和谐社会的重点。进一步加强党的基层组织，尤其是"两新"组织和农村基层党组织的战斗力和凝聚力，提升党的形象和信任度，以巩固党的执政基础，发挥基础党组织的战斗堡垒作用，以充分发挥党的政治领导和社会治理的引导作用。从资金投入、增加编制、体制建设等方面加大对社会组织党建的力度，引导规范各种社会组织的发展巩固新时期党的执政基础。一些地方在社会组织党建方面进行了积极探索，取得了良好效果，如宁夏回族自治区依托登记管理机关成立社会组织工作党委，加强了全自治区的社会组织党建，努力扩大覆盖面，引导社会组织在经济发展、社会管理、慈善公益、扶贫开发等方面起到积极的作用，发挥了基础党组织的战斗堡垒作用。

党对社会组织的领导及对社会建设的引领就是执政与服务，主要体现两个层面：一是政治的领导作用，即通常所谓的"党领导社会"，其机制为对社会组织的规范、导向与组织发展的促进作用，如上海市闸北区大宁社区党工委对辖区群众社团实行申报、备案、评估制度，对评估合格的社团提供不同数目的资金支持，对评估不合格的社团给予指导，并积极探索党支部建在社会团体上，充分发挥了党的政治引领作用，增强了基层党组织的社区影响力和凝聚力。[1] 二是治理的引导作用，通过执政党同社会服务组织的沟通协作，共同实现对社会的治理，其机制为利用非政府组织的规律而实现同非政府组织社会作用的互动。在社会治理的绩效上，这是一种"双赢"：执政党通过治理的沟通实现社会稳定的政治追求，而社会组织则借此实现自己的社会价值。在党的执政方式上，就是通过"沟通协作"的途径实现"政治领导"的目的。这是党在

---

[1] 李德、王叶庆：《把党支部建在社会团体上———上海市闸北区大宁社区党建工作创新实践研究》，《探索》2010年第3期。

社会治理层面上的执政方式创新，提供了党领导社会、管理社会的框架，也是创新传统执政方式的结果。①

（三）转变政府职能、强化政府服务功能

1. 积极转变观念、以服务促进管理

积极转变政府执政理念，改变社会管理工作手段，推进服务型政府建设，强化政府的公共管理和公共服务职能。跳出社会管理抓社会管理，把社会管理寓于服务之中，以服务促管理，管理要到位，服务也要到位，切实把科学发展观落到实处。围绕广大群众所关注的"不安全、不满意、不平衡"社会难点问题，强化行政部门社会管理服务职能，解决群众的实际困难。在推进民生改善的同时，着力解决好一些政府部门的"不作为、乱作为"及社会不平等现象，建立民众与政府相协调、相一致的社会管理秩序。

2. 改革财税体制、实现责权利一致

积极推进财税体制改革，根据政权与财权相对应原则，厘清各级政府的职责及利益分配，推进事权与财权的统一，实现责权利一致。增加地方财政分成，通过转移支付加大对社会管理的直接投入，全面完善城乡社会管理服务的各项职能，使基层政府的事权和财权对应，以确保基层政府能够在社会管理中发挥更大的作用。

3. 改革考核体制、树立科学政绩观

改革当前干部考核评价的指标体系及方法程序，把社会建设作为一个重要的标准。当前，市，县两级政府既承受着发展的压力，又面临着政策方面，如土地瓶颈，节能减排方面的制度，发展的责任重大，而方

---

① 吴新叶：《包容与沟通：执政党与非政府组织的互动关系》，《南京社会科学》2007 年第 11 期。

法手段有限，中央和省适当放权，加大对县级政府的投入和支持，激发其动力与活力。

改革干部考核体制，弱化经济指数追求，树立和谐至上的发展理念、导向和政绩观，让基层政府从单抓经济方面解脱出来，使其有精力抓社会建设。有效杜绝一些地方过于追求经济发展进度，合理设置经济发展、社会建设与社会稳定指标，妥善正确处理好发展与稳定的关系。

4. 严厉惩治腐败、提高政府公信力

严惩腐败，不断提高政府公信力，进一步密切与群众的关系。建立政务透明与接受群众监督的制度，政府决策的行为公开透明，杜绝特权专权滥用，建立行之有效的廉政制度及相应的惩治机制，严惩腐败行为。

不断加强执政党的自身建设，提升党的各级干部的管理水平和廉洁自律的敬业精神，增强群众的信任度，提高各级政府在群众中地位和诚信度。提高领导干部执政道德水平，对整个社会道德水平的提高具有很好的引导作用；加强领导干部执政道德建设，对于当前创新社会管理、建设和谐社会、促进文化繁荣发展、构建社会主义核心价值体系具有积极的实践意义。

（四）倡导多元参与、健全社会管理体制

积极建立政府主导下的多元主体共同参与的社会管理体制，提高政府的社会管理能力，完善社会格局。

1. 畅通民意诉求、鼓励群众参与

社会管理应回归社会本体，政府应尊重社会运行中广大群众的主体地位，把群众参与社会管理的积极性调动起来。解决社会阶层严重分化且固化的问题，大力构建各利益群体，合法的诉求表达机制和公平博弈平台，政府在社会政策制定过程中充分接受公民合理意见，唤起民众参与，并积极鼓励利益相关方的参与，从源头上化解社会不稳定因素。

2. 培育社会组织、协同参与管理

梁漱溟先生在《中国文化要义》中论述中国的社会结构是伦理本位或曰关系本位，这是与西方的团体格局不一样的。① 所以，中国人尤其缺少一种组织生活，缺少一种社会参与。社会组织快速发展是一个社会成熟的标志，是民间力量的组织化形式，民间力量正是通过不同形式的社会组织得到有效发挥。可以说社会组织是一支重要群众基础，是社会建设的重要力量。培养、壮大、正确引导并发挥社会组织和群众组织共同参与社会管理的作用，引导社会组织在经济发展、社会管理、慈善公益、扶贫开发等方面发挥积极作用。

探索社会管理中政府购买第三方服务的机制，推动政府主导，多元参与社会管理体系。同时可以借鉴国外社会组织发展的有益经验，根据我国国情、民情、文化，及国民素质差异太大，因地制宜培育社会组织的发展，积极发挥其在社会建设中的作用。

（五）健全应急机制、化解社会风险

加强与创新社会管理的突出任务是化解社会风险。现阶段，我国社会矛盾多发，社会问题凸显，社会风险增大。加强社会建设与社会管理创新，提高风险管理能力极为紧迫。胡锦涛同志指出，加强和创新社会管理，以解决影响社会和谐稳定突出问题为突破口。当前，我国社会是和谐稳定的，总的形势是好的。但是，由于经济基础和社会结构剧烈变动，利益关系和利益格局深刻调整，社会群体之间存在一定利益冲突，一些社会群体利益矛盾可能激化。影响社会稳定的不确定因素明显增多，由人民内部矛盾引发的群体性事件面广量大，已经成为严重影响社会稳定的最为突出的问题。

---

① 梁漱溟：《中国文化要义》，上海世纪出版集团 2005 年版，第 72—73 页。

　　当前，由社会矛盾所引发的群体性事件、暴力冲突乃至人身伤亡事件屡见不鲜，严重地影响了社会的安定和谐。而各级党政机关在处理此类事件时往往缺乏经验，事到临头，手忙脚乱，或延误了解决矛盾的最佳时机，或采取不当的举措，反而激化矛盾，使冲突进一步扩大。根据中央的要求，各级党政机关都制定了相应的应急方案。有的遇事启动应急预案，收到了良好的效果，而有的启动预案后并未达到预期的目的。其原因之一是，相应的应急机制不够健全。交通、消防、紧急救护等应急机制相对都比较健全，一旦出现情况，都能快速反应。但是一些问题可能涉及多个部门，其管理的边界比较模糊，事态一旦恶化，单独一两个部门就难以解决和掌控，致使事态扩大，产生严重后果。所以，社会冲突应急机制应该具有全面协调、综合治理的功能，也应该具备紧急调动相关组织力量进行紧急处置的权力。平时各部门各司其职、分工合作，一旦有事，就应该合成一股力量，统一指挥，统一行动。

（六）弘扬优秀文化、加强精神文明建设

　　文化是社会管理的基础和持久动力，在先进文化的引领下，社会管理才能得到更好的完善和创新，党的十七届六中全会提出建设文化强国的战略目标。弘扬优秀文化的精髓，加强精神文明建设，提高全民文化和道德素质，增强每一个国民的社会道德意识。2012 年 3 月 20 日上午李源潮同志在出席中国浦东、井冈山、延安干部学院 2012 年春季开学典礼时强调，党的干部要按照胡锦涛总书记要求，保持思想纯洁，坚定理想信念，带头践行社会主义核心价值体系，做社会主义思想道德的自觉遵守者、示范引领者和坚定维护者。党的干部要做追求社会进步的模范，坚定中国特色社会主义理想信念，牢固树立科学发展观，积极追求先进生产力、追求先进文化、追求中国人民的根本利益。要做为人民服务的模范，自觉与人民群众打成一片，对群众的酸甜苦辣、安危冷暖感

同身受，尽心竭力为群众排忧解难。

确立社会主义核心价值观，倡导公平正义的社会理念，在全社会营造良性的价值观、道德观、宽容观。加大诚信教育，提高社会诚信度。加强对国情的正面宣传和舆论的正确引导，教育社会成员辩证地看待认识西方文化，在经济发展的同时多渠道培养社会成员的国家精神，国家利益至上应成为全体国民共同的精神追求和精神支柱，重塑共同理想和共同价值观。因此，创新社会管理应更多地强调社会共同价值建设，培育与发展社会共同价值是我们推进社会建设的重要任务。

（七）提高社会管理信息化水平

目前，社会管理需要的基础统计数据不足，信息搜集部门分割；考察干部维稳工作成效时，过分强调是否出问题，而不是对问题的处理能力，这样加大了社会事件上报的阻力，有些突发事件等社会不稳定现象不能及时上报甚至被隐瞒。从而，导致社会信息资源无法整合，发生重大事件不能快速反应，主要领导无法实时、全面掌握全地区、全社会稳定情况等问题。

提高社会管理信息化水平必须做好几项工作。一是加强社会统计可操作性，完善社会指标体系，明确社会情况的重点统计项目。二是建立全面覆盖、动态跟踪、指标齐全的社会管理基础信息平台，以人口基础信息为核心，借助居住信息系统、就业登记信息系统和房屋出租管理系统，整合违法犯罪信息、网络舆情信息、公共卫生信息、环境状况信息、劳资关系信息、突发事件信息等多种信息源和社会统计资源，提高新形势下社会管理信息化水平。三是对分散在各级政府、各个部门的社会信息资源进行全面的整合。实现上下级、各部门数据交换、信息共享、资源共用、协同管理，为各级主要领导掌控全局、科学决策提供依据，及时发现、预防和控制社会重大事件的发生。四是建立社会不稳定现象上报的无障碍通道，应对社会统计事项立法管理，同时干部考核转向考察社会事件处理是否得力，减少不稳定事件上报压力。

四、创新社会管理应处理好三个关系

（一）继承传统与改革创新的关系

加强和创新社会管理的过程，是继承与创新辩证统一的过程。创新社会管理不是另起炉灶，不是对原有工作的全盘否定，而是在继承优良传统的基础上，创新社会管理方式，以适应社会转型与时代的发展。

新中国成立以来，党和国家高度重视社会建设与社会管理，为形成和发展适应我国国情的社会建设理论和社会管理制度进行了长期的探索和实践，取得重要成绩，积累了宝贵经验。特别是改革开放以来，根据国内外形势发展变化，我国不断就加强和创新社会建设与社会管理，提出重要理论和方针政策，建立了社会建设与管理的领导体系，构建了社会建设与管理的组织网络，制定了社会建设和管理的基本法律法规。

因此，创新社会管理体制，必须从我国实际出发，走自己的路，必须正确处理发挥传统优势同与时俱进、创新发展的关系，不能全盘否决过去，另搞一套。

（二）立足国情与借鉴国外的关系

西方发达资本主义国家经过二百多年的发展，在社会建设与社会管理方面取得了丰富的经验，我们可以积极借鉴这些人类文明的共同经验和成果，克服其在发展过程中走过的弯路，但不能照抄照搬，必须立足于中国的现实和国情，立足于当代中国社会结构变迁的历史大背景，以国际视野和世界的眼光，对社会建设和社会管理进行系统深入的调查研究，把分散的经验材料和各地的有益探索提升为较为系统的理论观点、形态，为我国社会建设和社会管理的伟大实践提供必要的指导。

因此，创新社会管理要树立世界眼光、开放胸怀，注意借鉴国外社会管理的有益经验，不断改革和完善我国的社会管理的体制机制。

（三）政府推动与群众参与的关系

当前，我国的社会管理是自上而下的政府推动，和自下而上的群众参与的有机结合，需要处理好党委领导与尊重群众的关系。在发挥政府推动作用的同时，更要注重实现群众参与管理与自我管理相统一，发挥群众参与社会管理的基础作用，尊重群众的首创精神，依靠群众去探索和解决社会管理中的新情况、新问题。积极转变政府执政理念，改变社会管理工作手段，跳出社会管理抓社会管理，把社会管理寓于服务之中，以服务促管理，管理要到位，服务也要到位，切实把科学发展观落到实处。围绕广大群众所关注的"不安全、不满意、不平衡"社会难点问题，强化行政部门社会管理服务职能，解决群众的实际困难。积极探索群众参与社会管理的机制和途径，为扩大群众参与创造条件，努力形成社会管理人人参与、人人共享的良好局面。

以城乡新型社区建设推进社会管理创新的实践与思考

王祖焕

（中共浙江省温州市委、温州市人民政府）

加强社会管理创新、加快推进社会转型，是中央和省委部署的重大任务，也是现阶段温州经济社会发展的必然要求。加强社会管理创新，推进社会转型就必须要有新的社会管理体制与之相匹配，建设农村新型社区无疑是推进社会管理创新的重要载体和平台。社区是社会服务管理的终端，是基层公共服务的平台，而社区自治是基层民主政治建设的基础，建设城乡新社区是社会管理创新工作的重中之重。温州市委、市政府高度重视社区建设和社会管理创新工作。市第十一次党代会明确提出：深入推进城乡新型社区建设，深化村级组织"转并联"工作，通过下放上提、理顺机制，在社区平台全面整合强化社区自治、社会保障和社会管理工作，完善物业、商业和社会服务等功能，发展文教卫体等各项事业，让基层各类管理和服务功能在社区平台得到充分集聚，加快传统农村向城乡新型社区转变。2011年在全市上下的共同努力下，各县（市、区）完成了构建城乡新社区的总体框架，5406个村整合为770个农村新社区；基本形成了党组织、管委会（居委会）、议事和监督委员会的基层组织体系，建立了社区综合服务中心平台；明确了镇（街）、社区两级管理层级；落实了社区办公场所和部分基础设施，配备了社区工作人员，完善了工作机制和经费保障机制，等等。同时，我们对以城乡新型社区建设推进城市社会管理创新进行了探索和思考。

一、以加强专业化社工人员为抓手，推进社区队伍专职化

社区工作者是城乡新社区各项工作的执行者、实践者。没有一支专业化、专职化的社工队伍，就不能保证社区各项工作的开展。专职是专业的基础，针对目前社区工作人员的具体情况，首先，要解决社区工作人员专职化问题。把社区工作人员专职化作为重点，加强社区负责人专职化配备，并结合实际，充分挖掘、整合各种人力资源，以"五个一批"的方式切实加以解决：一是从乡镇机关中选派一批；二是从村两委优秀干部中吸收一批；三是从大学生村官中转任一批；四是从大中专毕业生中招聘一批；五是从社会各类人员中培育一批，扩大社区志愿者队伍。其次，要解决社区工作人员专业化问题。开展社会工作人才职业资格认定和评价工作，根据《温州市社会工作者中、初级专业技术资格评价办法（试行）》文件，鼓励具备规定学历（社工专业中专以上）的社会工作人员参加专业技术资格评定（社工师、助理社工师、社工员）；对不具备规定学历的社会工作人员进行培训，经考试合格者发给培训证书，可参加相应级别的专业技术资格评定。从2012开始，社会工作专业岗位新录人员必须具备社工职业资格，逐步推行持证上岗，并建立相应的退出机制和社工绩效考核评估机制。同时，落实一社区一名大学生政策，全市社区社工专业人才队伍要争取达到1000人。再次，要科学设置社区工作人员的工作岗位，社区要按照每200—300户的标准，定人、定格、定责实行网格化管理。社区工作人员不足的地方，可通过设置AB岗的方式，要求社区工作人员既要履行好工作分工职责，又要落

实好网格包干责任。

二、以构建基层治理结构为抓手，推进社区管理扁平化

目前，我市有的基层有镇（街）、办事处、社区、村四个层级，这是不合理的，只能作为过渡性质。按要求，到 2013 基本实现镇（街）、社区两级管理体制。2012 年，有条件的地方要开展联村建居试点，完善基层治理结构。同时，要不断完善社区内部组织结构，建立健全五方面组织体系：一是社区党组织。充分发挥社区党组织的领导核心作用，按照有利于整合党建资源、开展党员活动、提升服务水平的原则，推进区域化党建工作，将社区内的农村、非公企业、社会组织、医院、学校等各类组织最大限度的纳入党的工作范围，构建全覆盖、广吸纳、开放式的区域化党建工作新格局。二是社区自治组织。社区管委会是社区自治组织的临时过渡形式，今后将全部撤销，依法选举产生社区居委会和社区议事和监督委员会。社区居委会在社区党组织的领导下，依法开展自治活动，协助基层政府开展工作，是具体执行机构。议事监督委员会是居民（代表）大会的常设机构，负责讨论决定社区重大事务，并对社区日常工作实施全面监督。三是社区群团组织。社区群团组织是党与人民群众联系的桥梁与纽带，是社区建设的一支重要力量。群团组织要发挥示范引领作用，把企业职工、团员青年、妇女、残疾人、老年人等人员聚合在一起，形成社区建设的合力，参与到社区建设各类活动中去。2012 年，每个社区要建立 5 个以上群团组织。四是社区社会组织。社区社会组织是由社区组织或个人在社区（街道、乡镇）范围内单独或联合举办、在社区范围内开展活动、满足社区居民不同需求的民间组织。大力发展社区社会组织，大力扶持民办社会

工作机构的发展；对尚未达到登记标准的社会组织，实行备案制，并加强引导和管理。同时，积极开展政府购买社会组织服务工作，不断满足人民群众对公共服务的需求。2012 年要实现社区每万人社会组织数达到 4.7 个以上。五是社区志愿者组织。志愿者组织是无偿为社会提供服务的公益性组织。鼓励社区党员和社区居民参与志愿服务。根据有关要求，要推行志愿者注册制度，2012 年每个精品社区要拥有 5 支以上志愿者队伍。到"十二五"末，力争 80% 以上的社区党员和 30% 以上的社区居民参与志愿服务活动。

三、以建设五大服务中心为抓手，推进社区服务优质化

强化服务功能，是社区建设的根本发展方向。要努力构建以社区服务中心为服务主体，社区社会组织和志愿者组织为辅助，市场化服务为补充的社区服务体系。不断完善"五大服务中心"建设，实现"凡是群众要办理解决的事情都能在社区办成"的目标。纪委牵头抓好社区便民服务中心建设，综治办牵头抓好社区社会管理服务中心建设，文广新局牵头抓好社区文体服务中心建设，卫生局牵头抓好社区计卫服务中心建设，民政局牵头抓好社区养老服务中心建设。重点从四个方面同步予以推进：一是加强政府组织提供公共服务。"凡老百姓要办理的事项都能在社区办理，凡企业要审批的事项都能在功能区（中心镇办理），功能区（中心镇）和社区没有权限办理的要做好代办。"我们要以此作为检验标准，加快政府职能转变，通过"下放上提"，强化社区服务功能。同时，要全面实施"强基惠民"工程，加快推进基层社会事业发展，提高政府公共服务水平。二是加强社会组织提供非营利性服务。当前要支持和鼓励成立慈善、文体、科普和法律、教育、养老、助残、为农等各

种形式的社会组织，提升社区服务能力；推行政府购买公共服务机制，让社会组织和热心于公益事业的社会群众直接参与服务管理。三是加强市场主体提供商业服务。鼓励和支持各类组织、企业和个人兴办居民服务业和便民利民网点。支持在社区设立超市、农贸市场、通讯、家政等服务项目。四是加强志愿组织提供互助服务。大力培育发展社区志愿者组织，推行志愿者注册制度，建立志愿者服务激励机制，教育、引导广大居民发挥特长，积极参与志愿服务，开展互助帮扶活动，不断提高居民自我服务水平。

四、以整合现有信息资源为抓手，推进社区平台信息化

大力推进社区信息化建设，从整合公安、综治、流动人口、计生、教育、社保、安监等相关部门现有的信息网络资源入手，建设集行政管理、社会事务、便民服务为一体的社区信息服务网络，实现数据一次收集、资源多方共享。一方面，加快推进社区信息化建设。建设具有社区（村务）管理、社区党建、社区事务办理于一体的社区管理平台和提供社会服务信息的社区服务平台，实现社区管理和服务的信息化。2012 年选择 2—3 个县（市、区）开展社区信息化建设试点工作，年底争取社区管理服务平台试运行。另一方面，开通社会服务热线试点。以"关注民生、排忧解难、便民利民、诚信服务"为宗旨，4 月份在市区设立 96345 社会服务热线试点，依托加盟企业、社会组织、社区志愿者组织、互助组织，专业技术组织和一技之长者，构建一个覆盖整个市区的社会信息管理和服务中介平台，全天候为市民无偿提供信息中介服务，确保市民及时享受到快捷、方便、实惠、个性化的各类社会服务。

五、以培育精品示范社区为抓手，推进社区工作规范化

社区规范化建设包括组织设置规范、职能事务规范、规章制度规范、阵地建设规范、队伍建设规范、经费保障规范、资产管理规范等七方面内容。当前，要立即着手抓好三方面的工作：一要着手编制新社区建设规划。按照社区人口数、集聚度和经济发展水平，建立城乡社区"三类五星"规范化建设和评定标准，通过创建考核评比活动，推进社区规范化建设。2012年，各地要根据三类不同标准，全面完成社区建设规划编制工作。二要开展新社区示范点建设。2012年全市要培育30个精品示范社区，每个乡镇要培育1—3个精品社区，充分发挥以点带面、推动全局的作用。对成功申报市级农村新社区示范点的单位，给予政策支持和物质奖励政策。卫生、计生、民政、公安、综治、社保、残联、文化、教育、体育等相关单位，要根据各自职能大力扶持示范点建设。三要健全工作考核机制。有关部门要将社区建设成效纳入各级党委政府部门工作目标考核，考核结果作为领导班子和领导干部综合评价的重要内容。

公众幸福指数、政府绩效评价与公共服务体系建设*

闫　明

（中国浦东干部学院）

中国经济与社会发展为主观幸福感的研究提供了有利的时机与平台。从国内环境来看，随着改革开放的深入，一方面国家整体实力和人民生活水平都得到了极大的提高，另一方面，各种社会矛盾日趋尖锐，许多人在享受到经济发展带来的成果之际又体验到精神和心理上的焦虑、不愉快、不公平等。国内外研究证实，个体主观幸福感不仅决定个人的生活质量，还对社会中的人际关系和行为产生深刻影响，最终影响到社会是否和谐稳定。在我国"十一五"规划中，政府明确提出以人为本、建设和谐发展社会的目标，这个政策既符合社会发展的规律，也与国内外对主观幸福感研究的重视不谋而合。

────────────

　　*　本文属于中浦院—长三角改革发展研究课题"幸福指数构建与幸福社会建设研究"（celap2012-YZD-INS-04）。

一、公众幸福指数的测度与发展

（一）幸福指数的研究进展

对幸福的测量，即评价幸福指数涉及不同学科。经济学以"理性经济人"为前提，认为幸福等同于最大效用。大卫·布兰奇劳尔和安德鲁·奥斯瓦尔德建立的幸福模型设定了幸福指数（主观满意度水平）是个人实际的效用或福利、实际收入、亲情及与个人相关的特性的函数。Ryff 和 Essex 从心理学出发，将主观幸福感划分为自我接纳、与他人的积极关系、自主性、环境可控性、生活目标及个人成长等六个维度。社会学则认为个体是以群体为中心的"社会人"，因此，应通过个人对自身生活质量的主观评价来计量幸福，侧重于对客观生活的主观认识①。经济学测量的维度包涵了主观和客观两个方面，但可能忽略非理性因素对幸福感的影响，心理学量表中的维度仅是人们的最终心理感受结果，但未必能表达社会生活的具体方面对幸福感受的具体影响，社会学的"主观认知评价"强调个体的社会环境及其道德文化宗教等因素，但幸福感毕竟针对个体，是个体的主观反应。

已有的研究也已经对幸福指数的构建进行了较为深入的研究。在各种指标体系中，罗纳德·英格哈特领导的世界价值研究机构公布的指数体系具有较广泛的认同性。英国"新经济基金"编制的"幸福星球指数"采用各地公民的预期寿命、对生活的满意度和人均消耗资源量等指标。丹尼尔·卡尼曼和艾伦·克鲁格对国民幸福指数的考量则在让人们在一

---

① 张进，马月婷：《主观幸福感概念、测量及其与工作效能变量的关系》，《中国软科学》2007 年第 5 期。

段时间内对不同活动得到的愉悦感进行排序。澳大利亚迪金大学卡明斯（Cummins，2000）编制了个人幸福指数量表，要求人们对自己的生活水平、健康状况、在生活中所取得的成就、人际关系、安全状况、社会参与、自己的未来保障等方面的满意度进行评价。①

这些研究虽然提出的指标各有差异，但均将幸福指数定义于主观范畴。国内对幸福指数的研究主要是基于核算的视角，以与 GDP 体系相区别与对应，实际上即是将幸福指数、国民幸福总值及作为发展目标、考评手段的幸福评价体系模糊化处理，被视为广义上的"幸福指数"。例如，程国栋（2006）建议从国家层面构建由政治自由、经济机会、社会机会、安全保障、文化价值与环境保护等要素组成的国民幸福核算等体系②，邢占军（2008）等亦提出了各自的见解，并尝试构建理想化的评价指标。③ 在科学发展观理念的导向下，湖北省率先推出包含健康、经济、家庭、职业、社会保障、文化教育和环境条件等为二级指标及 49 项三级指标的幸福指数的评价指标体系，广东省公开向社会咨询"建设幸福广东"评价与"广东群众幸福感测评"两套指标体系。

已有的研究和实践涉及了不同的概念范畴，对概念的各自界定是导致分歧的根本原因。从经济学的角度，既然幸福是可满足自身所需的物品的效用，那么对幸福感的测量等同于对效用的测量。黄有光（2003）的基数可量"复古"理论为幸福感的测量提供了充分的理论基础。由于效用是客体对主体的满足，这种满足首先取决于客体自身的属性，进而能不能满足主体及在多大程度上满足取决于主体的主观感受。④ 毫无疑问，对于幸福效用的测量只能以人为直接对象，从而与国民幸福总值测

① R. A.Cummins., *Objective and Subjective Quality of Life*. Social Indicators Research, 2000,p.52.

② 程国栋：《研究"国民幸福生活核算体系"取得初步成果》，《兰州日报》2006 年 10 月 18 日。

③ 邢占军、刘相：《城市幸福感——来自六个省会城市的幸福指数报告》，社会科学文献出版社 2008 年版，第 5 页。

④ 黄有光：《效率、公平与政策》，社会科学文献出版社 2003 年版，第 26 页。

量及幸福考评等概念形成本质差别。

　　以此为参照，观察国内有代表性的所谓幸福指数的评价指标体系，主要有两种情况，一是将幸福指数视为核算体系，不论其内涵如何，本质上即是国民幸福总值的范畴，即所谓的"广义幸福指数"、发展指数等，与国民生产总值一样可作为统计体系；二是幸福考评体系，以幸福或幸福指数作为政府及公共政策的目标，从政府绩效的角度，一般是上级政府考评下级政府的体系，包括组织体系和指标体系，可视为基于"幸福指数"的科学发展观之类的评价体系。

　　由此可见，目前学界与政府所言的"幸福指数"其实各自内涵有别。幸福指数是个体幸福感评价指数，以人为直接测量对象。当然，对主观体验的测量也需要满足一定条件，简单地从心理学的情感体验与社会学的主观评价出发可能会忽略理性客观的社会福利，即使通过理性的经济视角来评价个体的幸福感，也要求个体的信息对称并理性表达偏好。况且，幸福指数并不等于个体全部幸福感的测量结果。国民幸福总值是基于幸福指数的核算体系，是主观与客观相结合的范畴；幸福指数是以幸福总值最大化为导向的政府绩效评价体系。同时，幸福指数、国民幸福总值及评价指标体系构建必须面对三个层面的内涵。

（二）幸福指数对经济社会发展的作用

　　国内外对幸福指数的研究由来已久，因为被定义为效用的幸福或快乐是人类追求的终极价值，也是政府公共政策的基本目标，但是，如何界定与测量幸福指数，并制定具有科学依据及广泛适应性的评价指标体系绝非一蹴而就。2011 年全国地方党、人大、政协年会上，幸福指数成为热门话题，如广东省委十届八次全会第一次全体会议提出了"加快转型升级、建设幸福广东"的核心任务，并要求制定幸福广东的指标体系。在长三角地区，幸福指数的构建和幸福社会建设问题也受到非常多的关注。

人类对发展的追求不仅仅局限于经济，经济的发展水平越高，人类生活中非经济因素的影响也会越大。在这种情况下，如何通过一个综合的指标，研究经济和非经济因素的影响，对社会经济发展和追求进步显然具有非常重要的意义。从 GDP 崇拜到幸福指数关怀是政府落实以人为本、科学发展理念的具体体现，反映了政府对人民群众切身利益问题的深切关心与关注。在我国，党和政府始终代表的是最广大人民群众的根本利益，人民群众的切身感受是其制定路线、方针、政策的根本依据。因此，实现全面建设小康社会、构建社会主义和谐社会就必须更好地关注民生，关注国民幸福指数，提升国民幸福感。

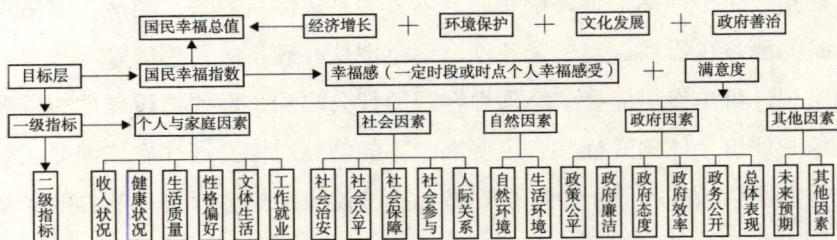

国民幸福总值 ← 经济增长 + 环境保护 + 文化发展 + 政府善治

目标层 → 国民幸福指数 → 幸福感（一定时段或时点个人幸福感受）+ 满意度

一级指标 → 个人与家庭因素 | 社会因素 | 自然因素 | 政府因素 | 其他因素

二级指标：收入状况、健康状况、生活质量、性格偏好、文体生活、工作就业 | 社会治安、社会公平、社会保障、社会参与、人际关系 | 自然环境、生活环境 | 政策公平、政府廉洁、政府态度、政府效率、政务公开 | 总体表现、未来预期、其他因素

二、幸福指数与政府绩效评价方式转变

（一）从 GDP 崇拜到公众主观幸福感需求

将国民幸福指数的追求与政府的施政目标挂钩，是多种因素共同作用的结果。从内在因素来说，是政府自身对转变发展方式认识的提高；从外在因素来说，是民众幸福需求促使政府做出的一种回应。

经济是国家发展的基础，用 GDP 指标考核本身并没有错，但如果唯 GDP 是从，搞 GDP 崇拜而不关心民生福祉，就不符合以人为本的科学发展观要求，也不利于经济发展方式的转变。把公众的幸福指数作为硬指标，摒弃 GDP 至上的政绩观，树立科学的发展观和正确的政绩观，由重点关注经济数字转向关注公众的主观幸福感。

　　长期以来，我们的经济发展是一种粗放式、高投入的增长方式，不全面、不平衡、不协调、不可持续是这种增长方式的特点。如果说这种增长方式在改革之初让我们国家成功地摆脱了贫困的话，那么，随着经济的高速增长，这种发展方式正面临越来越多的挑战。因为它注重了经济产值及其增长速度，却忽视了经济增长的资源基础、环境条件、社会成本、分配的公平与社会公正等诸多方面，忽视了以实现人的发展为目标的真正发展。[①]

　　随着科学发展观的提出，我们对转变发展方式的认识也有了进一步的提高。我国从一味地追逐经济发展指标，转向关注人文社会环境指标。无论是"十二五"规划纲要，还是各地的"十二五"规划，都主动调低了经济发展的速度。2012 年，我国把经济发展速度调低到 8% 以下，把更多的政策和资源投向民生，更加强调国民的幸福感受，这是政府在转变发展方式中的自觉，也是政府对施政目标认识的一大提高。

　　国际经验表明，处于中等收入阶段的国家，居民的幸福感提升对经济增长不敏感，而更多地关注成功与幸福。有一个好身体、有一个好收入、有一个好保障、有一个好环境，有被人尊重的感受、有价值实现的快乐，这些都使得公众产生主观幸福感的需求，而这种需求的实现与政府的作为有很大的关系。在各项政策制定的过程中，把为民众谋幸福、为民众提供优越的生存与发展条件将成为政府工作所遵循的价值标准。

（二）经济转型、幸福指数与政府绩效评价方式转变

　　在我国经济转型的过程中，随着人们对于幸福指数的进一步认识，

---

①　郑方辉：《幸福指数及其评价指标体系构建》，《学术研究》2011 年第 6 期。

把幸福指数纳入政府绩效评价，已经成为一种呼声，在一些地区甚至得到了初步的实施。近年来，一些地方楼房越盖越高、城市建设逐渐完善，不少百姓却并没有感到幸福感的增加，有的甚至感叹"城市很好，生活很难，幸福很远"。其中一个重要原因，是一些地方在考核干部时，重显绩、轻潜绩，导致干部唯 GDP 是从，对民生问题关注不够。

政府绩效评价方式的转变，基础是科学设置考核指标。幸福就是让人们生活得舒心、安心、放心，对未来有信心。"幸福指数"一般包括三个方面：群众对生存状态的满意度，如就业、收入、社保、安全、社会和谐等；对生活质量的满意度，如居住、医疗、教育、文化娱乐状况等；对政治权利的满意度，如知情权、参与权、选择权、监督权等的落实情况。在设置考核指标时，应本着科学合理的原则，把与民生密切相关的指标纳入考核，使抽象的幸福具体化，形成科学的考核指标体系。①

当然，幸福指数与政府绩效评价要想更好地结合，必须要开发更为科学的考核方式。考核指标确定后，采取何种方式考核就显得尤为重要了。要改进传统的"官评"方式，借鉴组织工作满意度民意调查的成功经验，让各级统计部门在不受干扰、完全独立的条件下调查统计。公众是幸福的主体，他们的幸福指数如何只有他们自己感触最深，也最有发言权。考核幸福指数，要注意走群众路线，广泛吸收群众参与，发挥"民评"的作用。

另外，要发挥好幸福指数考核的作用，防止群众"被幸福"或者只见指数不见幸福的现象，关键在于合理运用考核结果。要把幸福指数考核结果作为干部升降和奖惩的重要依据。对考核成绩突出的及时提拔重用，对考核不合格的实施问责追究。只有这样，才能让各级领导干部真正把心思用在执政为民上，创造出经得起检验的政绩。

---

① 谢焕格：《把幸福指数纳入干部考核》，《红旗文稿》2011 年第 8 期。

三、幸福指数、民生发展与公共服务体系建设

（一）公众幸福指数与民生发展需求

提升公众幸福指数体现了关注民生、推动和谐社会的理念。提升居民以幸福指数为核心的生活质量，必须努力实现人的基本生存需求和实现人的发展权利相关的普遍需求，这就要求社会决策者坚持关注民生，发展公共服务体系，其实质是进一步实践科学发展观，解决如何让公众共享发展成果的重要命题。

我国"十二五"规划明确将"加强社会建设，建立健全基本公共服务体系"作为主要规划之一，表明了中央对民生问题的高度关注，而多个地区在结合本地情况制定具体规划建议时增加了幸福指数的评价，其强调的主体内容便是保障和改善民生，大力发展公共服务体系。要解决好民生问题，就是要在提升民众幸福指数方面有所作为，而建立健全基本公共服务体系，努力推动基本公共服务均等化，则是政府提升民众幸福指数的重要着力点。

在我国现阶段，收入水平、基本生活需要等状况对幸福感具有重要的影响，中央"十二五"规划建议中有关扩大就业、合理调整收入分配关系、健全覆盖城乡居民的社会保障体系、加快医疗卫生事业改革发展、加强和创新社会管理以及提高生态文明水平等民生内容正好符合这一因素，是对政府制定有关公共政策所提出的具体要求和建议，充分体现了发展成果惠及全民，努力促进人的全面发展的执政理念。

对于幸福指数的关注，强调的就是社会个体客观存在状态和主观心理体验对于实现人的全面发展目标的重要意义。从某种程度上说，提高人们的生活质量，就是实现人的全面发展的现实途径之一，因为人们生

活质量的提升集中反映了社会进步和发展的程度。一方面，由于地域、文化和个体体验等的差异，不同地区的、不同的人对生活质量的追求和感受会产生一定的差异；另一方面，在对生活质量的基本要求上，又体现出一些共同的要求，即对健康、经济、社会政治、文化等各方面条件的追求，对自我发展的追求。总之，对幸福指数进行科学地评价，同时从人民生活质量的范畴上拓展对幸福指数的理解，对于我国社会的进一步改革和发展具有重要的意义和作用。

在我国各地区的"十二五"规划建议中，也增加了幸福指数评价。首先是希望发挥幸福指数在衡量社会进步发展上的重要功能，从而补充以往仅仅使用 GDP 等反映经济发展的指标作为衡量社会进步发展的做法。改革开放 30 多年来，我国经济社会获得了举世瞩目的大发展，而接下来的重点则应该是追求"国富"与实现"民强"并举。从单一的 GDP 评价到补充更具人性化的幸福指数评价，恰恰反映了我国社会整体发展观的转变，即从追求单一的经济发展观到坚持并践行以人为本，全面、协调、可持续的科学发展观。[①]

对民生的关注，需要在政府绩效评价中得到显明的体现。要在政府绩效评价指标体系中设置民生指标，并附以较高的权重。我国很多地方也已经开始关注这一问题，例如，广东省经济社会科学发展评价指标体系把"人民生活"列为一级指标，就起到很好的导向作用。另外，民生幸福与否，没有比民众自己更清楚，政府绩效评价体系的主观指标设计中也要涉及民生指标，让人民自己评价自己的民生幸福感。

（二）幸福指数、政府职能与公共服务体系建设

随着经济社会的发展，政府职能模式也出现了一定的转变。政府职

---

① 何正欣：《国民幸福指数与政府施政目标》，《湖北行政学院学报》2011 年第 6 期。

能转变就是要把计划经济时期的全能型政府的职能模式转向市场经济条件下的有限政府职能模式，说到底，就是要转变为服务型政府。所谓服务型政府，即是责任政府、有限政府、透明政府、诚信政府和人本政府。

从公民导向的逻辑源头，服务型政府必然为绩效型政府，评价政府绩效是建设服务型政府内在的要求。以政府绩效来看待及评判发展有着现实意义，它为政府的理想职能、政府竞争的方向、政府变革等议题增添了具体的民间标准。要实现幸福指数发展的目标，政府首先要做好职能定位，按照公共经济学的一般理论，政府所扮演的角色理应是为民众提供更好服务的"守夜人"，就是要打造服务型政府。如何实现我国国民幸福的最大化，是政府公共管理的最重要的职责。

幸福指数在我国服务型政府的建设当中，也已经起到了一定的作用。广东省作为中国经济发达省份，政府和民众对于幸福指数的理解也走在前沿。广东省政府引入了一些第三方专业评价机构对政府绩效进行评价，并以此来推进政府职能的转变。华南理工大学公共政策课题组连续多年针对广东全省 21 个地级以上市、121 个县（市、区）两级地方政府开展政府整体绩效评价，将地方政府职能定位于促进经济发展、维护社会公正、保护生态环境、节约运作成本、实现公众满意五个领域层，全面体现科学发展观和政绩观，指标体系强调又好又快，把环境保护、政府成本纳入导向层。①

李桢业 (2008) 等人从城市居民综合福祉角度对沿海地区城市居民的幸福指数进行了实证分析。从反映居民幸福指数的指标看，我国沿海12 省份间存在着十分明显的差距。② 其中，长三角、珠三角和京津地区的居民享受了沿海地区最高的幸福指数。三大经济圈是我国经济最发达

①　郑方辉、覃事灿：《地方政府绩效评价技术路径的比较分析》，《广东行政学院学报》2009 年第 6 期。

②　李桢业：《城市居民幸福指数的省际差异——沿海地区 12 省（区、市）城市居民统计数据的实证分析》，《社会科学研究》2008 年第 3 期。

地区，其城市基础设施和公共福祉环境相对较为完善，从而使这些地区的居民保持着国内的最高生活水准。其中，长三角的江浙，珠三角的广东与京津两市的居民幸福指数并无明显差距。海南、广西、福建等省份的居民基本生存环境较好，而人口密度适当，人均享有的公共资源较为充裕，这在很大程度上弥补了他们与三大经济圈居民之间的幸福指数差距。

如果省级政府的经济政策目标不是仅仅偏重于 GDP，而是向居民的幸福指数倾斜，那么地区发展的居民福祉差距将会逐步减小。目前包括中央政府在内的各级政府都把缩小居民收入差距作为公共政策的首要目标，但是这种缩小地区差距的目标，不能仅仅局限在经济收入差距方面，而应放在能够真实反映居民生活水准的基本生存环境和公共福祉环境方面。

目前，我国很多城市的发展并没有能够全力为民众谋求更多的福祉，只是给私人资本提供越来越大的利润空间。造成这种局面的原因是多方面的，其主要原因在于政府对公共投资管理的缺位，即公共投资不是致力于提高居民幸福指数，而是跟着某些政府官员走，而一些官员又跟着资本走，结果导致公共利益不断被私人资本侵蚀。如果能从预算制度上严格规定公共投资应该负担的各种福祉支出，确保各项居民福祉性投资的投入到位，那么公共服务体系建设将变得更为完善，民众的幸福指数也将逐步提高。

城市流动人口积分制量化
管理模式探讨

——以广东省中山市为例

李明超

（杭州国际城市学研究中心暨杭州研究院城市学研究处）

城市人口管理包括户籍人口管理和外来人口管理两方面，涉及人口登记、户籍管理、权益保障、计划生育等内容。国内对外来人口的管理方式主要有外来人口登记制度、单位管理制度、社区管理制度、社会治安综合治理制度。[①] 国外发达国家和地区在管理外来人口方面大多采用了积分制管理模式，实行以积分制为核心的移民审核准入制度，为发达国家源源不断地提供了优秀的人才资源，增强了流入地城市的核心竞争力。在我国当前户籍管理体制下，在国家顶层设计尚无法到位的情况下，城市在探索如何积极实现进城农民工市民化方面必须承担更多的义务和责任，在推动城市流动人口管理方式转变方面做出更大的贡献。为此本文选取国内最早开始流动人口积分制管理改革的广东省中山市作为案例，从城市管理学角度探讨城市流动人口积分量化管理模式创新发展的可行性与实现路径。

[①] 杨宏山：《城市管理学》，中国人民大学出版社 2009 年版，第 289 页。

一、中山市流动人口积分制管理的改革背景

流动人口通常被界定为离开户籍所在地、在外从事各种社会活动的人口，或在流入地居住而没有本地户口的人，目前我国流动人口以进城务工的农民工为主体。[①]2011 年是对我国城市化进程和流动人口都具有特殊意义的一年。国家统计局发布数据称：2011 年我国城镇人口比重达到 51.27%，比上年上升 1.32 个百分点，首次超过 50%；同年，全国人户分离的（居住地和户口登记地所在乡镇街道不一致、且离开户口登记地半年以上的）人口为 2.71 亿，其中不包括市辖区内人户分离人口的流动人口为 2.3 亿，比上年增加 828 万人。[②]按照中国城市化率每年增长一个百分点的速度，20 年以后中国城市化率就会接近 70%，到那时，15 亿人中就会有 10 亿人生活在城市，其中 5 亿人是市民，5 亿人是农民，5 亿人是移民（流动人口）。市民、农民、移民（流动人口）构成了新时期我国日益典型的新三元社会结构。

改革开放以来，我国流动人口规模呈现迅猛增长的态势，但由于城市管理体制未能完全调和劳动力自由流动与户籍制度之间的矛盾，在大中型城市特别是流动人口密聚的沿海大城市，诸多社会问题均不等程度地与流动人口相关。[③]流动人口在社会保障与福利、公共服务以及各项公民权利等方面与户籍人口有着很大的差别，由于尚未形成流动人口的属地管理模式或者委托管理模式，大量流动人口无法分享其参与创造的城市价值，无法融入城市社会，没有归属感。对流动人口的管理不当加剧了城市贫富分化、群体对立、治安恶化等一系列影响城市可持续发

---

① 黄小花：《中国人口与社会保障》，经济管理出版社 2006 年版，第 37 页。
② 国家统计局：《2011 年我国人口总量及结构变化情况》，http://www.stats.gov.cn/tjfx/jdfx/t20120118_402 779722 htm。
③ 傅崇辉：《流动人口管理模式的回顾与思考》，《中国人口科学》2008 年第 5 期。

展与社会和谐的问题。① 从现有的研究文献来看，诸多学者都认为现行户籍制度必须进行改革，有关流动人口管理体制改革的文献也并不少见，但论述具体如何改革的对策性成果却相对较少，特别是在中央没有统一政策指导的情况下，地方政府如何务实探索成为一个现实而紧迫的问题。学者们分别从经济、社会和历史因素，尤其从户籍角度解析了流动人口管理体制改革及其走向（李玲等，2001②；陈颐，2006③；陆益龙，2006④；彭希哲、郭秀云，2007⑤；肖周燕、郭开军、尹德挺，2009⑥；徐伟明，2009⑦；郑梓桢、宋健，2012⑧）。综合上述文献，学者们几乎都一致认为，在我国快速城市化的宏观大背景下，流动人口管理体制需要体制机制创新，需要建立统一高效的协调机构，需要在现行户籍制度框架内研究并建立统一、规范、有效的外来人口管理模式，甚至是借鉴国外移民管理制度的某些经验，建立全国流动人口信息数据库和网络系统以及稳步推进户籍制度改革等，并提出了相对应的政策措施。

从 2001 年国务院户籍改革文件下发，到 2011 年国务院出台《关于积极稳妥推进户籍管理制度改革的通知》，都提出地级市以下市区全部放开户籍制度。在国家默许各地探索户籍改革的十多年时间里，许多地方如郑

---

① 中国城市科学研究会：《城市科学学科发展报告 2007—2008》，中国科学技术出版社 2008 年版，第 128 页。

② 李玲：《大城市流动人口特征及管理：以广州为例兼与北京、上海比较》，《人口研究》2001 年第 2 期。

③ 陈颐：《对外来人口管理体制的思考》，《江苏社会科学》2006 年第 5 期。

④ 陆益龙：《社会需求与户籍制度改革的均衡点分析》，《江海学刊》2006 年第 3 期。

⑤ 彭希哲、郭秀云：《权利回归与制度重构——对城市流动人口管理模式创新的思考》，《人口研究》2007 年第 4 期。

⑥ 肖周燕、郭开军、尹德挺：《我国流动人口管理体制改革的决定机制及路径选择》，《人口研究》2009 年第 6 期。

⑦ 徐伟明：《我国城市流动人口管理模式的演变与展望》，《南京人口管理干部学院学报》2009 年第 3 期。

⑧ 郑梓桢、宋健：《户籍改革新政与务实的城市化新路——以中山市流动人口积分制管理为例》，《人口研究》2012 年第 1 期。

州、上海、嘉兴、昆明、成都、重庆、河北等地政府也不断尝试各自的户籍新政，在理论和实践上都积累了正反两方面的宝贵经验。综合全国各地改革实践，初步形成了以下三类模式：一是治安管理模式，主要是基于传统流动人口管理模式上的改革，由政法委或综治委牵头，主要办事机构设在政法委或公安局，在基层有派出所指导的协管员队伍参与管理，是一种以治安防范机构为主要依托单位拓展服务的管理模式，全国绝大多数地区采用这种管理体制。二是通过成立单独的流动人口服务管理部门（如新市民管理局）来加强流动人口的服务和管理，强化统筹协调和搭建信息平台。三是"大人口机构统筹型"，以"大人口观"为指导，通过某一机构（如发改委或人口计生委）牵头来协调各部门，加强对流动人口管理和服务的统筹。①

为了创新城市流动人口管理体制机制，广东省选择了中山市先期进行积分制管理改革试点。在建立和完善对流动人口管理服务体制方面，2004 年 9 月中山市流动人口管理办公室正式成立，挂靠市政府，作为全市流动人口管理改革的归口部门和执行机构。为解决流动人口子女入读公办学校问题，从 2007 年开始中山市按照"先局部后整体、先试点后推开"的方针，先后在该市三个镇区开展流动人员子女凭积分入读公办学校试点。在总结试行经验的基础上，2009 年 10 月 16 日，中山市人民政府发布《中山市流动人员积分制管理暂行规定》，在全国率先全面推行流动人员积分落户政策。

二、中山市流动人口积分制管理的实现路径

从现实的改革情况来看，地方政府考虑到外来流动人口尤其是有入户

---

① 肖周燕、郭开军、尹德挺：《我国流动人口管理体制改革的决定机制及路径选择》，《人口研究》2009 年第 6 期。

意愿者的自身利益,为他们提供相对公平的发展环境和公共服务,通过有条件地为其打开落户城市的大门,进而吸纳优秀人员在城市投资兴业和安家落户,可以有效地促进社会正常运行和协调发展。对于有入户意愿者,户籍管理制度的准入开放是对其所作社会贡献的一种奖励,他们一旦进城入户,便享有该城市的福利;对于城市来说,适当开放公共服务体系和户籍管理制度,更激发了外来流动人口的积极性,促使其更多地为这个城市发展作贡献。

在综合考虑本地经济社会发展实力和流动人口特点的基础上,中山市以服务与管理流动人口为目的,采用定性与定量相结合的方法构造指标体系与编制积分表。以流动人口在所在城市获得的积分为标准,通过指标设置,鼓励农民工通过培训不断提高自身素质逐步获得高分来享受相应的待遇,也能让他们进入一种上升通道,进而全面地提高劳动者素质。[1] 流动人口积分制管理计分标准由个人素质、工作经验、居住情况、社会贡献及遵纪守法等项目构成,总积分为各项指标的累计得分。中山市积分制管理改革以相关公共福利为配套,而不是以传统的户口为标准,从而将享受教育、就业、社保、医疗等公共服务与是否具有本地户口脱钩。据2010年国务院发展研究中心课题组调查显示,我国与户籍挂钩的个人权利有20多项,涉及政治权利、就业权利、教育权利、社会保障、计划生育等各个方面,其他还包括义务兵退役安置政策和标准、交通事故人身损害赔偿等。[2] 中山市积分制改革推出的公共服务项目主要围绕子女入学和申请落户展开,这两项待遇也是流动人口群体最为关注的。

中山市积分制管理工作的原则是"总量控制、统筹兼顾、分类管理、分区排名",采取"个人自愿、分区申请、统一管理、动态调整"的模式,由市政府统筹,市流动人口管理办公室负责具体实施,各相关职能部门和

---

① 郭建玉:《农民工市民化的新思路——对中山市流动人口积分制管理的解读》,《江西农业大学学报(社会科学版)》2009年第3期。

② 王俊秀:《国务院发展研究中心提出户籍改革新思路:户口承载的福利可分步骤获得》,中青在线—中国青年报,2010年6月4日。http://zqb.cyol.com/content/2010-06/04/content_3263411.htm。

镇区依照职责权限协助实施，流动人员可根据其积分情况享受相应的服务和管理待遇。中山市流动人口积分制管理指标由3个一级指标构成，分别为基础分、附加分和扣减分部分（如表1所示）。这三个一级指标又可以细化为20个二级指标、46个三级指标，它们综合反映了中山市流动人口各方面的能力水平，是计量和评估中山市流动人口积分的基本依据。在综合考虑经济能力、人员素质、社会管理、发展需求等指标的基础上，根据不同镇区所能承载的流动人员入户人数和可提供公办教育资源情况，分配数额不等的入学、入户指标。流动人员享受子女入读公办学校的指标数和迁入中山市户籍的指标数，由市政府在每年3月底前向社会公布。由市流动人员管理办公室对需要享受相关待遇的流动人员按其所得积分高低进行分类排名，排名在市政府公布的指标数内的，可按有关规定享受相关待遇。

表1 中山市流动人口积分制管理指标体系

一级指标	二级指标	三级指标	权重分值
基础分	1.学历水平	1.高中（中技、中专）	15分
		2.进修大专	40分
		3.全日制大专	55分
		4.本科	80分
		5.硕士研究生及以上	100分
	2.技能水平	6.技术员初级职称	10分
		7.助理级专业技术资格初级职称/职业资格达到五级	15分
		8.中级职称或职业资格达到四级	55分
		9.高级职称或职业资格达到三级及以上者	90分
	3.社会保险	10.累计参加社会保险年数	2分/年，最高20分
	4.劳动合同	11.连续签订并履行劳动合同	2分/年，最高10分
	5.固定住所	12.拥有合法自购房，家庭住房面积不能低于市城镇低保困难家庭标准	10分
	6.居住年限	13.连续办理暂住证年数	2分/年，最高20分

续表

一级指标	二级指标	三级指标	权重分值
附加分	7. 年龄	14.16 周岁以上至 35 周岁以下	5 分
	8. 婚姻状况	15. 未婚	5 分
	9. 急需人才	16. 属于中山经济社会发展急需的紧缺人才或特殊岗位人才	50 分
	10. 专利创新	17. 近 5 年内获得国家专利者	30 分 / 项
	11. 个人获奖	18. 获得市（厅）级荣誉称号或奖励者	10 分
		19. 获得省（部）级荣誉称号或奖励者	20 分
		20. 获得国家级荣誉称号或奖励者	30 分
	12. 见义勇为	21. 获评镇(区)级"见义勇为"称号	10 分
		22. 获评市级"见义勇为"称号	20 分
		23. 获评省级"见义勇为"称号	30 分
		24. 获评国家级"见义勇为"称号	50 分
	13. 慈善公益	25. 在我市参加义工、青年志愿者年数	1 分 / 年，最高 10 分
		26. 在我市个人捐赠金额	2 分 / 万，最高 10 分
		27. 无偿献血数量	1 分 /200CC，最高 5 分
		28. 在我市捐献骨髓（造血干细胞）	2 分 / 次，最高 10 分
	14. 投资纳税	29. 工商登记注册资本和实收资本	1 分 /10 万
		30. 个人所得税、个体工商经营活动缴纳税款	1 分 / 万
	15. 计划生育	31. 办理了《流动人口婚育证》，接受当地计生部门验证和管理，并及时换证	2 分
		32. 按照政策自觉落实长效避孕节育措施	3 分
		33. 每年参加居住地计生部门孕情检验不少于 3 次	1 分
	16. 卫生防疫	34. 子女自觉参加计划免疫者	1 分
		35. 自觉参加妇幼保健	1 分
		36. 婚前按有关规定参加婚检	1 分
		37. 按岗位要求办理从业健康证	1 分

续表

一级指标	二级指标	三级指标	权重分值
附加分	17. 登记管理	38. 子女主动到流管部门办理（16周岁以下儿童随行卡）	1 分
	18. 个人信用	39. 个人信用良好	5 分
扣减分	19. 违法犯罪	40. 管制	3 分 × 月，最少减 40 分
		41. 拘役	12 分 × 月，最少减 60 分
		42. 有期徒刑	12 分 × 月
	20. 其他违法行为	43. 行政拘留	5 分 / 次
		44. 劳动教养	2 分 / 次
		45. 违反计划生育	200 分
		46. 卫生违规	2 分

资料来源：根据中山市流动人口信息网有关数据和信息绘制。

　　中山市的户籍改革面向所有在中山务工创业的外地人员，没有省份、身份和地域限制，理没有任何"一票否决"的前置条件[①]，以鼓励上进、遵纪守法为政策导向。根据《中山市流动人员积分制管理暂行规定》（中府 [2010]151 号）的有关政策，本人户籍不在中山市，"在中山市连续工作一年以上（含一年），纳入就业登记，缴纳社会保险的，由本人申请并经市流动人口管理办公室核准的流动人员，纳入中山市流动人员积分制管理范围"，"积分累计超过 30 分的流动人员，其政策内生育的子女可在产权房屋所在地或工作地申请入读公办学校排名"；"积分累计超过 60 分的流动人员，其本人、配偶或直系亲属在中山拥有合法房产的，在法定工作年龄内可申请积分入户排名"，按照积分管理流程申请在中山市入户（如图 1 所示）。根据《中山市人民政府办公室关于调整流动人员积分制入学相关政策的批复》（中府办复〔2011〕285 号）规定："在中山工作 1 年以上的流动人员，可凭积分相关资料，为其子女申请积分入学；在入学积

────────────

　　① 郑梓桢、宋健：《中山市流动人口积分制管理存在的问题及对策分析》，《南方人口》2011 年第 4 期。

分项中增加政策内生育奖励分 30 分，流动人员为其政策内生育的子女申请积分入学可享受此奖励加分，以镇区人口计生办开具的计划生育情况审核表为依据，未能提供计生审核资料的流动人员不享受计生加分，按政策外生育子女受理；按积分高低先安排政策内生育子女入学，在积分入学指标数有空余的情况下，再按积分高低安排政策外生育子女。"

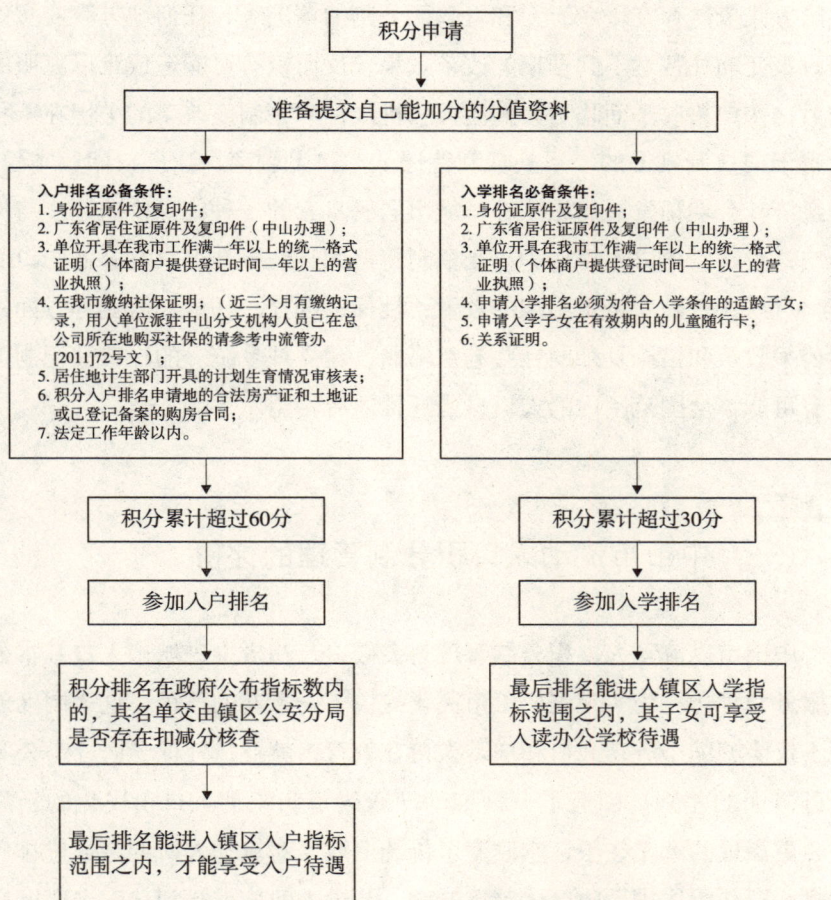

图1　中山市流动人口积分制管理申请流程

资料来源：中山市流动人口信息网，http://www.zslg.gov.cn/?op=show_news&id=2517。

三、中山市流动人口积分制管理的
评价与启示

在当前教育、卫生、劳动就业、社会保障、住房等基本公共服务的供给方式依然存在城乡二元和行政区分割的情况下，任何地方政府贸然的政策变动往往达不到预期的改革效果，反而极有可能造成难以克服的矛盾，使户籍改革面临更大的压力和挑战。户籍制度改革的关键在于将依附于户口制度上的一系列福利待遇从户口上剥离，让户口回归本位。按经济社会均衡发展的原则，将城市居民享有的各种优惠待遇逐步与城市户口脱钩，户口不再作为享受福利待遇的唯一标准。只有降低户口的"含金量"，打破户籍上附加的教育、社保、医疗、住房、就业等方面的不公平政策和错综复杂的社会利益格局，建立城乡统一的户口登记制度才有可能，全国范围内的人口自由迁徙才有希望。

（一）中山市流动人口积分制管理的评价

中山市以流动人口积分制管理为突破口，积极推进城市人口基本公共服务均等化，为实现农民工市民化提供了一条新的路径。这一制度创新不仅能够缩小流动人口和户籍人口在教育、就业、社保、医疗等公共服务方面的差别，创造了一种推动户籍改革和流动人口市民化的新思路，更深远的意义在于，它改变了传统上城市对流动人口的全方位排斥方式，即从集体排斥向个体筛选转变。[1] 过去的城市福利分配主要以户口为标准，从而将不具有本地户口身份的流动人口集体排斥在外，积分

---

[1]　郑梓桢："广东'积分制'破除户籍坚冰"，《决策》2010 年第 1 期。

制管理只关注个人积分结果，并不一味以户口身份为标准，非本地户籍人口只要积分足够高一样可以享受与户籍人口同等待遇甚至入户，外来流动人口可以根据自己的需要去积累相应的积分，从而享受相应的待遇。

1. 中山市流动人口积分制管理的特色

（1）流动人口积分制管理与中山市人口优化发展目标一致。首先，通过累计积分的方式，避免了外来人口的盲目涌入，有利于促进对城市人口机械增长数量的科学控制。其次，积分制管理"高素质、高得分"的计分方法有利于促进中山市社会经济发展的各类急需人才引进，提高中山市的人口素质。同时，积分制管理有利于优化城市人口结构，通过鼓励35岁以下的外来人口入户，可以相对延缓中山市人口老龄化的速度。在推出积分制改革之后，中山市现行入户政策等于从事实上取消了单凭购买商品房在城市入户的可能性，旨在通过设置更多积分指标来吸引更多高素质人口落户。除积分入户外，目前在中山市仍在执行的入户政策有：高层次人才入户、技能人才入户、投资入户、投靠入户政策和入选百佳外来务工人员[①]。一个以积分制管理为主、其他入户方式为补充的流动人口管理模式在中山市逐步建立起来，为接下来深化户籍制度改革提供了经验借鉴。

（2）流动人口积分制管理有利于引导流动人口主动接受流入地社会管理。在传统模式下，流动人口接受被动管理、积极性不高，而政府的行政管理成本过高等问题一直没有得到解决。积分制管理通过利益导向机制的正确引导，使流动人口实现从"被动接受管理"到"主动接受管理"的转变。流动人口为实现享受基本公共服务或入户的目标，必须达到规定的分数。在这种利益导向机制的作用下，流动人口必然会对照积

---

① 百佳外来务工人员：根据中山市有关规定，荣获年度"'同是中山建设者'外来务工人员百佳"荣誉称号者可入户，中山市每年举行"同是中山建设者"外来务工人员百佳评选活动，对获奖者进行表彰，并根据《"同是中山建设者"百佳外来务工人员入户工作实施细则》给予在中山市入户的政策待遇。（资料来源：中山市流动人口信息网）

分指标及分值，有针对性地提高自身整体素质（如学历、技能），为社会做出更多贡献（如投资纳税、志愿服务、慈善捐赠）。同时，在负分指标的约束下，促使流动人口不断提高遵纪守法、诚实守信的观念和意识，有效减少流动人口的违法犯罪行为。

（3）流动人口积分制管理是一个人口动态管理的过程。人口是地方经济社会发展的基础，人口发展必须服从和服务于城市发展的总体战略。城市根据自身发展阶段和发展条件的变化对积分表进行调整，从而达到对人口动态管理和调控的目的。仅仅放开户口登记和迁移管理，而依然把户口作为社会福利分配的根据，必然会造成公共资源紧张，导致城市中新的不公。因此，中山市推进流动人口基本公共服务均等化，试图打破长期以来把户口作为社会福利分配依据的制度安排，寻找一套新标准作为流动人口享受城市基本公共服务的根据。积分制管理就是这样一种新的制度设计，它根据地方政府的人才需求和财政承受能力，综合考虑流动人口在当地的连续工作年限、文化程度、技能水平、投资规模、纳税额度、获奖等级、计划生育、遵纪守法等情况进行积分登记，累积达到一定积分额度才可申请享受相应档次的公共服务。

2. 中山市流动人口积分制管理的不足

中山市流动人口积分制管理改革在全国首开先河，在没有相关经验可以借鉴的情况下，其实施过程中注定存在不少困难和问题。例如，繁杂资料审核与职能部门之间的协调配合问题，积分制入户与现有入户政策的对接问题，资源有限性、有界性与积分制待遇实现问题，积分制指标体系的可调整性与可持续性问题等。这些问题都需要在政府的统筹协调下，在探索中逐步解决完善。从政策实施的效果来看，主要还存在以下问题：

（1）农民工申请落户情况低于预期。2010年，中山市流动人员积分制管理入户、入读公办学校指标数分别为3000名和6000名，最终2139名流动人员获得入户待遇，4318名流动人员获子女入读公办学校待遇，未能完成计划指标。此外，各镇区在提供公共服务时，由于经济实力及领导重视程度的差别，镇区申请量与指标数比例不平衡，严重影响了政策执行效果。大部分农民工认为，如果真正成为"城市居民"，一方面意味着失去生存的土地，失去了根，另一方面城市还没为其提供必备的住房、就业等保障性生存条件。

（2）一些棘手的现实问题仍未有效解决。流动人员最关心的现实利益问题没有得到解决，仍然存在入户门槛偏高、公办学位紧张、医疗医药费偏贵等现实问题。在解决农民工入学入户问题方面，中山市积分管理办法的力度和惠及人群仍然有限。政府为外来流动人员所提供的服务资源有限，在技能培训、就业信息、法律咨询、维护权益等方面缺位较为严重。

（3）申请办理流程较为复杂。中山市的积分制改革涉及 15 个管理部门或机构，需要提供并验证 14 个方面的证明材料；积分制管理涉及二三十个计分项，每个计分项均须提供相应资料，出于防伪需要，部分资料须同时提供鉴定证明，程序复杂。流动人员参与积分制管理的成本较高，影响了他们的积极性。此外，以工作地为子女积分入学排名地，给工作地和居住地不在同一镇区的流动人员带来不便。

（4）相关项目审核成本和难度较高。由于社会上发放资格证书的部门较多，所以在如何设定证书分数和划定证书范围上存在很大的分歧。原来积分制设计了很多得分项目，但是监督起来很难。对学历学位、技能职称的认证比较困难，证书可以造假，有些甚至无法确认，行政成本太高。

（5）法律法规和后续政策不健全。流动人口在城市落户作为困扰城市发展的社会问题，在国家户籍制度尚未全面改革的背景下难以根本改观。国家关于城市农民工服务的法律法规制订相对滞后，因此地方城市在推进改革过程中没有明确的法律法规可以遵循，也没有现成的模式可以借鉴。在实际工作中，农民工公共服务往往容易进入一种"三无状态"，即"无法可依、无权可用、无所适从"。目前中山市的改革只是迈出了第一步，还缺乏后续政策的配套和跟进。

（二）中山市流动人口积分制管理的启示

1. 构建科学合理的人口管理指标体系

人口是地方经济社会发展的基础，人口发展必须服从和服务于城市发展的总体战略。城市可以根据自身发展阶段和发展条件的变化，实事求是地对积分表进行调整，从而达到对人口动态管理和调控的目的。流动人口积分制管理是地方政府人口宏观调控的重要手段。中山市的流动人口积分制管理制度，采用定性与定量相结合的方法，通过累计积分进行科学计量，具有"简便明晰，通俗易懂，操作方便，管理灵活"的基本特点。在积分制管理模式中，最核心的内容就是积分表的设计与优化。中山市流动人口积分制管理借鉴了国际人口迁移积分制管理经验，[1] 合理设置指标体系与确定指标分值，遵循了目的性、科学性、系统性、可操作性、权利与义务对等等基本原则，指标与分值综合反映了中山市流动人口各方面的能力水平，是计量和评估中山市流动人口积分的基本依据。

2. 建立统一协调的人口管理机构

流动人口管理是一项复杂的社会系统工程，各级政府面临这个突如其来的问题，在缺乏思想准备和深思熟虑的情况下，一度处在一种仓促应战和被动应付的处境。在目前城市管理中，流动人口管理往往由公安部门牵头，劳动、人口计生、教育等部门参与，实行与户籍人口不同的以治安管理为主的管理模式。职能部门存在职责分离、多头管理、相互脱节等问题，部门间关系协调并不顺畅，"条"、"块"分割矛盾十分突出。公安部门负责流动人口的治安管理，维稳综治办负责

---

① 陈颐：《对外来人口管理体制的思考》，《江苏社会科学》2006 年第 5 期。

出租房屋管理，计划生育部门的流动人口管理办公室负责流动人口计划生育管理，各司其职而缺乏内在协作机制。作为流动人口管理的主导力量，政府应在城市建立农民工管理和服务的综合协调新机制，借鉴许多发达国家设立移民局专门管理流动人口的模式，设立类似于中山市流动人员管理办公室这样专门的流动人口管理机构，统一组织、监督、协调各个管理部门。

3. 依托现行户籍制度进行体制改革

户籍制度目前仍然是我国人口管理最主要的载体，是城市政府能够用以调控城市人口规模、保证城市的健康运行和持续发展为数不多的手段，在引导人口合理有序流动和城市化过程中还可以发挥重要作用。所以，推动流动人口管理体制改革，不得不面对现行户籍制度如何改革的难题。我们认为较为理性的判断是：中国城乡二元经济和社会体制的瓦解将是一个长期的历史过程，是包括城乡户籍制度、社会保障制度、劳动就业制度、教育制度、医疗卫生制度等一系列制度改革的过程。① 经过近 30 年的改革探索，尽管户籍上附着的经济利益大大减少，进城的门槛降低，但一些正式非正式的制度壁垒依然存在。在当前形势下，仅仅放开户口登记和迁移管理，而依然把户口作为社会福利分配的根据，必然会造成公共资源的紧张，导致城市中新的不公。中山市流动人口积分制管理试图打破长期以来把户口作为社会福利分配依据的制度安排，寻找一套新标准作为流动人口享受城市基本公共服务的根据。

4. 引导流动人口主动投身于流入地的社会管理

流动人口接受被动管理、积极性不高，而政府的行政管理成本过高等问题一直没有得到解决。积分制管理通过利益导向机制的正确引导，使流动人口实现从"被动接受管理"到"主动接受管理"的转变。流动

---

① 彭希哲、郭秀云：《权利回归与制度重建——对城市流动人口管理模式创新的思考》，《人口研究》2007 年第 4 期。

人口为实现享受基本公共服务或入户的目的，必须达到规定的分数。在这种利益导向机制的作用下，流动人口必然会对照积分指标及分值，有针对性地提高自身整体素质（如学历、技能），为社会做出更多贡献（如投资纳税、志愿服务、慈善捐赠）。同时，在负分指标的约束下，促使流动人口不断提高遵纪守法、诚实守信的观念和意识，有效减少流动人口的违法犯罪行为。

5.建立以贡献度为核心的公共服务均等化管理模式

城市人口和社会管理需要打破城乡二元体制，把外来流动人口也纳入城市公共服务体系之中。积分制管理就是这样一种新的制度设计，它根据地方政府的人才需求和财政承受能力，综合考虑流动人口在当地的连续工作年限、文化程度、技能水平、投资规模、纳税额度、获奖等级、计划生育、遵纪守法等情况进行积分登记，累积达到一定积分额度才可申请享受相应档次的公共服务。在城市总体承受能力相对不足的情况下，可以按照"权利与义务对等"的原则，合理设置申请门槛和准入条件，为流动人口获得市民待遇提供合理途径，构筑起有利于推动人口合理流动和流动人口社会融合的制度框架，实现户籍价值重构和流动人口的权利回归。中山市流动人口积分制管理模式不仅为广大外来务工人员落户中山提供了可能，而且建立起具备一定筛选功能的城市流动人口管理体制和机制，向以贡献度为核心的公共服务均等化和社会管理体制改革迈出了重要一步。

综上所述，人口与社会管理是城市管理的基本职能，人口登记和户籍管理是城市社会管理的前提和基础，只有通过人口登记掌握城市人口结构的基本情况和流动人口状况，才能为各项社会管理和政策制定提供基本依据。[①] 实践表明，户籍管理是城市外来人口管理的重点和难点，在目前体制下很难一蹴而就；在迁入地永久性居留并非所有流动人员的选择，流动人员的居留意愿与其在当地的生存能力、家庭策

---

① 杨宏山：《城市管理学》，中国人民大学出版社 2009 年版，第 284 页。

略、市场需求及企业用工等一系列非户籍因素有着密切的关系。诚然，中山市流动人口积分制管理模式存在要求入户申请者自有住房等门槛问题，曾出现过农民工因不愿放弃土地而放弃入户的情况。作为一种改革性尝试，中山市流动人口积分制管理的最大影响在于为其他城市提供了改革的参照，"通过积分构建一套新的量化标准作为流动人口享受城市基本公共服务和入户的依据，为打破户籍坚冰提供了一种全新的、务实的路径选择"[①]，对我国当前各地创新城市人口管理体制具有借鉴意义。

[①]　郑梓桢、宋健：《户籍改革新政与务实的城市化新路——以中山市流动人口积分制管理为例》，《人口研究》2012 年第 1 期。

常州多元矛盾纠纷解决机制建设的实践和建立长三角地区矛盾纠纷化解协作机制的思考

孙国建

（中共江苏省常州市政法委）

改革开放以来，长三角地区经济发展，社会进步，各个领域都取得令人瞩目的成绩。但是，随着经济发展方式的深刻转变、社会结构的深刻变动、利益格局的深刻调整、思想观念的深刻变化和公众对公平正义的热切渴望，社会矛盾进入了易发、多发期，尤其是过去没有的新矛盾和新问题逐步形成、逐步暴露，并与诸多社会历史遗留问题交织叠加，处理不好，极易引发群体性上访事件和暴力冲突事件，影响社会稳定和经济发展。面对日益复杂化、多样化的社会矛盾，一方面，常州市着力推进以改善民生为重点的社会建设，积极开展社会稳定风险评估工作，注重从源头上预防和减少社会矛盾发生；另一方面，整合社会资源，动员和鼓励社会各方面力量积极参与矛盾化解，促进现行法律框架内各种纠纷解决方式相互配合、相互协调、功能互补和全面发展，通过综合运用多元的主体、多元的方式和专业化的调处方法来应对社会矛盾多元化、专门化、复杂化和扩大化的大趋势，逐步走了一条具有常州特色的多元矛盾纠纷解决机制建设之路。

一、常州市建立健全多元矛盾纠纷解决机制的探索和实践

国务院《关于印发全面推进依法行政纲要的通知》（国发〔2004〕10号）要求经过十年左右努力，基本实现建设法治政府的七大目标。目标之一是"高效、便捷、成本低廉的防范、化解社会矛盾的机制基本形成，社会矛盾得到有效防范和化解"。中共中央在《转发〈中央政法委员会关于深化司法体制和工作机制改革若干问题的意见〉的通知》（中发〔2008〕19号）明确提出："健全诉讼与非诉讼相衔接的矛盾纠纷解决机制"。随后，中央相继批准了最高人民法院制定的《人民法院第三个五年改革纲要（2009—2013）》和《关于建立健全诉讼与非诉讼相衔接的矛盾纠纷解决机制的若干意见》。大力发展替代性纠纷解决机制，完善诉讼与仲裁、行政调处、人民调解、商事调解、行业调解以及其他非诉讼纠纷解决方式之间的衔接机制，推动各种纠纷解决机制的组织和程序制度建设，促使非诉讼纠纷解决方式更加便捷、灵活、高效，为人民群众提供更多可供选择的纠纷解决方式，成为司法改革的主要任务之一。在党中央、国务院宏观政策的指导下，常州市从制度设计到制度实践，坚持不懈地进行了探索和实践。

抓好市级层面的顶层设计。现行法律框架和机构设置下纠纷解决机制较为零散、缺乏统一协调，政府或法院作为建构或主导多元纠纷解决机制的主体存在一定困难。有鉴于此，中共常州市委于2009年11月印发了《关于建立健全多元矛盾纠纷解决机制的意见》。政策出台后引起学术界的广泛关注，中国人民大学纠纷解决研究中心评价了其鲜明特点："首先，这是一份以市委名义发布的文件，在今天中国的多元化纠纷解决机制建构中，这种动员方式及其作用和意义，值得法学界和实务界高度关注；其次，意见所涉及的多元化纠纷解决机制覆盖面大，不仅

包括调解，也包括各种仲裁、裁决机制乃至于信访，尤其是对于近年来在纠纷解决中消极作为的行政性纠纷解决机制提出了明确的要求和制度设想，旨在促进民间、行政、司法三类纠纷解决机制形成更合理的分工和衔接；第三，意见的许多制度设计细节具有开创性，如推进责任保险机制、非诉讼法律援助和法律调解服务收费、刑事和解等等，体现出对纠纷解决实践和实际需求的回应以及预防性的设计思路；最后，注重保障机制的建构，将问责、激励、监督以及传统的综治手段结合起来，加强纠纷解决人员的教育培训，以保障目标的实现。"复旦大学公共绩效与信息化研究中心将该政策作为中国幸福城市社会管理创新实践的案例，向社会推介。

强化行政调处的功能。在各种社会矛盾中，最重要、最突出的矛盾是政府和人民群众的矛盾。同时，行政机关解决纠纷具有专业性、综合性、范围的广泛性以及时间迅速、程序简易、成本低廉等优势，因此行政机关在纠纷解决方面负有重大责任。之所以强调"调处"一词，包括调解和处理的含义。也就是说，行政机关解决纠纷适用和解或调解优先政策，和解或调解不成，应当运用信访事项复查复核、行政裁决、行政复议、行政仲裁、行政协调、政策调整等多元的方式和专业化的方法进行及时处理，以此减少诉讼，缓和社会矛盾。在履行行政调处职能工作中，市政府颁布了《常州市行政执法程序暂行规定》，对行政调解、行政裁决等程序作出具体规定；市政府法制办、监察局对法律法规赋予各级各类行政机关解决纠纷的职能进行了全面梳理，明确各部门及其内设机构在解决矛盾纠纷中的职责分工，在常州市"三合一"网络平台①上向全社会公示，并由行政监察机关实时监控和督查督办。在此基础上，一是着力强化信访工作在化解矛盾中的主渠道作用。实行信访接待统一受理，信访量较大的行政机关进驻人民来访接待中心；构建"12345"

---

① 是指依托本市电子政务网，对原有行政执法数据库、网上审批系统、电子监察系统，进行整合、改造、提升，实现行政服务、法制监督和行政监察互联互通，资源共享的网络平台。

政府公共服务平台，并与其他行政服务平台、政风行风热线对接联动；通过定点接访、重点约访、专题接访、带案下访和领导包案等方式，开展领导干部大接访活动；加强行政机关对信访事项处理的自我纠错机制，市政府发文规范了信访事项复查复核程序，为信访人不服信访处理意见提供了继续申诉的渠道；结合无理信访事项终结认定，组织开展信访公开听证，实行信访事项有序退出；建立了律师参与信访接待制度。二是着力发挥行政调解专业性、权威性强的优势。在江苏省率先出台规范和加强行政调解工作、建立健全行政调解工作组织机构和制度机制等文件，专业行政调解机制在全市行政机关做到横向到边、纵向到底，该项工作获江苏省政府法制工作创新奖。三是着力发挥行政裁决在特定纠纷解决中的专业快捷功能。市委主要负责同志亲自过问行政裁决工作，市委、市政府召开会议进行专题研究，会后出台进一步规范城市房屋拆迁行政裁决工作的规范性文件。同时，在土地、山林、水域、矿产资源等不动产领域和环境污染、渔业养殖、农作物种子质量、电力、专利、行政区域界线、拍卖、公路建设工程材料和设备检验、企业名称、营运班车发车时间、行政监察、法律援助条件、民间纠纷等领域，对行政裁决的范围、种类进行全面梳理，完善了行政裁决程序，2009 年以来共审结行政裁决案件 1600 多起。四是着力发挥行政复议解决行政争议的主渠道作用。市政府出台了行政复议听证程序、行政复议意见书和行政复议建议书制度、重大行政复议案件集体讨论制度等规定；建立健全行政复议与行政监察、行政诉讼、信访工作的对接协调机制；依托镇（街道）设立行政复议受理点；开辟了网上受理平台和行政复议电子信箱。五是着力发挥行政仲裁在化解劳动人事、农村土地承包经营争议纠纷中的作用。市和七个辖市（区）均成立劳动人事争议仲裁委员会和劳动人事争议仲裁院，三个涉农的辖市（区）成立了农村土地承包经营纠纷仲裁委员会和仲裁庭。实行开庭程序规范化、仲裁庭审公开化、仲裁庭建设标准化、仲裁工作人员业务能力专业化，有效提升了仲裁办案质量和效能，多年来常州市行政仲裁调解裁决成功率始终保持在 90% 以上；在江苏省行政仲裁案件质量评比中，常州市没有一件行政仲裁裁决案件被撤销。武进区、金坛市的农村土地承包经营纠纷调解仲裁工作获农业部表彰。六是着力发挥协调会办在化解重大复杂疑难矛盾纠纷中的作用。对跨地区、跨部门、跨行业和人事分离、人户分离、人事户分离的矛盾纠纷，常州市充分发挥处理信访突出问题及群体性事件联席会议的综合协调优势，明确责任主体和配合单位的责任，防止推诿扯皮现象，确保群众合理诉求第一时间解决到位，确保重要敏感时段重点群体和重点人员稳控到位。2009 年以来共协调会办"三跨三分离"矛盾纠纷 300 余件，一大批"骨头案"、"钉子案"得到妥善化解和有效稳控。七是着力从政策层面统筹解决多发性矛盾纠纷。近年来常州市政府在谋发展、搞建设时，积极回应群众合理诉求，及时调整了国有土地上房屋征收与补偿、集体土地征用和房屋拆迁补偿安置、农村土地承包经营权流转、市区危旧房城中村改造、环境资源区域补偿、集体林权制度改革、驻军军官随军家属就业和社会保障、市区"知青半家户"及 20 世纪 60 年代精简下放职工的老年居民养老补贴、老居民住宅小区单元电动防盗门安装由政府全额补贴等惠民政策，从政策层面推动了问题解决。

推动社会化、民间性矛盾纠纷解决机制的发展。在现代社会，社会组织和市场中介机构具有自治性、公益性、专业性等特点，是社会利益关系的调节器，在化解矛盾纠纷中具有"减压阀"、"润滑剂"的独特功能。为此，我市一是重视发挥常州仲裁委的作用。民商事仲裁作为一种中介性的专业法律服务行业，归入 WTO 界定的"服务贸易"范畴；民商事仲裁制度作为一种排斥国家司法权力过分强行介入的民间纠纷解决方式，得到了国际社会的普遍认同。与诉讼相比，仲裁程序简便、方法灵活；纠纷的裁决者与被裁决者地位平等、气氛和谐，当事人的意愿得到充分尊重；化解纠纷低成本和高效率。常州仲裁委作为江苏省首家依据《中华人民共和国仲裁法》设立的仲裁机构，现聘有 175 名法律、经贸、建设、科技、金融等领域有声望的专家担任仲裁员。近年来，通过积极宣传和推行仲裁法律制度，不断拓展服务领域，仲裁范围从最初较为单一的建筑、房地产、国内贸易等少数领域，扩展到涉外贸易、投资、借贷、保险、土地出让、合作经营、融资租赁、加工承揽、技术合作、运输、保管、股权转让等十多个领域，受理仲裁案件数量每年以高于100%的比例增长，和解调解率、快速结案率达到65%以上，自动履行率达到70%以上，这些指标均位居江苏省同类城市仲裁机构的前列。2010年我市又在江苏省首家设立由编办专门批准的常州商事调解中心，成功调解一批涉及新开发小区面积减少和开发商逾期交房、逾期办证以及物业服务的合同纠纷。同时，常州仲裁委还将调解仲裁做到行业组织中去，与市消协联合建立了消费纠纷联动调处机制；与市总商会合作，在各级行业商会、异地商会聘请了一批调解员，成立了江苏省首家民商事纠纷调处中心，专门调解民营企业在经营管理过程中发生的商事纠纷。二是深入贯彻实施《中华人民共和国人民调解法》。常州作为江苏省人民调解工作的先进城市，近年来多层次、全方位延伸、拓展人民调解组织的触角，在公检法、人社、妇联、消协等单位设立人民调解室。在江苏省率先推广建立了特聘人民调解员队伍，积极开展个人调解工作室试点，先后指导一批公信力强、有一定调解基础的热心群众在社区成立人民调解室，培育了"夏戈工作室"、"夕阳红110工作室"、"凤娟工作室"等深受群众好评的调解品牌。在外来务工人员聚居的新市民公寓内建立人民调解室，聘请法律素养高、群众威望大的新市民担任人民调解员。编印《实用型人民调解36法》，开展了人民调解"以奖代补"试点。三是发挥社会组织"稳定器"作用。依托消费者协会、物业管理协会、民族团结促进会、客运出租汽车行业协会等社会团体，培育和扶持了一大批行业性调解组织。由律协发起成立200名律师组成的公益调解律师人才库，为每个社区（村）配备了一名"义工律师"，在基层妇联建立"女律师牵手巾帼维权站"。市心理学会与法院、检察院和人民调解委员会建立联动机制，将心理疏导引入社会矛盾化解工作中。在江苏省首家成立环境公益协会，协助环保行政机关、司法机关庭外调处重特大环境污染赔偿纠纷，有效避免了面广量大的环境污染受害人与排污方正面交锋。在老居民小区和农民安置小区开展社区物业自治管理模式试点，有效避免了低收入群体聚居小区极易发生的物业公司与业主之间矛盾。在省辖市无保监会派出机构的形势下，借助保险行业协会和保险经纪机构的力量，大力发展与公众利益密切相关的交强险和机动车第三者责任险、承运人责任险、环境污染责任险、公众安全责任险、安全生产责任险、校园方责任险、旅行社责任险、产品质量责任险、医疗责任险、建筑工程第三者责任险、工程监理责任险、物业责任险等险种；市保险行业协会以 QQ 群形式搭建公安交巡警部门与财产保险公司理赔部门的交流和调解平台，动员全市 23 家财产保险公司成立 5 个轻微交通事故快速处理中心，推行轻微交通事故当事人自行和解；设立江苏常信保险经纪有限公司，协助被保险人或保险受益人进行索赔，从而较好地发挥了保险业公共风险共担和经济补偿功能，促进了社会矛盾纠纷的顺利解决。

强化以司法保障为支撑的纠纷解决联动机制。全市司法机关在轻微刑事案件公诉和民事行政诉讼案件的立案、庭前、庭审、判前、判后等各个不同的诉讼阶段和案件审理、执行、申诉等环节，始终将和解、调解和协调解决工作贯穿于办案的全过程，并在诉讼活动中与有关机关、人民团体建立了委托调解、协助调解和联合调解的工作机制。在做好上述工作的同时，市委办转发了市中级法院《关于建立健全诉讼与非诉讼相衔接的矛盾纠纷解决机制的实施意见》，完善了法院支持行政裁决、行政仲裁的司法保障政策；规范了各类调解组织调解达成协议书的司法确认程序，特别是进一步明确了行政调解、人民调解、行业调解对民事纠纷调解达成的具有给付内容的协议，依照《中华人民共和国公证法》经公证后的强制执行效力；全面推进诉讼服务中心建设，并设立诉调对接工作办公室；与常州仲裁委建立了定期联席会议制度、联合调解机制，并在申请仲裁证据保全、财产保全和执行仲裁裁决工作中予以有力支持；建立了化解行政争议互动联动机制，强化行政调解与诉讼调解对接工作。在城建、房管、环保、国土、人社、公安、卫生等 7 家多发性矛盾纠纷领域设置调处窗口。辖市（区）、镇（街道）两级调处服务中心全部实行实体化运作，有办公和调解场所，有接待、调解、督查、办公等科室，有专职调解员，有专业调解小组轮流派员进驻，有巡回法庭现场受案和审理。各级法律援助机构还在社会矛盾纠纷调处服务中心、法院诉讼服务中心、检察院控申举报受理中心设立了法律援助工作站，实现法律援助与人民调解、司法救助、民事行政申诉的对接。以常州市多发性矛盾纠纷联合调处机制为例：对于征地纠纷，国土资源行政机关建立了涉土行政调解领导小组，建立四项衔接机制：与县级调处服务中心相衔接，接受该中心的分流指派，参与涉土矛盾纠纷的调处；与行政复议机构相衔接，从行政复议案件入手，分析把握当事人在行政复议后可能诉诸法院的发生概率，提前做好诉前调解的准备工作；与驻在法院立案庭的诉前调解室相衔接，力争在进入行政诉讼前先行调解；与法院委托调解相衔接，对于已经进入诉讼程序的行政案件，由法院诉调对接办公室移送行政争议互动联动机制办公室启动调解程序，由法院行政庭组织行政机关与当事人和解。对于拆迁纠纷，由市县两级拆迁办负责城市房屋拆迁裁决前的行政调解工作，坚持把行政调解作为行政裁决的前置程序，建立了层级行政调解制度。同时，各地拆迁办与县级调处服务中心建立了衔接机制，与人民调解组织合力把大量拆迁矛盾纠纷化解在申请行政裁决前。对于行政裁决或行政征收决定作出后的行政争议，则由拆迁办会同行政复议机构、法院诉前调解室、行政争议互动联动机制办公室、法院行政庭，通力协作，共同化解。对于医患纠纷，全市共建立4个医患纠纷调解组织，配有医学、法学专职调解员，调解范围覆盖全市122家医疗机构。市县两级司法行政机关与卫生行政部门分别组建法学、医学专家两个咨询委员会，在患方对医学会医疗事故技术鉴定不信任，达不成合意时，启动专家支持机制，供调解组织认定医责和计算赔偿数额。在此基础上，在二级以上医院全面推行由医护人员和医疗机构共同投保的医疗责任保险，并委托保险经纪公司负责向商业保险机构整体投保、举证和提出违约诉讼，实现了政府主导、第三方调解、第四方理赔的社会化处理模式。市城区医患纠纷人民调解委员会被司法部命名为全国模范人民调解委员会。对于交通事故损害赔偿纠纷，由市综治委牵头，法院、公安、司法行政机关与保险行业协会共同印发《关于建立涉诉交通事故损害纠纷联动调解机制的意见》，并形成处理案件相关问题的纪要，建立了四方联动调解机制。法院在全市公安交巡警大队设置 7 个常驻式巡回法庭，检察院在高速公路公安交巡警大队成立检调对接办公室。全市 7 个辖市（区）共建立交通事故人民调解室 36 个，聘用专兼职人民调解员 65 名。在江苏省率先建立公安交巡警部门与法院、县级调处中心对接的远程调解网络服务平台。上述联动机制的建立，使我市交通事故损害纠纷的调解成功率从 30％上升到 80％，调解协议的自动履行率达 90％以上。对于劳动争议纠纷，由人社、司法行政、工会、法院共同建立涉裁、涉诉劳动人事争议案件的联动调解机制。建立定期会议制度和重大事项会商制度，领导小组每季度召开一次工作例会，协调解决联动调解机制中出现的相关问题。对涉及人数多、影响面大、容易引发社会矛盾的重大群体性劳动人事争议案件，及时会商，共同研究调解处置方案，妥善处置。人社局专门设立劳动人事调解工作室，配备专职人民调解员，开展涉裁、涉诉劳动人事争议纠纷的人民调解工作；总工会派专人参与调解工作室的日常联动调解工作。对申请仲裁的劳动人事争议纠纷案件，由仲裁院引导当事人先向调解工作室申请人民调解，经人民调解室调解成功的，调解工作室以人民调解委员会名义出具人民调解协议书；当事人要求仲裁院出具调解书的，仲裁院当即审查，符合条件的当即立案、当即出具调解书；当事人要求法院确认人民调解协议书效力或要求法院出具调解书的，巡回法庭当即审查，符合条件的当即立案、当即出具确定书或调解书；经调解工作室调解不成的，由仲裁院及时审查立案，优先处理。当事人不服仲裁裁决向法院起诉的，巡回法庭及时审查立案、及时审理。此外，无论是裁前、裁中和诉前、诉中等各环节，调解始终贯穿于劳动争议处理的全过程。各级工会还与法律援助中心共建法援联手平台，组织职工法律援助律师团和工会公职律师积极参与劳动争议纠纷调解仲裁工作。为了确保劳资纠纷调解仲裁后案结事了，我市对监控企业实行农民工工资保证金制度，并全面推行农民工工伤保险。上述机制的建立，使我市劳动争议的调解仲裁成功率达 90% 以上。

二、常州市建立健全多元矛盾纠纷解决机制的成效和体会

多元矛盾纠纷解决机制的探索和实践，为常州市协调社会关系、规范社会行为、化解社会矛盾、促进社会公正、调适社会心态、应对社会风险、维护社会秩序等各方面工作争取了主动，推动了社会管理创新向纵深发展。多年来，全市未发生影响政治稳定的热点问题和影响全市、波及面上的群体性事件，取得了矛盾纠纷调处率、调处成功率、人民群众对矛盾纠纷调处工作的满意率持续上升和群体性事件发生率、越级上访率、民转刑案件发生率不断下降的实效。社会矛盾纠纷调处成功率在江苏省科学发展考评体系中位居前列，社会管理综合治理工作绩效考核连续多年位居江苏前 3 名，并连续两届荣膺"全国社会治安综合治理优秀市"称号，为推进率先全面建成小康社会、率先基本实现现代化提供了有力的支撑和保障。我们的体会是：

完善多元矛盾纠纷解决机制，必须深入贯彻党委领导、政府负责、社会协同、公众参与的方针。当前的社会矛盾成因非常复杂，有某些不合理的体制政策所产生的利益分配不公平矛盾，有群体分化和阶层分化产生的利益矛盾，有某些群体利用自身优势过多占有社会资源引起的矛盾，有利益关系调整中一些人的利益损失引起的矛盾，有一些人的合法权益受到侵害引起的矛盾，还有社会活动中一些人受到不公正对待引起的矛盾。这些矛盾相互交织在一起，表现出社会矛盾群体性、影响效应

连锁性、表现形式激烈性、社会后果破坏性的特点。化解矛盾纠纷作为加强和创新社会管理工作中一项最难最艰巨的任务，涉及全党全社会各个方面，不是仅靠专门机关的工作就能解决的。必须坚持党委的领导核心作用，总揽全局、把握方向、整合力量、统筹各方，提高引领社会、组织社会、管理社会、服务社会的能力。必须发挥政府的主导作用，充分运用行政机关专业性强、专业人才多、管理经验丰富的优势，整合政府解决纠纷机制，灵活多样地运用行政权，将与行政管理有关的具有行政、民事和技术等特色的纠纷尽可能多地化解在行政调处环节。必须强化社会协同，大力发展和引导各类社会组织参与矛盾纠纷化解，把社会可以自我调节和管理的职能，通过购买服务交给社会组织，让其成为政府职能有效转移的衔接力量，避免走增设机构、增加编制、提升机构规格的老路。必须广泛动员和组织群众依法有序参与社会管理，加强对多元矛盾纠纷解决机制的社会面宣传，扩大对处于不利社会地位的人群或阶层法律援助的覆盖面，引导更多群众更新观念，善于选择非对抗性的和解、调解或对抗性较弱、成本较低的行政处理、仲裁等方式解决纠纷。

完善多元矛盾纠纷解决机制，必须全面落实依法治国的基本方略。在当下倡导调解优先的同时，必须清醒地认识到调解既不是完美无缺，也并非万能。既防止忽视当事人意愿，采取强制、诱导调解或拖延处理等方式，变相侵害被侵权人权益的做法；又防止出现突破政策法律底线、无限制地满足上访人诉求的"摁下葫芦起了瓢"的现象。加强执法监督，下大气力解决违法行政、司法不公等引发社会矛盾的源头性问题，着力整治行政机关将职权范围内可以调解或裁决的民事纠纷推给法院的不作为行为，切实解决基层法院对行政诉讼有案不收、有诉不理的问题。在和解、调解不成的情况下，通过行政裁决、行政复议、仲裁、诉讼、民事行政检察等纠纷解决途径，将当事人的诉求及各类争议的解决引导到法治轨道上来。进一步转变政府职能，不断增强社会自治功能；深化行政机关解决纠纷机制改革，完善行政程序制度，拓宽权利救济渠道。顺应第三次国际民事司法改革浪潮，大力发展以减少诉讼为目标的替代性纠纷解决机制，完善多元纠纷解决方式之间的协调机制。

完善多元矛盾纠纷解决机制，必须充分发挥综合治理的优势。当前，社会矛盾凸现利益主体多、关联因素复杂、处理难度增大等特点，信访渠道和传统的人民调解方式已难以满足社会纠纷解决的需求，诉讼机制本身的局限性也愈显突出。这就必须充分发挥行政机关、司法机关、社会组织、企事业单位、公民个人等社会各方面的力量，在坚持"谁主管谁负责"原则和发挥好不同主体在解决纠纷中优势的同时，注重密切配合、整体联动，加大资源的整合力度，形成齐抓共管的工作合力。这就必须充分运用政治的、经济的、行政的、法律的、文化的、教育的等各种化解社会矛盾的手段，采用和解、调解、信访事项复查复核、行政裁决、行政复议、行政仲裁、行政协调、政策调整、民商事仲裁、诉讼、民事行政检察和保险理赔等多元的方式，做到工作上互动、程序上衔接、功能上互补，形成一套完整的纠纷解决体系。这就必须充分发挥综合治理的组织网络优势，坚持抓基层、强基础、强网络，横向到边、纵向到底，确保纠纷解决的网络遍布城乡、覆盖各行各业。这就必须充分发挥专群结合、依靠群众的优势，发挥好审判权的引导保障的作用，理顺和协调好诉讼与非诉讼相衔接过程中的各种关系，规范和完善司法确认程序，促进各种纠纷解决方式相互配合、相互协调和全面发展；满足各种不同的纠纷解决需求，努力为人民群众提供更多可供选择的纠纷解决途径，调动人民群众广泛参与社会管理和公共服务的积极性，推动社会主义民主的发展。

三、建立长三角地区矛盾纠纷化解协作机制的设想和建议

国务院《关于进一步推动长江三角洲地区改革开放和经济社会发展

的指导意见》（国发〔2008〕39号）下发后，长三角区域合作形成了数量可观的党委、行政、司法协作协议，其中也包含2008年沪苏浙三地党委政法委主要负责同志联合签署的《长江三角洲地区政法综治工作协作交流框架协议》。该协议首次提出要建立健全长三角地区矛盾纠纷排查化解协调机制和三地边界维稳机制。鉴于当前长三角地域人员流动日益频繁、土地资源紧缺、流域水环境污染危害凸现、资源消耗剧增、食品药品安全风险隐患增多、重特大道路交通事故频发、涉军退役人员串联聚集活动频繁和重大交通基础设施一体化建设等因素所引发的跨界社会矛盾纠纷居高不下，其关联性、聚合性和敏感性日益增强的新形势，有必要根据中共中央、国务院《关于加强和创新社会管理的意见》（中发〔2011〕11号）精神和各级社会治安综合治理委员会更名为社会管理综合治理委员会后的新任务，在《长江三角洲地区政法综治工作协作交流框架协议》的基础上，从工作理念、工作思路、工作内容、工作方式等方面，不断拓展长三角地区矛盾纠纷排查化解协调机制的内涵和外延。

1. 加强区域立法工作的合作与协调，形成区域相对统一的法制环境

借鉴东北三省在全国建立首个区域立法协作框架的经验，建议长三角区域内的直辖市、省和省会市、经国务院批准的较大市的人大、政府从地方性法规、政府规章两个层面，广泛开展区域立法合作。就预防和化解社会矛盾而言，当前亟待从统一司法标准和执法尺度、协助保全证据、委托异地法院代为执行、委托异地司法机关调查取证等方面，由一省（直辖市）人大牵头组织起草，其他两省（直辖市）予以配合，共同研究，成果共享，各自按照法定程序出台利益一致、避免冲突的地方性法规；当前亟待在跨界环境污染防治和调处、跨界应急协调、招商引资市场准入和优惠政策、流动人口权益保护、社会保险关系跨统筹区转移、参保人员异地就医即时结算、统一集体土地征收补偿标准、企业军转干部生活困难补助、发展责任保险，以及区域行政协调和联合行政执法程序、区域法律服务协助等领域展开政府间合作立法。

2. 积极探索长三角地区民商事仲裁的品牌化，实现仲裁专业化、区域化发展之路

民商事仲裁不实行地域管辖，与法院有受地方保护主义影响之嫌相比，仲裁可以在长三角地区乃至更为广阔的空间和舞台上发挥解决民商事纠纷的作用。同时，仲裁制度发展要适应社会纠纷专业化的趋势，必须借鉴上海成立钢铁服务业仲裁中心、天津设立医疗纠纷调解中心、温州成立金融仲裁院、杭州设立 14 个交通事故损害赔偿仲裁处理点、郑州设立保险合同纠纷仲裁分院、武汉在行业协会设立 8 个专业性仲裁中心的成功经验，发展"一市一品"，打破地域羁绊，把业务拓展到全省和整个长三角地区，并从长三角地区发展到全国。实现这个目标，必须尽快组建长三角地区仲裁协会，指导、规范和监督区域内各仲裁机构的仲裁活动，并借助协会网站向全社会公布仲裁机构名单和特色业务，通过行业自律回归仲裁机构真正意义上的民间性。必须建立区域内专业仲裁员专家库，实现区域内专业仲裁员资源共享，给予当事人更多选择仲裁员的权利。必须利用好现代远程电子传输技术，以《中华人民共和国电子签名法》为保障，确立电子签名的法律效力，下气力破解网上证据质证的难题，实现仲裁的网络化远程办案和办案全流程的监控，争取在不远的将来，区域内能产生像斯德哥尔摩商事仲裁院、伦敦国际仲裁院那样的国际仲裁服务品牌。

3. 加快推进区域性司法鉴定一体化协作机制建设，发挥司法鉴定在化解社会矛盾纠纷中的独特作用

当前由于社会纠纷越来越专业化，专业调处工作越来越依赖专业技术鉴定。由于狭窄的同城乃至同省（直辖市）行业领域容易形成鉴定技术同盟，加之各种利益诱惑，由本地专家组进行鉴定，难以保证结果的客观公正，使得当事人在诉前难以通过协商而自主启动鉴定程序，影响了非诉讼纠纷解决机制的发展。各地法院对进入诉讼程序后的司法鉴定工作，基本上都采取了随机抽取或摇号的方式确定鉴定机构，这在确保

程序公正上迈出了一大步，但由于所遴选出的鉴定机构局限于本地，人情干扰现象仍然无法完全避免。为此，有必要学习天津市的做法，打破地域壁垒，创新管理机制，推行异地司法鉴定，给当事人选择鉴定机构更多的空间。全国人大常委会《关于司法鉴定管理问题的决定》明确规定："各鉴定机构之间没有隶属关系；鉴定机构接受委托从事司法鉴定业务，不受地域范围的限制。"这就从法律层面扫清了地域壁垒。当务之急是尽快落实沪浙苏三地高级法院、司法厅（局）签订的有关建立区域司法鉴定机构共享协作协议，统一长三角地区司法鉴定机构的准入资格、技术标准和执法检查制度，建立长三角地区司法鉴定机构名录，并列入政务公开和司法公开内容，让当事人通过协商，更多地选择自主启动鉴定程序，让司法鉴定在纠纷解决过程中真正成为公民合法权益的保护神和捍卫调处公正的科学卫士。

4. 建立长三角地区发展责任保险的协同机制，努力提高保险业参与社会矛盾纠纷化解的广度和深度

《国务院关于保险业改革发展的若干意见》（国发〔2006〕23号）提出："积极引入保险机制参与社会管理，协调各种利益关系，有效化解社会矛盾和纠纷。充分发挥保险的社会稳定器作用，采取市场运作、政策引导、政府推动、立法强制等方式，发展安全生产责任、建筑工程责任、产品责任、公众责任、执业责任、董事责任、环境污染责任等保险业务。在煤炭开采等行业推行强制责任保险试点，取得经验后逐步在高危行业、公众聚集场所、境内外旅游等方面推广。完善高危行业安全生产风险抵押金制度，探索通过专业保险公司进行规范管理和运作。进一步完善机动车交通事故责任强制保险制度。通过试点，建立统一的医疗责任保险。推动保险业参与平安建设。"为贯彻落实国务院文件精神，建议长三角地区发挥上海国际金融中心的带动和辐射作用，充分利用中资和外资商业保险公司在沪法人机构多、保险人才大量聚集、保险产品丰富的优势，加大三地保险业的协调合作力度，在建立区域性政府合作立法的基础上，由三地综治办、保监局共同制定推动责任保险服务于长三角地区社会管理的工作计划，由公安交管和消防、质监、卫生、教育、交通运输、环保、安监、财政、住建、房管、旅游、食品药品安全监管、国有资产监管、工商行政管理等涉及公众安全和人民生命健康的三地行政机关会同保险行业协会协作制定更加明细的推进方案。同时加强三地保险业的行政监督管理，规范保险条款的合法性行政审查和理赔工作，严格商业保险机构拖赔、惜赔、恶意拒赔的行政处罚措施；大力发展保险经纪人和保险经纪人职业责任保险，为投保人、被保险人或受益人提供优质的防灾防损、风险评估、风险管理和代办检验、索赔服务。

5. 建立长三角地区行政和司法合作协议履行的纠纷解决机制，确保协议有效执行

目前，长三角行政机关和司法机关签订的合作协议往往涉及公众的权利义务，但由于这些协议法律地位和法律效力难以确定、协议基本上采取联席会议和沟通联络这种松散管理模式来执行，使得执行效果比较差。对不履行协议而侵害相对人的行为，难以通过行政救济或司法途径解决此类纠纷，亟待缔约方以规范性文件形式予以政务公开或司法公开，接受社会监督，并通过设立跨省（直辖市）社会团体受理投诉和协调、联合监督检查、联合通报的形式，把共识转化为惠及两省一市人民群众的政策。

嘉兴市开展统筹城乡综合配套改革的实践

高玲慧

（中共浙江省嘉兴市委）

嘉兴地处长江三角洲的几何中心，是国务院批准的长江三角洲"先行规划、先行发展"的 16 个城市之一。改革开放以来，嘉兴市委、市政府坚持科学发展观，高度重视解决"三农"问题和统筹城乡发展工作，创造性地贯彻落实中央和浙江省委的决策部署，大力实施城乡一体化战略，积极推进统筹城乡综合配套改革试点，对统筹城乡发展、推进城乡一体化进行了积极而宝贵的实践与探索，取得了阶段性成效，初步走出了一条具有嘉兴特色的统筹城乡发展之路。

一、背景和历程

（一）背景基础

1.嘉兴市开展统筹城乡综合配套改革试点的宏观环境

党的十六大报告首次提出要统筹城乡经济社会发展。党的十七大强调要建立以工促农、以城带乡长效机制,形成城乡经济社会发展一体化新格局。党的十七届三中全会指出,必须统筹城乡经济社会发展,始终把着力构建新型工农、城乡关系作为加快推进现代化的重大战略。2010年中央一号文件首次以"加大统筹发展力度,进一步夯实农业农村发展基础"为主题,突出"城乡统筹",同时强调要在工业化、城镇化进程中同步推进农业现代化,即"三化同步",我国"三农"发展呈现出新的趋势。

2. 嘉兴市统筹城乡综合配套改革的现实基础

一是文化底蕴深厚。嘉兴是马家浜文化(距今6000年)发祥地之一,历来被誉为"鱼米之乡、丝绸之府"。嘉兴是中国共产党的诞生地,"崇文厚德、求实创新"的人文精神,对改革创新具有强烈的追求和博大的包容。二是经济基础扎实。2008年全市生产总值1815.30亿元,三次产业结构为5.8∶59.8∶34.4,财政一般预算收入252亿元,人均生产总值6200美元;在中国城市综合竞争力排名中位居第37位。三是城乡发展均衡。嘉兴城乡一体化推进基础好,所辖五县(市)全部进入全国百强县,全市三分之二的镇进入全国千强镇。2008年城乡居民收入比已缩小至1.95∶1,城乡居民收入差距明显小于全国(3.36∶1)、全省(2.45∶1)平均水平。四是区位条件优越。区位优势得天独厚,是上海经济圈、杭州经济圈和环太湖经济圈三圈的交汇点,区域都市经济的发展为推进城乡统筹提供了强大的动力。

3. 嘉兴市统筹城乡综合配套改革的"三农"背景

2008年全市农业占国民经济的比重已降至5.8%,80%以上的农村劳动力实现了从第一产业向第二、三产业转移就业,全市只有不到6%的农民完全依赖、从事农业,"农民二代不再是农民"、"老人农业现象"日益显现。与此同时,嘉兴城市化水平仅为50%,严重滞后于工业化,特别是仍有90%左右的农民还散居在858个行政村、17000多个自然村,占用了大量的土地资源(全市农村宅基地面积达60万亩、"通村达户"道路面积达40万亩),新农村建设、农村道路、供水、供电等基础设施建设成本较高。再加上，由于土地使用制度、户籍制度和社会保障制度等方面的束缚，农业小规模兼业经营、比较效益不高，土地分散经营、产出率低，农村宅基地闲置等问题长期得不到有效的破解，严重影响了嘉兴现代农业发展、农村新社区建设以及工业化、城市化的进程，已成为制约城乡一体化的突出瓶颈。

（二）基本历程

嘉兴在 1999 年就制定出台了《嘉兴市农业和农村现代化建设规划》，2000 年起实施了《关于推进农业和农村现代化"五个一工程"的实施意见》（一个中心镇、一个示范村、一个特色工业城、一个现代农业园区、一条现代农业产业带）；党的十六大提出"统筹城乡经济社会发展"的号召后，2003 年，市第五次党代会将城乡一体化确立为全市经济社会发展的"五大战略"之一。2004 年，率先出台了《嘉兴市城乡一体化发展规划纲要》，全面实施城乡一体化发展战略和城乡空间布局、城乡基础设施建设、城乡产业发展、城乡劳动就业与社会保障、城乡社会发展和生态环境建设与保护六大专题规划，连续五年以一号文件下发组织实施。2007 年下半年，市委、市政府又制定了《嘉兴市打造城乡一体化行动纲领》，并以 2008 年一号文件印发，推动城乡一体化向更高阶段迈进。2008 年 4 月，省委、省政府站在战略和全局的高度，将嘉兴列为三大省级综合配套改革试点区之一，实施开展省统筹城乡综合配套改革试点。嘉兴抓住这一难得的历史契机，按照省委、省政府的决策部署，开拓创新，大胆实践，启动实施了以优化土地使用制度为核心，包括充分就业、社会保障、户籍制度、新居民管理、涉农体制、村镇建设、金融体系、公共服务、规划统筹等改革的"十改联动"，2009 年又启动了现代新市镇和城乡一体新社区建设，着力把嘉兴建设成为体制机制较活、统筹水平较高、带动作用较强的统筹城乡发展先行区。

二、主要做法

（一）统一思想认识，凝聚各方合力

高度重视引导全市上下认清经济社会转型发展的阶段性特征，顺应嘉兴农村改革发展的新形势，深化对统筹城乡发展的规律性认识，把统筹城乡综合配套改革作为深入贯彻科学发展观、全面落实省委"两创"总战略的具体实践，破除城乡二元结构、构建城乡一体化新格局的根本途径，加快嘉兴新一轮发展、进一步增进百姓福祉的战略举措来推进。通过层层召开各类会议、组建改革指导组进村入户解释宣传、新闻媒体开辟专栏同步跟进等多种途径，使全市上下深刻认识推进统筹城乡综合配套改革特别是"两分两换"试点的重大意义，切实增强了改革发展的自觉性和坚定性。建立健全党委统一领导、党政齐抓共管、农村工作综合部门组织协调、有关部门各负其责的农村工作领导体制和工作机制，形成了推进改革发展的工作合力。建立专项督查、情况和进度报送、工作点评等制度，协调解决工作中出现的各种矛盾和问题，确保了改革平稳有序推进。

（二）强化统筹规划，实施分类指导

一方面，着眼于统筹区域发展、建设现代化网络型大城市，加强对市域重大基础设施、公用事业和公共服务的统一规划和管理，着力提高资源配置的效率和设施的共享度。创新实施"1+X"村镇布局规划（"1"指每个新市镇镇区，"X"为镇区以外配套的不大于现有行政村数量的城乡一体新社区），"两分两换"试点区域城镇集聚度、土地流转比例等均要求达到 50%以上。另一方面，充分考虑区域特点和各地实际，切实做到因地制宜、分类指导，充分彰显各自的特色优势。"两分两换"可同步推进，也可"一分一换"。宅基地置换推进集中居住，可在村域、镇域内置换，也可以跨镇、进城置换，可整村搬迁，也可零星集聚。住房的建造形式可由市镇投资开发公司统一建造公寓房，也可农民自建联体公寓房、排屋。承包地置换推进集约经营，可采取转包、出租、入股等多种方式。同时，充分考虑区域特点，挖掘和拓展农村清新、安静、舒适、空旷等人文生态与空间功能，注重保留一批具有历史文化底蕴、旅游开发价值、江南水乡韵味和现代农业基础的特色村庄，着力彰显田园城市风光。

（三）突出重点领域，强化整体推进

针对嘉兴农民生产和生活方式相背离、社会转型与经济转型不同步、村庄布局分散、户均宅基地占地面积大、土地要素瓶颈制约加剧，以及生态环境容量几近极限等实际，紧紧抓住全省统筹城乡综合配套改革试点契机，探索开展"两分两换"试点，并把以"两分两换"为主要内容的优化土地使用制度改革作为整个统筹城乡综合配套改革的重点领域、关键环节和核心问题来抓，切实以重点工作的突破带动全局。同时，坚持把推进城乡改革发展作为一项综合性的系统工程，强化统筹理念，健全统筹举措，以"一改带九改"，以"九改促一改"，整体推进各项配套改革，逐步形成了"十改联动"的良好格局。

（四）坚持依法办事，完善政策配套

坚持依法办事，在现有的法律法规制度框架内，统筹兼顾改革的力度、财政承受度和百姓可接受度，制定和完善相关政策措施。实行"阳光操作"，通过召开专题座谈会、民主恳谈会、入户调查等多种形式，让农民提前知情和全程参与。据试点村的调查问卷表明，有90％以上的农民赞成实施"两分两换"推进农房改造集聚。广泛征求"两代表一委员"、基层干部群众的意见建议，充分学习借鉴外地经验，集思广益制定出台了《关于开展统筹城乡综合配套改革试点的实施意见》、《关于开展节约集约用地试点加快农村新社区建设的若干意见》、《关于减免"两分两换"试点相关规费支持新农村建设的若干意见》、《关于推进农房改造集聚加快现代新市镇和城乡一体新社区建设的意见》等政策文件，着力构建既切合实际、又具可操作性的政策体系。

（五）注重以人为本，体现惠民利民

坚持把统筹城乡改革发展作为改善和保障民生、提高人民生活品质的实事工程、民心工程来抓，在不断增加农民的工资性、财产性等非农收入的同时，更加积极有效地统筹城乡区域生态环境建设与保护、公共文化服务体系和社会保障体系建设。鼓励全民创业特别是农民自主创业，加大资金筹措、融资担保、贷款贴息、社会保障等方面的扶持力度。把"1＋X"村镇布局规划纳入市域和城市系列规划，统筹安排、配套建设市政基础设施。注重提高农房改造集聚的品位，精心设计农户建筑外形和规划方案，做到优中选优；对于群众普遍关心的"婚丧嫁娶"等问题，充分尊重百姓需求，体贴设计、统筹布局"农民会所"。合理规划建设集商业服务、卫生（计生）服务、文体活动、法律事务、治安管理等公共服务于一体的社区服务中心，创新社区管理服务机制，保障新社区居民基本享有与城市居民同等的服务。

三、取得的阶段性成效

（一）创新开展优化土地使用制度改革，城乡一体新社区建设加快推进

截至 2011 年年底，全市"1+X"布局规划为"44+307"，已开工建设的集聚点累计 382 个，已竣工农房 92613 户，其中竣工户数超过 500 户的中心镇社区 19 个，超过 300 户的中心村社区 6 个；15 个试点镇累计已签约换房（或搬迁）农户 31947 户，已入住 19018 户；流转土地承包经营权 14.39 万亩；开展城乡建设用地增减挂钩试点，推进农村土地整治，经省批准立项的农村土地整治项目共 91 个，已复垦新增耕地 6.17 万亩。创新城乡一体新社区管理服务新体制，探索建立了"政府主导＋社区自治"相结合的新社区管理、服务、自治模式，"一站式"便民服务中心实现行政村全覆盖。

（二）就业创业制度政策健全完善，基本实现城乡平等充分就业

建立和完善了覆盖城乡的人力资源市场体系，城乡和本外地劳动者平等就业机制已经建立。按照"政策制度城乡统一，公共服务城乡一体，就业机会城乡均等"的思路，突破了就业政策享受对象户籍界限，将"两分两换"大龄人员纳入就业援助对象，实现城乡失业人员同等享受免费职业介绍、培训补贴、小额担保贷款、行政性收费减免等政策扶持。全面开展充分就业社区和充分就业村创建，到 2011 年年底达标率分别为 95.6% 和 83.1%，城镇零就业家庭和农村低保家庭至少一人实现就业。

健全服务体系，基本形成了以小额担保贷款、税费减免、创业培训为主的创业支持体系和项目开发、专家指导的"一条龙"服务体系，创业促就业工作有序推进，2008 年以来，全市开展农村劳动力素质培训 33.71万人次，其中转移就业技能培训 8.87 万人，实现转移就业 6.81 万人。创新发展农村劳务合作社，全市已累计组建 28 家、社员近 1200 人。

（三）城乡居民社会养老保险全面推进，全民社保制度政策体系基本建立

　　全面实施《嘉兴市城乡居民社会养老保险暂行办法》，实现了职工基本养老保险、城乡居民社会养老保险和多层次社会养老保障的基本全覆盖，成为全国第一个实现社会养老保险全覆盖的地级市。全市职工基本养老保险参保人数 166.7 万人，城乡居保覆盖人数 93.5 万人，本地户籍人员社会养老保险综合参保率达 95%。对高龄无保障老人实行养老基本生活补助。不断完善覆盖城乡居民的新型合作医疗保险制度，将合作医疗纳入整个社会医疗保障体系，多层次全覆盖的社会医疗保障体系基本形成，市域职工基本医疗保险实现异地就医实时结报和"一卡通"，被列为全国城乡居民合作医疗试点城市。到 2011 年年底，全市共有 211.25 万城乡居民参加合作医疗保险，其中参保农民数 154.90 万人，参保率 98.77%；人均筹资标准达到 416 元，其中各级政府补助 240 元，统筹区域政策范围内住院补偿率 64.32%。

（四）按居住地登记户口制度全面实行，公民迁徙自由基本实现

　　制定出台《关于改革户籍管理制度进一步推进城乡一体化的若干意

见（试行）》，实行城乡统一的户口登记和迁移制度，附加在户籍制度之上的相关社会公共政策逐步按居民有无承包地配套衔接。全市已受理批准城镇居民户口返迁农村户口 12001 人。重点解决了户籍制度城乡一体化之后居住在农村的退役士兵在安置保障金、就业培训、就业推荐、养老保障等方面与城镇退役士兵相差悬殊的问题。建立了按有无承包地划分的城乡居民社会养老保险政策和最低生活保障制度，保障标准差距缩小。统一了按有无承包地划分的老年福利政策。计划生育政策实现了有效衔接。

（五）新型农村合作经济组织联合会全面建立，"三农"工作管理服务体制不断完善

探索农口大部门管理体制，成立市委农业和农村工作委员会，市农办与市农经局实行合署办公。创新发展"新仓经验"，率先组建市农村合作经济组织联合会（简称农合联），市、县（市、区）、镇（街道）三级农合联组织组建率达 100%，共有会员 2000 多个，推进了生产、供销和信用"三位一体"的新型合作经济组织发展。以"五个一百"示范工程和"五个一批"人才工程为抓手，大力发展现代都市型生态农业。2011 年全市实现农业增加值 131 亿元。全市累计流转土地 72.87 万亩，规模化经营率 37.7%。发展壮大村级集体经济，2008 年以来共转化经济相对薄弱村 190 个，2011 年全市村级集体经济总收入 13.82 亿元。651 个村完成了农村集体资产产权制度改革，占总村数的 72.6%。

（六）强镇扩权基本到位，现代新市镇建设转型发展加快推进

按照"权力下放、超收分成、规费全留、干部配强"的原则，坚持

梯度培育、特色发展，创新扶持政策，强化要素保障，深化强镇扩权改革，激励新市镇加快转型发展。启动新市镇"五大中心"建设，进一步扩大下放经济社会管理权限，新增管理权限和职能300多项。各县(市、区)政府以2007年为基数，对新市镇超收部分实行70%留镇。加大土地扶持力度，对农村土地整理、宅基地专项治理和复垦取得的用地指标，省级中心镇全部留用，其他镇80%以上留用。加大金融扶持力度，组建新市镇融资平台实现全覆盖。累计高配24名新市镇党政一把手为副县处职级。深入实施"三年行动计划"，加快推进王江泾镇、姚庄镇、崇福镇3个省级小城市培育，启动每个县(市、区)一个小城市培育试点，增强示范引领作用。

(七) 居住证制度全面推行，统筹兼顾新居民 利益的制度政策体制机制基本建立

按照"控制总量、改善结构、加强管理、优化服务"要求，探索建立与经济社会发展水平相协调、与产业结构调整力度相匹配、与环境资源承载能力和公共财政供给能力相适应的居住证制度政策。建立市、县两级新居民事务局、镇(街道)新居民事务所、村(社区)和规上企业新居民工作站四级服务管理网络。深化完善统筹新老居民利益的居住证制度，优化新居民基本公共服务，建设新居民公寓，开展"订单式"培训，妥善安排新居民子女就学，发展新居民加入工会，25%左右的新居民参加养老保险，工伤保险实现了全覆盖。成为全国49个推进流动人口计划生育基本公共服务均等化试点之一。2008年4月1日起，全市停发暂住证，改为发放居住证。目前全市登记在册的新居民199.3万人。

（八）创新创优全面推进，金融支农总量和服务水平不断提高

制定出台《关于推进金融支持统筹城乡发展的指导意见》等一系列支持农村经济发展的政策措施，有效营造金融支农的政策环境。深化农村合作金融机构改革，设立村镇银行 2 家，资金互助社 1 家，小额贷款机构 18 家。截止 2011 年底，全市涉农贷款余额 2054.72 亿元，同比增长 15.99%。强化金融服务创新，率先探索省级人行与地市政府合作模式，全国率先推出农村住房抵押贷款、农村党员扶助贷款、排污权抵押贷款和"农钻通"、"金土地"农村流转土地经营权抵押贷款，全省率先试点农村住房置换担保贷款、农村青年创业创新贷款。推进农村信用体系建设，截至 2011 年年底已评定信用镇 8 个、信用村 477 个、信用户 24.57 万户。

（九）农村公共服务供给体系基本建立，城乡基本公共服务均等化水平整体提高

按照"结构合理、发展均衡、网络健全、运行有效、惠及全民"的原则，创新公共服务运行机制，加快建设公共服务体系，整体提高城乡公共服务均等化水平。公共图书馆乡镇分馆建设嘉兴模式得到广泛认同，所有乡镇实现全覆盖，新华书店农村小连锁建设取得阶段性成果，建成农村新华书店小连锁网点 54 家。教育优质均衡纵深推进。调整学校布局，实现了"高中向县城集中、初中向新市镇集中、小学向镇和中心村集中"的目标，实现了城乡学校空间布局一体化。全面落实"以县为主"的义务教育管理体制和教育经费"三个增长、二个提高"，启动实施中长期教育改革和发展规划，深入推进城乡教育均衡发展。均衡配置学校教育资源，实行新增教育经费主要用于农村教育政策，落实中职

学生享受国家助学金政策、中等职业学校农村家庭经济困难学生和农养专业免学费政策、属于行政事业收费性质的农村义务教育阶段学校学生免收住宿费政策。农村幼儿园"三级管理"模式得到国家和省教育主管部门肯定，全市镇成人文化技术学校覆盖率达到100%。实现省"教育强县"、"教育强镇"全覆盖。统筹城乡卫生事业协调发展，加强基层医疗卫生服务机构标准化建设，实施"两同步一整合"，即社区卫生服务机构与"两新工程"同步规划、同步建设，并有效整合资源，全市社区卫生服务覆盖率、乡村卫生机构一体化管理率、社区卫生服务机构规划设置建成率均达到100%，所有县（市、区）政府举办的基层医疗机构全部实施国家基本药物制度。制订《嘉兴市全民健康促进行动工作方案》，深入推进亿万农民健康促进行动工作，累计创建小康体育村563个。

（十）规划管理体制改革有序推进，市域统筹规划布局的城乡建设新格局正在形成

成立市域规划专业委员会，建立"统分结合"的规划管理体制，对区域总体规划和重大基础设施、跨区域建设工程、重大公用事业项目等规划实行统筹管理。加强新一轮土地利用总体规划与市域总体规划、城乡规划的衔接工作。加大主城中心区控制性详细规划编制力度，已基本完成31个单元，约51.53平方公里，覆盖近期建设范围，强化了规划的控制和引导作用。

四、感想和体会

开展统筹城乡综合配套改革试点的四年，是嘉兴肩负使命、积极探

索、勇于实践的四年，是抢抓机遇、乘势而上、加快发展的四年，同时也是探索规律、积累经验、增进信心的四年，在工作中我们有以下几点感想和体会。

一是把统一思想认识、加强组织领导作为首要任务。面对全新和艰巨的改革任务，市、县（市、区）、镇（街道）三级层层召开各类会议几百次，并组建改革指导组进村入户解释宣传，新闻媒体开辟专栏同步跟进，使全市上下深刻认识抓好统筹城乡综合配套改革的重大现实和长远历史意义。把健全推进体系摆在突出位置，调整充实组织领导和工作机构，建立落实协调机制，强化考核督促，确保了整个改革试点推进有力、运转有序。

二是把重点突破、整体推进作为基本方法。根据形势发展要求和嘉兴客观实际，把以"两分两换"为主要内容的优化土地使用制度改革作为整个统筹城乡综合配套改革的重点领域、关键环节和核心问题来抓。把统筹城乡综合配套改革试点作为一项系统工程，谋求整体推进，以"一改带九改"，全面启动各项配套改革，形成"十改联动"格局，以此推动区域协调发展和"三农"全面发展。

三是把统一要求、分类实施作为指导原则。一方面，我们着眼于建设现代化网络型大城市，加强了对市域重点协调地区、重大基础设施和跨区域建设工程进行统一规划和管理，统筹市域范围教育、文化、卫生等公共服务政策和标准，综合平衡就业、养老和医疗保险等跨区域服务的投入和收益，提高资源配置的效率和设施的共享度。另一方面，充分考虑区域特点和各地实际，切实做到因地制宜，强化分类指导，充分彰显各自的特色优势。

四是把以人为本、为民谋利作为最终目标。把坚持农民自愿、切实保障和维护农民权益、促进农民全面发展作为根本出发点和落脚点，贯穿在整项工作的始终，积极鼓励引导农民自愿参与，严格依法办事，不搞强迫命令。我们把统筹城乡综合配套改革作为改善和保障民生、提高人民生活品质的实事工程、民心工程来抓，努力在增加农民的工资性、财产性等非农收入的同时，更加积极有效地统筹城乡区域生态环境建设与保护、公共文化服务体系和社会保障体系建设等，切实让全民共享改革发展的成果。

尽管嘉兴市在统筹城乡综合配套改革试点上取得了阶段性成效，但随着改革的深入推进，对出现的一些新情况新问题，需要进一步探索和研究：如农民加快转移、新型城市化进程加速推进新阶段下涉及农民根本利益的户籍制度、社会保障制度、土地使用制度改革等需进一步加大探索创新力度；保持农民收入持续稳定增长要求下进一步拓展农民增收渠道特别是增加农民财产性收入需加大探索力度；推进城乡资源的优化配置、要素的自由流动，必须对农村产权交易、农村集体土地使用等进行进一步的改革创新；必须深入研究农民经济身份和社会身份分离等问题，创新建立农村社会管理新模式等。下一步，嘉兴市将按照"三化同步"的要求，扎实推进"两新"工程，协调推进"十改联动"，全面深化统筹城乡综合配套改革试点，加快现代新农村建设，建立健全城乡资源要素配置机制、现代都市型生态农业发展机制、城乡基本公共服务均等化机制和农村社会管理服务机制，促进现代农业加快发展、农民普遍稳定增收、农村民生提升改善、农村社会和谐稳定，增创"城乡一体、田园嘉兴"新优势，为深入推进城乡融合发展、率先形成城乡一体化新格局和率先基本实现农业农村现代化夯实基础。

创新社会管理，建立以"四问四权"为核心的公众参与制度

——杭州背街小巷改善工程公众参与制度的经验与启示

韩明清

（杭州国际城市学研究中心）

  党的十八大特别强调加强社会建设，明确指出要"加快形成党委领导、政府负责、社会协同、公众参与、法制保障的社会管理体制"，同时要求"改进政府提供公共服务方式"，"充分发挥群众参与社会管理的基础作用"。可见公众参与是新型社会管理体制的关键组成部分，甚至决定着新型社会管理体制建设目标是否实现。所谓公众参与，就是广大老百姓参与社会公共事务的管理。公众参与对自己利益可能产生影响的决策，作为公民一项基本权利，一直是民主的基本诉求。如科恩在《论民主》中就指出："凡生活受到某项决策影响的人，就应该参与决策的制定过程"①。开展公众参与实际上是如何保障市民百姓参与权利的问题。由于我国"市民社会"还远未建立起来，市民公众参政议政的意识还比较薄弱，因此公众参与也必须由政府推动才能实现，而政府的推动，就是要通过建立相应的制度来保障公众参与的实现。中国老百姓

---

① ［美］科恩：《论民主》，商务印书馆 1988 年版。

参与社会公共事务管理的程度远远不够，其根本原因是缺乏社会管理创新，缺乏公众参与的制度保障。浙江省杭州市为提升城市环境质量，改善市民居住生活水平，于 2004 年启动了背街小巷改善工程，在组织实施改善工程的过程中，注重市民参与，探索建立了以"四问四权"为核心的保证公众参与的一套制度，对我国的城市社会管理创新有直接的参考价值。

一、杭州背街小巷改善工程概况

"城市让生活更美好"，上海世博会的口号道出了城市存在的意义。杭州是中国经济最发达的城市之一，是一座被称之为"人间天堂"的城市。20 世纪 70 年代至 90 年代的快速现代化进程是杭州城市空间环境发生根本变化的时期。杭州主城区迅速构建了现代化城市形态的基本格局，但由于观念的滞后、对城市空间发展资源认识上的不足，高速的发展也造成了对城市资源的粗放利用及建成环境缺乏文化特色。进入 21 世纪，杭州城市建设开始了一个新的高速发展时期。2002 年 2 月，中共杭州市第九次党代会确立杭州大都市发展目标是"构筑大都市、建筑新天堂"和率先基本实现现代化；确立"城市东扩、旅游西进，沿江开发、跨江发展"[①]为杭州城市的建设方向。同时发挥大工程大项目的整合与带动作用，启动了针对城市形态、街道建筑、自然景观、城市道路、城市河道、城市住区、城市业态、城市管理等一系列的重大举措。

杭州市背街小巷改善工程开始于 2004 年，最初名为解决市区背街

---

① 王国平：《坚持科学发展，构建和谐社会，为建设生活品质之城而不懈奋斗——在中国共产党杭州市第十次代表大会上的报告》，2007 年 2 月 10 日。

小巷道路路面不平、破损为内容的"平路工程",属于市政道路大修维修项目,最初计划完成60条路的"平路工程",由杭州市城管办牵头组织实施。到年底完成了95条市区小街巷平路工程,使得83个小区、169家公建单位、16000户居民受益,得到了街道、社区、单位、居民的一致好评。良好的社会效益和环境效益,让市政府决定在第二年大力开展背街小巷改善工程。背街小巷改善工程由一般性的"平路工程"变成了涉及地下、地面、地上三个空间层次,涉及平整道路、增设路灯、沿线绿化、截污纳管、沿街建筑立面整治、沿街住宅平改坡、店招店牌梳理、广告整治、拆除违章、改善交通、架空线"上改下"、增设公厕、多杆合一、城市家具更新等共14项内容,并明确提出是追求人文、社会、环境与经济综合效益的环境综合整治工程。

二、建立基于"四问四权"的背街小巷改善工程公众参与制度

1. 以"四问四权"作为公众参与的基础

权利是由多项权能构成的"权利束",在杭州背街小巷改善中,把公众参与的权利束分解为"知情权、参与权、选择权、监督权"四项权利。也就是说只有落实了市民"四项"权利,才能从真正意义上实现市民的全过程参与。对应于"四权",杭州提出了"四问"的要求,探索建立了以"四问四权"(即问情于民、问需于民、问计于民、问绩于民和知情权、参与权、选择权、监督权)为核心的公众参与制度(见图1)。"问情于民"就是改不改让百姓"定";"问需于民"就是改什么让百姓"选";"问计于民"就是怎么改让百姓"提";"问绩于民"就是改得好不好让百姓"评"。"四问四权"的制度设计,重点突出市民百姓对背街小巷改善工程的决策权和裁判员身份,使得杭州背街小巷改

善工程中的公众参与成为在国内首个制度化、并付诸实践的真正意义上的公众参与制度。

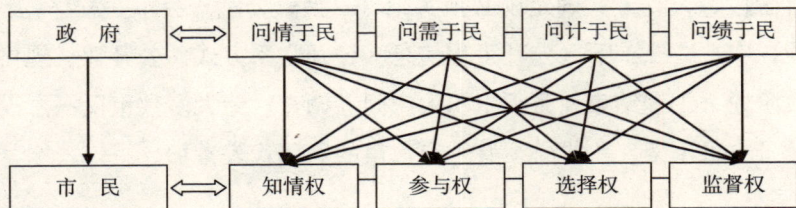

图1　"四问四权"关系图

2. 建立"两权分立"，即"决策者"和"执行者"分离的新型行政管理体制，解决公众参与缺乏体制保障的问题

管理的过程一般分为决策过程、执行过程、对执行者的监管过程。决策权就是由决策过程和对执行者的监管过程体现出来的，因此决策权分为两个阶段，决策过程和对决策执行情况的监督过程。公众参与真正有实效的是公众的决策权，具体可以细分为"知情权、参与权、选择权、监督权"四项权利。只有建立"两权分立"的建设管理模式，才能从制度上把公众参与纳入决策层，保障政府决策机构与公众利益的一致性，建立起公众参与的组织保障。

3. 把公众参与纳入管理环节，建立"双环闭合回路"的城市建设管理运行结构，解决公众参与缺乏法制保障的问题

组织保障是公众参与"四权"落实的充分条件，只有把"四问"变成公众参与的必要条件，才能真正意义上让公众参与落到实处。公众参与作为决策和执行工作之间的一个环节，决策过程中，决策部门和市民公众形成一个工作"回路"，执行过程中，执行部门和市民公众又形成一个"回路"，决策和执行之间就形成了"决策部门——市民公众——执行部门"三者共同构成的"双环闭合回路"的城市建设管理运行结构，真正意义上建立起了具备可操作性的"程序法"性质的公众参与法制保障（见图2）。在公众参与制度设计上，对公众参与具体的操作环节和

内容细节进行了规定，比如在改善工程的立项阶段，必须全覆盖100%入户调查，对有分歧的改善内容，必须由2/3以上多数住户决定取舍；设计阶段，设计方案确定前必须实施"三会一公示一会审"程序；施工阶段，实行"三公开"（公开工程信息、公开联系方式、公开建材规格）；验收阶段，工程结束前必须组织入户问卷调查，绝大多数市民满意没有问题了方可下架，验收必须有一定数量的居民代表参加。

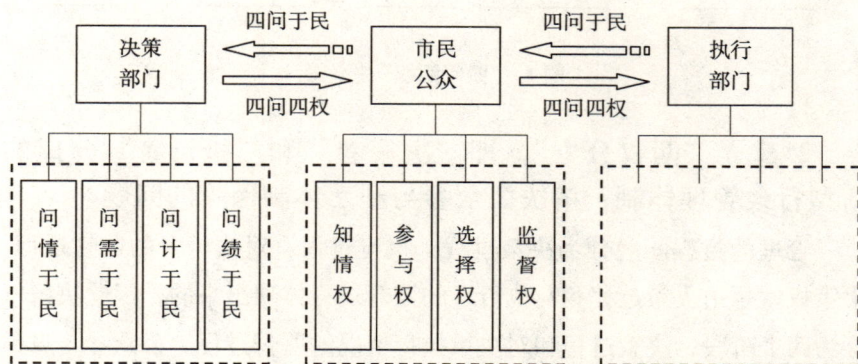

图2 公共参与的双环闭合回路

4. 导入专家全程参与，解决公众参与缺乏技术保障的问题

专家实际上是具有专业技术知识的"公众代表"，杭州市背街小巷改善工程中规定专家全程参与改善工程实际上也是公众参与的一个组成部分，成为一般市民参与的技术保障。

此外，为了促进公众参与背街小巷改善工程的积极性，还通过加大宣传力度发动群众广泛参与。例如，专门开设了热线电话（电话号码：85808016），在市城管办网站设"背街小巷请你参与"专栏征集市民意见；开展"人民群众最满意街巷评选"、开展"好新闻"评比活动、组织开展媒体宣传以充分调动各城区、市属各部门的积极性，形成赶、学、帮、比、超的良好氛围，从而更好地推进改善工作的开展确保改善工程亲民、乐民本质。

三、杭州"四问四权"公众参与制度在背街小巷改善中的效果

1. 良好的环境效益和经济效益

杭州市从 2004 年起实施背街小巷改善工程，至 2008 年年底，市区两级共投入资金 16.67 亿元，完成 2721 条背街小巷改善，改善总长度达到 682 多公里，共有 195 万人、18876 家单位受益。由于事先基础性工作准备充分，使得改善工程的性价比非常高，平均每公里造价仅 23 万元，人均投入仅 850 元，就实现了市民居住环境品质的提升。调查显示，市民对背街小巷改善满意率达到 97.9%，其中 55.7%的市民认为很满意。

2. 显著的文化效益

城市的更新改造与历史文化保护往往是一对矛盾，国内许多城市在这方面进行了有益的探索。例如，上海新天地石库门建筑形态不变功能改变作为上海旧城改造中的一种模式是成功的[1]，杭州则在背街小巷改善过程中发掘历史遗存，"拾起历史文化的碎片"，及时发掘与修复历史建筑遗存，如历史建筑，原来全城统计是 500 多处，经背街小巷改善工程的挖掘整理，现已增至千余处。保护了历史文化，延续了传统文脉，让背街小巷改善工程取得了明显的文化效益。

3. 良好的社会效益

民主化的组织模式，令街巷文明程度普遍提高。如在 2005 年的背街小巷改善过程中就有 11177 名市民参与了改善工作，有 1244 名市民主动担任了长效管理的志愿者；街巷处处体现了邻里和睦、井然有序的社会新风尚；随地吐痰、乱倒粪便等恶习得到遏止。更有意义的是培育了市民的"公民意识"和公务员的服务意思。"公众参与"制度的建立

---

[1] 罗小未：《上海新天地广场——旧城改造的一种模式》，《时代建筑》2001 年第 4 期。

与完善，也是在政府引导下培育"公民社会"的过程。新公共管理主张政府应该借用企业管理的经验，把公民视为顾客。不过顾客概念显然是将市民放到了被动的位置上，因为它所强调的只是政府要主动对公民的需求做出回应，并没有强调公民对行政的参与。[①] 杭州背街小巷改善工程中，要不要改善？要改善什么？要怎么改善？这几个问题通过制度化的形式规范化和固定化，改善工程完全由市民来定。改善办负责落实好市民的需要，市民成为雇主，超越了新公共管理"顾客导向"的高级行政方式。它让政府部门行政人员意识到，自己仅仅是人民的"雇员"，而且是"公共服务者"。服务好雇主，是行政部门和行政人员存在的依据，让这样的认识，存在于公务员意识中。

四、杭州基于"四问四权"公众参与制度的几点启示

1. 树立服务型政府的理念

杭州在实施背街小巷改善工程之初，就要求把它作为实实在在改善市民居住生活环境的"民心工程"、"亲民工程"和"民乐工程"，作为落实以"群众呼声为第一信号、群众利益为第一追求、群众满意为第一标准"的实际行动，充分体现共产党"立党为公、执政为民"的根本宗旨。如时任市委书记的王国平指出"要把背街小巷改善工程提高到落实科学发展观、正确政绩观的高度来认识，提高到以人为本、以民为先和落实'群众利益无小事'要求的高度来认识，提高到追求社会公平、技术先进和谐社会的高度来认识"。这就为政府在牵头组织开展背街小巷改善工程时树立了服务市民的行政理念和社会优先的价值判断。政府是

---

① 齐明山：《对新公共管理的几点反思》，《北京行政学院学报》2003 年第 5 期。

"公共服务的机构"，政府行政最重要的任务也在于服务，服务的精神意味着政府施政与公民的愿望一致；政府及其公职人员为百姓提供尽可能多的产品与服务，同时又是高品质的服务。[①] 服务理念让杭州市背街小巷工程的目标也与传统城市更新再造大拆大建的方式或片面追求地块开发经济效益的目标有了很大不同。

2. 明确公共参与的方向——实现"城市治理"（Urban governance）

城市治理是各种公共的或私人的机构管理其共同事务的诸多方式的总和[②]，是公众参与社会管理的新型城市管理方式。背街小巷改善工程"四问四权"公众参与制度的实施，使得基层行政机构——街道特别是居民社区成为承上启下的主体。在改善工程过程中，社区的作用被凸显出来，为今后权力下放、重心下移、属地管理的小政府大社会形式的"社区体制"的建立与发展，发挥了重要作用。当然，"社区体制"的建立，绝非一蹴而就的事情。不过，必须要指出的是背街小巷改善过程中，让社区作用得到发挥，是公众参与取得成功的重要保障。否则，背街小巷也难免和其他工程一样，让体制深化改革之花"昙花一现"。

3. "政府牵头，专家参与"是公众参与制度建立的前提

中国当前的国情决定，推进社会建设、推进社会管理创新的主体只有政府，只能通过"自上而下"的途径。政府牵头，做好顶层设计，做好规划、计划和综合协调等工作。专家参与本意上指在政府牵头进行顶层设计的时候，就应该引入专家，做好咨询与顾问工作，保障顶层设计的前瞻性和可行性。在公众参与过程中，对于涉及的技术问题，也需要引入专家的咨询与顾问，例如在工程建设过程中，由于有一定的技术性，所以公众的全程参与需要专家的全程参与，更何况专家也是"公众"之一。

---

① 张成福：《论公共行政的"公共精神"》，《中国行政管理》1995 年第 5 期。
② 魏娜、王明军：《公民参与视角下的城市治理机制研究——以青岛市公民参与城市治理为例》，《甘肃行政学院学报》2006 年第 2 期。

基层党建引领基层社会
管理创新研究

——以长三角地区为例[*]

黄　颖

（中国浦东干部学院科研部）

一、基层党建引领基层社会管理
创新的重要意义

加强和创新社会管理，基础在基层、难点在基层、重心在基层。基层党组织是实现社会管理创新最直接、最基本、最有效的力量。在创新社会管理的过程中，基层党组织担负着领导核心责任，基层党建创新引领社会管理创新具有重要意义。

第一，社会管理是执政党的重要职责。政党产生于社会，并以获得社会最大多数人的支持作为政党执政的基础。换句话说，政党能够为社

＊　本文为国家社科基金 2012 年度青年项目"基层党建引领基层社会管理创新"的阶段性成果。

会服务时，政党才能够生存。政党的社会政策、社会建设的走向，则直接影响到社会对政党的支持、选择。作为执政党，在推进国家建设的同时，也要重视并有效领导社会建设，社会建设的成效，直接影响到执政的合法性和有效性。

第二，以党建创新引领社会管理创新，是提高党的执政能力和巩固党的执政地位的现实需要。在我国的政治框架下，中国共产党作为执政党，在社会管理创新中，必然居于核心地位。随着我国经济社会的深刻变动，各类矛盾的日益复杂，极大地考验着我党应对复杂局面的智慧与能力。党的自身建设必须适应经济社会转型和社会管理模式转型的需要，以自己的创新引领社会管理创新，才能实现最广泛、最充分地调动一切积极因素，最大限度激发社会活力，实现社会的良性运行与和谐发展，从而保证党的领导核心地位更加牢固。

第三，以党建创新引领社会管理创新，是加强社会管理创新的必要条件。从社会学的角度来讲，社会管理在本质上是通过社会的力量，保证人们接受社会价值，遵守社会规范，确立和维护社会秩序的过程。社会管理体制创新的基本路径是从政府本位走向社会本位，要更加注重对政府、社会组织、公众之间的合作治理，更加注重社会管理的服务性、自主性、规范性。[①]社会管理创新不仅在人、财、物的保障方面要加强，而且在社会管理的体制机制和政策法规方面要有所突破。执政党把握着社会建设、社会政策的方向和阶段性目标。所以只有党的建设主动适应社会形势的发展变化，以自身的创新引领社会管理创新，积极推进基层党建的转型，充分发挥沟通政府与社会的桥梁纽带作用，将基层党组织、社会、政府三者互联互动起来，才能对传统管理模式及相应的管理方式和方法进行改造、改进和改革，建构新的社会管理机制和制度，激发社会活力，使基层社会形成更为良好的秩序，产生更为理想的政治、

---

① 董志锋、郁建兴：《从政府本位到社会本位：社会管理体制变革的新分析框架》，《中共浙江省委党校学报》2011 年第 1 期。

经济和社会效益。

第四，以党建创新引领社会管理创新，有利于社会管理创新的顺利推进。一是有利于确保创新方向正确。社会管理，说到底是对人的管理和服务。这与我们党的根本宗旨——为人民服务是一致的。党通过思想、政治、组织领导，确保社会管理创新的方向，防止落入西方国家的"公民社会陷阱"；确保社会管理创新始终坚持以人为本、执政为民；确保社会管理创新有序推进，实现社会的公平正义。二是有利于确保创新资源充足。社会管理创新就是要集合、整合社会资源，最大限度地发挥其作用。党在长期的革命、改革、建设和社会管理中积累了丰富的经验，集合了各个方面的社会资源，坚持党的引领有助于保证各种社会管理创新的社会资源集合能力。三是有利于确保创新影响深远。作为执政党，对于先进的经验和创新做法，我党拥有一系列的总结、学习和推广的方法。党组织在社会管理创新中的核心地位，有助于将局部地区的创新经验进行总结和推广，大大发挥先进经验辐射带动效应。

二、基层党建与基层社会管理的耦合性

党的基层组织大量活跃在群众之中，掌握一定的社会资源，构建了一定社会网络，拥有一定的骨干力量，获有一定的群众基础，它天然是基层社会管理最活跃的力量。从实践而言，基层党的建设与基层社会管理工作密切相关，并在多方面存在着耦合点，这为基层党建有力发挥引领作用提供了先决条件。

第一，在工作理念上，基层党组织以服务为重要功能之一，并把党的领导寓于服务之中，是市场经济和社会主义民主政治的必然反映。时代已经发生了变化，科学发展、民主法制、公平正义已经成为社会生活的重要原则。因此，对于社会层面来讲，党组织更多地不是依靠强制性权力去实现自己的领导，而是通过自己政策得人心，通过为社会、为群众服务来获得影响力，从而获得领导力，最终获得人民群众的认同而拥有执政的合法性。对于基层党组织来说，服务是其基本功能之一，又是实现党的领导的基本方式之一。尤其是在大量的新经济组织和新社会组织中，不服务的党组织是没有任何凝聚力的。社会管理，说到底是对人的管理和服务，管理是服务的手段，服务是管理的最高境界，因此"寓管理于服务之中"是新时期社会管理的一大理念。所以，在工作理念上，两者相互契合。第二，在工作对象上，基层党建的重要服务对象就是基层群众。基层社会管理也是对人民群众的管理和服务。所以，两者共同的工作对象都是基层群众。在工作方式上，两者存在互补性，基层已经创造了大量的工作方式活动方式，服务、协商对话、调解矛盾、遏制不良社会现象、参与决策、做思想工作都是基层党建的方式，这些方式对社会工作非常有益。同时，社会工作中以心理学、社会学等为基础而形成的手段和方法，亦可为基层党建工作提供有价值的借鉴。第三，在工作内容上，两者也有很多共同性，社会服务、社会救助、社会稳定是社会管理的重要内容，党组织充分发挥服务社会、服务群众的作用，则体现了党的宗旨和先进性的要求，与社会管理的要求相吻合。第四，在工作主体上，经济全球化和现代化的推进加剧了社会分化，导致社会变得日益多样化、异质化，政府面临的内外矛盾和治理环境变得更加复杂多变。政府无法再是社会的唯一管理者，它必须依靠市场机制、众多非政府组织、广大民众来共同管理社会公共事务，也只有这样方有可能达到整个社会稳定而有序的运行状态。基层党组织的建设也要充分发挥党员的主体性，调动基层党员干部工作积极性。不论是基层党建还是社会管理，都趋向主体的多元化，强调发挥各类主体的积极性，强调多元主体的协同合作。此外，基层党建工作还需要社会化。这里所说的社会化，是指以社会能够接受、社会欢迎的方式、手段促进党建工作，并向社会开放。基层党组织是生存于社会中的组织，是党连接社会的触角，只有以社会化的方式活动，才能真正获得群众的心理认同。一般说来，群众不是用理论来判断政党的性质，而是以党组织、特别是身边的党员和领导干部的行为来判断党的性质，因此，基层党组织以群众欢迎的方式进行活动就成为重要课题。所以说，基层党建与社会管理两者关系十分密切。

三、基层党建引领基层社会管理创新的途径和方法

党的基层组织扎根在基层、服务在基层，具有参与社会管理的天然优势。当前，更要积极发挥基层党组织在基层社会管理中的领导核心作用，从服务群众、联系群众、组织群众、引导群众、教育群众的目标出发，整合社会资源与人力资源，以服务型党组织建设带动建立社会自我调节与居民自治管理良性互动，社区管理与单位管理有机结合，多种手段综合运用，管理与服务融合，有序与活力统一的多元治理、共建共享的社会管理新模式。近年来，长三角地区在基层党建引领社会管理创新方面进行了积极探索，形成了一些富有成效的经验。

首先，以服务型基层党组织建设引领基层社会管理理念创新。服务型基层党组织是指为了充分发挥基层党组织推动发展、服务群众、凝聚人心、促进和谐的作用，把服务作为基本价值取向和功能定位的一种基层组织模式和工作形态。基层党组织的价值取向和功能定位对于基层社会管理有着重要的示范效应。要积极构建服务型党组织，创新党组织的服务方式、规范服务程序、提高服务质量、重视服务效果。普遍推行党代表联系基层党员群众制度，党员干部联系群众制度等。鼓励党员参与志愿服务、家园行动，以党员的先锋模范作用带动广大社工、义工人员共同服务群众。

其次，以基层组织设置模式引领基层社会管理载体创新。创新党组

织设置方式，使党组织在社会网络中发挥"网格"作用。与传统社会的封闭性特征相比较，现代社会是网络社会。而网格是网络的灵魂和筋骨，在新时期，扩大党组织覆盖，就要更善于把党组织建在社会网络的网格上，通过党组织和党员的辐射作用，有效带动基层社会管理创新。要根据区域集聚、产业布局、就业结构、组织形式和党员流向的发展变化，重点加强新经济组织、新社会组织、新居民和城乡一体新社区中的组织覆盖和工作覆盖。按照有利于加强和创新社会管理的原则，采取多模式调整来优化基层党组织设置，进一步夯实基层党组织服务社会管理的组织基础。例如，宁波市先后在不同区域和行业中，探索形成了园区统筹、街区统筹、片区统筹、村企统筹、村居统筹、商圈统筹、楼宇统筹、行业统筹、产业统筹、人员统筹等 10 种区域化党建模式，建立区域性党组织 916 个，形成了广泛覆盖、条块结合的基层党组织体系，为基层党组织在社会管理中发挥统领作用奠定扎实的组织基础。

再次，以党的群众工作的继承与创新引领基层社会管理方式创新。中国共产党在 90 年的历史中形成了做群众工作的优良传统，形成了一系列方式方法，比如，以说服教育为主引导群众的方法，尊重群众，等等，在社会管理中，充分发挥这些优良传统，通过群众工作责任制等方式，使党员干部由远离群众变成乐于面对群众、贴近群众，真正能与群众面对面、手拉手、心连心，使一大批群众反映的问题在最短时间内得到解决，从而使党的全心全意为人民服务的宗旨得到更充分的体现。现代社会是网络社会，除了继承和发扬传统手段和方法外，还要善于运用现代网络信息技术来加强社会管理，搭建信息发布、信息搜集、信息交流的平台，创新管理方法，提高工作效率。例如上海市杨浦区不断深化各级各类党组织和党员干部普遍走访、联系服务群众机制，逐步形成情况在一线了解，问题在一线解决，工作在一线推动，干部在一线考评的"一线工作法"。杭州市下城区分析综合社区管理服务的优势和资源，创造性地提出了"66810"为民服务工作法，该服务法从整合入手，给予社区服务事项"符号化"、"标签化"，归类为"访"、"到"、"报"三大社区管理服务职能，实现了人性化服务。舟山市的"网格化管理、组团式服务"充分发挥信息网络技术跨时空快速传递、处理、存储和利用信息的优势，建立了市"网格化管理、组团式服务"信息管理系统，实施受理、办理、反馈、监督等流程，方便了群众，提高了效率。

最后，以基层党组织与社会自组织的有效融合引领基层社会管理主体创新。扩大党内基层民主，积极发挥基层党员参与社会管理与服务的积极性、主动性。进一步扩大党内基层民主，充分发挥党员主体作用，构建党代表联系党员群众的科学机制，并以党内基层民主带动基层社会民主，以基层党员干部为基础，引导多元力量开展管理服务，形成开放、有序的基层群众参与格局。在社会管理中，注重基层的自主性力量，充分发挥群众骨干、社会自治和基层党员在公共服务供给、社会秩序维系、矛盾冲突化解等方面的基础性作用，形成多方主体参与社会管理。例如，组团式服务中的管理服务团队一般以乡镇（街道）机关干部、社区（村）干部、网格党小组组长、辖区民警为骨干，并吸收教师、医生、老干部、科技人员、乡土实用人才等参与，实现了多方主体共同参与社会管理的良好局面。

加强社会管理创新，完善社会管理体制，这是关系国家长治久安和地方和谐发展的一件大事。当前，对于基层党建如何引领基层社会管理创新这一新的课题，长三角各地党组织在实践中探索出了很多新的方法，取得了良好的成效，但这一领域还存在很多不足，例如认识还不够到位，基层党组织核心作用的发挥及党员干部社会管理工作的能力还有待进一步加强，整合社会管理资源的力度还不够大，长效机制还不够健全等等，需要在进一步的理性思考和大胆实践中加以完善、推进，从而实现引领有力、多元和谐、互动共促、持续发展的良好局面。

试论当前我国户籍制度改革的合理价值取向

——兼论"迁徙自由"概念的适用定义

房波　欧阳君君

（杭州国际城市学研究中心）

一、"迁徙自由"概念的界定

（一）"迁徙自由"既是中国户籍制度改革的出发点，也是落脚点

"迁徙自由"是当前中国户籍制度改革的出发点，或者是说导火索。当代中国之所以出现户籍制度改革的诉求，主要是基于两点引发的：一是国际上的人权指责压力。目前，以美国为代表的西方发达国家，从人权的角度出发，一直在指责中国公民没有享受迁徙自由权。主要指责的依据就是中国宪法里删除了迁徙自由的说法以及 1958 年出台的《户口登记条例》。二是国内追求公平的民意压力。目前国内主要有两种不满的声音：一种是

对目前通过迁徙实现不同区域待遇之间的转换路径的缺失感到不满，即：在城市与城市之间流动，或城乡之间流动，由于户籍制度的限制，很难实现不同区域待遇的转换，如外地人到上海或北京居住，往往是不论你住了多少年，是否有工作，是否纳税，都不能给你当地户口，享受不了当地的城市待遇。一种是认为大城市与小城市之间，城市与农村之间民众享受的待遇福利差距过大，对这种待遇区域化、特殊化的局面感到不满。出于这些因素的影响，从而引发了当代中国户籍制度改革的激烈争论和实践，因此，"迁徙自由"也是中国户籍制度改革的落脚点，或者是说诉求目标。中国户籍制度改革要想成功，必须理清落脚点到底在哪，或者说真正的改革诉求目标是什么。换句话说，也就是要搞清楚到底什么是"迁徙自由"。

（二）"迁徙自由"的概念梳理

从目前的改革诉求或压力分析，"迁徙自由"可以从三个层面来看待：第一个层面是法理层面，西方发达国家对中国的人权指责，归根结底是对中国没有法律意义上的迁徙权感到不顺眼。法律层面上的"迁徙自由"是指通过宪法或法律赋予公民空间上迁移的行动自由。[①]这是最简单，最纯粹的迁徙自由，也就是中国公民可以按照自己的意愿自由在中国国土上流动或者不流动，仅指迁徙行为本身。第二个层面是现实层面，即接受现实中不同区域所享受的待遇是有差异的前提下，通过迁徙行为，实现既有随身走的基本待遇，也有明确的途径、条件赋予公民按照自己的意愿，根据自己的实际情况选择享受不同类型待遇的权利。换句话说，就是现实社会中，不同区域间实际发展状况各异，所以必然会有待遇上的差异，这主要是指区域待遇，不包括基本国民待遇。然后，

---

① 参考 1948 年《世界人权宣言》第 13 条规定；1966 年《公民权利与政治权利国际公约》第 12 条规定。

一个公民行动上有自由能随意迁徙到中国任何一个区域，随后在迁徙目的地可以根据已经明确的规定，通过自己的努力，去符合或部分符合某些待遇享受的资格要求，从而选择享受某种类型的待遇。这种"迁徙自由"是在行动自由基础上的待遇选择自由。（这里需要说明的是这种只是选择权利和方式的自由，不代表选择的结果是否一定能成功）第三个层面是理想层面，即立足于消除不同区域的待遇差异，通过"待遇找平"，从而实现不管你迁徙到中国境内任意一区域，都能自动享受相同的待遇，不附带任何条件、资格、规定。从这三个层面的"迁徙自由"来看，其实对应的就是三种不同的公平理念，法理层面的"迁徙自由"追求的是法律意义上的公平；现实层面的"迁徙自由"追求的是机会意义上的公平；理想层面的"迁徙自由"追求的是结果意义上的公平。

（三）"迁徙自由"概念的适用定义

那么，三个层面上的"迁徙自由"到底哪个层面才是当代中国户籍制度改革的落脚点或诉求目标呢？判断是哪个层面，依据有两点，一是能否真正有效回应国内外改革压力和诉求；二是能否符合当代中国国情的实际状况。

从这两点来分析：立足于第一层面的"迁徙自由"能够比较有效地回应西方发达国家对中国人权的批判压力，但是还不足以平息国内社会的不满民意，如果只立足在这个层面的自由，会让人觉得只是形式上获得了自由，但自由是空洞的，没有意义的；立足于第三层面的"迁徙自由"不符合当代中国国情的实际状况，在目前的中国发展阶段，想实现全国境内各区域间的各种"待遇找平"①，是不现实的，而且即使在如美

---

① 所谓"待遇找平"，是参考工程术语"找平"的定义，即通过法律、法规、政策等手段实现一定区域内各种待遇的一律化、去差化。

国如此发达的西方国家，也不可能做到各区域间待遇的完全去差化。而立足于第二层面的"迁徙自由"，首先它是以保护迁徙权，保护行动自由为基础，因此可以反驳西方国家对中国迁徙权缺失的指责；其次它是承认各区域的待遇是有差异的，不倾向于找平，这符合当代中国国情；最后它给国内民众提供了有可能通过自身的努力达到或部分达到享受自己想享受的待遇的机会和路径。因此，它能有效地平复社会目前对户籍制度造成的各种迁徙障碍的民意愤慨。

总之，当代中国户籍制度改革所追求的"迁徙自由"应该既不是简单的法律意义上的迁徙行动自由，也不是那种迁徙到哪个区域，就入乡随俗的自动享受哪个区域的各种待遇，更不是无待遇差异前提下的全国随意迁移，享受相同的待遇，而是在迁徙行动自由的基础上，通过制度设计，使社会民众在各种区域待遇之间转换拥有实现的通道和方式，从而使得社会民众可以通过自己的努力，去争取享受到自己向往的待遇类型，打破目前由于户籍制度与待遇挂钩造成的不论你如何努力可能都没有机会去实现享受待遇的转换。这样的"迁徙自由"才是既有行为上的意义，更有机会公平的价值意义。

二、实现第二层面"迁徙自由"的若干思考

要实现第二层面"迁徙自由"，首先要先弄清楚几个问题：

（一）以落实第一层面"迁徙自由"为前提

第二层面的"迁徙自由"是以行动自由为基础，因此，必须先落实第一层面也即法理层面的迁徙权。虽然这只是关系到行动自由，但是依

然很重要，因为法律给予明确是法治社会必需的程序，所谓师出有名，有法可依。同时，法理层面的迁徙权应该是包括两部分的，一是可以自由迁徙的权利，二是可以自由不迁徙的权利。尤其是后者的明确在强拆事件层出不穷的当代中国很有社会意义。最后，法理层面的迁徙权的落实也可以明确迁徙是多向度的，既可以从农村到城市，也可以从城市到城市，还可以从城市到农村。

（二）以解除迁徙与待遇的直接捆绑关系为基础

迁徙不能和区域待遇直接挂钩，也就是说，迁徙归迁徙，待遇归待遇，迁徙到某个区域，不能自动享受或不享受该区域的待遇。目前的户籍制度就是将迁徙和待遇捆绑在一起了，就是如果你能迁徙到上海（这个迁徙指的不是行动上的迁徙，而是获得当地的户口意义上的迁徙），那你就能自动享受上海的各种区域待遇，如果你不能迁徙到上海，就自动禁止享受上海的各种区域待遇。而如果不直接挂钩，也就意味着你可以自由的迁徙到上海，获得上海的居住权利，但是仅凭迁徙行为本身，不能成为你是否能享受上海的区域待遇的唯一标准。

（三）以待遇获得的机会公平为保障

"迁徙自由"不应该在行动层面就停止了，结束了，而是要继续赋予迁徙价值上的意义。也就是迁徙到目的地以后，迁徙者能够有途径通过自己的努力去获得某种待遇的机会。这里说的是机会，而不是自动获得或不能获得某种待遇。否则，迁徙就徒有行动上的自由，没有实质的意义，要延伸到迁徙动机这个层面。

（四）以待遇获得的结果公平为背景

实现"迁徙自由"要与全国区域"待遇找平"区别开来。消除全国不同区域待遇的差异，是项整体工程，是经济社会发展追求的终极目标，这个光靠户籍改革显然是承担不起的，这要靠现代化建设的整体推进，靠科学发展观指导下实现全面、协调、可持续的统筹发展来实现。

三、实现第二层面"迁徙自由"的路径分析

要从操作层面来研究如何实现第二层面"迁徙自由"，必需要弄明白实现的现实背景和现实路径问题。

（一）实现第二层面"迁徙自由"的现实背景

1. 目前中国"迁徙自由"在法理层面与事实层面发展不同步

在人口迁徙方面，目前的法律依据是 1958 年的《户口登记条例》，而现实情况是人口迁徙已经是事实上实现了行动自由。这既给当代中国户籍制度改革提出了现实改革的课题，也使得中国在西方世界承受了本不该承受的人权批判。

2. 目前中国户籍制度改革过量承载了超范围的改革期望

受到社会民众追求"结果公平"及平均主义情结的影响——将全面消除城乡之间、不同区域之间待遇的差异，实现共同富裕的任务也寄托在了户籍制度改革工作上，存在希望通过户籍制度改革就一步到位的解决贫富差距、城乡差距等问题的期望，造成户籍改革始终无法将户籍与

待遇完全剥离的改革难点，改革误区。

3. 目前中国户籍改革还是单向性的改革

关注点始终是放在农村人口如何向城市迁徙的问题，而没有关注城市人口如何向农村迁徙的问题。这一方面是因为目前农民工问题是显性问题，城市人口向农村迁徙还不明显，另一方面是因为当代社会始终存在这样一个判断前提，那就是城市市民待遇就是高过农村居民待遇。

（二）实现第二层面"迁徙自由"的现实路径

理清这些现实背景后，我们再来分析实现第二层面"迁徙自由"的路径。

1. 从法理上给予迁徙权以明确的法律保护

要及时废除已经明显不符合现实发展的 1958 年《户口登记条例》，同时通过修宪和制定新的户籍法来实现民众迁徙行动上的自由权。这也能为随后的实现路径提供强大的法理支持和保障。

2. 明确不能将迁徙行为与待遇享受直接挂钩

要明确待遇享受是迁徙行为发生之后通过另外的机制来考虑的问题，而不是迁徙行为完成后就自动对等享受某种待遇，或者自动就禁止享受某种待遇。落实到政策操作层面，就是要将户籍与待遇完全剥离。户籍只负责人口迁徙行为的统计，不直接附带任何待遇意义，通过剥离，一是要卸下户籍改革背负的沉重的、过量的改革期望，二是走出户籍改革的误区，克服改革的难点，从而使得户籍改革走上快车道，完成它在目前中国国情下能够完成的改革任务，走出渐进性改革的关键几步。

3. 明确"迁徙自由"不仅仅是行动上的自由，还要有动机上的价值意义

民众有迁徙的行动自由了，但为什么要去迁徙呢？如果没有任何意

义，迁徙也就不会发生了。这里关键就是要对不同区域（包括大中小城市、农村等）能够享受的待遇作出梳理，形成待遇指南，待遇指南应该包括两部分，一是基本国民待遇。也就是不管你迁徙到哪个区域都能享受到的待遇，只要你是中国国民，就都能享受的，这个待遇是全国一致的。如同目前事业单位职工的基本工资部分，是全国统一的。二是区域特殊待遇。也就是在不同的区域能享受到的当地待遇，包括不同区域的市民待遇和农民待遇。如同事业单位职工的津贴补贴，各地、各单位是不同的。待遇指南要具体细化，形成一系列的待遇子目录。然后在待遇指南形成的基础上，要将改革焦点聚焦到待遇指南的可选择性、可转换性上。这是关键。指南不是目的，而是前提，关键是要明确每一种待遇享受的条件、资格、获得途径是什么，而且这种条件、资格、途径不是先天性的，而是后天性的，是人们通过努力可能做得到的，就如古代科举考试和当代的高考制度，破除了看出身来定命运的弊端，给了每个人都有通过自己努力来实现梦想的可能，虽然不代表每个人都能实现，但至少给了每个人努力的机会。而且这种待遇是可组合的，可分割的，可预期的，也就是说每个人根据自己的实际能力，可以自己选择去争取全部的待遇或者其中部分的待遇。当然理论上会存在部分民众能力的确不行，怎么努力可能也争取不到菜单上的待遇，这也没关系，因为有基本国民待遇托底保障。

总之，通过上述的改革实践，我们就是要在中国实现符合目前中国实际现状的第二层面的"迁徙自由"，这是完全有可能的，也是符合国内外，特别是国内民众期望的最合适目标取向了，不是最佳，是最合适。

第四部分

长三角地区城市文化
建设与发展

城市文化建设与文化遗产保护

单霁翔

（文化部党组成员、故宫博物院院长）

进入 21 世纪，中国的城市化加速进程吸引了全世界的目光。中国城镇的面貌正在发生着前所未有的巨变，而城市文化的传承和发展却面临着沉重的压力。与此同时，中国的文化遗产保护呈现出新的发展趋势，为城市文化建设注入了新的活力。

城市文化是建设和谐城市的重要基础，是城市竞争力的核心内容，是城市创新发展的强大动力，影响并决定着城市发展的前景和方向。从传统的功能城市到今天的文化城市，文化已经成为城市生活中举足轻重的关键元素。

一、我国城市文化建设应当注意避免的问题

改革开放以来，我国城市建设取得了举世瞩目的成就，但是在城市物质建设取得成就的同时，在城市文化建设方面却重视不够。归纳起来涉及 8 个方面的问题或应该避免出现的情况。由此可以看出加强城市文化建设，避免城市文化危机加剧的紧迫性。

一是避免城市记忆的消失。城市记忆是在历史长河中一点一滴地积累起来的，从文化景观到历史街区，从文物古迹到地方民居，从传统技能到社会习俗等，众多物质的与非物质的文化遗产，都是形成一座城市记忆的有力物证，也是一座城市文化价值的重要体现。但是，一些城市在所谓的"旧城改造"、"危旧房改造"中，由于急功近利作祟、经济利益驱使等人为因素，实施过度的商业化运作，采取大拆大建的开发方式，致使一片片积淀丰富人文信息的历史街区被夷为平地；一座座具有地域文化特色的传统民居被无情摧毁，一处处文物保护单位被拆迁和破坏的事件也屡见不鲜。由于忽视对文化遗产的保护，造成这些历史性城市文化空间的破坏、历史文脉的割裂，社区邻里的解体，最终导致城市记忆的消失。

二是避免城市面貌的趋同。城市面貌是历史的积淀和文化的凝结，是城市外在形象与精神内质的有机统一，是由一个城市的物质生活、文化传统、地理环境等诸因素综合作用的产物。一个城市的文化发育越成熟，历史积淀越深厚，城市的个性就越强，品位就越高，特色就越鲜明。但是，一些城市在建设和发展中，城市面貌正在急速地走向趋同。由于城市规划建设中抄袭、模仿、复制现象十分普遍，面貌雷同的城市街区占据着越来越显著的位置，导致"南方北方一个样，大城小城一个样，城里城外一个样"的特色危机。各地具有民族风格和地域特色的城市风貌正在消失，代之而来的是几乎千篇一律的高楼大厦，"千城一面"的现象日趋严重。

三是避免城市建设的失调。城市建设是为了创造良好的人居环境，既包括物质环境，也包括文化环境。而城市规划则是合理配置公共资源，保护人文与自然环境，维护社会公平，弥补市场失灵的重要手段，它的根本目的不仅是建设一个环境优美的功能城市，更在于建设一个社会和谐的文化城市。但是，一些城市在建设中缺少科学态度和人文意识，往往采取单一依赖土地经营和房地产开发来拉动经济的增长方式，导致出现"圈地运动"和"造城运动"，严重损害了民众利益和国家利益。一些城市盲目追求变大、变新、变洋，热衷于建设大广场、大草坪、景观大道、豪华办公楼，而这些项目却往往突出功能主题而忘掉文化责任。

四是避免城市形象的低俗。城市形象是城市物质水平、文化品质和市民素质的综合体现。它表现出每个城市过去的丰富历程，也体现着城市未来的追求和发展方向。美好的城市形象不仅可以实现人们对城市特色景观的追求和丰富形象的体验，而且可以唤起市民的归属感、荣誉感和责任感。但是，一些城市已经很难找到层次清晰、结构完整、布局生动、充满人性的城市文化形象。不少中小城市盲目模仿大城市，为了气势而不顾城市环境，把高层、超高层建筑当做城市现代化的标志，建筑体量追求高容积率而破坏了原有的城市尺度和轮廓线，寄希望于城市在短时间内能拥有更多"新、奇、怪"的建筑，以迅速改变城市的形象。而大量新建筑不是增强而是削弱了城市的文化身份和特征，使城市景观变得生硬、浅薄和单调。

五是避免城市环境的恶化。城市环境是城市社会、经济、自然的复合系统。城市环境与城市的生态发展密切相关，具有高度的敏感性。好的城市环境不但可以保证人们的身体健康，而且可以激发人们的积极性和创造性。研究城市环境的基点是如何使人与城市更好地相融，城市如何既宜人居住，又宜人发展。但是，一些城市以对自然无限制的掠夺和征服来满足自身发展的欲望，致使环境面临一系列突出问题：空气污染、土质污染、水体污染、视觉污染、听觉污染；热岛效应加剧、交通堵塞加剧、资源短缺加剧；绿色空间减少、安全空间减少、人的活动空间减少。同时，城市改造中的大拆大建造成巨大的能源、资源浪费和环境污染。错位、超载开发更使不少文化遗产地及其背景环境出现人工化、商业化、城市化趋势。

六是避免城市精神的衰落。城市精神是城市文化的重要内核，是对城市文化积淀进行提升的结果。城市精神的形成是一个长期的过程，并在历史上和现实中发挥着异常重要的作用。通过对城市精神的概括和提炼，可以使更多的民众理解和接受城市的追求，转化为城市民众的文化自觉。但是，一些城市注重物质利益，而忽视文化生态和人文精神。目前不少城市纷纷提出建立"国际化大都市"的目标，存在盲目攀比、不切实际的倾向。一些城市热衷于搞"形象工程"，盲目追求"标志性建筑"的数量，实际上是重经济发展，轻人文精神；重建设规模，轻整体协调；重攀高比新，轻传统特色；重表面文章，轻实际效果，表现出对文化传统认知的肤浅、对城市精神理解的错位和对城市发展前途的迷茫。

七是避免城市管理的错位。城市管理是一项复杂的系统工程，但其实质是人作用于城市发展的过程，应肩负起对未来城市的责任。通过城市管理不但要为人们提供一个工作方便、生活舒适，环境优美、安全稳定的物质环境，而且要为人们提供一个安静和谐、活泼快乐、礼让互助、精神高尚的文化环境。这就需要用文化意识指导城市管理。但是，一些城市在管理内容上重表象轻内涵，在管理途径上重人治轻法治，在管理手段上重经验轻科学，在管理效应上重近期轻长远。由于不能在不断发展的形势下，不断从更高层次上寻求城市管理的治本之策，导致往往城市问题已然成堆、积重难返之际，才开始采取各种应急与补救措施，而为时已晚。"城市病"所产生的系列病状及后遗症，病根在于城市管理缺乏长远的战略眼光，缺乏应有的文化视野。

八是避免城市文化的沉沦。城市文化是市民生存状况、精神面貌以及城市景观的总体形态，并与市民的社会心态、行为方式和价值观念密切相关。城市文化在漫长的历史过程中积淀、缓慢演变发展，形成城市的文脉。城市的文化资源、文化氛围和文化发展水平，在一定程度上体现出城市的竞争力，决定着城市的未来。但是，一些城市面对席卷而来的强势文化，不是深化自身的人文历史，而是浅薄化自己的文化内涵，使思想平庸、文化稀薄、格调低下的行为方式，弥漫在城市的文化生活之中，消解着人们对于优秀传统文化的理解和继承。在文化领域，一些人的价值观扭曲、错位，拜金主义、享乐主义蔓延，"文化危机"问题以及伴随而来的种种不良社会现象日益严重，究其深层次原因，是文化认同感和文化立场的危机。

二、我国文化遗产保护发展的新趋势

文化遗产保护是城市文化建设必不可少的重要组成部分。从根本上说，城市作为人类文明发展和集聚的产物，本身就是文化遗产。当前，我国文化遗产保护经历了从"文物"到"文化遗产"的历史性转型，呈现出新的发展趋势。文化遗产的内涵逐渐深化，注重其历史传承性和公众参与性；文化遗产的保护领域不断扩大，并由此引发了其要素、类型、空间、时间、性质、形态等各方面的深刻变革，为推动城市文化建设带来了新的机遇。

（一）文化遗产概念的发展过程

我国素有保护古代遗存的悠久传统，早在一千多年前的宋代，收集、研究和刊布金石铭刻就已经形成学科，文人雅士则热衷于收藏"古董"、鉴赏"古玩"和研究"古物"。20世纪初，通过对古代遗存发掘和研究而重建古代历史的现代考古学带来"文物"的概念，古代遗存的文化内涵和价值得以不断揭示。

1982年我国颁布的《文物保护法》，建立了历史文化名城保护制度。2002年新修订的《文物保护法》，又将历史文化街区、历史文化村镇的保护纳入法律内容，标志着我国开始建立起单体文物、历史地段、历史性城市的多层次保护体系。

2005年12月《国务院关于加强文化遗产保护的通知》的发布，加快了我国从"文物"保护走向"文化遗产"保护的转型进程，文化遗产保护工作的"内涵"和"外延"都有了新的发展和变化。在这一新形势下，深刻理解文化遗产保护理念，准确把握其发展趋势，并以此推动城市文化建设，是关系到当前我国文化遗产保护事业和城市发展全局的重大课题。

（二）文化遗产保护内涵的深化

文化遗产保护的内涵更加突出历史传承性和公众参与性。文化遗产保护的历史传承性强调，文化遗产的创造、发展和传承是一个历史过程。每一代人都既有分享文化遗产的权利，又要承担保护文化遗产并传于后世的历史责任。

人类文明是在世代的文化创造和积累中不断发展和进步，每一代人都应当为此做出应有的贡献。这种贡献既有自身的文化创造，也包括将文化遗产传于子孙，泽被后世。未来世代同样有权利传承这些文化遗产，与历史和祖先进行情感和理智的交流，吸取智慧和力量。

因此，作为当代人，我们并不能因为现时的优势而有权独享，甚而随意处置祖先留下的文化遗产。我们不仅要为自己不遗余力地保护这些珍贵的文化财富，在传承和守望的同时适当地加以利用，也要为子孙后代妥善保管，传之久远，"子子孙孙永葆用"。

文化遗产保护的公众参与性强调，文化遗产保护并不仅仅是各级政府和保护工作者的专利，更是广大民众的共同事业，每个人都有保护文化遗产的权利和义务。

我国文化遗产蕴含着中华民族特有的精神价值、思维方式、想象力，体现着中华民族的生命力和创造力，是各民族智慧的结晶，是全社会共同的文化财富，也是全人类文明的瑰宝。从根本意义上说，我国各族人民群众既是这些珍贵文化遗产的创造者，也是文化遗产的传承者。广大民众的支持是文化遗产保护事业赖以存在和发展的决定性力量。如果民众不珍视、不爱惜、不保护、不传承我们的文化遗产，文化遗产将无法挽回地加快走向损毁和消亡。因此，文化遗产保护既要坚持以政府为主导，明确各级政府和有关部门的重要职责；又要广泛动员全体民众，使其真正成为全社会关心、支持和参与的公共事业。

随着我国经济社会事业的迅速发展，民众自觉参与文化遗产保护等社会公共事务的意识逐渐增强，参与的范围和深度日益扩大。但是，由于时光流逝和文化遗产原有人文、自然环境的变化，民众与文化遗产之间的相互关联日渐疏远，文化情感日趋淡漠。许多现代人越来越难以或者疏于理解文化遗产的价值所在。而文化遗产保护工作者专注于通过保护工程和技术手段遏制文化遗产本体以及周边环境的恶化，却往往漠视了民众分享和参与文化遗产保护的权利，忽略了重建民众与文化遗产之间的情感联系。

文化遗产植根于特定的人文和自然环境，与当地居民有着天然的历史、文化和情感联系，这种联系已经成为文化遗产不可分割的组成部分。忽视和割断文化遗产与民众的历史渊源和联系必将损害文化遗产的自身价值，甚至危及其存在的基础。我们必须尊重和维护民众与文化遗产之间的关联和情感，保障民众的知情权、参与权和受益权。无论是在历史文化街区和历史文化村镇的保护事业中，在考古发掘和文物保护修缮等工程中，在博物馆建设和陈列展示等工作中，都应该积极取得广大民众，特别是当地居民的理解和参与。

只有当地居民倾心地、持久地自觉守护，才能实现文化遗产应有的尊严，才能使文化遗产具有强盛的生命力，成为社区的骄傲。只有当全体民众都积极投入到文化遗产保护事业之中，以维护和实现自身的文化权益，才能变"少数的抗争"为"共同的努力"，才能使文化遗产保护形成强大的社会意志，取得真正的成效。

可喜的是，国务院已经决定自 2006 年起，每年 6 月的第二个星期六是我国的"文化遗产日"。"文化遗产日"的设立进一步将文化遗产保护事业变为亿万民众的共同事业，为保护文化遗产提供了更广泛、更强大的公众支持和更丰富的物质保障，使文化遗产真正为社会公众所共享，更有力地推动文化遗产所在地经济社会的和谐发展。

（三）文化遗产保护外延的发展

在保护的外延方面，文化遗产保护的领域不断扩大，比较突出地表现为六个趋势。

一是在文化遗产的保护要素方面，从重视单一要素的遗产保护，向同时重视由文化要素与自然要素相互作用而形成的"混合遗产"、"文化景观"保护的方向发展。文化遗产的产生和发展是与其所在的自然环境密不可分的。我国自古以来一直崇尚人与自然的和谐共处。在古代建筑和城镇村落的规划设计中风水堪舆之学极为盛行，许多名山大川更是人文胜景荟萃之处，形成了我国文化遗产与自然遗产相互交融的重要特性。

二是在文化遗产的保护类型方面，从重视"静态遗产"的保护，向同时重视"动态遗产"和"活态遗产"保护的方向发展。文化遗产并不意味着是死气沉沉或者静止不变的，她完全可能是动态的、发展变化的和充满生活气息的。许多文化遗产仍然在人们的生产生活中发挥着重要的作用，甚至不断地吸纳更多的新鲜元素，充满着生气与活力。

三是在文化遗产的保护空间尺度方面，从重视文化遗产"点"、"面"的保护，向同时重视"大型文化遗产"和"线性文化遗产"保护的方向发展。文化遗产保护的视野已经不再局限于单个文物点或者古建筑群、历史文化街区、村镇，而是扩大到空间范围更加广阔的"大遗址"、"文化线路"、"文化遗产廊道"等。

四是在文化遗产保护的时间尺度方面，从重视"古代文物"、"近代史迹"的保护，向同时重视"20世纪遗产"、"当代遗产"的保护方向发展。当前，我国经济社会的快速发展使社会生活的各个方面都在发生急剧变化，原有的生产生活方式及其实物遗存消失速度大大加快。如不及时加以发掘和保护，我们很可能将在极短的时间内彻底忘却昨天的这段历史。进入新世纪以来，一批具有代表性的 20 世纪遗产、当代遗产被列为各级文物保护单位，得到了有效保护。

五是在文化遗产的保护性质方面，从重视重要史迹及代表性建筑的保护，向同时重视反映普通民众生活方式的"民间文化遗产"、"世间遗产"保护的方向发展。人们越来越认识到应更加注重对民间文化遗产的保护。民间文化遗产过去常常被认为是普通的、一般的、大众的而不被重视。但是它们却是养育了一代又一代民众的生活文化，反映了他们最真实的生活状况，记录了他们平凡的喜怒哀乐，具有广泛的认同感、亲和力和凝聚力。它们具有鲜明的民族性、地域性特征，是人类文化多样性的重要表现形式。

六是在文化遗产的保护形态方面，从重视"物质要素"的文化遗产保护，向同时重视由"物质要素"与"非物质要素"结合而形成的文化遗产保护的方向发展。物质与非物质文化遗产的区分只是其文化的载体不同，二者所反映的文化元素仍然是统一和不可分割的。因此，物质和非物质文化遗产必然是相互融合，互为表里。我们在着力保护文化遗产的物质载体的同时，必须重视发掘和保存其蕴涵的精神价值、思想观念和生活方式等无形文化遗产，必须更积极地探索物质与非物质文化遗产保护相结合的科学方式和有效途径。

三、从"功能城市"走向"文化城市"

1933 年，国际现代建筑协会第 4 次会议提出了关于"功能城市"的《雅典宪章》。该宪章以功能分区的观念规划城市，并指出城市的居住、工作、游憩和交通四大功能要协调、平衡发展。功能城市的理念对城市规划和发展产生了重要影响。

但是，人们从实践中逐渐认识到，仅仅依靠功能分区无法解决复杂的城市系统中的诸多问题。文化作为城市发展的核心价值，具有越来越突出的决定性作用，而文化遗产则是城市文化发展最重要的基础和最宝贵的资源、财富。

（一）城市文化和和谐城市

城市文化是社会文明在城市的缩影，是社会和谐在城市的集中表现。"以人为本"和"科学发展观"既是治国谋略，更是城市文化的精髓，是实现社会和谐、诚信、责任、尊重、公正和关怀的保证。将这一文化精髓贯彻到城市发展的各项事业中去，才能创造和谐城市，实现文化与经济发展的良性循环。

市民是城市的真正主人，既是城市文化的受益者、传承者，也是城市文化的体现者、创造者。市民素质影响并决定着城市素质。因此，创造和谐城市，首先取决于城市市民的文化素养。这种素养一方面来源于当地和民族的传统文化，另一方面则是在经济全球化背景下外来文化、多元文化的冲击和影响。但是，能够使广大市民所熟悉、理解和接受，并凝聚、提炼成为城市精神和文化特色的，只能是以前者为主体，充分吸收现代文明的积极因素。否则，城市文化和精神就会成为无源之水，无本之木，失去自身的根基和特色。

我国自古以来就有"天人合一"、"和而不同"之说，倡导人与自然、人与人之间的和谐共处，对我国传统文化有着十分深刻的影响，在许多城市的文化遗产中都有着直接的反映。通过保护和发掘城市文化遗产中蕴藏的丰富的历史文化内涵，继承和弘扬和谐共处的传统文化思想精髓，提升市民的总体文化素质，形成和谐积极的城市文化氛围，是建设和谐城市的重要基础。

适宜居住是和谐城市的重要特征，也是"以人为本"在城市建设、管理中最直观的反映和要求。2005 年 1 月，国务院正式批复《北京城市总体规划 (2004—2020 年)》。此次总体规划在国内首次明确提出了"宜居城市"的概念。随后，全国各地许多城市都以此作为未来城市的建设发展目标。

将城市目标定位为适宜居住，体现了城市建设和发展从以物为中心向以人为中心的转变，不仅关注城市的物质生产、经济积累以及城市各方面的建设在数量上的增长，更关注文化的发展，关心人的发展成长，重视和发挥人的作用。这就对城市的管理者和决策者提出了更高的要求。

适宜居住就是要以市民的全面发展和身心愉悦为中心进行规划建设，而不是片面地追求"政绩工程"、"形象工程"。不仅要有舒适的居住条件、良好的生态环境、富有活力的工作氛围、完备的基础设施、完善的社会保障、安全的社会治安与和谐的人际关系，更重要的是城市文化的继承和培育。通过保护城市赖以产生和发展的历史人文环境，尤其是城市文化遗产的各种物质和非物质的表现形式、环境景观、空间范围，提高市民对城市的亲切感、满意度，为他们提供更多的精神享受和情感慰藉。因此，"宜居"更是一种理念，一种感受，一种和谐和一种文明。

（二）文化竞争力决定城市竞争力

城市是人类文化的最高体现和重要结晶。一个城市的发展既取决于经济实力，也取决于文化实力。城市竞争力是一个综合概念，既包括经济竞争力，也包括文化竞争力。当前，文化竞争力对城市发展的影响与作用越来越突出，成为推动城市经济社会可持续发展的重要力量。

城市文化的力量正取代单纯的物质生产和技术进步而日益占据城市

经济发展的主流。在物质增长方式趋同、资源与环境压力增大的今天，城市文化逐渐成为城市发展的驱动力，体现出较强的经济社会价值。这也是城市文化得到各国城市政府关注和重视的主要原因。

文化竞争力又可以分为文化硬实力和文化软实力。文化硬实力包括一个城市的文化设施健全程度，文化遗产数量，文化从业人员的结构等。文化软实力则包括一个城市的文化氛围如何，文化传统如何，文化法规健全程度如何和城市居民的规则意识如何等。与提升文化硬实力相比，提升文化软实力更为艰巨。要加强城市文化建设的"软道理"，就要以弘扬民族精神、树立共同理想为核心，让城市保持各自的文化特征。

文化软实力能够使人们潜移默化地接受文化价值观，因而日益受到关注。当今经济活动依靠的是文化内核，科研创新依靠的是文化造诣，生产管理依靠的是文化修养，技术掌握依靠的是文化素质，更重要的是依靠民族的文化精神。文化与经济日益相互交融，文化对经济社会的发展起着越来越重要的作用。

传统文化是增强一个城市的认同感和凝聚力的重要内容，是激励一个城市不断开拓前进的强大的精神力量。城市鲜明的文化个性是城市文化的魅力所在，也是城市文化的生命力和竞争力之所在。因此，保护城市传统文化和文化遗产，发掘和彰显城市的文化特色和个性，成为增强城市的吸引力、凝聚力和竞争力的有效途径。

城市文化品牌是城市文化竞争力的重要组成部分。城市文化品牌应源于生活而又高于生活，具有鲜明的文化特征，能包容所代表城市的文化性格，代表这个城市在社会公众中的总体印象和评价，并容易为人们所记忆和指认。好的城市文化品牌是城市的内在素质和文化内涵的外在表现，同时也是城市的整体风貌和特色，是城市文化价值的体现，它可以起到升华城市形象，凝聚城市精神的作用。

深厚的文化积淀是形成城市文化品牌的重要源泉。只有个性化才是不可替代的，只有唯一性才能获得长久的生命力。一个城市的文化品牌要享誉全国，走向世界，先决条件是对那些能够体现城市特色的文化资源进行有效的挖掘、集聚、整合和利用，使其以独特的魅力获胜。特色一旦形成，就会成为稳定的知识产权。因此，城市文化品牌的确立，一定要维护好历史传承，留住城市的"命脉"，在保护中弘扬，并取得市民的认同和参与，使城市的历史文化积淀再现时代人文之光。

（三）城市文化创新引领城市发展方向

当前中国城市不仅面临着对旧有的文化遗产保护不力的问题，更面临着对新的城市文化创造乏力的问题。丧失了保留至今的文化遗产，城市将失去自己的文化记忆；创造不出新的城市文化，城市将迷失自己的发展方向。城市文化首先必须承载历史，反映城市的历史发展过程及其特有的文化积淀；城市文化也要展现现实，多层次、多侧面、多角度地反映现实城市文化内涵；城市文化还必须昭示未来，顺应城市的文脉，发展、创造属于自己城市独特的新文化。

文化遗产包含了更多随着时代迁移与变革而被人们忽视或忘却的文化记忆，只有唤起这些记忆，才能真正懂得人类文化整体的内涵与意义。文化的延续发展需要一个民族的根，文化创新的高度往往取决于对文化遗产发掘的深度。同时，城市的发展，不仅要有对文化遗产的传承，还要有对新的城市文化的开拓和创造，应该有创新的能力，能够不断创造出属于自己的新的文化，这样才能始终保持活力。

城市文化不是化石，化石可以凭借其古老而价值不衰；城市文化是活的生命，只有发展才有持久的生命力，只有传播，才有影响力，只有具备影响力，城市发展才有持续的力量。所以，城市文化不仅需要积淀，还需要振兴，需要创新。只有文化内涵丰富、发展潜力强大的城市才是魅力无穷、活力无限的城市。从另一个角度来讲，在当前，不断创造新的城市文化，是满足城市居民精神文化需要的必然要求。面对城市居民迫切呼唤新的城市文化生活，也要求城市必须提高自己对新的城市文化的创造能力。保护与发展必须统一起来，而且可以统一起来，保护传统文化本身就是现代化城市建设的不可或缺的重要组成部分。

总体而言，不论未来城市的结构与形态如何变化，在城市文化的组成中，必然既有本土文化，又有外来文化；既有现代文化，又有传统文化。城市就是这样一个多种文化的共存体。这种文化的共存，有它的必然性和规律性，我们要更加自觉地认识和利用这些规律来创造独具特色的城市文化。城市文化是不断更新的动态文化，是体现时代特征，随着城市的不断发展而向前推进的文化。随着时间的推移，城市文化也必然能够客观反映出对城市发展的肯定与否定。

城市文化保护与城市对外开放并不矛盾，反而相辅相成。古今中外的城市，凡是能够吸引人的，都凸现在与其他文化的交流上，而不是与世隔绝。城市发展的重心是文化，文化也是城市发展的最终价值。现代城市要在发展中进行长期和持久的文化再造，并在再造中创造新文化。

21世纪的人类文明主要是城市文明。在城市建设中应当鲜明地提出"文化城市"主题，注重城市人文生态的平衡和发展，在发展特色城市、魅力城市上下工夫，以突出城市综合竞争力中的文化竞争力，校正当前城市建设中忽视文化的弊端。

未来始于足下，今天从历史中走来。我们回首过去，立足现在，面向未来，以期在21世纪里能更自觉地营建美好、宜人的人类家园。城市不仅具有功能，更应该拥有文化。文化是城市功能的最高价值，文化也是城市功能的最终价值。城市化进程不应仅仅是一个量的指标，更应该是一个质的飞跃。从"功能城市"走向"文化城市"，就是这种质的飞跃的核心理念与理论概括。21世纪的成功城市，必将是文化城市。

长三角文化贸易一体化发展研究

张海涛

（中国浦东干部学院教研部）

文化贸易是国际间文化产品与文化服务的引进与输出的贸易方式，其中的文化产品一般是指传播思想、符号和生活方式的消费品，属于产品范畴，它能够提供信息和娱乐，进而形成群体认同并影响文化行为[①]；文化服务是指满足人们文化兴趣和需要的行为，是由政府、企业或半公共机构为社会实践提供的各种各样的文化支持，这种行为不以货物的形式出现，属于服务范畴。文化贸易的对象既有文化产品，又有文化服务，因而文化贸易兼具有国际货物贸易和国际服务贸易的特点。文化贸易作为一种以文化认同为需求基础，以文化内容为交易核心，以文化产业为产业基础，以全球文化市场为支撑，充分利用各种信息技术，依托科技创新，渗透于从第一产业到第三产业所有产业的包含实物产品与无形服务为一体的贸易方式。文化贸易方面的竞争，不仅仅是文化资源、技术和资本的竞争，更是发展模式、发展理念之争，国家和区域文化软实力之争。

中国在文化贸易方面发展迅速，联合国教科文组织的一份研究报告

[①] 李小牧、李嘉珊：《国际文化贸易：关于概念的综述和辨析》，《国际贸易》2007年第2期。

显示，从 1995 年起，中国就是一个文化贸易的大国，和美国、日本、英国和法国一起，并列为世界文化贸易的五强，并从 2002 年起被列为世界第四大文化贸易出口国。从 2001 年到 2010 年间，中国文化产品和服务出口规模增长了 2.8 倍和 8.7 倍，2010 年中国核心文化产品进出口总额达到 143.9 亿美元，同比增长 15.1%，图书版权进出口比例从 2003 年的 9：1 下降到 2010 年的 3：1。中国文化贸易的发展不仅体现在文化产品、文化服务进出口数额的变化，体现在建设文化市场、满足文化需求，推动产业结构升级和发展方式的转变，更深层的将体现为国家文化产业竞争力的强弱以及国家文化软实力的影响力和号召力。对外文化贸易是实施中华文化"走出去"战略的经济基础和最终体现。[①]

虽然中国文化贸易发展成绩斐然，但也面临着文化贸易巨额逆差、发展方式落后等的现实困境。中国以加工贸易方式出口的文化产品占总额的七成，外资企业文化产品出口额占七成以上；在出口内容方面，电子游戏机出口占文化产品出口额的 50% 以上，雕塑品及装饰品等视觉艺术品出口占 30% 以上，真正体现中国文化内容的出口产品占比不足 15%；从文化产品输出地来看，东部省市文化产品出口占中国文化产品出口额的 95% 以上。[②] 国内学者黄海认为中国文化贸易存在的问题主要有三个方面：一是结构问题，包括"走出去"的产品结构问题和目标市场结构问题；二是文化产品原创不足，中国缺乏引领性、艺术性、创新性、民族性的优秀作品；三是缺乏具有国际竞争力的市场主体和人才，缺乏可以将民族文化资源变为民族文化产品、品牌和名牌的创意者、生产者和资源整合者。[③] 李嘉珊认为中国文化贸易出口瓶颈的三个关键问题就是"拿什么走出去"、"往哪里走"、"怎么走"的问题。针对国内学者提出的文化贸易发展的共性问题，笔者认为，国内文化贸易发展呈现

① 骆玉安：《关于实施中华文化走出去战略的思考》，《殷都学刊》2007 年第 2 期。

② 中华人民共和国商务部：《中国服务贸易发展报告 2008》，中国商务出版社 2008 年版。

③ 黄海：《试论我国文化产业"走出去"战略》，《新闻天地（论文版）》2008 年第 6 期。

出区域不平衡的特点，对于资源分布不平衡、文化企业的弱小、产品结构的单一、人才的缺乏以及文化资源转化困难等难题，可以放在区域内统筹考虑。本文以长三角区域文化贸易一体化发展为研究对象，探索中国区域文化贸易发展的新模式。

一、长三角文化贸易发展现状

文化贸易发展的产业基础是文化产业，强大的文化产业，可以为文化贸易提供丰富的交易内容。根据《2007：中国文化产业发展报告》，我国目前已经形成长江三角洲、珠江三角洲、环渤海地区三大文化产业带，文化产业资产拥有量超过 1000 亿元的省市自治区有六个，长三角的两省一市均在其中。长三角的文化产业发展在我国具有引领和示范作用，2009 年，长三角两省一市的文化产业增加值之和占同年我国文化产业增加值的 31.61%。长三角地区蓬勃兴起的文化产业为文化贸易的发展奠定了坚实的产业基础。

根据有关文化产品与服务出口目录统计，2002—2008 年浙江文化产品和服务年出口总额实现了较快增长，出口总额已由 2002 年的 10 亿美元增加到 2010 年的 49.93 亿美元，其中文化产品和文化服务的出口规模分别增长了 80.0% 和 4.3 倍，图书版权进出口比例从 5∶1 下降到 2.4∶1。"十一五"期间，浙江文化产品和服务出口总额以年均 20% 以上的增幅增长，2011 年将突破 50 亿美元。有 17 家企业入选"2009—2010 年度国家文化出口重点企业"，占全国的 8.1%，28 个项目入选"2009—2010 年度国家文化出口重点项目"，占全国的 12.4%。浙江文化产品和服务出口遍及世界 180 多个国家和地区，其中以出口到欧盟、美国、日本、东盟等国家和香港地区为主，对欧盟和美国出口占 30% 和 27%。

江苏在 2010 年文化贸易实现新突破，对外文化贸易进出口总额达937.8 万美元，首次实现了贸易顺差 137.6 万美元。江苏 2009 年动漫产品版权出口和对外贸易收入为 5.29 亿元。2010 年，江苏以 88 部 52309分钟的产量继续位居全国第一，占全国产量的 23.7%。江苏演艺业也已形成品牌院团和优势产品，从 2006 年至今，江苏省演艺集团对外文化交流项目每年以 10% 的速度递增，昆曲、民乐已成为对外开展商演的拳头产品，在境外及港澳台地区拥有大批消费者。2010 年该集团对外文化产品出口达 256 万元，较去年同期增长了 30%。

上海在 2010 年文化产品和服务国际贸易进出口总额达 149.91 亿美元，进口 52.93 亿美元，出口 96.98 亿美元，实现顺差 44.05 亿美元。目前上海已经培育了一批实力较强的走出去的文化企业，比如世纪出版集团 2011 年出版了《中国震撼》一书，累计印刷超过 60 万册，正在推进美国、韩国、日本等国的出版进程。上影集团、东上海文化演艺公司、新文化传媒等等企业都在对外出口方面做出了很大成绩，为上海实现文化贸易顺差打下了一个很好的基础。目前位于上海外高桥的国家对外文化贸易基地预计未来三年服务的企业数量可以达到 200 家，贸易总量有望突破 100 亿。

长三角两省一市各自的文化贸易额都有大幅度的增长，但客观分析，目前共性的存在以下四个方面的问题：一是文化产品出口结构高度同质化，文化产业重复建设，几乎都把扶持表演艺术、艺术品与工艺美术、动漫游戏等领域的企业和产品走向世界作为中心任务，都积极推动影视、出版、艺术创新和设计、文化旅游、文化产品数字制作等相关领域的出口，出口内容的高度同质化，势必造成内部的竞争和冲突，弱化长三角文化贸易在国际市场上的竞争力；二是各类要素市场未能有效整合，尤其是文化要素市场、资本市场、创意人才市场的相对独立和分割，使得资源的流动受到一定程度的限制，造成文化产业链的构造和延伸在空间和功能上割裂，资源利用效率较低，区域的资源整合优势不明显；三是文化产业集成优势未能充分发挥，长三角丰富的文化资源、兼容并蓄的文化包容氛围、强大的产业配套能力、旺盛的文化消费需求以及充满活力的创意企业在分割的市场环境下，区域的文化产业整体竞争优势被弱化，相关产业的关联度严重不足，文化产业的辐射带动作用不突出，造成区域文化贸易的整体竞争力下降；四是各省市出口的文化产品和服务缺乏统一的文化形象和标准，文化信息不够丰富，文化内涵缺乏持续支撑，文化价值还缺乏足够影响力，不能有效展示长三角改革开放以来经济社会取得的成就，以及在社会主义市场经济建设中总结的新理论、新知识和新实践。解决上述难题，两省一市应围绕区域经济一体化的战略实施，在不断推动区域文化建设的同时，以促进文化贸易一体化发展为抓手，切实转变经济发展方式，实现产业结构的转型升级。

二、长三角文化贸易一体化发展的 可能性分析

一体化发展的理论首先发端于区域经济一体化，区域经济一体化产生于 20 世纪 50 年代，是第二次世界大战后伴随着经济全球化的发展而出现的新现象。一体化既作为一种过程，又是一种状态。就过程而言，它包括旨在消除各区域经济单位之间的差别待遇的种种举措；就状态而言，则表现为各区域间各种形式的差别待遇的消失。一体化是达到一种联盟状态的过程，不仅要取消差别，而且要形成和运用协调的共同政策以实现其他的经济和福利目标。[①] 长三角文化贸易一体化发展，就是要在长三角区域内，基于共同的文化认同、产业基础，围绕文化产业的繁

---

① 李磊、刘斌、郑昭阳：《长三角一体化与经济同步性》，《江苏社会科学》2011 年第 2 期。

荣发展，针对国际文化市场需求，整合并推动区域内资源的共享和流动，促进文化产品和文化服务贸易的发展，最终成为推动中国文化"走出去"、"走进去"、"走上去的"的文化思想的创新基地、文化价值的传播基地、文化产业的发展基地和文化交流融合的实践基地。

2008 年 9 月发布的《国务院关于进一步推进长江三角洲地区改革开放和经济社会发展的指导意见》文件中，明确提出"建立区域文化联动发展机制，制定区域文化发展规划，加快文化产业基地和区域性特色文化产业群建设"。由此可见，从国家政策层面上，已经提出长三角的两省一市应构建内部区域一体化的发展格局，通过发挥各自的比较优势和协同效应，通过错位发展构筑区域的独特竞争优势。得益于长三角的两省一市具有共同的地缘优势，并且长三角具有的广泛文化认同、完善的文化产业链、区域发展同城化趋势，以及日益完善的多层次合作机制，使得长三角围绕文化贸易实施一体化发展战略成为可能。

1. 具有丰富的文化资源和广泛的文化认同

长三角地处祖国东南沿海的中心地带，通江达海、平原广布，湖泊水网丰富，与各地分布的山地、森林、湿地、丘陵、岛屿、海滩等自然要素共同构成了长三角区域多样性的自然生态与地域特征。长三角得天独厚的自然地理条件，尤其是其中的通江达海和以太湖流域为核心的江南优越的自然禀赋，在与人文互动中，孕育了长三角区域优秀的文化。长三角地区地域相近、人文相通、交通便利，在长期的历史发展中，长三角诸地区通过彼此的嬗变、流变、分离和重叠，共同开发资源，共享共力，分工经济协作，互补互动，形成了密切的网络化区域关系。① 长三角的文化是共性与个性的结合，共性的地方表现在同根同源、互融互通。长三角深厚的文化认同渊源是其区域一体化进程的宝贵财富，以这样的文化认同感为基础，树立长三角意识，确立区域共赢发展的大局观，是长三角文化贸易区域发展一体化得以实现的文化基础。

---

① 丁宏：《长三角一体化中的文化协调发展研究》，《南京社会科学》2007 年第 9 期。

2. 具有功能完善的文化产业链

长三角地区是中国经济发展速度最快的区域之一，制造业能力非常突出，同时长三角经济的外向度较高，在国际贸易方面与世界各国具有良好的合作关系，国外跨国企业也纷纷落户长三角，长三角的产业体系日益与国际对接。长三角逐渐形成完备的文化产业体系，能够迅速的将国际文化市场的需求转化为现实的生产供给。在长三角内部，上海具有明显的人才优势和与国际市场对接的市场优势，金融中心和贸易中心的建立，使得上海成为区域经济发展的龙头，而浙江和江苏则有着广阔的经济腹地、文化资源和生产制造优势，两省一市优势互补、错位发展，将不断提升文化产业链的功能和竞争力。长三角内部强大的产业配套能力和完善的产业链为长三角文化贸易区域发展一体化奠定了产业基础。

3. 具有长三角区域发展同城化的趋势

"同城化"实际上是区域经济发展过程中，为打破传统的城市之间行政分割和保护主义限制，促进区域市场一体化、产业一体化、基础设施一体化，以达到资源共享，统筹协作，提高区域经济整体竞争力的一种发展战略。其本质是相近的城市在经济、社会、环境、空间等方面协同发展，共同构建大都市区的过程。进入21世纪，长三角基础设施建设加快推进，港口、机场、地铁、高铁、高速公路以及跨海大桥等现代化的大型基础设施成为建设的重点，这些设施都大大缩短了长三角各城市之间的时间距离，长三角地区进入到了以交通快捷为主要特征的"同城化时代"。[①] 同城化效应将大大加快物流、人流、商务流的流动速度，并将带来人口居住、就业和产业在空间上的结构性调整。产业布局也将显现出同城化的趋势，这将为产业项目的转移布局和合理优化提供新空间。长三角文化产业同城效应的显现，势必推动文化产业高端要素更合理的集聚，产业布局更合理的分布，生产成本和商务成本更合理的控

---

① 张学良：《后危机时代的长三角城市群一体化发展》，《中国浦东干部学院学报》2010年第2期。

制。长三角同城效应为长三角文化贸易发展一体化创造了优化的空间
布局。

4. 具有日趋完善的区域合作机制

长三角已逐步形成了多层次的区域合作机制，形成了全社会共同推
动区域合作的良好氛围。两省一市把优势互补、合作共赢作为基本点，
突出重点、讲究实效、先易后难、逐步推进，使得区域合作工作有了现
实基础和不断发展的动力。在国家相关指导意见的推动下，两省一市重
点推动了在交通、科技、创新、环保、能源、旅游、文化等领域的合
作，长三角各省市相继制订了《文化产业发展规划》，2003 年"长江三
角洲文化合作与发展"论坛在上海举行，2004 年签署了《江浙沪文化
市场合作与发展意向书》、《长三角区域演出市场合作与发展实施意见》，
以及《关于加强长三角文化合作的协议》等文件。此后日益完善的区域
合作机制为长三角文化贸易一体化发展建立了制度环境。2010 年长三
角对外文化交流工作联席会议拓展到华东六省一市，共同签署了旨在推
动区域对外文化合作和交流的《上海共识》。

三、长三角文化贸易一体化发展的策略选择

长三角城市群作为世界第六大城市群，作为我国经济社会发展最快
的地区之一，作为地缘相近、人缘相亲、产业相融的繁华之地，长三角
应该致力于成为全国文化内容创新最多、文化市场效率最高、文化消费
能力最强、文化辐射力最大、文化贸易影响力最广泛的地区。为了推动
长三角文化贸易一体化发展，两省一市可从整合资源入手，建立内部统
一的要素市场，在推动融合发展、协同发展的同时，发挥各自的竞争优
势，通过构建和完善模块化文化产业链，塑造长三角共同的文化品牌和
文化形象，成为中国发展模式走向世界的具体体现。

1.资源整合战略

长三角地区拥有丰富的文化资源，文化人才层出不穷，文化设施网络齐全，文化建设成果累累，文化产业日益强盛。如果这些资源和优势仅仅局限在某一省某一市，各自画地为牢，无疑会造成资源闲置和极大浪费。为此整合长三角各类资源，建立长三角开放、畅通、一体化的共同市场，以市场化的手段促进区域高端要素的共享和优化配置，充分发挥市场配置文化资源的基础作用，保证各种生产要素通过共同市场自由地流动。高端要素主要包括四个方面：特色文化资源、高端人才、活跃的资本和公开透明的信息资源。鼓励文化资本在区域内自由流动，整合文化资源，追逐国际文化市场的需求，实现文化产业跨地区、跨行业、跨种类经营，则是打造国内领先、具有国际竞争力文化旗舰的基础。

2.长三角区域竞合战略

长期以来长三角地区经济文化发展具有高度的融合性、协作性和互补性，两省一市在文化产业发展和文化贸易方面的目标建构、模式选择、动力机制、发展要素等存在高度的趋同性。三个地区之间文化贸易发展最明显的区别即是基于经济发展水平和实力差异，在量级界定和发展规模与层次上的不平衡性。长三角区域竞合战略的实施，一方面是政府层面和市场层面主动的协调、嫁接与沟通，实现文化产业链的合理布局与优势融合，避免战略趋同所造成的重复投资和资源浪费。另一方面，则是长三角区域各省市根据自我区域经济发展特色和优势，结合自身实际，坚持"本土化"原则，探索具有区域核心竞争力和独特文化基因的文化贸易门类，探索一条符合各自实际、文化特色鲜明、错位竞争的道路。

3.构建模块化产业链战略

模块化可以把一个复杂的系统分解为各自不同的、相对独立的组成部分，可以通过标准化的界面把这些各自独立的部分相互联结为一个完整的系统。文化贸易的发展需要强大的文化产业的支撑，文化产业链的构造与延伸则是衡量文化产业成熟与否的重要标志。文化产业链上的若干功能由社会化服务来完成，由此形成产业链功能的模块化。文化产业的模块化建设建立在价值链裂变、分解基础之上，形成具有兼容性、可重复利用、符合界面标准的价值模块。文化产业链的构建就体现为以创意的流转为主线，推动价值模块和功能模块的重组与整合，形成新型的模块化网络组织。从事创意产业的众多创意企业通过柔性化的模块化设计，共同构建和优化创意产业链，不但可以共享效率提高、成本下降和竞争力提升的好处，还可以获得范围经济带来的正外部性效果。长三角文化贸易一体化发展，需要各省市结合自身优势，根据产业链上的功能分工，各自提供有竞争优势的功能模块，从而在整个区域内完善文化产业链的功能，强化文化产业链的特色，提高文化贸易的核心竞争力。

4. 长三角文化贸易的品牌战略

自改革开放以来，长三角地区迎来前所未有的历史发展契机。长三角地区将其悠久的文化传统和深厚的文化积淀发挥得淋漓尽致，创造出累累的文化硕果，衍生出理性开放、兼容并蓄的人文精神，发展出个性鲜明、丰繁灿烂的区域文化。长三角的文化精神，支撑着长三角创造出一个又一个的经济社会发展奇迹。它不仅是长三角在区域竞争中制胜争优的"软实力"的核心所在，而且是长三角文化贸易中确立的共同品牌的核心价值。两省一市各自在发展文化贸易时，并不能完全展示长三角改革开放以来取得的文化成就，也不能完全体现长三角的发展理念和发展模式。因此，长三角应该在坚持和而不同、错位发展的战略引导下，发挥共同文化基础和文化产业协调发展对长三角一体化的推动，真正创造出代表中国先进文化发展方向、体现区域共同文化精神的长三角文化贸易的共同品牌。

四、加快推进长三角文化贸易一体化发展的政策建议

2008 年爆发的金融危机对出口导向型的中国经济产生了显著的影

响。作为一个外贸依存度高达 60% 的大国，传统产业几乎都面临产能过剩的问题，2012 年前三季度，中国出口产品遭遇国外贸易救济调查 55 起，增长 38%，涉案金额 243 亿美元，增长近 8 倍。近期中国太阳能光伏、风电等新能源产品，成为全球贸易保护的新受害者，则反映出随着"中国制造"的转型升级，未来很多新兴产业极可能成为贸易摩擦的新热点。而中国在文化贸易方面则存在巨额逆差，提高中国文化贸易竞争力，推动中国文化产品和服务走出国门、走进世界文化市场，扭转文化贸易巨额赤字已刻不容缓。中国幅员广阔，文化资源的配置以及文化产业的布局也不均衡，文化贸易的发展围绕区域经济一体化推动实现是选择。长三角文化贸易一体化发展具有现实的可操作性，依托共同的文化认同、互补的产业链、区域发展的同城化以及完善的区域合作机制，紧紧抓住国际文化市场需求以及长三角产业升级、消费升级的契机，在区域内部形成和运用协调的共同政策，以实现长三角科学发展和和谐发展。

1. 重构文化贸易体系，建立长三角低碳文化贸易发展格局

随着全球生产力的增长和国际分工体系的细化，全球已从以商品国际交易为主转向以服务贸易为基本功能的现代国际商务服务中心。作为服务贸易重要内容的文化贸易，承担着促进文化传播、价值认同、产业转型以及融合创新等功能。为了推动中国文化贸易发展，胡惠林认为，要重建文化外贸的政策系统和法律体系，改革文化外贸体制，建立新的国家文化外贸制度。[①] 目前，西方大国正在制定新的国际文化贸易的"碳排放标准"，并以此来构建新的国际文化商品的交易秩序。中国应当着手建立自己的基于"低碳"标准的"定价权"机制，明确以万元产值能耗为标准的"节能减排"指标，并且以此为基础建立起关于发展"低碳文化产业"的中国标准和中国话语。长三角地区文化贸易与国际市场较容易接轨，探索在长三角地区建立低碳文化贸易发展体系，是展示中国

---

① 胡惠林：《文化"走出去"的战略转型》，《人民日报》2010 年 9 月 21 日。

经验、中国观念，提升中国文化战略竞争优势的重要实践。长三角文化贸易发展具有后发优势，应该将发展目标对准世界最前沿的发展方向，从融入低碳文化贸易体系入手逐渐确立未来的竞争优势。

2. 科学整合长三角文化资源，注重文化创新与文化转化

长三角拥有丰富的物质文化和深厚的非物质文化资源。但是文化资源的多寡，并不是文化贸易发展的决定性因素，关键在于文化资源的利用与创新。长三角文化资源丰厚，需要科学地梳理和整合，在传承的基础上，进行保护性开发，并协调社会效益和经济利益的关系。长三角文化资源都有一个在今天文化语境中重新阐释和创新开发的问题，一切传统的文化资源要重新发挥作用和影响力，都要经历一个与今天的物质生活水平、精神生活需要以及社会发展阶段相联系的转换过程，并根据时代的要求进行文化创新和文化转化。而且在面对国际文化消费市场的不同需求时，还需要用国际语言进行阐述和宣传，以减少"文化折扣"带来的消极影响。

3. 充分发挥文化贸易的战略效应，推进长三角文化产业及相关产业的互动发展

文化贸易作为一种以文化认同为需求基础，以文化产业为产业基础，充分利用各种信息技术，依托科技创新，渗透于从第一产业到第三产业所有产业的包含实物产品与无形服务的贸易方式。创意、经济与技术的融合创新，是推动文化贸易发展的有力杠杆，也是推动文化产业等相关产业互动发展的黏合剂。长三角发展文化产业的关键是要通过"越界"促成不同行业、不同领域的重组与合作，从而为文化贸易的发展打下坚实的产业基础。

4. 实施品牌战略，推动业态创新与商业模式创新

我国现在进行的文化体制改革，也就是要在文化制品的生产、销售等领域改变过去的计划体制，建立新的市场经济体制。目前市场竞争中的品牌效应越发明显，品牌忠诚者成为产品的忠实客户，品牌价值通过外部性不断放大，品牌的价值创造功能被不断挖掘，成为文化产品群共

享的意义标签。随着信息技术的发展，在传统文化产品和服务的基础上，诞生出新兴的文化产品和文化服务，这些新业态、新模式将日益成为引领市场需求的风向标。长三角文化贸易实施品牌战略，做大做强文化企业，不仅符合市场竞争的需求，延深拓展了产品空间和价值空间，更重要的确立在国际文化市场中地位，成为国际文化贸易标准的制定和发布者。

5. 发展中介服务组织，充分发挥市场竞争与政府协助的协同作用

世界各国都采取各种手段积极扶持和鼓励创意产品的出口，尤其是成立专门的推进机构。英国政府特别注意强化对创意产业出口的援助，为此特别成立"创意产业输出推广顾问团"，研究政府政策并协调整合不同部门发展创意产业的政策意见；日本为了促进日本文化产品的出口，经产省与文部省联手建立了民间的"文化产品海外流通促进机构"，并拨专款支持该机构在海外市场开展文化贸易和维权活动；韩国则设立"影像制品出口支援中心"①。众多中介组织的建立，将发挥市场竞争与政府协助的协同作用，把市场竞争的选择功能和政府协助的保障功能充分结合。政府协助表现为完善促进文化贸易发展的政策和法律体系，对从事文化贸易的企业进行鼓励和扶持，对从事文化贸易的国内文化企业，国家应该在产业政策、项目审批、外汇管理、财政支持力度、投融资渠道以及税收政策方面予以优惠，鼓励企业实施"走出去"战略。此外，我国也要积极参与世界文化市场规则的制定和重塑，减轻或消除世界文化贸易壁垒，为我国文化企业的发展创造良好的外部环境。

---

① 张海涛、张云、李怡：《中国文化对外贸易发展策略研究》，《财贸研究》2007年第2期。

社会复合主体
与文化认同[*]

——基于城市文化视角的分析

陈立旭

（中共浙江省委党校）

新世纪以来，杭州在实施西湖综合保护工程、运河综合保护工程、西溪湿地综合保护工程、钱江新城建设等重大社会性项目，发展茶、丝绸女装、数字电视等特色行业，培育西博会、休博会、动漫节等会展品牌，推进杭州市与浙江大学、中国美院战略合作等方面，组建了一大批形式多样、特色各异的社会复合主体。几乎每一个重大社会性、文化性项目、特色优势产业背后，都有社会复合主体的支撑和运作。杭州市构建社会复合主体的实践，不仅是社会运行、社会组织结构、经济运行方式、社会创业机制、政府职能转变、社会治理共建共享、民主参与等方面的重大创新，而且也是"后单位时期"化解"公共精神危机"、重构意义共识与文化认同的一种重要尝试。

---

* 本文为杭州市委托课题"社会复合主体与文化认同"课题成果。

一、从单位认同到社会复合主体认同：
后单位时期文化认同的重构

在计划经济体制下，大多数城市社会成员被整合到一个个具体的"单位组织"中。单位依赖国家（政府），国家通过单位覆盖社会，由此形成了国家与社会之间的基本重合关系；个人依赖于单位，单位组织给予个人行动的权利、身份和合法性，满足个人的各种需求。这种独特的国家、单位、个人关系，不仅构成了一种独特的生产、分配和消费形态，而且也形成了一种独特的文化形态；不仅构成了单位组织内独特的关系和行动结构，而且也形成了独特的单位文化和单位文化认同。单位不仅仅是一个"经济空间"和"政治空间"，而且也是一个"文化空间"、"意义空间"。

华尔德指出，在计划经济时期的单位组织中，存在着一种带有传统色彩的、以个人对单位组织依赖为核心的权威制度文化。个人对单位组织的依赖和对意识形态的忠诚结合在一起，形成了分配资源的"有原则的特殊主义"，这些社会关系网络本身就构成了一种特殊的社会结构和文化结构。通过交换，包括物质和非物质利益的交换，单位组织把个人的忠诚、制度性角色以及物质利益结合在一起。[1] 李汉林把单位比喻为"都市里的村庄"[2]，认为，单位文化认同具有中国传统乡村社会文化认同的特征。具体的单位组织类似于中国传统文化意义上的"家"，单位中的熟人社会、单位中父爱主义以及"终老是单位"的生活常态都体现了浓厚的乡土文化气息，单位领导具有分配资源、社会监督和评判甚至伦理控制的权力，拥有类似于传统中国家长制文化氛围中的权力和权

---

① 李路路、李汉林：《中国的单位组织、资源、权力与交换》，浙江人民出版社
2000 年版，第 48—49 页。

② 李汉林：《中国单位社会——议论、思考与研究》，上海人民出版社 2004 年版，
第 46 页。

威。这些乡土文化特征为单位社会中的差序格局提供了"社会结构性基础"①。田毅鹏、吕方则认为："单位空间"绝不仅仅意味着从摇篮到坟墓一系列诱人的福利体系和制度，它实际上承载了 19 世纪中叶以来中国回应西方列强挑战的全部历史，也寄托了 20 世纪先进中国人追寻大同社会的理想。②

改革开放以来，随着市场经济的孕育、政府职能的转变、民间社会力量的兴起，国家通过单位整合社会、单位依赖国家、个人依赖单位的"总体性社会"逐步趋于动摇和瓦解，出现了事实上的单位体制和非单位体制并存的社会结构方式，单位体制本身也发生了重大变化，"单位包办社会"局面逐步得到转变，社会在一定程度上实现了相对独立，进而形成了国家与社会之间相对分离的关系。进入新世纪以来，这种趋势日益强化。与此相伴随，国家不仅逐步放弃了通过单位覆盖社会的做法，而且在宏观政策上也发生了积极转向。2004 年，中共十六届四中全会首次提出了"社会建设"的概念。2006 年，中共十六届六中全会进一步明确，"必须创新社会管理体制，整合社会管理资源，提高社会管理水平，健全党委领导、政府负责、社会协同、公众参与的社会管理格局"。显然，这种新的社会管理模式，本质上不同于传统的"国家—单位—个人"旧体制，而是一种党委领导、政府主导下，社会团体协同，公众"自下而上"积极参与的新格局。"在这一意义上，党的十六届六中全会关于社会管理体制的新设计，（这）实际上标志着中国社会宏观结构由'整合控制'向'协同参与'转变，堪称是单位社会走向终结的重要标志。"③

---

① 李汉林：《中国单位社会——议论、思考与研究》，上海人民出版社 2004 年版，第 47 页。

② 田毅鹏、吕方：《单位社会的终结及其社会风险》，《吉林大学学报（社会科学版）》2009 年第 6 期。

③ 田毅鹏、吕方：《单位社会的终结及其社会风险》，《吉林大学学报（社会科学版）》2009 年第 6 期。

伴随着"总体性社会"的瓦解、"后单位时代"的来临，中国城市社会越来越显示出了滕尼斯"利益社会"、西美尔"都会生活"的特征。显然，这种变化释放了社会成员的主体性和能动性，激活了人们的创业动机、热情、意志。马克斯·韦伯认为，对物质利益的追求并非现代社会所特有，而是贯穿于自私有制产生以来的整个人类历史。古罗马统治者对金钱的贪婪，并不亚于现代商人和企业主。在经济领域中活动的人之所以获得"自利"这种"恶的存在物的属性"，只采取那些他们自认为将会给自身带来最大化利益的行动，都是因为其被迫生活在各种资源稀缺的社会环境中。然而，只有现代社会，个人目标和体制目标的"激励相容"问题，才得到相对圆满的解决，个人自主性、主动性和独立性才得以强化，人们的创业动机、热情、意志才被充分地激活。与此同时，"总体性社会"的瓦解、"后单位时代"的来临，也为社会发展拓展了新的空间。如有学者所说，"社会结构的分化、不同社会力量的角逐、新社会要素的不断生成、这些新要素与旧要素的尖锐对立和冲突，以及由此导致的巨大张力的储积，使整个社会各种发展潜能和发展方向共时态存在。"①

但是，另一方面，伴随着次属关系代替首属关系，血缘纽带式微，家庭的社会意义变小，邻居关系松懈，传统单位体制下的社会链接纽带断裂，社会整合的传统基础遭到破坏，人们更加注重个体利益和职业联系，当代中国城市社会也在一定程度上呈现出了"原子化社会"的征兆，人们"只能像物理或化学复合物中的原子一样相互联系。""这些人显然不是单纯地被设想为孤立的原子，他们之间的联系是纯粹契约性的、疏远的和个别的，而不是紧密团结和结合得很好的。"②"城市生活已经将人为了生计而与自然的斗争变成了人为了获利而与其他人的斗争。专门

---

① 杨建华等：《分化与整合：一项以浙江为个案的实证研究》，社会科学文献出版社2009年版，第3页。

② ［英］多米尼克·斯特里纳蒂：《通俗文化理论导论》，阎嘉译，商务印书馆2001年版，第11—12页。

化不仅来自为了获利的竞争，也基于这样一个事实：销售者总是想方设法以新的不同的需要去诱惑顾客。为了找到不会枯竭的利润来源，也为了找到一种不会轻易被取代的功能，服务中的专门化就显得十分必要。这个过程促进了大众需要的差异、精致、丰富，而这明显导致这个社会里个人差异的生长。"① 随之出现了"复合性事业"发展主体的缺失，"过去能够解决的公共建设问题，在一个利益分化、市场化的方式下，实际上又成为一个新问题，即如何集中力量去解决公共性的问题、公共建设的问题。"② 同时，也出现了社会共同信仰的衰落，"非个人化的、专门化的、没有感情牵连的"交往形式应运而生，精神家园失落，价值迷失、人情淡薄等"公共精神贫乏症"日益严重。正如鲍曼所说，"集体用以把它们的成员连接在一个共同的历史、习俗、语言或教育中的铠甲，正在逐渐地变得越来越破旧不堪。"③

　　社会复合主体这种新的社会治理模式，不仅是解决越来越市场化、越来越分化社会公共事务、公共建设问题的有效途径，而且也是传统单位体制下社会链接纽带断裂、单位文化认同弱化背景下医治"公共精神贫乏症"的一剂良方。

　　社会复合主体的生成过程，既是社会主体的分化与再整合过程，也是文化认同的重构过程。不同社会共同体必然要求形成相应的文化认同。社会复合主体这种新的共同体或社会治理模式，必然也会形成不同于传统单位体制的文化认同。如果说传统单位体制的鲜明属性，是个人—单位—国家之间的层层依赖，那么由党政界、知识界、行业界、媒体界等不同身份的人员共同参与、主动关联而形成的多层架构、网状联

---

　　① ［德］齐奥尔格·西美尔：《大都会与精神生活，时尚的哲学》，费勇等译，文化艺术出版社 2001 年版，第 196 页。

　　② 李路路：《公共建设困境的突破口》，见王国平主编：《培育社会复合主体的研究与实践》，杭州出版社 2009 年版，第 296 页。

　　③ 齐格蒙特·鲍曼：《流动的现代性》，欧阳景根译，上海三联出版社 2002 年版，第 263 页。

结、功能融合、优势互补的社会复合主体的鲜明特征，则是国家和社会之间的伙伴合作关系，具有鲜明的契约属性。契约是双方或多方之间基于各自利益要求在自主自愿基础上所达成的一种协议。通过协约，双方各自让渡了自己的产品或所有权，得到了各自需求的东西。因此，契约是双方之间的一种合意。"人与人之间的共同契约是由人们对相互联系的认可，由他们对共同契约的成员的需求的尊重来衡量的"，"共同体是由赞同建立的"。① 正因如此，建立在多方合意基础上、具有契约属性的社会复合主体，必然要求形成不同于以个人对单位组织依赖为核心的权威制度文化的新的文化认同。

二、认同、文化认同与社会复合主体文化认同

分析杭州市社会复合主体文化认同的内涵，必须从分析"认同"、"文化认同"等概念开始。在心理学意义上，认同（identification），是指体认与模仿他人或团体之态度行为，使其成为个人人格一个部分的心路历程。弗洛伊德认为，认同是一种个体与他人有情感联系的最早的表现形式②。塞缪尔·亨廷顿强调，认同"是一个人或一个群体的自我认识，它是自我意识的产物：我或我们有什么特别的素质而使得我不同于你，或我们不同于他们"。③Tajfel 则将认同定义为："个体认识到他（或她）属于特定的社会群体，同时也认识到作为群体成员带给他的情感

① ［美］奥斯特罗姆等：《制度分析与发展的反思》，王诚等译，商务印书馆1992年版，第287—288页。
② 王歆：《认同理论的起源、发展与评述》，《新疆社科论坛》2009年第2期。
③ 塞缪尔·亨廷顿：《我们是谁》，程克雄译，新华出版社2005年版，第20页。

和价值意义"①。认同是自我概念的组成部分，源自于个人的社会群体身份，以及与此身份相关的价值观和情感。个体通过社会分类，对自己的群体产生认同，并产生内群体偏好和外群体偏见；个体通过实现或维持积极的认同来提高自尊，积极的自尊来自内群体与相关的外群体的有利比较。随着个体发展与生活环境的变化，每个人一生中可能发展出各种不同的认同形式：在个人方面，如自我认同、性别角色认同等；在群体方面，如阶级认同、族群认同等。

文化认同（cultural identity）意指个体对于所属文化以及文化群体内化并产生归属感，从而获得、保持与创新自身文化的社会心理过程。它是个人和群体的众多认同之一，与宗教认同、语言认同、阶级阶层认同、职业认同、性别认同等具有类似心理机制，但与其他认同相比，有着更深远的内涵，更具"自我认同"的特征。文化认同是人们在一个共同体共同生活中形成的对本共同体最有意义事物的肯定性体认，其核心是对一个共同体基本价值的认同；在本质上它是一种集体观念，是凝聚共同体的精神纽带，是共同体生命延续的精神基础。由于各自目标不同，所处环境条件不同，并受不同历史传统的影响，不同的共同体都形成了各自独特的文化认同。

杭州社会复合主体这种新"共同体"的文化认同，是一种特殊的文化认同，是社会复合主体成员共同的知觉，共同分享的期待、主意、价值观、态度和行为模式，一种共享的意义系统，是作为一种多个、多层、多界行为主体联结而成的社会组织的文化认同。因此，社会复合主体的文化认同，具有组织文化认同的特征。组织文化是组织全体成员共同接受的价值观念、行为准则、团队意识、思维方式、工作作风、心理预期和团体归属感等群体意识的总称，是为组织所特有的、且为组织多数成员共享的最高目标、价值标准、基本信念和行为规范等的总和及其

---

① Tajfel H. *Differentiation Between Social Groups: Studies in the Social Psychology of intergroup Relations*. chapters1~3. London: Academic Press, 1978.

在组织中的反映。组织文化认同由共享价值观、团队精神、行为规范等一系列内容构成一个系统，各要素之间相互依存、相互联系。形成组织文化认同，意味着形成"我们感"（sense of we-ness），即个体把自己归属（belonging）于群体，自我认定是组织中的一员（member），组织是"我们的"，而不是"他的"、"他们的"，在"我们"意识的推动下，各个成员才能风雨同舟、和衷共济。

在结构和功能上，杭州社会复合主体呈现出多层架构、网状联结、功能融合、优势互补的特征。因此，也可以把社会复合主体文化认同归属于网络型组织文化认同范畴。社会复合主体内部没有严密的层级关系，它承认成员特殊性贡献，强调以合伙方式为共同目标服务，其核心是捕捉机会，"做事"，推动事业和项目的开拓与发展。弗恩斯·特朗皮纳斯（Fonts Trompenaars）把组织文化认同分为四种类型：家族组织型文化认同、保育器型组织文化认同、导弹型组织文化认同、埃菲尔铁塔型组织文化认同。据此，也可以把社会复合主体文化认同，归属于导弹型组织文化认同范畴。这是一种平等的、以任务和目标为导向的文化认同。社会复合主体通常都是围绕"事业"、"行业"、"项目"等组成的，对目标、任务的意义共识、情感共鸣、价值认同，则是这种组织的精神黏合剂。

形成社会复合主体文化认同的心理机制是，完成各个成员的"自我类化"（self-categorization）、形成心理群体（psychological group）从而最终达到"群体凝聚"（group cohesiveness）、得到"我们感"而凝聚成以"事业"、"行业"、"项目"建设为目标的共同体。具体而言，社会复合主体文化认同具有以下几种功能：导向功能：通过将共同价值观渗透和内化为成员的价值观，对每个成员的价值取向及行为取向产生引导作用，使之符合组织所确定的目标；约束功能，即通过弥漫于组织中的文化氛围、群体行为准则和道德规范，对各个成员的思想、心理和行为产生约束和规范作用；凝聚功能，即通过共同目标和愿景，对各个成员产生凝聚和向心功能；激励功能：通过组织文化的塑造，对各个成员积极内在的引导，满足人们对实现自身价值的心理需求，使各个成员从内心产生一种高昂情绪和发奋进取精神，最大限度地激发首创精神和献身精神；调适功能，即帮助各个成员尽快适应组织，使自身价值观和组织的目标和任务相适应。

三、城市认同：社会复合主体的宏观文化认同

杭州社会复合主体文化认同，既包括宏观文化认同，也包括微观文化认同。宏观文化认同，是对杭州城市发展理念、对城市特色尤其是城市文化特色的认同。

马克斯·韦伯认为，仅仅是种族、有语言等还不是共同体。"语言的共性是由家庭和邻里环境相同的传统所创造的，有助于相互理解，即在最大程度上促进各种社会关系。然而，这种共性本身还不意味着共同体化，而是仅仅有助于有关群体内部的交往，即有助于社会化的产生。"以共同语言的规则为取向首先仅仅是相互理解的手段，而不是社会关系的意向内容。只有当人们在"感觉"到共同境况和后果的基础上，"让他们的举止在某种方式上相互取向，在他们之间产生一种社会关系——不仅他们对待周围环境的任何举止——，而只有在环境表明一种感觉到的共同的属性，才产生'共同体'。"① 新世纪以来，杭州市正是在不断寻求城市发展理念的创新和突破、强化杭州城市特色尤其是城市文化特色，重构后单位时期的"公共精神"，在全体市民"'感觉'到共同境况和后果"的基础上，完成了各个成员的"自我类化"、形成了新的心理群体，从而最终达到"群体凝聚"、重构了市民和社会复合主体的宏观

---

① 马克斯·韦伯：《经济与社会》，林荣远译，商务印书馆1997年版，第72页。

文化认同，得到"我们感"而凝聚成"共建共享生活品质之城"的共同体。

第一，对杭州城市发展理念的文化认同。社会复合主体的培育和发展，始终是以推进杭州市重大社会性项目、推动事业发展和知识创业、提升特色行业，最终推动城市发展为目标导向的。虽然目标多元化是复合创业主体的重要特征，但通过创业主体不同目标的有机复合，又集成在一起，凝聚为共建共享"生活品质之城"的合力。显然，这种"目标集成"，既是"利益共同性"所使然，也是由"意义共同性"所引领的。"社会成员在观念和价值观方面的共同性，其意义绝不亚于社会在利益结构方面的共同性"。① 新世纪以来，杭州市委市政府结合杭州实际，不断寻求以理念突破和创新来推动新的发展。比如，提出了"精致和谐、大气开放"的杭州城市人文精神、"钱塘江时代"、"和谐创业"、"生活品质之城""破七难"、"城市有机更新"等杭州城市发展新理念。这些理念的突破和创新过程，本身就是凝聚市民心理，重构市民公共精神，强化市民社会复合主体城市发展宏观文化认同的过程。

托克维尔在考察美国社会时指出，在美国这个移民的国家里，"每个人为什么却像关心自己的事业那样关心本乡、本县和本州的事业呢？这是因为每个人都通过自己的积极活动参加了社会的管理"。② 而社会成员的公共参与，则以公共精神的发育和成长为前提。然而，"当传统意义上的单位制开始走向消解之时，人们虽然可以通过市场获取有形的物质资源，但在社会结构发生激烈变动，社会成员日趋原子化，新的公共生活空间尚未确立的背景下，却无法获得公共精神生活资源，从而引发严重的公共精神生活危机"③。在这一背景下，正是杭州在城市发展理念上的突破和创新，在一定意义上化解了"公共精神危机"，形成了市民和社会复合主体"意义共识"、重构了"公共精神"。

---

① 郑杭生：《论社会建设与软实力的培育》，《社会科学战线》2008 年第 10 期。

② 托克维尔：《论美国的民主》上卷，商务印书馆 1988 年版，第 270 页。

③ 田毅鹏、吕方：《单位社会的终结及其社会风险》，《吉林大学学报（社会科学版）》2009 年第 6 期。

　　一方面，新世纪以来杭州城市发展理念的突破和创新，不是以脱离市民日常生活的"乌托邦"形式出现，而是直接"接合"到了市民的"哲学和实践意识形态"中某些普遍性的因素，这些新理念都与市民诉求、市民生活品质提升直接有关，让市民切身感受到实践这些理念能够"让我们生活得更好"。如有学者所说，"杭州发展模式的突出特色在于：以生活、创新、和谐为立足点，以传统与现代、文化与经济、社会与生态为结合点，以人们的日常生活为切入点，以知识、文化、文明以及人文精神为深沉动力，引导经济发展社会进步。这种创新和创造既是一种新的价值观、新的经营模式，也是新的人际关系、新的人生观，这种创造性精神的和谐创业是新型的城市发展模式，同时也是新型的现代生存方式和生活模式。"① 正因如此，市民能够从杭州城市发展理念的创新和突破中发现与自身日常生活的"相关点"。另一方面，"文化间的理解不是主体对客体的理解，而是主体之间的理解；不是主体性，而是主体间性。"② 杭州市实现城市发展理念的突破和创新，并非通过"党政界"单方行动实现的，而是广泛发动知识界、行业界、媒体界和市民广泛参与讨论的结果。社会各界广泛参与讨论过程，就是不同观念之间的"接合"的过程。借用劳伦斯·格罗斯伯格说法，"接合即是在差异中产生同一性，在碎片中产生统一，在实践中产生结构"。③ 换言之，正是通过相互交流、沟通，不仅党政界、行业界、知识界、媒体界之间实现了"视界融合"、形成了城市发展新理念的共识，而且也提升了广大市民对"共同家园"的荣誉感、归属感和认同感，从而形成了共建共享与世界名城相媲美的"生活品质之城"之"共同知觉"或"共享的意义系统"。

---

　　① 　中国人民大学调研组：《社会复合主体的追求：生活中更高品质的创新和创业》，王国平主编：《培育社会复合主体研究与实践》，杭州出版社 2009 年版。

　　② 　曾恩森、李庆本：《跨文化视野：倡导文化的对话与重建》，《中国教育报》2003年 7 月 17 日。

　　③ 　L. Grossberg, *We Gotta Get Out of This Place: Popular Conservatism and Postmodern Culture*, New York and London: Routlege, 1992, p.54.

第二，对杭州城市文化特色的文化认同。作为一座历史悠久的古城，杭州文化源远流长。在长期的历史发展进程中，杭州人民创造了灿烂、辉煌的文化，逐渐地形成了别具性格的城市特色文化，既表现在器物层面，也表现在制度层面和精神层面，并呈现出了精致和谐、大气开放的特点。进入新世纪以来，杭州市不仅提出了"城市东扩、旅游西进，沿江开发、跨江发展"、"住在杭州、游在杭州、学在杭州、创业在杭州"、打造"经济强市"、"文化名市"、"旅游胜地"、"天堂硅谷"四张金名片以及"国际风景旅游城市"、"国家历史文化名城"和"长三角南翼重要中心城市""浙江省会城市"等战略，而且也提出了"一城七中心"、"一化七经济"、"六大战略"等大都市发展战略。这些战略的聚焦点，就是强化杭州的城市特色，尤其是城市文化特色，寻找凝聚杭州这个城市的灵魂。

杭州市委市政府认识到，大都市不仅是现代化的大都市，还应是文明的大都市。城市越大，城市化发展越快，就越要寻找维系城市这个有机体的根，让市民形成共同的精神认同和文化认同。形成良好的创业发展环境，就必须对杭州人文特色进行扬弃和创新发展，形成良好的人文精神和文化环境。杭州处于长江三角洲这个世界级城市发展群协作和竞争发展的大格局中，客观上也要求其在发展中形成独特的城市功能和城市形象，塑造城市人文精神，强化城市文化特色，寻找自身准确的发展定位和最佳的发展途径，确立竞争优势和特色，提升城市形象、品位和综合竞争力，实现互补错位发展。在经济全球化过程中，既具有时代特征，又具有本土化特点的城市文化特色，构成了难以模仿的城市核心竞争力。在这方面，历史悠久、文化底蕴深厚的杭州有独特的优势。强化杭州城市文化特色，正是为了把这种潜在优势变为现实优势，使之成为杭州参与国际竞争的制胜"法宝"。市委市政府的这些理念，得到了市民和社会复合主体的高度认同。

葛兰西曾把意识形态理解为不同要素的结合，即等同于"一致舆论"或"普遍赞同"的"常识"或"共识"。因此，确立文化认同过程，也可以被理解为建构"常识"或"共识"的过程，也就是把不同的利益、信念和实践接合和重新接合为"常识"或"共识"的过程。费斯克认为，"一个文本要成为大众的，就必须'言说'读者想要的东西，并且必须允许读者在建构和发现文本与他们的社会情景具有相关点时，同时参与选择文本所言说的东西（因为文本所言说的东西必然是多元的）。"① 构建文化认同的一个关键之处，就在于使市民和社会复合主体感受那些相关点或接合点。而像城市发展理念的突破和创新一样，强化杭州城市特色、城市文化特色，本身就是这样的相关点或接合点。

新世纪以来，把杭州的传统特色与时代特征相结合，既是市委市政府的一项中心工作，也是市民的公共议题、杭州市社会复合主体创业的核心主题之一。在这一点上，党政界与知识界、行业界、媒体界的社会复合主体各方，形成了共振、共鸣和合力。显然，这种共振、共鸣和合力具有广泛深厚的社会心理基础。杭州特色城市文化是一代代杭州人集体经验的成果，既是杭州市民共同创造的，同时又为每一个市民所共同接受认可和共同享有。因此，在一个日趋陌生化、人们"本体性安全"不断消退、"本体性焦虑"不断增加的社会，城市传统、城市特色文化本身就能够给人以"我们感"、"归属感"和"家园感"。历史悠久、底蕴深厚的杭州城市特色文化本身就构成了市民和杭州复合创业主体共同的文化认同，成为有机复合"党政界""知识界""行业界""媒体界"的"相关点"或"接合点"，成为凝聚、激励、引领不同社会复合主体创业的精神支柱和意义共识。

世纪之交以来，杭州市推进重大社会性项目、推动事业发展和知识创业、提升特色行业，几乎都是围绕"特色"和"文化"而展开的。比如，西湖综合保护工程、运河综合保护工程、西溪湿地综合保护工程、钱江新城建设等重大社会性项目，发展茶、丝绸女装、数字电视等特色

---

① [美] 约翰·费斯克：《理解大众文化》，王晓珏、宋伟杰译，中央编译出版社2001年版，第173页。

行业，培育西博会、休博会、动漫节等会展品牌，推进杭州市与浙江大学、中国美院战略合作等方面，都体现了这一点。这些项目、行业、品牌等几乎都是杭州独有的文化现象和文化标志或杭州市文化特质的构成要素，具有广泛的市民文化认同基础。推进这些项目建设和行业发展，特别容易引起复合创业主体的情感共鸣和意义共识。比如，新世纪的西湖综合保护工程，不仅是一项还湖于民的"民心工程"、保护环境的"生态工程"，更是一项传承历史的"文脉工程"、提升城市品质的"竞争力工程"。围绕"保护西湖、申报世遗"目标，杭州市提出了"保护第一、生态优先，传承历史、突出文化，以民为本、为民谋利，整体规划、分步实施"的原则。这种"传承历史、突出文化"的战略理念，引起了市民尤其是社会复合主体的高度共鸣和认同，并转化为实际行动，党政界、行业界、知识界、媒体界"四界联动"，保护、经营、管理、研究"四管齐下"，实施西湖综合保护工程上演了一出集全社会之力创新创业的精彩之举。通过综合保护，不仅环湖沿线全线贯通，实现了"还湖于民"，而且恢复重建、修缮整治了160多处自然和人文景观，还西湖以"真古董"、真面目、真历史，推动西湖向"申遗"目标迈进了一大步。

四、社会复合主体认同：成员的
微观文化认同

杭州社会复合主体的微观文化认同，是内部成员对事业、行业、项目发展的意义、价值、情感等的认同，是对组织内部以自由平等权利等观念为黏合剂的合作和伙伴关系的文化认同。

第一，对事业、行业、项目发展的文化认同。社会复合主体是一种既基于社会多元分层现实，又具有互渗融合功能；既能最大限度地激发个体创造活力，又能集中力量办大事的创业主体。在这一意义上，社会复合主体可以被理解成一个事业共同体。与传统单位组织因人设事、因人废事的等级制结构形成鲜明对照，社会复合主体是以做事、成事为目标，以推进社会性项目建设、知识创业、事业发展为目的，以"工程"、"项目"等为核心安排工作与人事。就此意义而言，社会复合主体可以被称作"事本主义"的共同体。诚然，在社会复合主体内部不同社会主体或单位行动者都有不同的利益诉求，但同时，又存在高度的利益关联性或共同利益。这两个方面既构成了社会复合主体的基本利益关系，也是协调不同社会主体利益关系的立足点和出发点。在实践过程中，不同社会主体或单位行动者的不同利益诉求与共同利益之间往往会发生矛盾和冲突。但是，从推进社会性项目建设、知识创业、事业发展大局出发，也是为了最终实现不同行为主体的利益，就需要暂时搁置不同的利益诉求，否则也就没有共同利益放大和不同法人主体利益实现的帕累托改进（即共享）。

从这个意义上说，协同共建机制是社会复合主体孕育和发展的实质性基础。这就要求在强化不同社会主体利益关联性或共同利益，从共同体的角度为不同利益诉求定位的同时，在社会复合主体内部达成总体性文化认同，通过对共同事业的认同、参与、投入而形成"我们"感，也即意义共识、观念共识、共同感、归属感以及价值实现和成就感的激励、情感共鸣等，以意义、价值、情感为黏合剂，促进不同主体之间的有机复合，进而激发社会复合主体参与者的行动实践，共同推进复合性事业的整体发展。"无论是社会性重大项目建设，还是文化知识行业发展，都不同程度地体现了社会的、文化的价值，都有特定的价值内涵和价值导向。正是参与各方情感共鸣、文化认同、价值实现的激励，形成了行业发展的动力和事业、行业、项目持续发展的源泉；也形成了以价值实现、荣誉追求为内生要求的约束，成为创业主体内生的、持续的激励和约束。"[1] 在培育社会复合主体的具体实践过

---

[1]　王国平：《培育社会复合主体　共建共享生活品质之城》，见王国平主编：《培育社会复合主体研究与实践》，杭州出版社 2009 年版。

程中，杭州市十分注重使社会、文化价值能够在现实生活中体现出来，体现在行业发展、项目推进的现实创造中。通过引导知识界、文化界以及媒体界等对于社会价值、文化价值的关注，与企业界的创业经营相结合，形成了知识的权威、价值的尊严，促进了价值在行业发展和项目推进中实现和转化，从而使特色行业、文化事业、知识产业的发展成为特色文化、特色价值的体现，通过价值来提升特色行业、文化事业、知识产业的档次和品位。

第二，对合作和伙伴关系的文化认同。社会复合主体在架构上呈现多层联结、纵横交错、条块互渗的网络状，形成既发挥分层活力，又注重整合运作的有机体；在成分上有党政界、行业界、知识界和媒体界等多元参与，联动运行，你中有我，我中有你，彼此关联、互为支撑；在人员结构上，既有专职人员，又有兼职人员，形成既立足岗位、履行职能，又相互平等、协商合作的社会关系；在实施项目、开展活动等过程中，主配角不是凝固的，在某个项目、活动中唱主角，在另一个项目、活动中就可能当配角。这种社会复合主体是生成的，与其说它是结构性的，不如说它是形构①性的。显然，这种由不同身份人员共同参与、主动关联而形成的多层架构、网状联结、功能融合、优势互补的新型创业主体之"有机性"、"复合性"、"形构性"，也建立于内部成员对合作和伙伴关系、公平正义权利等文化价值观念的认同的基础上。

诚然，杭州社会复合主体往往既具有引导、协调、管理职能，又具有创业、开发、经营职能；既具有研究、策划、设计功能，又具有宣传、推广、展示功能；各个组成部分，包括不同部门、研究机构、行业组织、社团组织以及个人等，都以专业化为导向，与职业专业相

---

① 可以参见默多克的说法："结构（structure）和活动（agency）之间是一种双向运作关系，结构生成基本的活动条件，但活动也反过来修正结构。这也就是为什么我更喜欢形构（formation）而不是结构（structure）这个术语，形构不仅仅是人类活动的结果，还可以不断地更新。"曾军、庞璃：《竞争时代的文化—经济——默多克教授访谈录》，《西北师范大学学报（社会科学版）》2007年第5期。

结合，相互之间具有明确的职能界定，边界清晰，分工明确，又互补衔接，围绕共同目标、总体功能、总体特色，彼此延伸、相互补充，形成不同主体间的有机互动，整体合力。然而，社会分工本身并不足以形成"彼此延伸、相互补充"的人际合作。其间，需要相应的精神文化纽带或文化认同。约翰·泰勒指出，"分工并没有为经济共同体的契约提供原因。它仅仅描述了需要契约的条件。两个人合力架一根横梁要比一个人单干容易得多，但两个人并不会因此就会一起架梁，除非有一种情况，即每个人都承认对方对于架好的棚屋拥有一部分权利。""人与人之间的共同契约是由人们对相互联系的认可，由他们对共同契约的成员的需求的尊重来衡量的"，"共同体是由赞同建立的"①。社会复合主体各个成员"彼此延伸、相互补充"的合作是一种交换，而按照彼得·布劳的说法，交换在严格的意义上，主要是指某种自愿行动，即人们期望从别人那儿得到了回报。"自愿行动"必须以人的自由、权利和平等为基础，如果人是不自由和不平等的，"合作"就不是原初意义上的、令各个成员合意的一种东西，而只可能是一种"不自愿的"强制。②

在自然经济条件下的社会治理模式中，人们之间不可能形成平等的"伙伴合作"关系。自然经济是与生产力发展水平低下和社会分工不发达相联系的，这种情形反映到人们的意志关系上，必然表现为对外部自然力和对氏族共同体内部自然血缘关系的屈服或崇拜。因此，自然经济社会必然是一个以人身依附关系和权利不平等为特征的等级制社会。在这个等级的、宗法共同体的社会中，一些人可以凭权势使另一些人从属于自己并无偿占有他人的劳务和产品。建立在自然经济基础上的等级制

---

① ［美］奥斯特罗姆等：《制度分析与发展的反思》，王诚等译，商务印书馆1992年版，第287—288页。

② 彼得·布劳：《社会生活中的交换与权力》，孙非、张黎勤译，华夏出版社1987年版，第47页。

社会之实质，是在人身依附关系基础上按权分配的等级分化。① 在这个社会里，只有至高无上的家长权，既不可能产生以个人自由、平等、权利为主要内容的契约关系，也不可能形成公平、自由、权利的社会共识或文化认同。

计划经济体制下的社会治理模式，则是一种单向垂直的等级化运作方式。国家占有和控制的资源，按照行政权力授予关系，分配到各级不同类型和级别的政府和政府部门中，然后再分配到各种单位组织中，不同单位按照授予的管理权限，具有了支配相应资源的合法权力地位，从而形成了个人—单位—国家之间的层层依赖关系。这种依赖，与其说是"依赖"，不如说是"强制"；与其说是一种"交换行为"，不如说是一种本质上对行政权力的"依附"。在这种"依赖"、"依附"关系中，党政界与知识界、行业界、媒体界之间处于一种单线联系，且彼此分立，缺乏有效的常规化互动机制。在具体的城市发展项目中，即使社会各界参与其中，也往往是迫于行政命令、领导指示、"群众动员"而处于被动的结果，损害了基层民众的知情权、表达权、监督权等权利。② 其结果是不仅减损了"共同体"的运作效率，而且也压抑了公平、自由、权利等意义共识的生成。因此，自然经济和计划经济时期的"共同体"，是由对父爱主义文化的"赞同"而不是由对现代意义上的公平正义（所有的社会基础价值，如自由和机会，收入和财富，自尊的基础等平等分配）的社会共识、文化认同而得以建立的。

然而，由不同身份人员共同参与、主动关联而形成的多层架构、网状联结、功能融合、优势互补的社会复合主体的本质，决定了各个成员在实施项目、开展活动等过程中，需要摆脱家长式的干预，拓展不受强势行政权力控制的自由活动空间。社会复合主体排斥任何个人

① 秦晖、苏文：《田园诗与狂想曲》，中央编译出版社 1996 年版，第 141—142 页。
② 杨建华、姜方炳：《"共同体"的重构：对城市社会"终极实在"的追寻》，《浙江社会科学》2010 年第 10 期。

或团体享有任何宗法的或行政的特权。在培育社会复合主体的过程中，"党政界"不是单纯凭借强势的行政权能、行政命令等以解决各类社会问题，而是以城市发展的公共性议题为引导，通过社会协作，使"知识界"、"行业界"、"媒体界"等领域的社会主体建立起合作伙伴关系。这种合作伙伴关系的有效建立，事实上已经蕴含着"党政界"、"知识界"、"行业界"、"媒体界"等各方对平等、权利、自由等文化价值观念的认同。

需要结构的转变对当代中国经济社会结构转型的影响[*]

马拥军

（上海财经大学人文学院）

　　中国社会的主要矛盾正在悄然发生变化。按照通常的说法，社会主义初级阶段的主要矛盾，是人民群众日益增长的物质文化需要同落后的社会生产之间的矛盾。显然，这里包括物质生活的矛盾和精神生活的矛盾两个方面。但是，自从中国由短缺经济时代进入过剩经济时代以后，物质生活的矛盾主要不再表现为物质需要同物质生产之间的矛盾，而是表现为生产相对过剩与人民群众有效需求不足之间的矛盾。与此同时，精神生活的矛盾，即人民群众日益增长的文化需要同落后的文化生产之间的矛盾提上了日程。在这种背景下，长三角地区的一些城市意识到人的全面发展的现实意义，率先提出了"富口袋，更要富脑袋"的口号。认真研究新时期需要结构的变化，把需要结构转变的自发性上升为产业结构调整的自觉性，对于当代中国经济转型、进而对于"全面小康"的社会建设具有迫切的现实意义和重大的理论意义。

---

　　* 本文为国家社会科学基金重大项目"科学发展观的科学内涵、精神实质和根本要求研究"（项目编号：07&ZD002）的阶段性成果。

一、人的发展理论与需要层次论

　　恩格斯把马克思主义称为"关于现实的人及其历史发展的科学"①。马克思认为，随着物质需要的满足，精神需要、社会需要必然产生出来，人们不再单纯追求物质财富，而是同时追求精神财富和社会(关系)财富。在这一阶段，"富有的人和富有的人的需要代替了国民经济学上的富有和贫困。富有的人同时就是需要有总体的人的生命表现的人"②。

　　马克思的这句话包括两层意思：

　　第一，"富有的人和富有的人的需要代替了国民经济学上的富有和贫困"。按照马克思的看法，"国民经济学上的"富有和贫困是与生活的物质方面、与人的物质需要联系在一起的，它同"人的"富有和贫困不同。国民经济学上的富有和贫困涉及的是财物、货币、资本的多少；人的富有和贫困不仅是物质上的富有和贫困，而且是精神上的富有和贫困，是社会关系意义上的富有和贫困。"不仅人的富有，而且人的贫困，……同样具有人的因而是社会的意义。""对社会主义的人来说"，最大的需要是对其他人的需要，"最大的财富"是"别人"，"贫困是被动的纽带，它使人感觉到需要最大的财富即别人"③。

　　第二，"富有的人同时就是需要有总体的人的生命表现的人"。按照马克思的看法，真正富有的人是能够自我实现的人。而自我实现并不是只涉及人的某一方面的需要，如物质的需要、精神的需要等等，它涉及"总体的人的生命表现"，"在这样的人身上，他自己的实现作为内在的必然性、作为需要而存在"。

　　马斯洛的需要层次论可以视为这种观点的具体化。他认为，人的需

---

① 《马克思恩格斯选集》第4卷，人民出版社1995年版，第242页。
② 《马克思恩格斯全集》第3卷，人民出版社2002年版，第308页。
③ 《马克思恩格斯全集》第3卷，人民出版社2002年版，第308—309、310、309页。

要是分层次的，生理需要、安全需要、归属和爱的需要、尊重的需要、自我实现的需要形成一个从低到高的系列。一方面，低层次需要满足了，高层次需要才会显现出来；另一方面，只有未满足的需要能够影响人的行为，已经满足了的需要不再产生激励作用。有的学者分别把生理需要和安全需要与经济发展的"温饱阶段"、把情感需要和尊重需要与"小康阶段"、把自我实现需要与"富裕阶段"联系在一起。

中国已经进入经济发展的"小康阶段"，长三角地区的有些城市已经进入"富裕阶段"，按照人的发展理论和需要层次理论，人们的物质需要已经很难再像原来那样成为经济发展和社会进步的主要激励力量。在这种情况下，长三角地区最先提出不仅要"富口袋"，而且要"富脑袋"，表现出"春江水暖鸭先知"的特点。

正因如此，这一口号激起了强烈的反响。各地纷纷仿效，提出了诸多类似的口号。遗憾的是，理论研究没有跟上，致使这种探索仍然停留在感性层面，难以深入。

二、"经济爬坡"到"道德爬坡"：理论落后于实践

早在改革开放之初，党的第二代中央领导集体就提出了物质文明和精神文明"两手抓"、"两手都要硬"的发展理念，第三代中央领导集体又把"人的全面发展"提上日程，党的十七届六中全会更是明确提出了"文化大繁荣大发展"的任务。遗憾的是学术界的理论研究要么满足于在书本中做文章，要么满足于对事实的实证研究，未能在实践中找到从需要结构转变到经济发展和社会进步的突破口，从而错失了马克思主义发展理论的要义。

众所周知，中国新时期的理论研究是从"实践标准"的大讨论起步

的。经过这场讨论，人们认识到：实践是检验真理的唯一标准。然而，很少有人注意到，按照马克思和恩格斯的看法，实践不仅是检验真理的唯一标准，而且是产生真理的唯一标准。这是因为，真理并不单纯是"客体性"（Objective，客观性）或"直观性"的，并不单纯是"主观与客观的符合"，而是"对象性"（Gegenständliche）的，是与人类需要联系在一起的。马克思指出："人的思维是否具有对象性的（Gegenständliche，列宁翻译成'对象的'）真理性，这不是一个理论的问题，而是一个实践的问题。"①恩格斯指出，实践之所以是检验真理的唯一标准，恰恰是由于人类能够把"自在之物"转化为"为我之物"，使之满足人类的需要②。因此，要研究真理问题，就必须研究人类实践的发展所导致的需要层次和需要结构的变化。韦伯曾经提出人类的理性行为可分为价值理性行为和目的—工具理性行为，而当代资本主义的发展主要表现为目的—工具理性的发展。按照这种划分，我们可以看到，马克思主义经典作家把科学分为两类③，一类是价值科学意义上的"历史科学"④，研究人的依靠劳动的诞生和自然界对人来说的生成；一类是工具科学意义上的"现实的实证科学"⑤，研究满足人类需要的各种经验现象。近代科学实际上全部属于第二类"科学"的狭隘化，其基础被马克思和恩格斯称为"狭隘的经验论"；科学发展观意义上的"科学"则属于第一类"科学"。⑥近代科学只是为既定的人类需要提供满足的手段，而科学发展观则对各

---

① 《马克思恩格斯选集》第 1 卷，人民出版社 1995 年版，第 55 页。译文根据列宁《唯物主义和经验批判主义》的翻译做了修改。

② 《马克思恩格斯选集》第 4 卷，第 225—226 页。

③ 马拥军：《论马克思主义的工具层面与信仰层面》，《探索》2012 年第 1 期。

④ 《马克思恩格斯选集》第 1 卷，人民出版社 1995 年版，第 66 页注②。

⑤ 《马克思恩格斯选集》第 1 卷，人民出版社 1995 年版，第 73—74 页。按照俞吾金教授的意见，第 73 页"真正的实证科学"应翻译为"现实的实证科学"。笔者赞同俞先生的观点。

⑥ 马拥军：《从中国近现代史的四个关键问题看马克思主义的中国化》，《江苏行政学院学报》2012 年第 2 期。

种人类需要本身进行价值排序。

一旦把科学发展观放到价值科学层面，就可以看到：中国当前的问题并不是单纯的经济问题，也不是单纯的政治问题、社会问题、哲学问题，而是包括经济、政治、文化、社会在内的综合性问题、价值科学问题。马克思指出："物质生活的生产方式制约着整个社会生活、政治生活和精神生活的过程。"[①] 要解决当前中国的问题，就必须从"物质生活的生产方式"入手，去考察社会生活、政治生活和精神生活的生产。

既然人类的生产活动总是与不同需要的满足联系在一起，这种研究就必须把目光聚焦到需要层次和结构的变化。在改革开放之初，就有人忧心忡忡地提出了"经济爬坡，道德滑坡"的问题，然而这种呼吁当时没有、也不可能引起人们足够的重视，这是因为，在肚腹尚且填不饱的情况下，精神的空虚并不是当务之急。现在情况不同了。古人云"仓廪实而知礼节，衣食足而知荣辱"，只有当再也不必为"实其心"而"虚其腹"的时候，人们才会提出经济爬坡、道德也要爬坡的要求。这是因为，"经济"满足的是人的自然需要，"道德"满足的是人的社会需要、精神需要。只有自然需要满足了，社会需要、精神需要才会显露出来，并要求获得满足的权利。

如同肠胃需要物质食粮一样，人的心和脑也需要精神食粮。马克思曾经指出："宗教是无情世界的情感。"[②] 如果说，"作为哲学的哲学"满足的是人的求知需要，那么宗教满足的就是人的情感需要。但"宗教是人民的鸦片"，宗教的满足是一种虚幻的满足，只是因为现实世界是一个"无情世界"，不能满足人的情感需要，人们才需要宗教。一旦在物质生产得到一定发展之后，精神生产也随着得到发展，从而能够为人们提供足够的精神食粮，宗教必然会为"有情世界的情感"即无

---

① 《马克思恩格斯选集》第 2 卷，人民出版社 1995 年版，第 32 页。
② 《马克思恩格斯选集》第 1 卷，人民出版社 1995 年版，第 2 页。译文参照《马克思恩格斯文集》（人民出版社 2009 年版）作了修改。

神论所代替。①

在肠胃的需要得到满足以后，心和脑的需要必然凸显出来，从而导致需要结构的转变。进入小康社会之后，需要结构的转变已经对现有的产业结构形成冲击。

三、需要结构与产业结构

马克思和恩格斯认为，"新的需要的产生"是与"生产的发展"联系在一起的。生产的发展会导致新的需要的产生，新的需要的产生反过来导致生产的进一步发展。新的需要的产生和生产的进一步发展又会促进人自身的再生产和社会关系的再生产。在此基础上，才形成人的精神需要和精神生产的互动②。

由此必然得出的结论是：需要结构的转变会导致产业结构的升级。从第一产业——农业，到第二产业——工业，再到第三产业——服务业，是与人类需要结构的调整联系在一起的。在整个需要体系内部，人们必须优先满足肚腹或肠胃的需要，然后满足整个身体的需要，最后才满足社会需要和精神需要。满足肠胃的需要与农业的发展联系在一起，满足整个身体的需要与工业的发展联系在一起，满足社会的、精神的需要与服务业的发展联系在一起。肠胃的需要、整个身体的需要、社会需要和精神需要——这些需要的排列组合构成需要的总体结构。马斯洛认为需要由低到高顺次产生出来。但考察表明，所谓低级需要和高级需要并没有时间上的先后关系，而只是在需要结构内部进行价值选择时

---

① 请注意，不能把马克思的"无神论"等同于"无信仰论"。相反，作为一种情感世界观，无神论是一种信仰。参见拙文：《消灭与扬弃：马克思和恩格斯对宗教和无神论的态度》，《理论学刊》2011 年第 7 期。

② 《马克思恩格斯选集》第 1 卷，人民出版社 1995 年版，第 78—83 页。

自然形成的逻辑的先后关系。因为所有这些需要中的任何一个，对于人类生活来说都是不可缺少的，只不过由不同的价值选择决定了，在总体的需要结构中，它们会占据不同的权重。例如，就衣食住行等生存需要来说，吃饭的需要优先于穿衣（以及住房、旅行）的需要。人们首先考虑吃饱，然后才考虑穿好。但这不意味着，在吃不饱之前人们就不穿衣服，只是在吃饭方面的权重会超过穿衣的权重而已。由此决定了，第一产业优先的时代，仍然有某种低水平的手工业与之配套，同时也会有某种低水平的社会服务存在，虽然未必会形成独立的产业部门。在生存需要和安全需要、尊重和爱的需要、自我实现需要之间，也存在类似的关系。

1857 年，德国统计学家恩格尔阐明了一个定律：随着家庭和个人收入增加，收入中用于食品方面的支出比例将逐渐减小，这一定律被称为恩格尔定律，反映这一定律的系数被称为恩格尔系数。恩格尔定律主要表述的是食品支出占总消费支出的比例随收入变化而变化的一定趋势。恩格尔系数揭示了居民收入和食品支出之间的相关关系，用食品支出占消费总支出的比例来说明经济发展、收入增加对生活消费的影响程度。中国的城镇居民生活的恩格尔系数在 1995 年下降到 50% 以下，2000 年降低到 40%，长三角地区还要更低。按照联合国粮农组织的标准，表明中国从温饱跃进到小康水平。2001 年以来，中国的恩格尔系数稳定在 40% 以下，表明中国逐步向富裕社会过渡。

本文所关心的是恩格尔系数的下降对产业结构的调整所提出的要求。食品主要是由农业提供的。恩格尔系数的下降必然导致农业在整个GDP 中比重的下降，从而使产业结构从第一产业向第二、三产业倾斜。根据国家统计局的统计数据[1]，30 多年来，中国农业占全部 GDP 总量已经由 30% 左右下降到 10% 左右，第二产业在 40% 到 50% 之间波动，而

---

[1] 1978—2010 年的数据，参见国家统计局网站：http://www.stats.gov.cn/tjsj/ndsj/2011/indexch.htm。

第三产业则由 25% 上升到 43% 左右。与此相应，必然导致农村人口向城镇流动，按照国家统计局的数据，2011 年农民工 [①] 人口为 2.5 亿，预计还将继续增长。且不谈已有城镇居民需要结构的转变对中国产业结构升级的影响，单单这 2.5 亿农民工向城镇居民的转化，所导致的需要结构的变动就将大大改变中国的产业结构，并由此深刻影响整个国家的经济结构和社会结构。

这部分人的需要结构能否转化为有效需求结构？恰恰是对这一问题的回答决定着中国城镇化的进程。

四、需要结构异化为"需求结构"

低级需要满足了，高级需要是否一定会产生出来？马斯洛没有回答这一问题。按照马克思和恩格斯的观点，既然需要是被生产出来的，那么，与生产的异化相应，必然存在需要的异化。换言之，低级需要满足了，高级需要未必一定会产生；即使高级需要产生出来，也未必一定是健康的、"正常的"，有可能是一种扭曲的需要、病态的需要。既然"物质生活的生产方式制约着整个社会生活、社会生活和政治生活的过程"，既然"不是人们的意识决定人们的存在，相反，是人们的社会存在决定人们的意识" [②]，在私有制社会里，需要结构必然异化为特定的需求结构。

与作为经济哲学的"需要"概念不同，"需求"是一个经济学概念。需要是客观的，需求是主观的。需求是意识到了的需要。需要的对立面是"生产"，需求的对立面是"供给"。需要和需求之间存在一定的张力。

---

① 根据国家统计局的指标解释，所谓外出农民工，是指调查年度内在本乡镇地域以外从业 6 个月及以上的农村劳动力人口。

② 《马克思恩格斯选集》第 2 卷，人民出版社 1995 年版，第 32 页。

经济学上一方面使用"刚性需求"和"弹性需求"的概念，另一方面使用"有效需求"和"无效需求"的概念。考察"需求"概念，必须把刚性、弹性和有效、无效结合起来。所谓刚性需求，实际上是指客观的物质需要。弹性需求则包括了物质需求中超出客观需要的部分，以及各种社会需求和精神需求。有效需求和无效需求，则指有购买能力或没有购买能力的需求。即使是刚性需求，如果没有购买能力去实现，它在市场上也只能作为无效需求而存在。

就供给来说，经济学上使用供给过剩的概念。一般说来，存在两类过剩：相对过剩和绝对过剩。无论供给能否满足刚性需求，如果刚性需求由于缺乏购买能力成为无效需求，由此产生的过剩就是供给的相对过剩。换言之，相对过剩是相对于购买能力来说，而不是相对于需求本身来说的。即使存在大量的刚性需求，只要缺乏购买能力，就仍然会导致相对过剩。如果供给在满足刚性需求之后还有剩余，由此导致的过剩则是绝对过剩。相对过剩可以通过提高人们的购买力来实现，绝对过剩只能通过刺激人们的弹性需求来实现。欧洲和美国等发达国家和地区已经解决了相对过剩的问题，进入绝对过剩时代。中国从 2000 年起进入相对过剩时代，通过免除农村税费使内需得到扩大。目前，根据中央和国务院的部署，各有关部门正在研究制定收入分配制度改革方案，预期低收入群体收入将大幅度提高，从而将把大量无效的刚性需求释放出来。如能成功，中国将摆脱相对过剩造成的危险，进入绝对过剩时代。

欧洲和美国的经验证明：收入分配制度的变革必然触动既得利益格局，从而遭到既得利益集团的阻挠和破坏。除此以外，中国还有自己特有的问题：实体经济的虚拟化。以房地产为例。如果 2.5 亿农民进城，那么，他们的住房需要无疑是一个巨大的刚性需求，可以拉动作为"支柱产业"的房地产业健康发展；然而，过高的房地产价格使这部分需求成为无效需求。房地产业的金融化反而使实体经济积聚了巨大的风险。就此而言，仅仅提高农民工收入并不解决问题，必须坚决把房地产价格打压到提高收入之后的农民工能够负担的程度。但这无疑会触动包括地方政府在内的既得利益群体的利益，因此必然遭到既得利益群体的反抗。

中国的需求结构由此表现出一种病态：一方面，低收入群体的刚性需求因缺乏购买力不能释放出来，成为无效需求；另一方面中国的巨富群体不得不人为地刺激自己的弹性需求，从而把自身变成消费机器。而且，由于富人消费的主要是奢侈品，尤其是来自国外市场的奢侈品，因此对于拉动内需贡献不大。

更为严重的是，中国古代的官员和乡绅原本是社会精神产品的供给方，发挥维系社会秩序和道德面貌的功能。当代的官员和富人却难以承担起这一使命。前文我们已经谈到，由于知识阶层仍然处于依附地位，尚未成为独立的精神生产者，因而同样难以满足实践提出的社会需要和精神需要。这就使中国的需要异化更为复杂和严峻。

五、需要异化的克服与当代中国经济社会结构的转型

相对过剩问题是当前中国面临的核心难题。

假定 2.5 亿农民工能够顺利转化为城市居民，假定中国的城镇化能够顺利完成，假定中国像欧洲和美国那样，能够顺利解决相对过剩的难题，中国将继续维持高速发展大约 20 年到 30 年的时间，——然而，即使在这种情况下，绝对过剩仍然是一道迈不过的坎。

之所以如此，是由于物质需要的满足不等于所有需要的满足，尤其是不等于文化需要的满足。

人是文化的动物。① 人刚出生的时候，跟动物一样，仅仅受到本能

---

① 中国人的讲法叫"人文化成"。

的支配。但人不仅生活在自然中，而且生活在社会中。随着年龄增长，人受到家庭、学校和社会的教育。这些教育的要求内化为人的自身要求。到人能够说话，用"我"指称自己的时候，就有了两个"我"：一个是自然的我、本能的我，一个是社会的我、控制本能的我。如果把两个"我"所达成的妥协称作"自我"，那么可以说，人的"自我"是行为的主体。是自我在行动，而不是单纯的本能我或社会我在行动。

到青春期，自然的我与社会的我通过妥协所达成的弱平衡被新的生命力所冲破。这时候，人不仅为作为自然的我和社会的我而活着，而且开始为自己的"另一半"而活，由此形成对原来的"自我"的超越。这个新的"我"可以称为"个性的我"。

社会的"我"是经由教育和被动塑造形成的，与此不同，个性的"我"是通过自我塑造形成的。在自我塑造过程中，无论是外部的自然界、人类社会，还是内部的自然我、社会我，都成为自我塑造的资源和条件。如果自我塑造能够完成，人具有了自由个性，那么，他就有了三种"财富"：自然意义上的财富、社会意义上的财富、个性意义上的财富。用马克思的话说，不仅"人类共同的生产力"成为人的财富，"人与人的社会关系"成为人的财富，而且他内在的自我也成为自己的财富。这正是马克思所说的不同于"国民经济学意义上的"财富的那种"人的"财富。

中国人自古就有这样的理想。相对"小康"状态，这种理想被称为"大同"。大同并不是所有的人都一样。那叫"小同"。大同是"和而不同"，也就是自由个性的张扬，或者马克思所说的"自由人联合体"。这就难怪在清末，当马克思主义首次传入中国时，被称为"大同"之学。

然而，马克思的"大同"之学——共产主义，有其条件，这就是过剩经济。如果说相对过剩必然导致社会主义，那么绝对过剩必然导致共产主义。

欧洲和美国的资本主义之所以没有像马克思所预言的那样毁灭，原因在于它们实行了福利政策，也就是"社会主义"政策——当然，这种"社会主义"是实现了与"共产主义"的切割的社会主义（欧洲人自称为"民主社会主义"），但无论如何，"福利国家"或"福利社会"解决了相对过剩的危机。"社会主义"政策被纳入了资本主义制度。资本主义实现了自我改良，从而进入了绝对过剩时代。

绝对过剩为什么必然导致共产主义？原因很简单：因为物质需要满足之后，文化需要凸显出来，而文化需要的满足不能在资本价值观的前提下实现。只有"以人为本"，而不是"以资本为本"，人才能找到衡量"个性"的标准，从而进一步把自己塑造成个性自由之人。

作为价值尺度，资本衡量的不是个性，而是共同性：它必须首先表现为交换价值，即货币；然后能够实现自我增殖，成为自我增殖的货币、能够带来剩余价值的价值。因此，资本体现的是量的原则，而不是质的原则。资本的目标永远指向量的扩张，而不是指向新质的创造。

由此我们能够理解，改革开放之初人们所谓的"经济爬坡，道德滑坡"的说法在当时是错误的。改革开放的经济目标是建立社会主义市场经济。市场经济所要求的"道德"是以平等交换为基础的个人主义道德，而旧道德却是适应自给自足的自然经济或计划经济、要求个人为家庭或更大的单位做牺牲的集体主义道德。就此而言，改革开放破坏的是等级制的旧道德，只是由于当时新道德尚未建立起来，人们尚看不到自由、平等、博爱等新道德规范的影子，才会萌发"道德滑坡"的错觉。

但在今天，"经济爬坡，道德滑坡"的说法又是正确的。相对于共产主义来说，以平等交换为基础形成的个人主义，并不能为建立普遍的自由个性提供条件，反而会阻碍普遍的自由个性。因为在这种条件下，要塑造个性，个人首先必须获得资本。资本不仅成为每个人自我塑造、自我实现的条件，而且甚至是个人维持肉体生活和衡量个性的标准。"在资产阶级社会里，资本具有独立性和个性，而活动着的个人却没有独立性和个性。"[1]

绝对过剩是由资本的统治造成的。资本可以成为衡量物质财富的标

---

① 《马克思恩格斯选集》第 1 卷，人民出版社 1995 年版，第 287 页。

准，却不能成为衡量社会财富和精神财富的标准，更不能成为衡量个性的标准。但生产出来的物质财富必须能够卖出去，资本才能以货币形态收回自身，并实现增殖。在绝对过剩时代，这只有通过刺激和制造需求、把人变成消费机器才能办到。但这样一来，人的需要就被局限在物质需要这一平面上。在这一平面上，新的弹性需求不断被制造出来，更高的社会需要和精神需要则被扼杀在摇篮中。

君不见，除了经济发展指标外，联合国已经制定了人文发展指数，按照后一标准，欧洲比美国先进得多，但人们却一直在嘲笑欧洲，赞扬美国，因为据说美国的 GDP 在增长，而欧洲则在"养懒人"。人们没有想一想，如果允许 GDP 无限增长下去，地球的环境条件和资源条件是否能够承受；而为了这种增长，人又会成为怎样的一种消费机器。韦伯写作了《新教伦理与资本主义精神》，赞扬新教的禁欲主义，认为它符合上帝的要求。而当代的过剩经济却要求人们为拉动需求而无度地消费！难怪尼采说"上帝死了"，福柯则说"人死了"。

上帝死了，人死了，只有资本还活着。在这种情况下，谈论自由个性的塑造和实现完全是空谈。只有以共产主义的价值体系（围绕每个人的自由发展建构）代替资本价值观，科学发展观才能落到实处。[①] 其中，作为从绝对过剩向共产主义的过渡，文化产业化是必经之路：一方面，文化产业化仍然以资本为部分衡量标准，可以促进第三产业的发展，通过经济结构的转型提升中国的硬实力和软实力；另一方面，文化产业化可以推动人文发展指数在中国的落实，逐步使经济结构的转型与社会结构的调整一致起来。由此，文化产业化便成为一座以人文价值观取代资本价值观的桥梁。

_____

① 马拥军：《从马克思主义的回归到共产主义的复兴》，《江苏行政学院学报》2011年第 2 期。

长三角地区文化创意产业集群的建设与发展

杨国华

（中国浦东干部学院）

当今时代，文化越来越成为民族凝聚力和创造力的重要源泉，越来越成为综合国力竞争的重要因素。而文化最核心、最本质的东西就是创造力，文化的创造性是人类进步的源泉。文化创意产业是在经济全球化背景下发展起来的新兴理念和实践，它推崇创造力，强调文化对经济的支持与推动，通过创造力使文化产生更大的经济效益。文化创意产业集群是产业集群中新产生的一类具体形态，是指相互关联的创意企业、创意工作者与相关机构在一定的文化地理空间里，形成相对集中的区域集合体。

一、文化创意产业集群化发展的竞争优势

哈佛大学教授迈克尔·波特在《国家竞争优势》一书中指出，产业集群是某一特定领域相关企业、专门的供应商、服务商、关联产业中的企业，以及相关机构，如大学、标准制定机构、贸易协会等的地理性集

聚，它们相互之间具有密切联系，集群通过企业间的竞争合作关系为企业提供竞争优势，其本身作为一个有机整体也获得区域性的整体竞争优势。文化创意产业集群所具有的群体竞争优势和集聚发展的规模效益是其他产业组织形式难以比拟的。它的崛起是创意产业发展的必然趋势，反映了其自身对文化资源和创意的依赖。

第一，在集群的核心元素——创意的发展环境上，作为个人思想与社会文化互动的产物，创意一旦融入这种集群式的互动交流平台，便能形成"头脑风暴"，把小创意变成大创意、单纯创意变成复合创意、单个创意变成系列创意，创意在聚集条件下产生的这种不规则扩张式变化已经无法用传统的"乘法效应"加以描述，我们姑且称之为创意集聚的"爆米花"效应。对于集聚区中的创意企业来说，除了能够在产业源头获得这种创意集聚的"爆米花"效应，还能够在后续业务发展中共享集聚区提供的行业基础设施、政策资源等软硬环境，以及相对完备的产业链，从而更加高效、更为便利地将创意转化为产品和服务，通过点燃创意"引信"，产生"爆发式"的经济效益。

第二，在集群的内容与风格上，文化创意产业集群与其他产业集群大相径庭。传统的产业集群主要以营利性的企业为主，主题是生产经营业务和为之服务的技术、管理与服务创新，基本特点是程序化和标准化。而文化创意产业集群里既有生产经营企业，也包括为数不少的非营利性文化机构，如艺术场所、媒体中心等，既有文化生产的工作氛围，又有文化消费的生活情趣，文化底蕴深厚，提供了创意阶层需要的便利性和舒适性物质空间环境，吸引了风格各异的创意工作者，为了追求更新颖、更丰富的文化创意，他们同集聚区、公共代理机构、投资机构形成有机联系，其基本特点是多样性和丰富性。

第三，在集群的形成模式上，传统的产业集群和文化创意产业集群有区别。传统的产业集群通常是"招来企业带来人"，企业先期集群，发展壮大后再吸引人才的"投奔式"聚集；而文化创意产业集群往往是创意人才最先集聚，通过他们的创造活动形成一定影响力后，进而吸引企业的"趋利性"入驻，形成和发展创意产业集群。因此，要发展文化创意产业集群不仅要注重吸引企业，更要吸引合适的人才。这就意味着集聚区在制定吸引企业的政策的同时往往需要制定吸引创意型人才的政策，而传统的产业集群的形成过程则缺乏这样主动招揽人才的优势。

第四，在集群的内外功能上，文化创意产业集聚区的积聚和辐射功能强大。文化创意产业集聚区大都外部环境宽松、可塑性强，企业运营成本低，产业集聚地具有很强的吸引同类企业入驻的能力和良好的成长性，成为带动周边地区发展的重要因素。文化创意产业集聚区内的产业形态完整、竞争力强。集聚区内一般聚集了众多的文化创意相关企业，它们形成了完整的产业形态，构成了产业链，从而在无形中提高了企业及其产品的竞争力。例如，上海泰康路艺术街云集了与视听艺术相关的中外小企业多家，如画家工作室、设计室、画廊、摄影室、美术馆、演出中心、陶艺馆、时装展示厅等，这些企业以创意设计为核心，并通过展示来吸引客户和公众，每天都有各类展览和表演，包括各类书画、收藏、摄影、造型展示和时装、音乐、歌舞表演等，使艺术街不仅显露出引领时尚的风范，同时也使其在全国同类行业中名声和竞争力大大提高。[①]

第五，在集群的产业化进程中，文化创意产业集群能够促进信息、人员的交流，加速创意商品化进程。文化产业集聚地大都分布在中心区域，既是创意生产的核心区域，同时也是市场交易中心。在集聚区内，来自不同国家、不同文化、不同行业的人员互相交流，各个门类的创意设计和信息相互渗透，互相提供机会，形成了互动共生和竞争。由于靠近市场，企业间互补性强，具有信息密集、技术创新、基础设施共享等便利，这就进一步加速了创意的商品化进程。

---

① 厉无畏、于雪梅：《关于上海文化创意产业基地发展的思考》，《上海经济研究》2005 年第 8 期。

二、长三角地区文化创意产业集群
发展面临的机遇与挑战

自 2004 年以来，长三角地区创意产业园区迅速崛起，就发展的速度、规模和影响力而言，已位居国内前列。上海、杭州、南京、苏州、无锡等地的创意产业园区具有相当规模与特色，并已形成亦协作、亦竞争的局面，已经形成了以上海为龙头，带动杭州、苏州、南京的长三角创意产业区，以工业设计、装饰设计、广告策划、动漫科技等为优势行业的文化创意产业集聚态势。

上海文化创意产业在短短几年时间里获得快速发展，建立了一批具有很高知名度的文化创意产业园区，聚集了一批具有创造力的优秀创意人才。这些年上海大力开展国际性的电影节、电视节、音乐节、艺术节、各类设计展，在国际上赢得了广泛的声誉，文化创意产业已形成规模，形成了一定的创意设计方面的集聚效应。上海市首个文化科技创意产业基地，2004 年 10 月 12 日在浦东张江高科技园区揭牌。近年，上海还开发改造和利用了 100 余处老上海工业建筑，对老厂房、老仓库进行了改建，形成了一批独具特色的创意工作园区，如泰康路视觉创意设计基地、昌平路新型广告动漫影视图片生产基地、杨浦区滨江创意产业园、莫干山路春明都市工业园区、天山路上海时尚产业园等。闯出了文化创意产业集聚新路。

2002 年年初，美国 DI 设计库中国公司入驻杭州，在杭印路 49 号的旧厂房建立创作基地(LOFT49)，当时国内创意产业才处于萌芽状态，LOFT49 无疑是全国创意产业园区的先行者。随着杭州文化创意产业快速发展，文化创意产业园区作为产业的主要载体也呈现出一派欣欣向荣的景象，各种投资模式、产业主导和规模的文化创意产业园区纷纷出现。经过短短几年的发展，目前已经培育形成了高新区国家动画产业基地、西湖数字娱乐产业园、LOFT49、A8 艺术公社、西湖创意谷等比较成熟的文化创意产业园区。杭州文化创意产业园区呈现出风格多样、类型丰富的格局。

南京在借鉴国内外创意产业发展的先进经验并充分分析南京当前文化资源状况和文化产业发展状态后，提出重点发展和扶持建筑设计、广播影视、工艺美术、计算机软件设计、动漫游戏、广告设计、时尚设计、表演艺术、出版发行、工业设计等十大文化创意产业。为了发挥文化创意产业的集聚效应和引导其在空间上的合理分布，避免重复、分散化建设，南京提出结合老城工业旧厂房和住宅区功能改造、近代建筑保护，重点建设"一带、五片"共六个文化创意产业集聚区：石头城文化创意产业带、高新区软件园动画产业基地、江苏工业设计园、晨光文化创意产业园、幕府山国际休闲创意产业园，拟将南京建设成为全国有影响的文化创意产业基地。

长三角地区在文化创意产业集群发展取得显著成绩的同时，也面临着一些急待解决的问题，如资源整合、人才储备、市场体系、合理规划等。

首先，相关政策和资源有待完善和整合。发展文化创意产业是发展模式的调整和增长方式的重要转变，是向内生性的经济增长方式的转变，每个日趋活跃的文化创意产业背后有着无处不在的政府行为的影子，也正是由于这种政府对文化创意产业的强势介入才促成了长三角地区文化创意产业集群的高热兴起。但是，随着政府职能的转变和市场机制的完善，政府在产业发展上更多应是间接地宏观调控而非亲身介入。当前，长三角地区一些城市在发展文化创意产业集群时存在的问题主要有三个方面：一是缺乏长效合作机制和资源共享平台；二是文化创意产业政策体系还不完善，政策制定与产业需要缺乏有效沟通；三是现有的文化创意产业推进机制和发展模式尚不能很好地整合现有资源，文化创意产业相关资源的协调机制有待进一步完善。

其次，创意人才总量不足，结构不合理。长三角地区目前的创意人才总量与创意产业的巨大潜力不相匹配。与总量不足相比，人才结构性短缺问题更为突出。一是缺少高端原创人才。多数人才属于复制型或模仿型，这种人才结构导致原创作品很少，企业核心竞争力不足。二是缺少管理人才。与传统产业相比，创意产业具有创新性、高增值性和高风险性等特点，其产业组织形式既有分散的个别劳动，又有简单协作的集体劳动和集中的社会劳动。这些特点给传统的管理方式提出严峻挑战。三是缺少经营人才。将创意产业化，需要能将创意内容产业化和市场化的经营人才。目前，长三角地区能够将创意作品"产业化"、"市场化"的经营管理人才和领军人物不多。四是缺乏复合型人才。现实中，从业人员往往是有内容知识的不懂技术，而懂技术的又缺乏内容知识。与此同时，从业绩考核方面看，许多企业仍采用传统的只重结果的考核办法，简单用投入和产出等财务指标来考量创意人才的工作业绩，结果导致整个企业充斥着短期行为，无法生成能够提高企业核心竞争力的创意作品。

再次，市场体系有待完善。文化创意产业研发、生产、制造、流通、传播等环节都离不开企业这个市场经济的主体，发展文化创意产业必须依靠企业。但是在文化创意产业现有参与各方的格局中，企业的主体地位尚不明显。同时，发展文化创意产业更离不开社会各方机构的参与，只有把这些机构和企业综合在一起形成互动网络才能真正做大文化创意产业。发展文化创意产业不仅要把艺术企业、文化企业、时尚媒体、广告公司等这些与创意产业相关的企业汇集在一起形成一种产业的集聚性，还要以企业为主体建立文化创意产业相关资源共享平台，从而为这些文化创意产业参与各方之间创造一种全方位多角度合作的可能性。

最后，规划需要更加合理。土地和建筑物不是影响创意产业集群发展的决定性因素，关键是人和各种资源的默契合作，整合流动。目前在长三角，有些人把创意产业园变成了变相炒作房地产，只等造好楼房，土地升值以后，可以坐享厚利，这背离了发展创意产业的初衷。从长三角地区目前的情况来看，一些园区还存在着上、中、下游布局的不平衡现象。目前创意产业集群内集聚的企业大多数是同类型的企业，没有形成规模之余，也难以形成互补效应。创意产业集群内部的上游内容涉及原创及研发、中游创意产品的生产与包装、下游产品的营销、传播、消费、延伸开发等大多处于互相独立、各自为政的发展状态，创意产业的产业链有待整合和完善。

三、提升长三角地区文化创意产业集群竞争力的对策与建议

提升长三角地区文化创意产业集群竞争力是一项系统工程，需要长三角各地依托各自的优势资源与特色，将创意产业发展与各自城市功能定位和发展方向密切关联起来，建设文化创意产业集群。

第一，加强顶层设计，制定好长三角地区文化创意产业集群发展规划。规划产业集群是一项复杂的系统工程。在推动文化创意产业集群发展过程中，政府要加强对集群经济的规划与引导，做出合理的产业定位，使规划的产业集群具有良好的前瞻性、地方特色和可操作性，以完整、科学、可行的产业集群政策代替简单的产业布局。在成熟的市场经济条件下，产业集群是靠市场生成的，但这绝不意味着政府就可以无所作为，在我国市场机制还不完善的情况下，发挥政府在区域产业集群的引导、规划和必要的宏观调控作用有着重要的现实意义。文化创意产业集群不可贪大求全，要按照发挥比较优势的原则，优化集群发展环境，求专求强，要加强长三角区域之间文化创意产业规划的协调，做到错位发展，以避免一哄而上和过度竞争。

第二，注重品牌建设，坚持文化创意产业集聚发展和特色发展并重。产业集群化发展是当今产业发展的趋势之一。作为新兴的文化创意

产业，其较强的产业融合性决定了其发展过程中需要整合各种资源，集群化发展发展趋势非常明显。例如，美国闻名于世的曼哈顿"SOHO 艺术聚集地"、好莱坞影视娱乐业集群等，都是文化创意产业集群发展的成功典范。长三角地区在创意产业集聚发展的同时，必须坚持专业化、特色化发展，因为具有鲜明的行业特色是创意产业集聚区获得持续竞争力的关键。长三角地区未来发展需要加强对特色创意产业集群的培育，建设一批特色鲜明、优势突出的创意产业基地和园区。例如，在好莱坞，有电影拍摄公司、经纪人、营销公司、广告公司、剧本作家，甚至有卖道具的、有从事艺术授权的、有开发衍生品的，但这些从业者全部都是围绕电影这个核心。"电影"成了好莱坞具有品牌意义的文化符号。因此，必须坚持集聚区的专业化、特色化，形成产业链形态的企业集聚势在必行。

第三，优化资金环境，建立集群内中小型文化创意企业发展的金融支持政策体系。要加强对文化创意产业发展的财政支持力度。在长三角地区设立文化创意产业发展专项基金。中小企业可以积极利用技术创新基金及信托公司、风险投资公司发放的专项基金谋求发展；要制定支持文化创意产业发展的税收优惠政策。首先，降低税率，通过给文化创意企业减负，提高各投融资主体进入文化创意产业领域的积极性。其次，完善文化创意产业投融资中的差别税率政策。最后，通过优惠的税收政策加大鼓励企业和个人赞助或捐赠行为，对于赞助或捐赠的企业，实行税前列支或相应减少纳税基数，对赞助个人采取多种方式给予回报；要加大对中小型文化创意企业贷款的政策性支持。可以出台相应的规章制度，确保对中小型文化创意企业的贷款比例，扶持中小型文化创意企业的创新和发展。

第四，制定人才政策，培养、使用、引进文化创意产业集聚发展所需的人才。发展创意产业，关键是人才。一方面要制定可操作性强的人才培养政策。政府有关部门应加强对人才培养的规划和管理，制定切实可行的政策规范，培养出更多优秀的创意人才。要鼓励国内外专家的交流合作和与专业人士相互合作，加强与创意产业各个领域中顶尖研究机构的交流与合作，培养具有中国特色的高层次创意产业专业设计、策划和制作人才。要借鉴一些国家发展创意产业的经验，将设计、媒体、艺术等融入到各个阶段的教育中，注重培育长三角地区人们的创意能力，生成更多的创意产业人才；另一方面，制定切实可行的人才引进政策，确保留住人才。创意人才的引进，大大推动了创意产业的快速发展。只有制定出切实可行的政策，才能真正引进优秀人才，并留住人才。首先，对于引进的国内外优秀的创意人才和创意团队，要给予其在子女入学、医疗保险、落户、住房等方面的优惠政策。其次，允许和鼓励一些拥有特殊才能和自主知识产权的人才，以知识产权、无形资产、技术要素等占有企业股份，参与利润分配，实现创意高端人才使用的社会化，同时能更好地留住人才。最后，要进一步整合各类人才引进政策，全面推进人力资源开发，建立人才引进"绿色通道"，加快研究制定高层次人才引进的配套政策，努力把创意产业园区建设成创意高端人才的"聚集高地"。

论"后申遗时代"城市发展中的西湖保护与管理

陆胜蓝

（杭州国际城市学研究中心）

作为中国在第 35 届世界遗产大会上的提名项目，杭州西湖的全票通过意味着中国已有 3 处文化景观晋身世界文化景观遗产的行列，同时也标志着杭州进入了后申遗时代。杭州文化遗产旅游资源十分丰富，地理区位优势较为突出，旅游业大发展具有良好的基础。文化遗产旅游开发已经成为杭州城市发展的重点领域之一。实现以旅游产业发展带动城市发展的关键，在于要把握城市旅游文化特色、全面升级旅游产业结构，提升城市旅游竞争力，因此要在科学保护、适度开发与合理利用西湖上找到平衡点，推动杭州旅游业的发展，把旅游和文化做大做强，从而促进杭州城市的整体发展。

一、西湖成为世界文化景观遗产的沿革

德国地理学家卡尔·罗波尔定义的景观是一个广义的概念，包括地圈、生物圈和智能圈在内的人工产物。美国人文地理学家卡尔·索尔则

深化了文化景观的概念，主张以解释文化景观作为人文地理学研究核心，由文化群体在自然景观中创建的样式，文化是动因，自然是载体，文化景观是结果，强调自然与文化的互动。① 现在世界已有 851 处世界遗产，中国目前有世界遗产共 35 处，给人留下最深刻印象的是当一处遗址或景观成为世界遗产之时，便同时造就了一座遗产地城市，这是遗产对城市的最大馈赠。苏州在 2006 年被评为中国最理想的人居环境城市，其身后是被列入世界文化遗产的苏州园林，也是因为这份文化遗产连带的城市，而拥有了"东方威尼斯"的美誉，并成为江苏吸引高新产业最多，经济发展态势最好的城市之一，古典与时尚交融，历史与现代交叉，便成为这个城市最具人文魅力之处。有着千年历史的古徽州，历史上是徽商文化发达区域，也是安徽地域和文化的中心区域，自黄山成为世界双遗产之后，徽州的名响被黄山淹没，并最终促使徽州改名为黄山市。同样的情况也发生在被列为世界自然遗产的张家界和世界文化遗产的河北承德避暑山庄。姑且不论这些遗产地城市发展战略优劣，但毋庸置疑的一点，世界遗产已成为这些遗产地城市的形象符号代表，成为城市发展的新坐标。

2005 年 12 月出台的《国务院关于加强文化遗产保护的通知》是我国第一次以"文化遗产"为主题词的政府文件，表明中国开始从"文物保护"走向"文化遗产保护"的转型，文化遗产保护的内涵和外延正在逐渐深化，更加注重世代传承性和公众参与性；文化遗产保护的范围不断扩大，呈现出若干新的发展趋势。② 申遗工作正是在国家保护文化遗产新政的引导下树立国民保护文化遗产意识的重大进程，而西湖作为我国唯一一个不收门票的 5A 级风景区，其申遗的成功无疑对唤醒民众的保护意识，壮大文化遗产保护的力量，拓展中国遗产保护的美誉度都有极其重要的意义。"申遗的目的是保护西湖、造福后代、让西湖再活一

① 韩锋：《世界遗产文化景观及其国际新动向》，《中国园林》2007 年第 11 期。

② 单霁翔：《关于城市文化建设与文化遗产保护的思考》，《中国文化遗产》2012 年第 3 期。

个 2000 年",是杭州向全世界做出的伟大承诺。①

根据《实施保护世界文化与自然遗产公约的业务指南》,结合文化景观的研究者的理论成果,西湖以皇家古典园林的景观模板,以佛教、茶禅、藏书等人文艺术风情,以亭台楼阁、院塔庙宫相得益彰的建筑风韵,以古朴写意、匠心独运的人文作品,经过自然与人工的双重雕琢,以"三面云山一座城"和"城景交融、城湖合璧"的完美融合之姿,彰显了人与自然的高度和谐的求同理念。② 西湖是当之无愧的世界人文景观遗产的杰出代表。

二、城市发展中西湖保护与管理的现状

西湖自然山水、城湖空间特征、西湖景观格局、"西湖十景"、西湖文化史迹、西湖特色植物构成了西湖文化景观遗产的 6 大构成要素③,在杭州快速建设与扩容的今天,西湖不可避免地面临城市发展带来的压力,具体表现在西湖东岸的高层建筑影响了城市天际线,城湖空间和山水城景的尺度发生了重大改变。④ 因为城市发展带来的城湖空间关系转变成为了城市发展中西湖保护与管理首要面临的压力。

西湖环湖地带的环境容量同样因为城市的发展面临压力。以茶农、佛庙等经营性产业为代表的村落散落在遗产地,带来了人气的同时也对周边环境产生了诸多譬如污水、汽车尾气、生活垃圾等污染。如果没有良好的监管监督机制和污染处理的基础设施,必然影响景区

① 王国平:《西湖再活两千年》,《世界遗产》2011 年第 3 期。
② 顾树森主编:《西湖圆梦记》,浙江人民出版社 2005 年版,第 3 页。
③ 中国建筑设计研究院建筑历史研究所:《杭州西湖文化景观保护管理规划》(2008—2020)。
④ 杨小茹、华芳等:《杭州西湖后申遗时代的保护与管理》,《中国园林》2011 年第 9 期。

环境的同时影响到茶叶的生长环境。另一方面，遗产地居民的生产生活方式受到旅游开发的负面影响。从事茶叶生产的茶农改行旅游业的较多，炒茶技术后继乏人；档次不高、卫生环境差的"农家乐"越来越多，不但对遗产地的生态环境造成污染，也影响了杭州对外的旅游形象。

遗产地的客流分布不均、交通拥挤的状况也是一大不可忽视的问题。由于特殊的地理分布和杭州别具一格的城市规划风貌，西湖文化景观遗产地的道路不但要承担正常的游客运输任务，还要担负地区交通要道的运输职能。每天都有大量的市民、游客、在景区工作的人员乘坐不同的交通工具或步行来往于杭州各城区之间，给西湖景区带来了繁重的交通压力和拥堵状况。尤其在节假日等旅游旺季，高峰时段的道路通行效率低下，给景区的大气环境造成了污染的同时，也影响了景区植被、茶叶质量等种植业的培养环境。

三、世界遗产的管理经验

目前针对人类宝贵的自然和人文遗产已经形成的国际共识是实施有效的统一的管理，只要是有利于自然文化资源保护管理的机制和体制，可以达到"严格保护，合理开发，永续利用"的目的，都可以加以利用。世界遗产的意义不是单纯的"古董"，对于人类而言不仅仅只有一次，而且还承载着城市的历史，延续着城市的生机。城市可以缺少一些高楼大厦，但城市不能没有历史，不能没有灵魂。西湖乃至杭州整体的人文景观作为中国传统文化的传承，在世界上都是独一无二的，保护和善待西湖，可谓是杭州的立市之本。当前各国所处的国情有所不同，但各国采取的保护和管理世界遗产的经验值得借鉴。譬如法国、英国、日本均颁布了严苛的法令来保护城市中的世界遗产。法国制定的《城市保护法案》让人们至今可以驻足哥特式风格的传统建筑，英国制定的《城市文明法令》令诸多文艺复兴时期的博物馆得以完好保存，游客可以徜徉在京都的古老街道正是得益于日本在修订《文化财产保存法》时加进了传统建筑保护。①

在管理体制上，美国、加拿大等发达国家采取的都是垂直管理模式，管理人员具有国家公务人员的身份，国家公园的旅游收入与管理人员的收入完全脱钩，人员工资的日常管理开支、保护管理经费和基础设施建设均由国家承担。在加拿大，政府还允许土著居民参与国家公园的决策和管理，缓解土著居民对国家管理的反感情绪，同时通过科研人员了解土著居民对遗产地保护管理的建议。遗产保护的听证会制度在国际上也颇为流行，许多遗产管理先进的国家都会聘请专门的遗产专家来统筹世界遗产的保护和利用，避免政府"拍脑袋"的决策。美国关于遗产管理部门的重大举措必须向公众征询意见或进行一定范围的全民公决，重大建设项目从规划开始就接受公众监督，迫使主管部门的决策考虑公众利益最大化，没有谋取利益政绩的空间。②

广泛的社会参与和多重渠道的资金来源也是支撑一些国家和地区世界遗产保护的重要手段。现在越来越多的民间社会团体都参与到世界遗产保护研究与宣传的行列，比如美国的工业遗产古迹协会、法国成立的文化遗产保护学院，澳门的青年遗产大使协会等等都为当地的世界遗产保护做出了着实有效的贡献。③另外，社会捐赠也成为世界遗产保护的重要支撑。现在很多国家都广开渠道吸纳社会慈善人士设立专项基金助力当地的遗产保护，或实行特许经营制度，通过公开招投标的方式产生具有社会责任意识的企业或个人承担起遗产地保护和

---

① 张锦高：《呵护祖先魂宝，时不待我》，《义乌商报》2007年2月27日。

② 潘秋玲、曹三强：《中外世界遗产管理的比较与启示》，《西南民族大学学报》2008年第2期。

③ 沈海虹：《美国文化遗产保护领域中的税费激励政策》，《建筑学报》2006年第6期。

管理的义务，吸引普通民众加入到保护遗产的队伍中来，增强世界遗产保护的责任意识。

四、西湖在城市发展中保护与管理的建议

中国进入城市化进程以来，城市特色已经成为许多城市建设和发展的最大危机。当世界遗产申报成功，城市特色有了一个鲜明的窗口得以彰显。西湖作为杭州的形象符号，其保护与管理应该渗透到城市建设和发展的方方面面。这种渗透需要健全的法律法规、完善的管理体制、有序的监测预警和有效的全民参与。通过布局、设计、规划和保护来表达杭州城市独有的文化内涵。

（一）建立健全遗产地保护与管理的法律法规

以西湖申遗为代表，我国关于世界遗产的法律体系不健全，立法层次比较低，仅仅只有第十一届全国人民代表大会常务委员会第十九次会议通过的《非物质文化遗产保护法》可以做参照，因此现阶段制定《世界遗产保护法》或《世界文化遗产保护法》的呼声比较高。[1] 西湖文化景观是我国第一处开放式的世界遗产，比较封闭式管理的遗产，特殊的城湖相依的地理区位是西湖的保护管理的最大难题。可以借鉴 2002 年四川省出台的《四川省世界遗产保护条例》，将《杭州西湖文化景观保护管理办法》从规章制度上升到地方法规的层面。

---

① 胡杰飞、赵建玲:《中国世界文化遗产立法与管理体制初探》,《法制与经济》2011 年第 3 期。

（二）在规章制度下理顺管理体制

由于景区的招商引资与自然文化景观保护具有不可调和的矛盾，因此经营式的民间资本介入遗产保护与管理的体制有限，目前遗产地的保护管理经费主要来源于门票收入和财政拨款，这就意味着财政的有限程度导致从事世界遗产保护的人力物力有限。在体系繁杂的机关管理部门中，如何协调好各部门的职能分工，就需要在法律法规以及政策的引导下，淡化政府行政区域划分的管理职能，突出遗产地保护管理机构的角色。同时，做到各管理单位分工明确，职责到位，在统领世界遗产保护的指导政策下，切实做好遗产地保护与管理的工作。

（三）形成有序有效的监测预警机制

文化遗产是文化名城的"根"和"魂"。杭州采取了让一些原住民继续在西湖风景名胜区内的"景中村"生产生活的政策，以积极保护、传播遗产保护教育理念的手段，形成原住民保护自己生产生活家园与监督外来人员破坏污染环境的常态。这也是遵循了在法律框架下实现保护的一种途径。文化遗产的保护要妥善处理好保护与利用这对矛盾，既要调动政府职能部门的积极性，又要调动遗产所有者的积极性，让遗产所有者在保护的前提下利用遗产发展旅游业，让他们赚钱、生存。①

在发挥好原住民生活栖息地的监测预警作用的同时，相关的职能部门可以在某些收费景点采取游览预约制度，实现遗产地保护的预警作用。借鉴厦门鼓浪屿限客上岛保护原住民生存环境的举措，适当控制客

① 王国平：《城市怎么办》，人民出版社 2010 年版，第 210 页。

流量，分流集中在热门景点的游客。①

（四）通过遗产教育提升全民参与保护意识

杭州曾经开展三评"西湖十景"的活动，这已经成为遗产教育提升全民参与世界遗产保护意识的典范，同时也是"还湖于民"，更好地延续和传承西湖的历史文脉的重大举措。②吸引公众在享受杭州历史文化风景的同时，也有意识来保护这样可贵的文化景观，三评"西湖十景"的活动无疑是有公信力、影响力和教育意义的。西湖文化景观的保护可以通过类似民众参与度高、社会影响力好的活动来加强遗产教育，提升全民参与世界遗产保护的意识和理念。

另外，通过遗产教育吸纳社会力量助力遗产保护也是目前可以探索的渠道。仿照国外著名世界遗产地用社会力量建立保护基金用于遗产保护宣传、志愿者从事引导、传播、教育工作等，形成全社会共同关注的世界遗产保护观念，动员热心公益人士加入到专业的保护宣传行列中。

五、结　语

城市珍贵文化景观的建设对社会、经济、环境的拉动作用，必将推动整个城市的繁荣与发展。因此，提升杭州文化遗产旅游发展的竞争力水准、构建文化遗产旅游产业发展的动力机制，并在此基础上找到具有杭州文化特色的旅游产业发展模式，已成为杭州旅游产业和城市发展的

---

① 《厦门经济特区鼓浪屿文化遗产保护条例》，2012年6月29日。
② 王国平：《城市论》下册，人民出版社2009年版，第1208页。

迫切要求。西湖作为文化遗产需要在适度开发和宣传美誉度的同时，更需要出台科学保护、科学管理的一系列法律法规和规章制度，理顺世界文化景观遗产保护的管理体系，建立合理的监测预警机制，加强遗产教育，这是杭州从全球的视角出发认识城市文化、展示城市个性、塑造城市形象、提升国际声誉的重要手段。城市的发展与城市文化遗产保护是一组矛盾体，但却可以是相辅相成，相互促进，相互监督，共同推动。一个具有悠久历史、丰厚文化的城市必然会善待文化遗产，保存和彰显城市的灵魂，从现代意义上而言，也可以给城市发展带来良好的契机和经济收入。规划和谐、利用合理的城市发展可以对城市文化遗产的保护提供过硬的保护，反之保护良好的文化遗产可以成为一座城市活态的精神标杆。

文化是长三角创新转型的基础

蒯大申

（上海社会科学院）

国务院《长江三角洲地区区域规划》明确要求长三角地区，要"加快区域创新体系建设，大力提升自主创新能力"，"以关键领域和核心技术创新为突破口，增强自主创新能力，形成优势互补、资源共享、互利共赢的具有国际竞争力的区域创新体系，率先在全国建成创新型区域。"

创新驱动、转型发展，已成为长三角地区的未来发展主线；构建具有国际竞争力的区域创新体系，已成为长三角地区的共同主题。

一、创新转型要求整个社会文化全面变革

"创新驱动"的核心要义，是要切实增强自主创新能力，使科技进步和创新成为转型发展的重要支撑，使转型发展真正建立在人力资源优势充分发挥、创新创业活力竞相迸发的基础上。而"转型发展"的核心要义，则是要把产业结构调整作为转型发展的主攻方向，努力形成以知识经济和服务经济为主的产业结构。

按"经济合作与发展组织（OECD）"的定义，知识经济是"以知识为基础的经济"的简称。所谓知识经济，主要是指当代发达国家的经济知识密集度不断提高，知识密集度高的产业在产业结构中的比重上升，知识对经济增长的贡献日益加大。知识经济的核心是科技，关键是人才，基础是教育。而以现代服务业为基础的服务经济是知识经济的主体，目前，发达国家服务业对 GDP 和就业贡献的增长主要源于金融、保险、房地产、商务服务业、专业服务业和信息服务业等领域，这类服务业都属于知识技术密集型的现代服务业。

然而，无论是知识经济还是服务经济，都绝不仅仅是一个技术和经济方面的问题。它涉及道德、文化、观念，以及体制和政治结构。国际经验一再证明，发展中国家所缺乏的不仅仅是知识，更缺乏将知识转化为生产力的能力。这种能力不仅取决于自然科学技术水平和创新能力。也取决于制度创新、文化适应、知识管理、社会组织等能力，或者说，也取决于社会是否具有更高的创新激励机制和管理水平。创新和转型，要求整个知识型社会、创新型社会和创新型文化的形成，这意味着整个经济、政治、文化、社会结构的真正变革。

文化是一定社会的经济、政治在观念形态上的反映，文化从最深层次上影响着一个社会的价值取向和行为方式。因此，文化便成为从观念、制度层面提升全社会创新能力的基础。

二、创新所需要的文化条件

创新是长三角经济转型的关键。那么，创新究竟需要什么样的文化条件呢？

（一）宽松自由的文化空间是创新的必要条件

创新过程是一种复杂的精神生产过程，特别需要发挥个人的创造精神。历史证明，宽松自由的文化空间与创新的规模、程度和水平成正比。由此角度看，改革开放以来，我国各种制度变革和制度创新，其目的都是为经济活动、科技创新、文化发展开拓更加广阔的制度空间。一个懂得尊重思想和文化的民族，才会诞生伟大的思想和伟大的文化。2000 多年前，古希腊亚里士多德曾指出哲学和科学诞生的三个条件，一是"惊异"，就是要有好奇心；二是"闲暇"，有足够的时间；三是"自由"，能独立思考，学术自由，在思想学术方面，要敢于和能够提出新的东西。在某种意义上说，这也是创新所需要的文化条件。

（二）开放的社会环境是创新的源头活水

在经济全球化的时代，国家、区域的自主创新战略，离不开开放的社会环境。这是因为，在人类发展的历史长河中，知识和技能的发展日益精深，社会分工越发细化。如今重大的创新，又大多发生在多个学科交叉的领域。每个企业和个人所能掌握的知识和技能，在人类认知当中所占的比例越来越小，以至于已很少有人能独自完成重大创新，也没有哪个企业、哪个研究机构能够组成一个封闭王国，自成体系。

所谓开放，就是要打破科技资源条块分割，解决科技资源配置分散、封闭、重复和低效的问题，给创新以源头活水。如此，就能够释放科技界、企业界、非营利机构以及公众的力量。开放的关键，就是要开放共享科技资源，让创新要素在政府、科研机构和企业之间自由地流动，由此将能够更好地获得创意、知识和技术。

美国学者理查德·佛罗里达教授 (Richard Florida) 认为，美国的大学比中国和印度等新兴市场的大学更富有成果，"因为它们鼓励组建小组和展开讨论。旧金山湾区 (San Francisco Bay Area) 始终对艺术、音乐、文学和创意持开放态度，而大多数地方却缺乏这种开放性——即使它们自认为开放。慢慢地，创业者便在这些（开放的城市）聚集起来"。这种开放性还必须延伸到人身上。佛罗里达教授说："在硅谷的所有科技初创企业中，创始团队中有移民的占到 50%。史蒂夫·乔布斯 (Steve Jobs) 的生父是叙利亚移民；我们对塞吉·布林 (Sergey Brin) 的出身也不陌生。"

如果一个城市、一个区域具有海纳百川的开放性、包容性、具有国际视野，这样的城市、区域往往能够吸引一流人才。保护文化多样性，已成为世界大多数国家的共识。

（三）多样化的公共空间是创新的孵化器

伦敦老街 (Old Street) 的"硅盘"(Silicon Roundabout) 被英国政府的部长们树立为成功城市创新集群的典范。社交分析软件公司 Trampoline Systems 创始人查尔斯·阿姆斯特朗 (Charles Armstrong) 认为，"硅盘"的成功来自于三点："密度——相关行业集中；多样性——拥有多种不同行业，而非只有科技行业，在成为科技中心之前，这里是丰富多彩的时尚、艺术和设计区；社交——咖啡馆和酒吧林立，社交机会和社交活动比比皆是。"创新并不仅仅取决于科技企业的数量，关键是让它们能够相互交流。这意味着要有酒吧、咖啡厅、共享办公室 (shared office) 和社区公共空间。

城市本来应该是激发创新的场所，是各种创意的孵化器，因为来自不同地方和社会阶层的人在这里互相碰撞，为创意和发明创造了空间。但如今城市的巨型建筑就像一个个垂直的住宅区，人们宅居在这种地方，看到的总是些相同的人。这种空间抑制了人们邂逅的机会，导致社会交往的严重缺乏，而邂逅能为城市提供许多社交、创新和商业方面的能量。事实证明，对创新而言，最重要的不是人口高密度本身，而是多少人会由于公共空间而相互交往。

（四）文化传统是创新的基础

不同的文化传统为创新提供了不同的社会土壤。清朝的状元约有一半出在苏州，有四十五六个。今天的剑桥和哈佛分别出了近 60 和 30 多个诺贝尔奖获得者，历史的考察和分析说明，影响创新的因素很多，其中很重要的关键在于环境、在于文化传统。所谓的"人杰地灵"，说的就是人才成长的文化传统和社会环境优越。

世界科技革命的发生发展和科技中心的转移，都与特定时期、特定地域的社会文化传统密切关联。没有 14 世纪前后的欧洲文化复兴，就没有欧洲科学的繁荣。17、18 世纪，英国社会较为宽松的宗教文化背景以及重视知识的社会风气，为牛顿、瓦特等的发现、发明提供了合适的气候和土壤，从而使英国一度成为世界科学中心。19 世纪的德国，重视教育与研究结合、理性思维与实践交融，为科研和创新营造了良好环境，从而使科学中心、技术研究中心从英国转回了欧洲大陆。20 世纪初以后，美国则以移民社会开放、多元、冒险、包容的文化特征吸引了大批创造、创新精英，从而执世界经济、科技发展之牛耳，成为当代的科技中心。由此可见，以文化传统为核心的社会文化土壤，是创新必不可少的基础。

三、努力培育创新的文化基础

文化给予创新最基础、最广泛、最持久的影响。因此，若是要提高长三角地区的创新能力和创新水平，就必须关注文化这个最为基础的层面。

（一）营造有利于创新型人才涌现的社会文化环境

一个国家、一个地区科学知识能够较快增长，成为科学创新的中心，需要有三个基本条件：（1）国家经济的发展和社会的进步；（2）一个分散化的有自组织能力的科研和知识创新体制；（3）社会对科学的热情以及思想和学术的自由环境。社会文化环境对一个国家、一个地区、一个城市的创新能力的培育和生长起着至关重要的作用。

科技不仅是知识和技能，更是一种文化、一种精神。一个具有科学精神的民族，才是真正有生机、有希望的民族。要知识创新，就要有能够从事知识创新的人才。这就需要有利于创造型人才成长和脱颖而出的社会政治条件、精神文化氛围、教育制度、研究开发体制。创造性知识是人的创造性思维的结晶，是人的大脑的产物。创造性思维不同于一般思维，往往表现为具有超常性（不墨守成规）、富有个性（别出心裁）、富有开拓精神和独创性。而要使真正具有上述特征的创造性思维得以自由驰骋，从而使创造性知识得以源源不断地涌现，完全有赖于是否有一个与此相适应的社会文化环境。只有提供这样一个社会文化环境，才能有效激发每个人的创造性思维，为社会提供无穷无尽的精神产品和智慧源泉。

（二）培育尊重创新、鼓励创新的良好文化氛围

尊重创新、鼓励创新的良好文化氛围，是知识性社会、创新型社会

形成的必要条件。要在全社会形成尊重知识、尊重人才、尊重劳动、尊重创造的氛围。这样的文化氛围，主要由全社会提倡和推崇的热爱科学和真理的文化，鼓励竞争的文化，尊重和保护个性、差异的文化和宽容失败的文化所构成。

——热爱科学和真理的文化。科学技术事业的真谛在于追求真理。充分开放的环境，不断更新的知识，要求我们必须永远保持一个在真理面前人人平等的社会文化氛围。营造有利于原始创新的文化环境，需要在全社会倡导追求真理、热爱科学的精神和态度，培育勇于创新、追求真理、鼓励竞争、崇尚合作的良好文化风尚。

——鼓励探索、宽容失败的文化。创新是在做前人所没有做过的事情，需要创新主体潜能的充分释放。提倡鼓励探索的文化，就必须大力提倡敢于创新、敢为人先、勇于竞争的文化。走前人没有走过的路是需要承担巨大风险的，失败是创新途中常见的事情。当大家都能心平气和地看待失败和失败者，能够一如既往地支持失败者的继续努力，失败者也就不必背负沉重的负担，反而更能坚持创新，勇于创新。允许失败，不仅是对人的尊重、对人的解放，更能极大地释放人的创造力，让创新人才迸发出前所未有的活力。

——尊重和保护个性、差异的文化。创新人才的脱颖而出需要尊重个性、尊重差异、鼓励创新、保障创新、促进创新的社会文化环境。这样的文化环境能够充分包容不同个性、容忍不同观点，为优秀人才特别是年轻的创新型人才施展才干提供更多机会。具有创新思维能力的杰出人才，往往具有特立独行的坚毅性格。在学习和生活中，会提出自己独到的观点，敢于坚持与众不同的意见，甚至会做一些超越常规之事。敢做敢为，不害怕被孤立、或受到家人亲友的谴责。遭遇失败也不会轻言放弃，而是要坚持做出结果。创新没有固定模式，创新人才更是千差万别，有的甚至是偏才、怪才。只有在包容个性的环境里，人们才感到宽松自在，也才会有灵感，有创意，有突破。

（三）全社会形成尊重、保护知识产权的
观念和制度环境

随着知识产权在世界经济和科技发展中的作用日益凸显，越来越多的国家都认识到未来全球竞争的关键就是经济的竞争，经济竞争的实质是科学技术的竞争，科学技术的竞争，归根到底就是知识产权的竞争。因此，近年来在世界上知识产权不仅被各国视为科技问题、经济问题，乃至于演化成为重大的政治问题、国际问题。许多国家，尤其是发达国家已把知识产权保护问题提升到国家大政方针和发展战略的宏观高度，把加强知识产权保护作为其在科技、经济领域夺取和保持国际竞争优势的一项重要战略措施。

今天，长三角地区要实现创新驱动、转型发展的历史性转变，就一定要在全社会形成尊重知识产权、保护知识产权的观念。知识产权法是确认、保护和利用著作权、工业产权以及其他智力成果专有权利的一种法律制度，它鼓励和保护智力创造活动，促进智力成果推广应用，因此，对知识产权的保护，不仅对创作者来说很重要，对整个社会的进步也起着巨大的作用。从这个意义上说，保护知识产权，是中国经济实现转型和升级的先决条件。

近年来，长三角地区区域经济一体化的步伐不断加快，由于长三角地理环境、人文特征、产业结构和经济基础有较大的相似性，区域内的创新成果的传播、转移、扩散非常明显。长三角地区的政府、企业、科研机构和社会各界应共同努力，来营造鼓励自主创新的文化环境和政策环境，努力营造创业光荣、宽容失败的创新氛围，培育创新文化，弘扬创新文化。如此，才能完成长三角地区创新和转型的历史使命。

打造"东方品质之城"、建设"幸福和谐杭州"的现实意义与哲学思考

房立洲

（杭州市城市管理委员会）

改革开放 30 多年来的发展中，杭州巨大的发展能量全面井喷，富庶江南的区位优势尽显无遗，杭州的经济社会发展取得了令人瞩目的成就。但当发展的势头趋向一个界点和峰值之时，各方面亟须突破的"瓶颈"和桎梏也随之进一步突显出来。杭州未来的发展该如何定位，和谐社会的构建该如何"谋篇"，统筹发展的棋盘该如何"落子"，各类难题的"病灶"该如何"给药"，社会蕴藏的发展热核该如何"点火"，等等，都已成为市委、市政府亟须攻坚、急需破解的重大课题。在经历了一番对杭州历史、现状及未来的全面省察和考量后，中共杭州市委第十一次党代会鲜明地作出了打造"东方品质之城"、建设"幸福和谐杭州"的重大决定。这不仅是杭州在更高的起点上"亮"出了自己的城市品牌，也勾勒了杭州未来发展的理性蓝图。这一理念所具有的现实针对性、理论深刻性、内容丰富性和全局的指引性，都使之成为了引领杭州现实发展和未来追求的前进灯塔和行动指南。

一

打造"东方品质之城"、建设"幸福和谐杭州"这一先进理念，根源于对杭州历史人文的深度体察，表现了对杭州现实发展的深层思考和对百姓生活状态的深切关注。打造"东方品质之城"、建设"幸福和谐杭州"不只是一个纯粹抽象的理念。它的现实意义在于看到了追求发展的迫切性和凝聚人心的重要性，从而举全市之力共同建设一个经济发达、文化繁荣、社会和谐、风清气正、人与环境友好相处的"新天堂"。

（一）打造"东方品质之城"、建设"幸福和谐杭州"成为了全社会的理论武器

没有实践支撑的理论是空洞的理论，缺少理论指导的实践是盲目的实践。任何有用的理论都是来源于活生生的实践，反过来又给实践提供卓越的指导。打造"东方品质之城"、建设"幸福和谐杭州"既充分吸纳了杭州历史发展的精华元素，体现了鲜明的杭州地域特色；又全面提炼了改革开放30多年来杭州各方面发展的成功经验，抓住了搞建设、谋发展的关键本质；还致力于给杭州的长期发展指明了一条明确道路，彻底避免了发展中可能产生的动摇和迷茫。正是具备了这些可贵的特质，打造"东方品质之城"，建设"幸福和谐杭州"这一理念一经提出，便迅速成为了指引杭州现实和未来发展的强大的理论武器。

（二）打造"东方品质之城"、建设"幸福和谐杭州"明确了现阶段的中心任务

历史上的发展理念，如"精致、和谐、大气、开放"和"打造新天堂，建设新杭州"等，过于强调理性追求的一面，在目标指向上明显缺少实践指导意义。与之相比，打造"东方品质之城"，建设"幸福和谐杭州"这一理念既高远，也现实；既抽象，也具体；既有国际比较的定位，又有切合杭州历史和百姓现实生活的理性。它鲜明地提出了杭州为之奋斗的终极目标，即打造"东方品质之城"；同时又明确了现阶段的中心任务，即最终的落脚点在建设"幸福和谐杭州"上，通过大力度的建设，共同促进杭州城市及居民政治、经济、文化、社会和环境生活品质的提高。

（三）打造"东方品质之城"、建设"幸福和谐杭州"抓住了转型期的关键因素

目前，杭州的经济社会发展步入了一个重要的历史转型期，人均GDP 已处于从中等发达水平向发达水平跨越的关键时期。一方面，经过改革开放 30 多年来的发展，杭州的经济社会已积累了较为雄厚的物质基础；另一方面，在多年的经济社会建设中，人民群众普遍分享了发展带来的实惠和好处，由此激发的建设热情更为高涨，对提高政治、经济、文化、社会、环境等生活品质的要求更具迫切性，这是下一轮的发展能否走向成功的原动力和关键因素。如何把人民群众的这种要求引导好，保护好和发展好，树立一个更高的标杆引领所有人继续前进，这是摆在新一届市委领导面前的重要课题。理念决定思路，思路决定出路。新一届市委和政府领导审时度势，高屋建瓴，鲜明地提出了打造"东方

品质之城"、建设"幸福和谐杭州"的先进理念，这对于迅速统一全市上下的思想，明确奋斗的目标，振奋人们的精神不啻一个振聋发聩的前进号角。

（四）打造"东方品质之城"、建设"幸福和谐杭州"激发了各方面的建设热情

由于打造"东方品质之城"、建设"幸福和谐杭州"这一理念既有着代表广大人民群众发展意愿的现实针对性，又有着切合未来形势走向的前瞻性和科学性，所以一经提出便迅速叫响、一经叫响便迅速成为标杆、一经成为标杆便迅速成为全市各个部门和所有行业聚精会神搞建设、一心一意谋发展的力量之源和行动指南，并最大限度地使他们的积极性和创造性充分地涌流出来。它犹如漠漠荒原上的一面猎猎之旗，刹那间就使人们的努力有了奔头，心中有了准星，也必将汇聚成一团参与发展、推动改革开放伟大事业的熊熊烈焰。

二

打造"东方品质之城"、建设"幸福和谐杭州"以"人"为核心，以"人"的"生活品质"的提高为努力方向，是对"科学发展观"、"以人为本"、构建"和谐社会"等一系列重要理念的贯彻落实，具有超越历史与现实的战略眼光。

从现实性来看，打造"东方品质之城"、建设"幸福和谐杭州"充分表达了全市人民谋求更快发展、提高生活品质的诉求，激发了所有杭州人为阶段目标而努力奋斗的内在激情；从发展性上说，打造"东方品

质之城"、建设"幸福和谐杭州"抓住了"人"这个根本环节，与中央的理念、战略和决策保持一致，这也是打造"东方品质之城"、建设"幸福和谐杭州"这一理念的先进性所在。

（一）打造"东方品质之城"，建设"幸福和谐杭州"体现了"科学发展"的辩证思维，真正的科学发展是为了促进人的幸福和社会的人际和谐

打造"东方品质之城"、建设"幸福和谐杭州"包含了政治、经济、文化、社会、环境等五个方面生活品质的提高，既内涵丰富而又高度概括。它坚决摒弃了过去偏执一端的片面发展模式，实现了政治、经济、文化、社会、环境建设的并提并重，同时又把建设的目标和重点落在为提高"人"的幸福和谐上，这就有力地促进了"人"的全面发展。马克思认为，社会发展的最终理想是促进人的全面、自由、充分发展。打造"东方品质之城"、建设"幸福和谐杭州"的理念运用了马克思主义的辩证思维，坚持用全面、发展、联系的观点看问题，既能有效地避免因社会畸形发展而结出的苦果，又造就了一个个全面发展的"人"，从这个意义上说，打造"东方品质之城"、建设"幸福和谐杭州"理应是杭州为之奋斗不止的现实目标、"自由王国"和"理想世界"。

（二）打造"东方品质之城"、建设"幸福和谐杭州"包含了"以人为本"的先进理念，真正的以人为本是为了促进人的幸福和谐

关注民生是我党的一个优良传统，无论是革命战争年代、和平建设时期还是改革开放时代，"人"始终是历届政府和领导萦绕于胸的一个

永恒主题。"以人为本"的先进理念在世纪之初的鲜明提出，充分体现了我党把握时代脉搏的洞察力，关乎民情冷暖的民本性和实现战略决策重大转移的决心和气度。在党的十七大报告中，通篇贯穿的一条红线就是"人"，字里行间跳动的主题始终是关心"人"的生活，解决"人"的难题，注重"人"的发展。社会上大多数"人"的生活状况和发展程度是检验经济社会发展水平的试金石，经济社会发展的终极目的就是为了改善"人"的生活，实现"人"的理想。打造"东方品质之城"、建设"幸福和谐杭州"深刻理解了"人"在社会历史中的主体地位，准确地领会了"人"在社会历史的发展中是"工具价值和目的价值的统一"这一历史唯物主义基本原理，从而把社会要实现的一切发展都归结到提高"人"的生活品质上来，着力打造政治、经济、文化、社会、环境品质都高度发达的"东方品质之城"。因此，在关注"人"上，打造"生活品质之城"的理念与党中央的大政方针是一致的，是对"以人为本"理念的切实贯彻。

（三）打造"东方品质之城"、建设"幸福和谐杭州"描绘了"和谐社会"的理想蓝图，真正的品质之城是为了推动人的全面和谐

古人认为："忧苍生"方能"安社稷"。从实质上说，"忧苍生"就是要"以人为本"，"安社稷"就是要构建"和谐社会"。社稷要求得一个"安"字，社会要求得一个"和谐"，就是要构建"和谐社会"。今天我们要建设的"和谐社会"与古人提倡的"和谐社会"出发点肯定有所不同，但宗旨是基本一致的，而且内涵也得到了空前的丰富。社会主义和谐社会的构建全面注重人与人的和谐，人与社会的和谐，人与环境的和谐以及人内心的和谐这"四个和谐"。中共杭州市委十一次党代会明确提出，打造"东方品质之城"和"幸福和谐杭州"，也一定是一个

人与人和谐，人与社会和谐，人与环境和谐以及内心和谐的社会。因为"东方品质之城"和"幸福和谐杭州"的建设是以"人"为出发点和宗旨的，内在地包含了政治、经济、文化、社会、环境等人的需求的各个方面，也把所有的"人"都包括在内，体现了公正、平等、全面、发展、富足、无差别等和谐社会的基本原则。因此，从真正意义上说，打造"东方品质之城"、建设"幸福和谐杭州"就是建设"和谐社会"。

后　记

　　2012 年 11 月 23 日，由中国浦东干部学院、中共杭州市委、杭州市人民政府、国家发改委地区经济司共同主办，由中国浦东干部学院长三角研究院、杭州国际城市学研究中心承办的第二届"中浦长三角论坛"在杭州举行。作为学习贯彻十八大精神的具体行动，本次论坛聚焦城市转型和创新发展主题，以长三角地区为样本研讨具有中国特色的城市现代化路径。中共浙江省委常委、杭州市委书记黄坤明出席会议并讲话。文化部党组成员、故宫博物院院长单霁翔、国家发展和改革委员会地区经济司司长范恒山、中共中央组织部干部教育局副局长李刚等参会，中国浦东干部学院常务副院长冯俊主持论坛开幕式，浙江省人民政府咨询委员会副主任、杭州国际城市学研究中心主任王国平作大会总结讲话。中共上海市委副书记、中国浦东干部学院第一副院长殷一璀发信祝贺论坛开幕。长三角地区十余地市的党政领导，知名科研机构、高校的专家学者，中国浦东干部学院教师与"加强和创新城市社会管理专题研究班"学员，杭州国际城市学研究中心领导与专家等 180 余人与会。

　　论坛设"后世博时代长三角地区城市可持续发展"、"长三角地区城市社会管理创新"、"长三角地区城市文化建设与发展"三个分会场，民政部基层政权和社区建设司副司长汤晋苏、加拿大女王大学城市与区域规划学院院长梁鹤年、浙江大学社会科学学部主任史晋川等近 30 位政府官员、中外知名专家学者研讨发言，共议"城镇化、工业化、信息化、农业现代化"同步发展方式和城市全面现代化策略。

本次论坛体现出以下三个显著特点。一是综合性。论坛以党的十八大精神为指引，突破区域界限和行业区域，从国家发展战略层面来谋划和思考长三角一体化的机遇和挑战。党的十八大指出，继续实施区域发展总体战略，充分发挥各地区比较优势。长三角作为我国综合实力最强的地区，要在国家发展战略中担当更大的责任，在国际竞争中掌握主动，肩负起历史使命。长三角两省一市之间的交流合作由来已久，进入新世纪特别是党的十六大以来，中央层面的默契程度，市场机制融合程度，全社会的思想认识程度，都有了很大的提高。这些都为推进长三角地区协调发展，进一步发挥好长三角地区对全国的辐射示范带动作用奠定了坚实的基础。二是独特性。本次论坛选择了长三角城市转型与创新这一主题，完全符合长三角城市群各城市发展的现状。论坛围绕城市管理和城市文化保护、城市病的预防和治理、城市群的规划和建设都提出了很多建设性的意见和建议。三是原创性。各报告人体现了较深的学术修养与理论功底，对所报告内容都经过深入研究和精心准备。在研究方法上注重理论和实践的相互结合、逻辑推理和数据分析相补充，提出了很多具有现实性、可操作性的对策和建议，彰显了以问题为导向的学术研究成果。会议交流充分，还增加了对交流专家的点评，使三个分会场所讨论的议题，都形成了新的共识，形成了新的突破。

此次我们将第二届"中浦长三角论坛"的优秀成果集结出版，希望能够进一步扩大论坛成果的影响，推进长三角城市转型发展的经验和现实问题研究。本书由中国浦东干部学院科研部李怡和缪开金负责专家联络、论文评选、文字审校等具体工作。本书出版得到了各方面的大力支持，同时真诚感谢所有关心、支持和参与论坛筹备、研讨以及后续工作的各位领导和专家学者，尤其是杭州国际城市学研究中心主任王国平及其团队的无私帮助，在此表示衷心感谢！感谢人民出版社的大力支持，感谢为论坛付出辛勤劳动的中国浦东干部学院科研部各位同仁。

由于时间仓促、水平有限，书中尚有不少疏漏和缺憾，恳请各位专家和读者批评指正！

责任编辑：洪　琼
封面设计：吴燕妮
版式设计：周方亚

图书在版编目（CIP）数据

长三角地区城市发展的路径选择：转型与创新／刘靖北　主编．
　－北京：人民出版社，2014.12
（中浦院书系·论坛系列／冯俊主编）
ISBN 978－7－01－013973－9

I.①长… II.①刘… III.①长江三角洲－城市发展－研究
　IV.① D299.275

中国版本图书馆 CIP 数据核字（2014）第 220434 号

长三角地区城市发展的路径选择：转型与创新
CHANGSANJIAODIQU CHENGSHI FAZHAN DE LUJING XUANZE
ZHUANXING YU CHUANGXIN

刘靖北　主编　李怡　副主编

人民出版社 出版发行
（100706　北京市东城区隆福寺街 99 号）

北京市文林印务有限公司印刷　新华书店经销

2014 年 12 月第 1 版　2014 年 12 月北京第 1 次印刷
开本：710 毫米 ×1000 毫米 1/16　印张：33.75
字数：480 千字

ISBN 978－7－01－013973－9　定价：79.00 元

邮购地址 100706　北京市东城区隆福寺街 99 号
人民东方图书销售中心　电话：（010）65250042　65289539